Frau Dr. Niemann

mit besten Grüßen

Klaus J. Jacobs

Klaus J. Bade und Jochen Oltmer (Hg.)
Zuwanderung und Integration in Niedersachsen

Begleitband zur Ausstellung

hier geblieben

ZUWANDERUNG UND INTEGRATION IN NIEDERSACHSEN VON 1945 BIS HEUTE

Ein Projekt der
Niedersächsischen Landeszentrale für politische Bildung
in Kooperation mit dem Historischen Museum Hannover

Weitere Kooperationspartner sind die Museen, in denen die Ausstellung ›hier geblieben‹ als Wanderausstellung gezeigt wird.

Das Austellungsprojekt wurde finanziert durch die NLPB, das Historische Museum Hannover, die Niedersächsische Lottostiftung, die Stiftung Niedersachsen und die Ausländerbeauftragte des Landes Niedersachsen.

N L P B
Niedersächsische Landeszentrale
für politische Bildung

Klaus J. Bade und Jochen Oltmer (Hg.)

Zuwanderung und Integration in Niedersachsen seit dem Zweiten Weltkrieg

Universitätsverlag Rasch Osnabrück

Redaktionsanschrift:
Universität Osnabrück
Institut für Migrationsforschung
und Interkulturelle Studien (IMIS)
FB 2, Neuer Graben 19/21
D – 49069 Osnabrück

Tel.: 0541/969-4384
Fax: 0541/969-4380
e-mail: imis@uni-osnabrueck.de
internet: http://www.imis.uni-osnabrueck.de

Die Deutsche Bibliothek – CIP-Einheitsaufnahme

Ein Titeldatensatz für diese Publikation ist bei
Der Deutschen Bibliothek erhältlich.

1. Aufl. Oktober 2002

Rechtsträger: Rasch Druckerei und Verlag GmbH & Co. KG, Bramsche

Umschlag: schwanke, raasch graphik design, Hannover
Druckvorbereitung und Satz: Sigrid Pusch, Jutta Tiemeyer, IMIS
Gedruckt auf säurefreiem, total chlorfrei gebleichtem Offsetpapier
Printed in Germany
ISBN 3-935326-87-4

Inhalt

Geleitwort des Ministerpräsidenten des Landes Niedersachsen,
Sigmar Gabriel 7

Geleitwort des Direktors der NLPB, Heinz Wunderlich 9

Einführung: Einwanderungsland Niedersachsen
– Zuwanderung und Integration seit dem Zweiten Weltkrieg.
Von Klaus J. Bade und Jochen Oltmer 11

»...und ahnten, daß hier die Welt zu Ende ist.« Aufnahme und Integration
von Flüchtlingen und Vertriebenen im Westen Niedersachsens.
Von Bernhard Parisius 37

»Wir leben ja nun hier«. Flüchtlinge und Vertriebene in Niedersachsen
– Erinnerung und Identität.
Von Rainer Schulze 69

›Der kranke Flüchtling‹. Die gesundheitliche und psychiatrische Behandlung
von Flüchtlingen und Vertriebenen in Niedersachsen.
Von Andrea Riecken 101

Das Grenzdurchgangslager Friedland: Heimkehrer,
Flüchtlinge und Vertriebene, Um- und Aussiedler.
Von Dagmar Kleineke 131

Aussiedlerintegration als kommunalpolitische Aufgabe.
Aktivitäten und Maßnahmen am Beispiel des Landkreises Osnabrück.
Von Hans-Joachim Wenzel 167

Segregation und Integration von Aussiedlern in Braunschweig,
Wolfsburg und Hannover.
Von Hans-Jürgen Hofmann 199

›Stippvisiten‹ in der ›Autostadt‹: Volkswagen, Wolfsburg
und die italienischen ›Gastarbeiter‹ 1962–1975.
Von Anne von Oswald 225

Vom ›Wirtschaftswunder‹ bis zur Stahlkrise. Die Beschäftigung
von Arbeitern aus der Türkei im Hüttenwerk Salzgitter 1963–1984.
Von Jan Motte 253

Asylsuchende und Bürgerkriegsflüchtlinge in Niedersachsen.
Von Rolf Meinhardt 273

Sich selbst als andere verstehen.
Internationale Gärten für Flüchtlinge und Einheimische.
Von Susanne Benzler 307

Migration und kulturelle Differenz in Gemeinden: das Beispiel Osnabrück.
Von Ute Koch 321

Das Potential einer Bürgerrechtsbewegung.
Selbstorganisationen in der Migration.
Von Anwar Hadeed 351

Die Autorinnen und Autoren. 379

Bildnachweis 381

Geleitwort des Ministerpräsidenten des Landes Niedersachsen

Zuwanderung und Integration sind Herausforderungen auf allen politischen Gestaltungsebenen – von der europäischen und der nationalen, über die der Länder und Kommunen bis hinein in das Alltagsleben in den Stadtvierteln und Wohnquartieren. Betroffen sind dabei stets beide Seiten – die Zuwanderinnen und Zuwanderer sowie die Einheimischen, deren Vorfahren nicht selten selber einmal zugewandert sind.

Niedersachsen spiegelt in besonderer Weise den für Deutschland insgesamt deutlichen Wandel vom Aus- zum Zuwanderungsraum vom 19. Jahrhundert bis heute. Manche Regionen in Niedersachsen erlebten im 19. Jahrhundert die stärkste Auswanderung im gesamten Reich, gemessen an der Gesamtzahl der Bevölkerung.

Heute ist Niedersachsen ein moderner Zuwanderungsraum, dessen Bevölkerung und Struktur seit 1945 ganz wesentlich durch Zuwanderung und Integration geprägt wurden.

Als Ministerpräsident des Landes Niedersachsen begrüße ich deshalb nachdrücklich die Initiative der Niedersächsischen Landeszentrale für politische Bildung, die wichtigsten Zuwanderungsgruppen, die uns seit dem Zweiten Weltkrieg erreichten, in einer umfassenden Ausstellung auf verständliche Weise darzustellen. Ich verspreche mir davon wichtige Anstöße für eine sachgerechte Weiterführung der öffentlichen Diskussion über Migration und Integration, aber auch eine stärkere Sensibilisierung für die damit verbundenen Probleme und Aufgaben.

Dieses wissenschaftliche Begleitwerk mit seinen präzisen Bestandsaufnahmen und weiten Perspektiven wird das Hauptziel der Ausstellung unterstützen, einen Beitrag zum Leben in kultureller Toleranz und sozialem Frieden in der Einwanderungssituation zu leisten.

Die Ausstellung und dieser Begleitband erscheinen zu einer Zeit, in der die Landesregierung den ersten Integrationsplan verabschiedet hat. Auch deshalb begrüße ich es, daß die Geschichte von Zuwanderung und Integration wissenschaftlich untersucht worden ist und dokumentiert wird.

Ich freue mich, daß es gelingen konnte, wissenschaftliche Ergebnisse auf verständliche Weise für eine breite Öffentlichkeit zu präsentieren. Der Ausstellung und diesem begleitenden Sammelband wünsche ich viel Aufmerksamkeit bei einem kritisch engagierten Publikum und Anregungen für die eigene Rolle im Integrationsprozeß.

Sigmar Gabriel
Ministerpräsident des Landes Niedersachsen
Hannover, im August 2002

Geleitwort der Niedersächsischen Landeszentrale für politische Bildung

Politische Bildung hat den Auftrag, über gesellschaftliche Strukturen und Prozesse zu informieren und Orientierungshilfen zur politischen Meinungs- und Urteilsbildung anzubieten. Sie will die Akzeptanz demokratischer Grundwerte fördern und stabilisieren, zu Toleranz befähigen und Fremdenfeindlichkeit entgegenwirken. Die Niedersächsische Landeszentrale für politische Bildung nimmt diesen Auftrag in einer vielfältigen Themenpalette wahr. Der Bereich Zuwanderung und Integration erfährt seit einigen Jahren besondere Aufmerksamkeit – aus aktuellen Anlässen und aus Gründen gesellschaftspolitischer Notwendigkeit. Neben Seminaren, Fachtagungen und Kongressen wird nun mit der Ausstellung ›hier geblieben‹ eine Form politischer Bildung gewählt, die sich nicht nur an Multiplikatorinnen und Multiplikatoren, sondern auch an eine breite Öffentlichkeit richtet.

Die Ausstellung ermöglicht eine ästhetisch-mediale Annäherung an das Thema ›Zuwanderung und Integration in Niedersachsen von 1945 bis heute‹. Sie stützt sich im wesentlichen auf persönliche Leihgaben, auf Fotos, Dokumente, Erinnerungsstücke sowie auf Interviews von Privatpersonen. Das entspricht dem Vorhaben, Zuwanderung und Integration vorrangig als von Individuen erlebte Prozesse darzustellen. Die Wiedergabe von Atmosphäre und Empfindungen, von sehr persönlichen Eindrücken steht im Vordergrund. Der überschaubaren alltäglichen Lebenswelt gilt das Interesse der Ausstellung – in der Auseinandersetzung mit dem Eigenen und dem Fremden, im Bereich des Zusammenlebens und in den Räumen, welche den einzelnen Zuwanderergruppen in der Ausstellung gewidmet sind.

Auf der Grundlage der Migrationsforschung nimmt die Ausstellung die vier bedeutendsten Zuwanderergruppen seit 1945 in den Blick:

- deutsche Flüchtlinge und Vertriebene
- Arbeitsmigranten
- Aussiedler und Spätaussiedler
- ausländische Flüchtlinge und Asylsuchende.

Ziel ist es, mit der Ausstellung ›hier geblieben‹ den Zugewanderten Aufmerksamkeit im Sinne von Respekt und Würdigung entgegenzubringen. Menschen aus den verschiedenen Zuwanderergruppen und Einheimische – die mitunter auch Nachfahren zugewanderter Fremder sind – sollen als Besucherinnen und Besucher zusammengeführt werden, um dadurch Begegnungen zu initiieren und Kommunikationsbarrieren abzuflachen.

Die Niedersächsische Landeszentrale für politische Bildung will mit der Ausstellung für die Erfahrungen und Empfindungen von Zugewanderten sensibilisieren, Erfolge und Probleme des Zusammenlebens in ihrer Vielfalt benennen und insgesamt zu einem besseren Verständnis von Zuwanderung und Integration beitragen.

Ohne die große Bereitschaft der Leihgeberinnen und Leihgeber, Fotos, Dokumente und Objekte zur Verfügung zu stellen, hätte die Ausstellung nicht realisiert werden können. Das Vorhaben wurde in der NLPB von der Referentin Marianne Winkler konzeptionell entwickelt und in der Phase der Realisierung geleitet. Projektmitarbeiter war Jürgen Müller. Im Historischen Museum Hannover war Dr. Andreas Urban für Ausstellungsdidaktik und Museumspädagogik verantwortlich. Von Beginn an wurde das Ausstellungsprojekt durch einen Beirat begleitet. Prof. Dr. Klaus J. Bade, Gabriele Erpenbeck, Anwar Hadeed, Dr. Thomas Schwark und Horst Weber unterstützten das Projekt durch weiterführende inhaltliche Impulse und begleiteten es mit konstruktiver Kritik. Ihnen allen gilt mein Dank.

Die Ausstellung »›hier geblieben‹. Zuwanderung und Integration in Niedersachsen von 1945 bis heute« wird vom 23. Oktober 2002 bis 16. Februar 2003 im Historischen Museum in Hannover gezeigt. Weitere Kooperationspartner und Ausstellungsorte sind: Kulturgeschichtliches Museum Osnabrück, Landesmuseum Natur + Mensch Oldenburg, Ausländerreferat Stadt Wolfsburg, Braunschweigisches Landesmuseum, Kreismuseum Syke, Kreismuseum Peine, Städtisches Museum Göttingen. Die Ausstellung wird in Niedersachsen bis in das Jahr 2005 zu sehen sein.

Der Begleitband wird die Präsentationszeit überdauern. Er greift Themen der Ausstellung auf, bietet Vertiefungen dazu an und fügt neue Bereiche hinzu. Er stellt mit seinen Beiträgen eine vielfältige wissenschaftliche Ergänzung des Themas ›Zuwanderung und Integration in Niedersachsen von 1945 bis heute‹ dar. Dank zu sagen ist dafür den Autorinnen und Autoren sowie den Herausgebern Prof. Dr. Klaus J. Bade und Priv.Doz. Dr. Jochen Oltmer.

Heinz Wunderlich
Direktor der Niedersächsischen Landeszentrale
für politische Bildung

Einführung: Einwanderungsland Niedersachsen – Zuwanderung und Integration seit dem Zweiten Weltkrieg

Von Klaus J. Bade und Jochen Oltmer

Für viele Menschen in Deutschland sind Migration und Integration noch immer angstbesetzte Problemthemen. Manche aktuellen Entwicklungen im Wanderungsgeschehen erscheinen ihnen ungewöhnlich, einmalig, bedrohlich. Ein Rückblick in die Geschichte zeigt, daß Migration in ihren vielfältigen Formen und Folgen ein ebenso zentraler wie normaler Alltagsbezug war, ist und sicherlich auch bleiben wird.

Die Begegnung von Einheimischen und Zuwanderern hat auch die Entwicklung des heutigen Bundeslandes Niedersachsen nachhaltig geprägt. In der neueren Geschichte dieses Raumes waren Wanderungen immer der Normalfall – die Nachfahren von Auswanderern des 19. Jahrhunderts aus den niedersächsischen Gebieten sind in aller Welt ebenso zu finden wie sich bis heute Zuwanderer aus den verschiedensten Ländern und Regionen in Niedersachsen niedergelassen haben.

In der Entwicklung von Bevölkerung und Wanderung nimmt Niedersachsen im Vergleich der Bundesländer heute in vielerlei Hinsicht eine Mittelposition ein. Mit einer Bevölkerung von knapp 8 Millionen stellt es fast 10% aller Bundesbürger und führt damit die Reihe der Bundesländer mittlerer Größe an. Auch im Blick auf die Ausländerbevölkerung in der Bundesrepublik nimmt Niedersachsen eine mittlere Position ein: Die 476.095 Ausländer (Stand Ende 2001) entsprechen einem mittleren Anteil von 6% der Gesamtbevölkerung.

In der Bundesrepublik Deutschland gibt es rund 82 Millionen Einwohner, der Ausländeranteil liegt mit 7,3 Millionen bei fast 8,9% (Stand Ende 2001). Dabei sind die Unterschiede zwischen den Bundesländern im Osten und Westen weiterhin sehr erheblich: Mit rund 300.000 Ausländern leben nur 4% aller Menschen mit ausländischer Staatsangehörigkeit in den neuen Bundesländern. Die Ausländerquoten erreichen hier Werte zwischen 1,7% in Sachsen-Anhalt und Thüringen sowie 2,4% in Brandenburg und Sachsen. Im alten Bundesgebiet liegen die Quoten wesentlich höher, in den Flächenländern erreichen sie Werte von 9,2% in Bayern über 11,4% in Nordrhein-Westfalen und 12,1% in Hessen bis zu 12,5% in Baden-Württemberg. Höher noch lagen die Ausländerquoten in den Stadtstaaten Berlin (12,8%) und Hamburg (15,4%).

Im Wanderungsgeschehen des 19. Jahrhunderts waren die niedersächsischen Territorien, ebenso wie Deutschland insgesamt, bis in die frühen 1890er Jahre durch Massenauswanderungen nach Übersee, vor allem in die USA geprägt. Mit der Agrarmodernisierung und insbesondere der Industrialierung, die in Nordwestdeutschland – anders als vor allem im Ruhrgebiet, im Großraum Berlin, in Oberschlesien, in Sachsen und an der Saar – verzögert einsetzte, kehrten sich auch hier die Bewegungen im transnationalen Wanderungsgeschehen um: Vor dem Ersten Weltkrieg wurden auch die niedersächischen Gebiete zu einem Zuwanderungsraum für ausländische Arbeitskräfte. 1913 waren im Reich etwa 1,2 Millionen ausländische Arbeitskräfte beschäftigt.

In der preußischen Provinz Hannover wurden knapp 50.000 ›ausländische Wanderarbeiter‹ gezählt, im Herzogtum Braunschweig über 8.500. Fast die Hälfte kam aus Österreich-Ungarn, ein Viertel aus Rußland (vorwiegend Zentralpolen), das restliche Viertel aus den Niederlanden und Italien. Niederländer, Italiener und Deutsch-Österreicher fanden vornehmlich in der Industrie Beschäftigung (Textilindustrie, Eisenbahn- und Kanalbau, Steinbrüche und Ziegeleien). Polen aus Rußland und der österreichisch-ungarischen Monarchie waren vor allem in den Gebieten des intensiven Zuckerrübenbaus um Braunschweig und Hildesheim als landwirtschaftliche Saisonarbeiter beschäftigt. In großen Kolonnen verrichteten sie dort, in der Regel im Akkord, die schweren Hack- und Erntearbeiten, zu denen sich einheimische Arbeitskräfte angesichts anderer Erwerbsangebote immer weniger bereitfanden.

Einen enormen Anstieg der Beschäftigung von Ausländern brachten im 20. Jahrhundert die beiden Weltkriege. Dabei dominierte Zwangsarbeit, die vor allem Menschen aus Osteuropa betraf. 1918, am Ende des Ersten Weltkriegs, gab es rund 3 Millionen ausländische Arbeitskräfte im Reich, die einen Anteil von etwa 15% aller abhängig Beschäftigten stellten. Die nationalsozialistische Kriegswirtschaft war von Beginn an als Raubwirtschaft angelegt und rekrutierte unter Zwang Arbeitskräfte im besetzten Europa. Ausländische Arbeitskräfte stellten 1944 mit fast 8 Millionen ein Drittel aller Beschäftigten im Reich.

Auch in Niedersachsen gehörte Zwangsarbeit zum Alltag und konzentrierte sich nicht nur auf die spektakulären Beispiele der großen Unternehmen wie das Volkswagenwerk in Wolfsburg und die ›Reichswerke Hermann Göring‹ in Salzgitter. Tausende von Lagern und Zehntausende von Arbeitsstellen in Industrie, Gewerbe und Landwirtschaft waren über das ganze Land verteilt. Der tägliche Kontakt zu Kriegsgefangenen und ausländischen Zwangsarbeitskräften bei der Arbeit und auch innerhalb von Familien gehörte in beiden Weltkriegen zum Alltag von Hunderttausenden von Niedersachsen. Der Krieg der Nationen führte mithin auch in Deutschland selbst zu einer bislang nie dagewesenen Begegnung mit Menschen anderer Nationalität.

Deutsche Flüchtlinge und Vertriebene

Als 1946 das Land Niedersachsen gegründet wurde, war die Zwangsarbeit von Millionen ausländischer Arbeitskräfte in der nationalsozialistischen Kriegswirtschaft im Bewußtsein der Menschen zwar noch jüngste, jedoch schon weithin verdrängte Geschichte. Neue Probleme standen auf der Tagesordnung: Die aufgrund geringerer Zerstörungen in den ländlichen Distrikten vergleichsweise günstige Ernährungs- und Wohnungssituation in Niedersachsen ließ die Alliierten die Ströme von Flüchtlingen und Vertriebenen aus dem Osten gerade auch hierher lenken.

Nissenhütten im Grenzdurchgangslager Friedland, 1940er/1950er Jahre

In den Ostprovinzen des Reiches und in den deutschen Siedlungsgebieten in Ost-, Ostmittel- und Südosteuropa hatten vor Beginn des Zweiten Weltkriegs rund 18 Millionen Reichsdeutsche und ›Volksdeutsche‹ gelebt. Der weitaus überwiegende Teil von ihnen, etwa 14 Millionen, flüchtete in der Endphase des Krieges in Richtung Westen oder wurde nach Kriegsende vertrieben bzw. deportiert. Die Bilanz dieser millionenfachen Fluchtbewegungen und Vertreibungen spricht aus den Daten der Volkszählungen von 1950 in der Bundesrepublik Deutschland und in der DDR: Danach waren insgesamt knapp 12,5 Millionen Flüchtlinge und Vertriebene aus den nunmehr in polnischen, tschechoslowakischen und sowjetischen Besitz übergegangenen ehemaligen Ostgebieten des Deutschen Reiches und aus den Siedlungsgebieten der ›Volksdeutschen‹ auf das Gebiet der beiden deutschen Staaten gelangt; weitere 500.000 lebten in Österreich und anderen Ländern. Rund 2 Millionen, die in keiner Statistik erfaßt wurden, hatten Flucht und Vertreibung nicht überlebt.

Erste Flüchtlinge vor der sowjetischen Roten Armee erreichten Niedersachsen im Winter 1944/45. Eine zweite, größere Welle der Zuwanderung von Flüchtlingen und nun auch Vertriebenen aus dem Osten folgte nach der Kapitulation und Besetzung Deutschlands im späten Frühjahr und im Sommer 1945. Sie resultierte aus den von der polnischen und tschechoslowakischen Regierung geförderten ›wilden Vertreibungen‹ der deutschen Bevölkerung in den unter ihre Verwaltung gestellten Gebieten. Nach der Konferenz von Potsdam (Juli/August 1945) folgte die Phase der auf der Basis der Beschlüsse der Alliierten vollzogenen Zwangsausweisungen (›Aktion Schwalbe‹), die vor allem die Gebiete östlich von Oder und Neiße betraf. Sie dauerte faktisch bis über den offiziellen Abschluß (Juli 1947) hinaus an und endete erst 1949/50. Diese dritte Phase, die ihren Höhepunkt im Juli 1946 fand, führte den größten Teil der Flüchtlinge und Vertriebenen nach Niedersachsen.

Niedersachsen war in den deutschen Westzonen eines der drei Hauptaufnahmegebiete von Flüchtlingen und Vertriebenen (›Hauptflüchtlingsländer‹): Im Oktober 1946 wurden in Schleswig-Holstein 837.500 Flüchtlinge und Vertriebene gezählt, die 31,6% der Bevölkerung stellten. Im Blick auf den Bevölkerungsanteil dieser Gruppe folgte dann Niedersachsen (22,9%) mit 1.475.500 Flüchtlingen und Vertriebenen vor Bayern (18,4%) mit rund 1.657.800. In Niedersachsen nahm die Zahl der Flüchtlinge und Vertriebenen bis 1949 noch weiter zu und erreichte 1,82 Millionen (26,4% der Bevölkerung).

Innerhalb Niedersachsens ergaben sich dabei klare Ungleichgewichte mit einem sehr deutlichen Ost-West-Gefälle: Die grenznahen Regierungsbezirke und Kreise im Osten Niedersachsens nahmen wesentlich mehr Flüchtlinge und Vertriebene auf als die mittleren und westlichen. Einheimische stellten 1946 in den westlichsten Regierungsbezirken Aurich und Osnabrück drei Viertel, in den Bezirken Braunschweig, Hannover, Hildesheim, Oldenburg und Stade zwei Drittel, im Regierungsbezirk Lüneburg aber nur noch die Hälfte der Bevölkerung (s. Schaubild 1).

Schaubild 1: Regionale Verteilung der Flüchtlinge und Vertriebenen in Niedersachsen, Mitte 1953

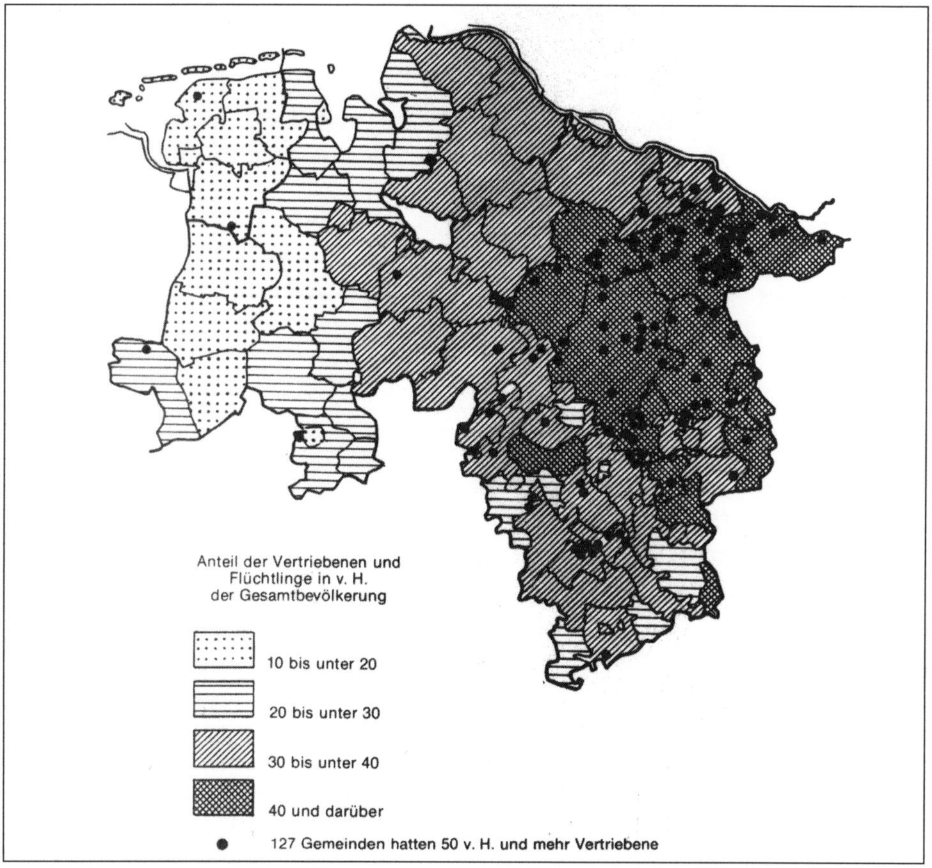

Quelle: Walter Bradatsch/Hansgeorg Loebel, Neue Heimat in Niedersachsen, Alfeld 1979, S. 53.

Vornehmlich die Flüchtlingszuwanderung führte dazu, daß die niedersächsische Bevölkerung trotz der Kriegsverluste um ca. 50% anwuchs – von 4,5 Millionen 1939 auf 6,8 Millionen 1950 (s. Schaubild 2). Vor allem infolge staatlicher Umsiedlungsprogramme ging zwar die Zahl der Flüchtlinge und Vertriebenen seit Ende der 1940er Jahre zurück; der Großteil aber blieb in Niedersachsen und trug ganz erheblich zu Wiederaufbau und ›Wirtschaftswunder‹ bei.

Der Anstieg der Bevölkerung in Niedersachsen führte zugleich zu gewichtigen Veränderungen in der Bevölkerungsstruktur, die keineswegs, wie anfänglich vermutet, im Blick auf das Arbeitskräftepotential durchweg ›negativ‹ wirkten. Flucht und Vertreibung bedeuteten für die aufnehmenden Gebiete keine in

Schaubild 2: Bevölkerungsentwicklung im Raum Niedersachsen und Bevölkerungsanteil der Flüchtlinge und Vertriebenen 1939/1946–1955

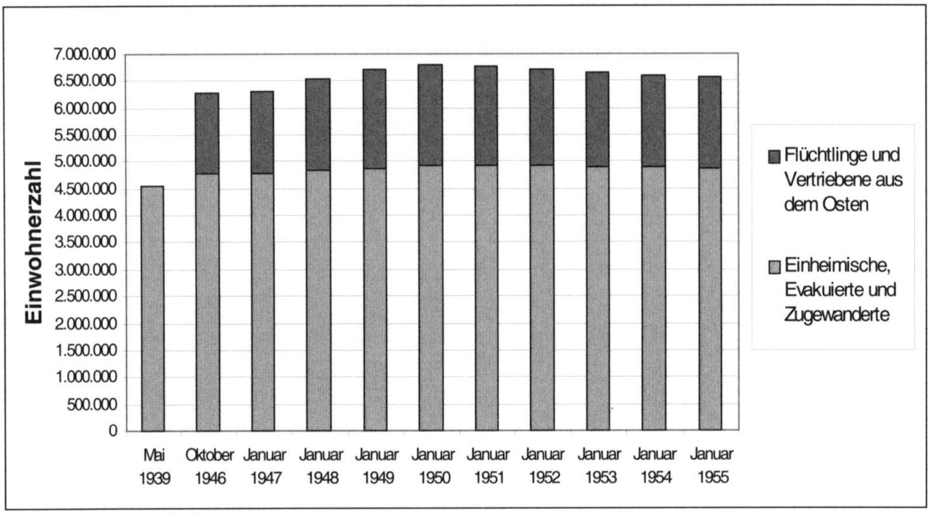

Graphik: Jürgen Müller, Hannover.
Quelle: Niedersächsisches Landesamt für Statistik.

diesem Sinne nur als ›Belastung‹ interpretierbare Zunahme des Anteils von nicht-erwerbstägigen bzw. -erwerbsfähigen ›Restfamilien‹ mit Müttern, ihren Kindern und älteren Menschen. In Niedersachsen gab es laut Volkszählung 1946 unter der Wohnbevölkerung kriegsfolgebedingt zwar einen klaren ›Frauenüberschuß‹ (121 Frauen auf 100 Männer). Unter den Flüchtlingen und Vertriebenen aber lag das Zahlenverhältnis von Männern zu Frauen kaum höher; hinzu kam, daß die Flüchtlingsbevölkerung insgesamt deutlich jünger war als die einheimische Bevölkerung.

Der weitaus überwiegende Teil der 1,82 Millionen deutschen Flüchtlinge und Vertriebenen aus dem Osten in Niedersachsen 1950 kam mit rund einem Drittel aus Schlesien. Es folgten Ostpreußen und Danzig mit rund einem Fünftel sowie Ostpommern und Ostbrandenburg mit rund einem Siebtel. Damit stammten in Niedersachsen fast drei Viertel dieser Zuwanderer aus den ehemaligen Reichsgebieten östlich von Oder und Neiße. Deutsche Siedlungsgebiete jenseits der deutschen Staatsgrenzen vor Beginn der nationalsozialistischen Expansion seit Ende der 1930er Jahre bildeten nur in vergleichsweise geringem Umfang Herkunftsgebiete der Zuwanderer: Das galt für die UdSSR und Polen (8,5%), das Baltikum und das Memelland (1,7%) sowie Jugoslawien, Rumänien, Ungarn, Österreich und die Tschechoslowakei (5,5%) (s. Schaubild 3).

Schaubild 3: Die Herkunftsgebiete der Flüchtlinge und Vertriebenen in Niedersachsen

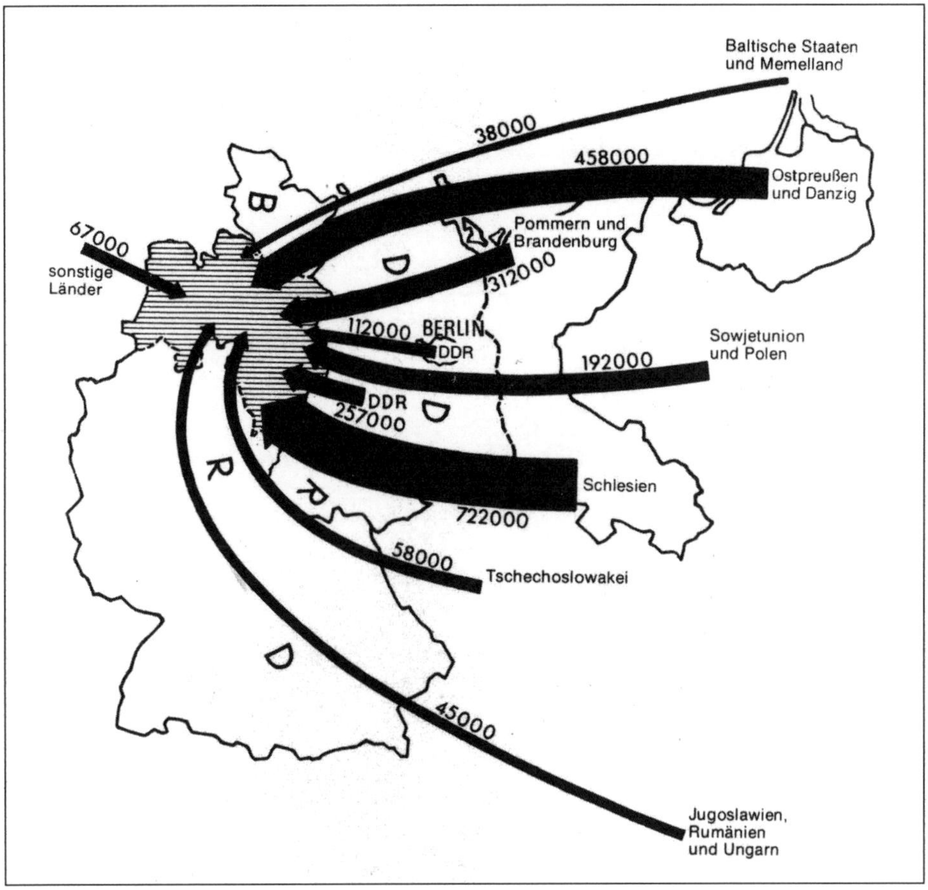

Quelle: Bradatsch/Loebel, Neue Heimat in Niedersachsen, S. 52.

Nach der Gründung der Bundesrepublik Deutschland und vor allem nach dem Beginn der Hochkonjunkturphase Anfang der 1950er Jahre lassen sich bei den Flüchtlingen und Vertriebenen klare Bewegungsmuster ausmachen: Starke Abwanderungen erfolgten aus den ländlichen Regionen, die nach Kriegsende aufgrund der vergleichsweise besseren Ernährungs- und Wohnungssituation die wichtigsten Aufnahmeräume gewesen waren. Vor allem auf der Suche nach adäquaten Arbeitsplätzen zielte diese Bewegung auf städtisch-industrielle Räume. ›Verlierer‹ war Niedersachsen, ›Gewinner‹ Nordrhein-Westfalen und hier vor allem das Ruhrgebiet. Zwischen 1949 und 1956 wurden auf der Basis von fünf Umsiedlungsprogrammen des Bundes rund 1 Million Flüchtlingen und

Vertriebene in anderen Bundesländer umverteilt. Niedersachsen war daran mit etwa 325.000 Menschen beteiligt (s. Schaubild 4 für den Zeitraum 1949–1953). Dennoch blieb Niedersachsen eines der ›Hauptflüchtlingsländer‹ in Westdeutschland: Auch Mitte der 1950er lebten noch rund 20% aller Flüchtlinge und Vertriebenen in diesem Bundesland.

Schaubild 4: Aus Niedersachsen in andere Bundesländer umgesiedelte Flüchtlinge und Vertriebene 1949–1953

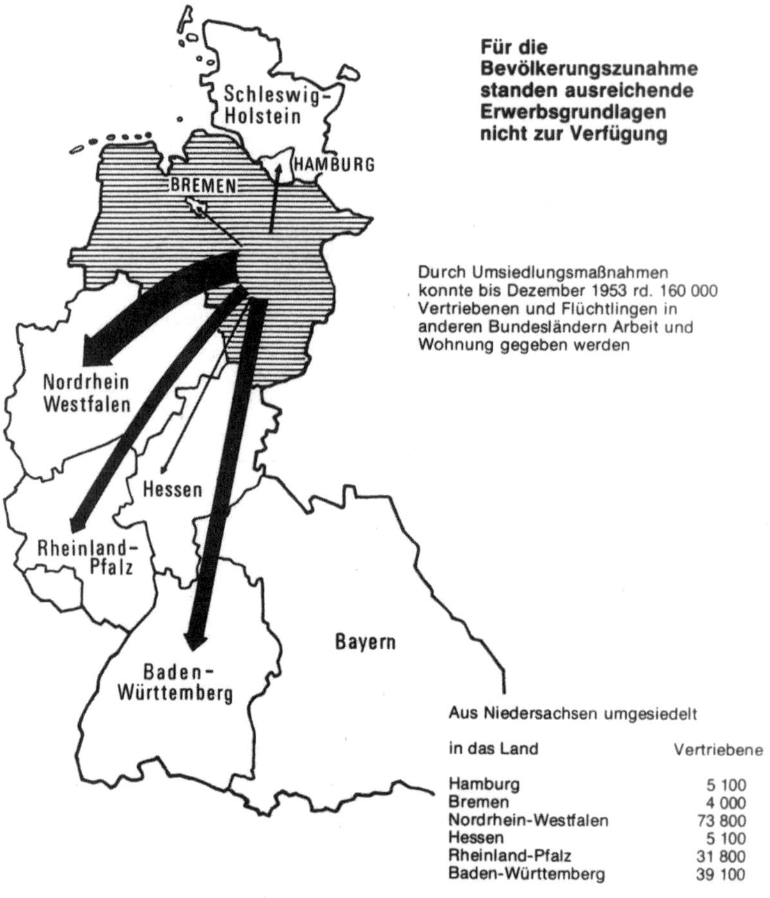

in das Land	Vertriebene
Hamburg	5 100
Bremen	4 000
Nordrhein-Westfalen	73 800
Hessen	5 100
Rheinland-Pfalz	31 800
Baden-Württemberg	39 100
Insgesamt	158 900

Quelle: Bradatsch/Loebel, Neue Heimat in Niedersachsen, S. 56.

Arbeitswanderer und Einwanderer

Das Ende der ›Fremdarbeiterbeschäftigung‹ in der nationalsozialistischen Kriegswirtschaft lag erst ein Jahrzehnt zurück und die Integration der Flüchtlinge und Vertriebenen war noch nicht abgeschlossen, als in der zweiten Hälfte der 1950er Jahre im Zeichen des ›Wirtschaftswunders‹ auf der Grundlage von Anwerbeverträgen bereits die Zuwanderung jener ausländischen Arbeitnehmerinnen und Arbeitnehmer begann, die man in der öffentlichen Diskussion bald ›Gastarbeiter‹ nannte. Die Hochkonjunktur im Zeichen des Wiederaufbaus ließ die Nachfrage nach Arbeitskräften immer weiter ansteigen. Anders als bei der Aufnahme von Flüchtlingen und Vertriebenen gehörte Niedersachsen nun aber nicht zu den Bundesländern mit den höchsten Zuwanderungsraten: Von 1961, dem Jahr des Mauerbaus, der die weitere Zuwanderung von Arbeitskräften aus der DDR blockierte, bis zum ›Anwerbestopp‹ 1973 stieg die Zahl der Ausländer in Niedersachsen von 39.000 auf 266.036. Der Ausländeranteil an der Gesamtbevölkerung wuchs damit von 0,1 auf 3,7%, im Bundesdurchschnitt lag der Ausländeranteil aber 1973 schon bei 6,4%.

Anfang der 1960er Jahre dominierten Italiener, Spanier und Griechen unter den ausländischen Arbeitswanderern beiderlei Geschlechts in Niedersachsen. Seit Mitte der 1960er Jahre stellten Jugoslawen und Türken die größten Zuwandererkontingente. 1973 kamen 29,2% aller Ausländer in Niedersachsen aus der Türkei. Italiener stellten 14,2%, Jugoslawen 12,6%, Spanier 9,3% und Griechen 3,1%. Schwerpunkte der Zuwanderung waren Städte und Kreise mit hoher Industriequote im Südosten Niedersachsens: Wolfsburg, Salzgitter, Hannover und Braunschweig. Nur in Wolfsburg aber lag 1973 der Ausländeranteil an der Bevölkerung über 10%. Ausländer konzentrierten sich vorrangig im Produktionsbereich mit Schwerpunkten in der Eisen- und Metallerzeugung bzw. -verarbeitung, dem verarbeitenden Gewerbe und dem Baugewerbe. Sie waren hauptsächlich als un- oder angelernte Arbeitskräfte beschäftigt, zumeist auf Arbeitsplätzen mit hoher körperlicher Beanspruchung und gesundheitlicher Belastung.

Der von der Bundesregierung im Zeichen des ›Ölpreisschocks‹ von 1973 verhängte ›Anwerbestopp‹ beendete die ›Gastarbeiterperiode‹ in der Bundesrepublik. Der Anstieg der Erwerbslosenzahlen in der ›Ölkrise‹ schien Ausländerbeschäftigung überflüssig werden zu lassen. Der ›Anwerbestopp‹ aber wirkte als Bumerang; denn er stellte ausländische Arbeitskräfte, die nicht auf Dauer von ihren Familien im Herkunftsland getrennt leben wollten, vor die Alternative: endgültige Rückkehr in die schon fremder gewordene Heimat oder Familiennachzug in die vertrauter werdende Bundesrepublik.

BUNDESREPUBLIK DEUTSCHLAND

Legitimationskarte Nr. 005227

(Deutsch-italienische Vereinbarung über die Anwerbung und Vermittlung von italienischen Arbeitskräften nach der Bundesrepublik Deutschland vom 20. 12. 1955)

Gilt nur in Verbindung mit dem Reisepaß

vom 12. Juni bis 15. November 1956

Name: Vitullo
(Bei Frauen auch Geburtsname)

Vornamen: Francesco

Geburtstag: 18.6.32 Geburtsort: Bomba

Verona, 12. Juni 1956
(Ausstellungsort und Datum)

Bundesanstalt für Arbeitsvermittlung und Arbeitslosenversicherung
Deutsche Kommission in Italien
Im Auftrag

Bundesanstalt für Arbeitsvermittlung und Arbeitslosenversicherung – Deutsche Kommission in Italien – Dienststempel

Name und Anschrift des Arbeitgebers:

Art der Beschäftigung: Landarbeiter

13. 6.[redacted]

(Stempel des Arbeitsamts und Unterschrift)

512182 50000 Sätze zu 4 Bl. 2.56

Arbeitsmigrant bei der Firma Leichtmetall, Hannover, 1975

Arbeitspause spanischer Arbeitsmigranten bei der Firma Karmann, Osnabrück

Schon vor 1973 hatte sich die Tendenz zur Verfestigung des Aufenthalts von Ausländern immer deutlicher gezeigt, neben den 2,6 Millionen ausländischen Beschäftigten lebten bereits fast 1,4 Millionen nichterwerbstätige Ausländer in der Bundesrepublik. Im Schuljahr 1965/66 hatte es in der Bundesrepublik nur 35.135 ausländische Schüler gegeben; 1970/71 lag ihre Zahl bereits bei 159.007, 1975/76 dann schon bei 385.275. Nach 1973 blieben die meisten ›Gastarbeiter‹ bzw. ›Gastarbeiterinnen‹ im Land und zogen ihre Familien nach. Was als Arbeitskräfteanwerbung auf Zeit begonnen hatte, zeigte damit schon in den 1970er Jahren deutliche Übergänge in eine echte Einwanderungssituation, die sich in den Folgejahren kontinuierlich gefestigt hat. 1980 hielt sich ein Drittel der Ausländer bereits zehn oder mehr Jahre in Niedersachsen auf, 1985 lag der Anteil schon bei 55%.

Der ›Anwerbestopp‹ 1973 ließ zwar zunächst die Zahl der beschäftigten ausländischen Arbeitskräfte in Deutschland sinken, und auch in Niedersachsen fiel sie von 1973 bis 1977 um 25%. Zugleich sank auch der Umfang der ausländischen Wohnbevölkerung in der Bundesrepublik zwischen 1974 und 1978 von

Schaubild 5: Niedersachsen 1955–2000: Zu- und Abwanderung von Migranten aus den ›Anwerbeländern‹

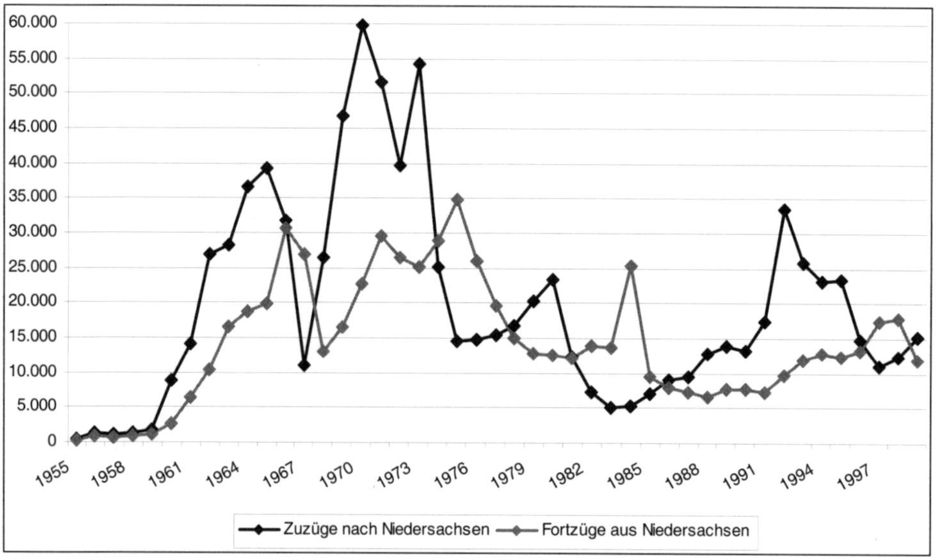

Graphik: Jürgen Müller, Hannover.
Quelle: Niedersächsisches Landesamt für Statistik.

4,1 auf 3,9 Millionen. Seit Ende der 1970er Jahre aber wuchs die Ausländerbevölkerung wieder über das Niveau von 1973 hinaus an und erreichte 1981/82 in Niedersachsen eine Zahl von rund 300.000. Vor dem Hintergrund der im Ergebnis gescheiterten Rückkehrförderungspolitik der Bundesregierung 1983/84 sank zwar erneut die Ausländerzahl auch in Niedersachsen leicht auf 275.000 ab. Seither nahm sie aber, vor allem ab 1990, wieder verstärkt zu. Bis 1993 stieg die Zahl der Ausländer in Niedersachsen auf 446.000. Seither hat sich der Anstieg verlangsamt. Die Ende 2001 in Niedersachsen lebenden rund 476.000 ausländische Staatsangehörigen entsprechen einem Bevölkerungsanteil von 6% (Bundesgebiet: 8,9%) (s. Schaubild 5).

Asylsuchende, Kriegs- und Bürgerkriegsflüchtlinge

Einen wesentlichen Anteil an der erheblichen Zunahme der Zahl der Ausländer Ende der 1980er und Anfang der 1990er Jahre hatte auch in Niedersachsen die steigende Zuwanderung von Asylsuchenden, Kriegs- und Bürgerkriegsflüchtlingen. ›Politisch Verfolgte genießen Asylrecht‹ hatte der 1948/49 geschaffene Artikel 16, Absatz 2 des Grundgesetzes gelautet. Das subjektive Recht auf Asyl war so zum Grundrecht geworden. Die Bundesrepublik Deutschland schuf damit das liberalste Asylrecht weltweit als Symbol für die Neubegründung eines demokratischen Staatswesens in möglichst weitreichender Abgrenzung zum Nationalsozialismus. Je mehr aber das Recht auf Asyl seither in Anspruch genommen wurde, desto stärker wurde die Asylgewährung in der Praxis eingeschränkt. Mit Hilfe vieler Maßnahmen und Verordnungen ist das vor allem seit den 1970er Jahren geschehen. Im Juli 1993 wurde dann durch Artikel 16a des Grundgesetzes das Grundrecht auf Asyl selber scharf begrenzt, vor allem durch die Konstruktion der ›verfolgungsfreien Herkunftsländer‹ und ›sicheren Drittstaaten‹, die eine – legale – Einreise von Asylsuchenden fortan außerordentlich erschwerte.

Hintergrund der zunehmenden Restriktionen waren stark steigende Asylbewerberzahlen in der Bundesrepublik Deutschland: Seit den 1970er Jahren waren die Asylantragszahlen deutlich in die Höhe gegangen und überstiegen 1980 erstmals die Schwelle von 100.000. In der Folge sorgten die Einschränkungen des Zugangs zum Asyl zwar wieder für ein deutliches Absinken der Asylbewerberzahlen. Mit der Krise in Osteuropa und der Öffnung des ›Eisernen Vorhangs‹ Ende der 1980er Jahre aber kam der stärkste Anstieg der jährlichen Asylbewerberzahlen: 1988 wurden abermals mehr als 100.000 erreicht, 1992 lag der Spitzenwert bei fast 440.000.

Zelte für Asylsuchende: Lager in Hannover, 1992

Die Asylrechtsreform von 1993 ließ die Asylbewerberziffern wieder stark sinken; zwischen 1994 und 1999 schwankten sie erneut um die Marke von 100.000. Seither sind die Zahlen noch weiter gesunken (2000: 78.564, 2001: 88.287). Heute ist die Bundesrepublik Deutschland für asylsuchende Flüchtlinge auf dem Landweg – legal – kaum mehr zu erreichen, weil sie von ›sicheren Drittstaaten‹ lückenlos umgeben ist. Auch der Weg über die Flughäfen ist für Asylsuchende weithin eingeschränkt. Nicht zuletzt deshalb ist die Zahl der aufenthaltsrechtlichen ›Illegalen‹ in Deutschland stark gestiegen, während die international vernetzten Schlepperorganisationen die eigentlichen Gewinner der Abschottung sind.

Asylbewerber haben in der Bundesrepublik nicht das Recht auf Freizügigkeit, sie werden nach einem bestimmten Schlüssel auf die einzelnen Bundesländer verteilt. Niedersachsen ist verpflichtet, rund 10% aller Asylbewerber aufzunehmen. In Niedersachsen überschritt die Zuwanderung von Asylbewerbern 1986 mit 11.513 erstmals die Grenze von 10.000, um dann 1991 auf über 22.000 und 1992 auf 42.000 zu steigen. Nach der Einschränkung des Asylgrundrechts 1993 gingen die Zahlen im Folgejahr 1994 auf fast ein Drittel dieses Spitzenwertes zurück (14.241), sanken bis 1997 weiter bis auf rund 10.000 ab, um in den Folgejahren die Marke von 10.000 zum Teil deutlich zu unterschreiten (1998: 9.483, 1999: 8.588, 2000: 7.015, 2001: 8.248) (s. Schaubild 6).

Schaubild 6: Zuweisung von Asylbewerbern nach Niedersachsen 1975–2001

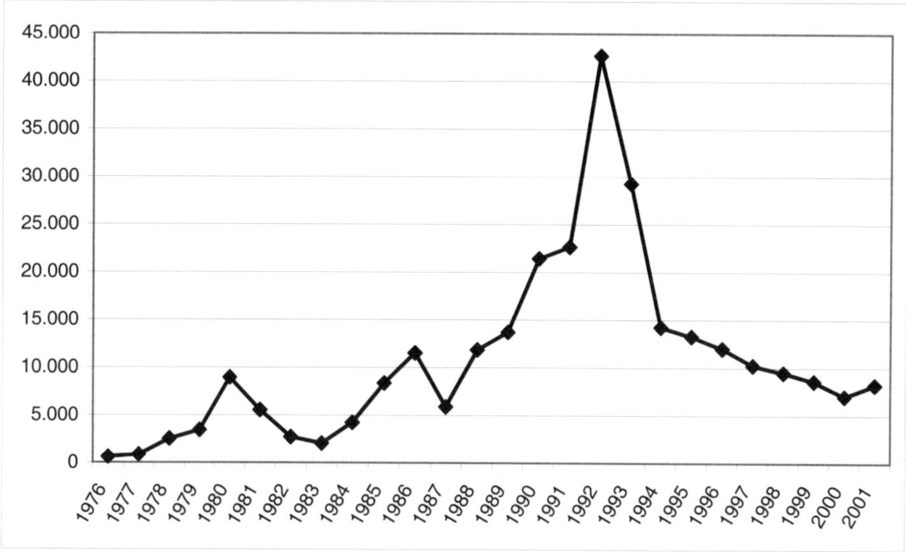

Graphik: Jürgen Müller, Hannover.
Quelle: Susanne Benzler, Migranten in Wartestellung: Asylsuchende und Flüchtlinge in Niedersachsen, in: Klaus J. Bade (Hg.), Fremde im Land. Zuwanderung und Eingliederung im Raum Niedersachsen seit dem Zweiten Weltkrieg (IMIS-Schriften, Bd. 3), Osnabrück 1997, S. 213–248, hier S. 217; Bundesamt für die Anerkennung ausländischer Flüchtlinge.

Vor allem die relativ hohe Zuwanderung von Flüchtlingen und Asylsuchenden Ende der 1980er und Anfang der 1990er Jahre veränderte auch die Zusammensetzung der niedersächsischen Ausländerbevölkerung in den 1990er Jahren: Der Anteil der Ausländer aus den ›Gastarbeiterländern‹ sank zwischen 1980 und 1993 von drei Fünfteln auf zwei Fünftel, gleichzeitig stieg der Anteil von Zuwanderern aus Afrika und Asien. Hinzu kam vor dem Hintergrund der Öffnung des ›Eisernen Vorhangs‹ eine erhebliche Zunahme der Zahl polnischer Staatsangehöriger. Seit 1990/91 wuchs außerdem die Zahl der Kriegs- und Bürgerkriegsflüchtlinge aus Ex-Jugoslawien besonders stark an.

Aussiedler: deutsche Einwanderer aus Osteuropa

Zeitgleich mit dem Anstieg der Zahl der Asylsuchenden verstärkte sich auch die Zuwanderung der Aussiedler, für die Niedersachsen eines der wichtigsten Aufnahmeländer war. Aussiedler, die in der Regel im Familienverband zuwandern, sind Deutsche und Einwanderer zugleich: Obwohl anerkannte und eingereiste Aussiedler rechtlich Deutsche sind, durchleben doch die meisten von ihnen sozial, kulturell und mental eine echte Einwanderungssituation mit allen damit verbundenen – von den Einheimischen oft unterschätzten – Problemen.

Aussiedler stammen zwar aus dem Ausland, sie tauchen als Deutsche aber nicht in der Ausländerstatistik auf – die aufgrund der einbürgerungshemmenden Wirkungen des bis zum Jahre 2000 gültigen Staatsangehörigkeitsrechts in Deutschland umgekehrt viele Menschen verzeichnet, die schon die Enkel von zugewanderten Ausländern sind, aber dennoch nach wie vor als Ausländer in Deutschland leben, obgleich schon ihre Eltern hier heimisch waren, während Aussiedler, die rechtlich Deutsche sind, noch lange Einwanderer bleiben. Diese für ein Zuwanderungsland auffällige Besonderheit einer in mancher Hinsicht wenig aussagekräftigen Statistik gilt auch für den Zuwanderungsraum Niedersachsen.

Von den insgesamt 4,22 Millionen Aussiedlern, die zwischen 1950 und 2001 in die Bundesrepublik gekommen sind, stammten mit 2,07 Millionen rund die Hälfte aus der UdSSR bzw. ihren Nachfolgestaaten. Aus Polen kamen 1,44 Millionen Aussiedler, aus Rumänien 430.000, aus der Tschechoslowakei 105.000 und aus Jugoslawien 90.000. Insgesamt bildete die Zuwanderung der Aussiedler nach den Zuwanderungen der Flüchtlinge und Vertriebenen in der Nachkriegszeit sowie der ausländischen Arbeitsmigranten seit der Mitte der 1950er Jahre die drittstärkste Migrationsbewegung in der Geschichte der Bundesrepublik Deutschland.

Nach dem Ende von Flucht und Vertreibung hatten in Ost-, Ostmittel- und Südosteuropa 1950 noch rund vier Millionen Deutsche und ›Deutschstämmige‹ gelebt. Zwischen 1950 und 1987 kamen rund 1,4 Millionen von ihnen als ›Aussiedler‹ vornehmlich aus Polen, Rumänien und der UdSSR in die Bundesrepublik Deutschland. Mit ›Glasnost‹ und ›Perestrojka‹ in der UdSSR, vor allem aber mit der Öffnung des ›Eisernen Vorhangs‹ 1989 stieg die Zahl der Aussiedler sprunghaft an: 1988–2001 erreichten weitere 2,8 Millionen von ihnen Deutschland, mehr als zwei Drittel davon kamen nun aus der Sowjetunion bzw. ihren Nachfolgestaaten. 1987 hatte die Aussiedlerzuwanderung noch bei knapp 79.000 gelegen, ging mit rund 200.000 im Jahre 1988 scharf in die Höhe und erreichte bis Ende 1989 dann sogar 377.000. Das Spitzenjahr war 1990 mit rund 397.000 zugewanderten Aussiedlern. 1991–1995 ging die jährliche Aussiedlerzuwanderung auf 220.000–230.000 zurück. Sie sank fortan weiter, erreichte 1997 ca. 134.000 (134.419), lag 1998 und 1999 jeweils knapp über 100.000 und 2000 (95.615) sowie 2001 (98.484) jeweils knapp unter dieser Marge.

Bitte Merkblatt beachten und Unterlagen unbedingt beifügen !

Aktenzeichen des Bundesverwaltungsamtes	Eingangsstempel

KOSTENLOS
БЕСПЛАТНО

Antrag S

auf Aufnahme nach dem Bundesvertriebenengesetz (BVFG)
aus den Republiken der ehemaligen Sowjetunion, Estland, Lettland oder Litauen

I Republik *Kasachstan*

Folgende Personen
beantragen die Aufnahme in der Bundesrepublik Deutschland

II Aufnahmebewerber/in, der/die einen Aufnahmebescheid als **Spätaussiedler/in** beantragt

Name	Geburtsname
Vorname *Viktor*	Geburtsdatum *13.02.1957*

III Ehegatte, der die **Einbeziehung** in den Aufnahmebescheid des/der Aufnahmebewerbers/in beantragt

Name *entfällt*	Geburtsname
Vorname	Geburtsdatum

Ehegatten müssen einen eigenen Antrag stellen, wenn sie selbst einen Aufnahmebescheid als Spätaussiedler/in erhalten wollen.

IV Abkömmlinge, die die **Einbeziehung** in den Aufnahmebescheid des/der Aufnahmebewerbers/in beantragen

Name, Vorname	Geburtsdatum
keine	

Abkömmlinge müssen einen eigenen Antrag stellen, wenn sie selbst einen Aufnahmebescheid als Spätaussiedler/in erhalten wollen.

Bitte auf der letzten Seite unbedingt unterschreiben !

VD-Nr. 8414 -S- Aufnahmeantrag

Zu dem Rückgang der Aussiedlerzuwanderung seit 1991 trugen verschiedene Maßnahmen zur Besserung der Lage in den Ausgangsräumen, in erster Linie aber zur Beschränkung der Zuwanderung nach Deutschland bei: Das galt vor allem für die begrenzende Wirkung des Kriegsfolgenbereinigungsgesetzes vom 1. Januar 1993, das die Anerkennung als ›Spätaussiedler‹ auf die bis 31. Dezember 1992 Geborenen beschränkte und nur noch bei Antragstellern aus den Nachfolgestaaten der Sowjetunion erfahrene Benachteiligungen aufgrund der deutschen Herkunft voraussetzt, ohne daß diese belegt werden müssen. Wirksam ist zudem seit Juli 1996 die abschreckende Barriere der Sprachprüfungen als Hürde auf dem Weg zum Aufnahmebescheid. Sie wirkt allerdings nur für die Antragsteller deutscher Herkunft, nicht aber für die mitreisenden Familienangehörigen nicht-deutscher Herkunft, die 2000/01 ca. 75% dieser Zuwanderergruppe stellten und mithin nicht als ›deutsche Einwanderer‹, sondern als mitreisende reguläre ausländische Einwanderer zu verstehen sind. Indirekt einschränkend wirkte zunächst vor allem die 1992/93 festgeschriebene Begrenzung der Aufnahmebescheide auf ca. 225.000 als Höchstgrenze. Seit dem 1. Januar 2000 ist die Aussiedlerzuwanderung durch eine reguläre Kontingentierung auf 100.000 Personen pro Jahr beschränkt.

Wie schon in den Vorjahren, kam auch 2001 mit 97.434 der allergrößte Teil der Spätaussiedler aus den Nachfolgestaaten der UdSSR. Polen (623) und Rumänien (380) hatten demgegenüber als Herkunftsländer nur noch eine marginale Bedeutung. Auch in Niedersachsen kam mit über 99% der 8.646 im Jahre 2001 aufgenommenen der weitaus überwiegende Teil der Spätaussiedler aus den Nachfolgestaaten der UdSSR (8.587). Polen (47) und Rumänien (8) blieben auch hier als Herkunftsländer weit dahinter zurück.

Die Entwicklung für die Bundesrepublik Deutschland insgesamt spiegelte sich auch in den Angaben über die Zuwanderung von Aussiedlern bzw. Spätaussiedlern nach Niedersachsen; denn sie werden nach einem Verteilungsschlüssel den einzelnen Bundesländern zugewiesen. Niedersachsen ist danach verpflichtet, 9,2% der jährlichen Neuzuwanderer dieser Gruppe aufzunehmen (s. Schaubild 7). Entsprechend der jeweiligen Bevölkerungszahlen in den Bundesländern haben nur Nordrhein-Westfalen (21,8%), Bayern (14,4%) und Baden-Württemberg (12,3%) eine höhere Quote.

Wie sich allerdings die Aussiedlerbevölkerung in den einzelnen Bundesländern im Laufe der Jahrzehnte entwickelte, läßt sich aufgrund der genannten statistischen Probleme nicht zureichend erfassen. Viele Aussiedlerfamilien zogen es vor, sich dort anzusiedeln, wo sich bereits Familienangehörige oder Bekannte niedergelassen hatten. Vor allem mit dem erheblichen Anstieg der Aussiedlerzuwanderung am Ende der 1980er Jahre führten solche Kettenwanderungen zur Entwicklung von Siedlungsschwerpunkten der Aussiedler. Einige Bundesländer – neben Niedersachsen vor allem Hessen, Rheinland-Pfalz und Baden-Württemberg – waren deshalb trotz des länderspezifischen Verteilungsschlüssels stärker von der Aussiedlerzuwanderung betroffen als andere.

Schaubild 7: Zuweisung von Aussiedlern nach Niedersachsen 1987–2001

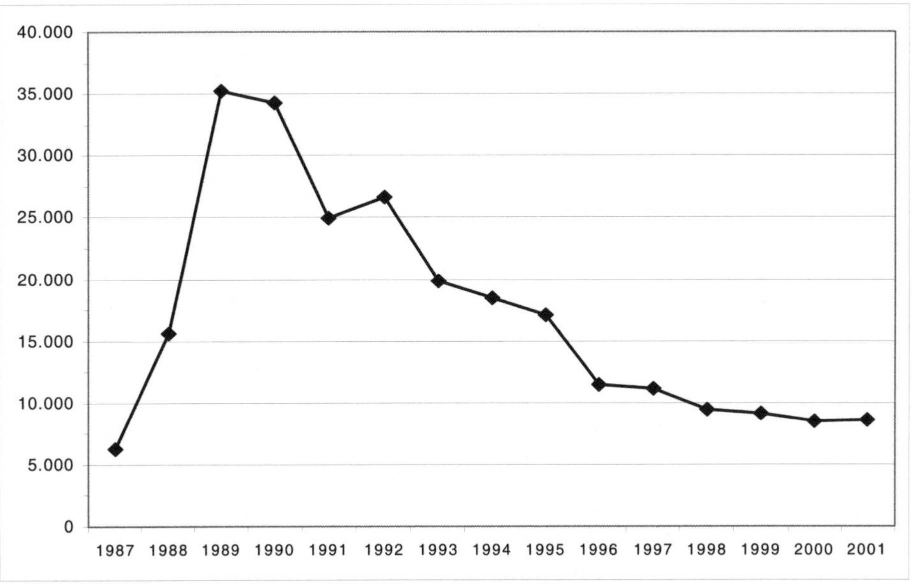

Graphik: Jürgen Müller, Hannover.
Quelle: Bundesinnenministerium.

Proteste der Länder gegen die mit der Herausbildung von regionalen und lokalen Zuwanderungsschwerpunkten bzw. -brennpunkten wachsenden Belastungen führten 1989 zum ›Gesetz über die Festlegung eines vorläufigen Wohnortes für Aussiedler und Übersiedler‹, wonach Aussiedler für drei Jahre einer bestimmten Gemeinde zugewiesen wurden. Mitte der 1990er Jahre wurde deutlich, daß das Wohnortzuweisungsgesetz, das 1992 für weitere drei Jahre verlängert worden war, nicht die gewünschten Wirkungen zeigte; denn viele Aussiedler zogen trotz der Wohnortzuweisung nach kurzer Zeit in die Nähe von Verwandten oder Bekannten um.

Die Neufassung des Wohnortzuweisungsgesetzes von 1996 knüpfte deshalb die Inanspruchnahme sozialer Leistungen an den Verbleib am zugewiesenen Wohnort. Seither sind Aussiedler verpflichtet zwei (seit dem Jahre 2000 drei) Jahre nach der Einreise am zugewiesenen Wohnort zu bleiben. Ein Umzug ohne den Nachweis eines Arbeits-, Ausbildungs- oder Studienplatzes am Zuzugsort kann zum Verlust der Ansprüche auf Eingliederungshilfen führen. Da der weitaus überwiegende Teil der Aussiedler zunächst auf öffentliche Unterstützung angewiesen ist, hat das Gesetz nicht nur die Einhaltung des länderspezifischen Verteilungsschlüssels erleichtert, sondern auch innerhalb der einzelnen Bundesländer dazu beigetragen, daß die Zuwanderung in regionale Aussiedlerschwerpunkte an Bedeutung verlor.

Aussiedler im Grenzdurchgangslager Osnabrück/Bramsche, 1996

In Niedersachsen bildete vor allem der Landkreis Osnabrück ein solches Zuwanderungszentrum. 1995 hatte die Aussiedlerzahl hier fast 25.800 erreicht, nach der Änderung des Wohnortzuweisungsgesetzes 1996 stieg die Zahl bis Jahresende 2001 nur noch leicht weiter auf knapp 28.100 und erreichte damit 7,9% der Gesamtbevölkerung des Landkreises, wobei der Anteil der Aussiedler an der Bevölkerung in einzelnen Gemeinden des Nordkreises noch wesentlich darüber lag. Neben dem Landkreis Osnabrück bildete der Landkreis Emsland ein weiteres Zuwanderungszentrum in Niedersachsen. Der Bevölkerungsanteil der Aussiedler erreichte im Landkreis Emsland mit rund 7% beinahe den Wert des Landkreises Osnabrück. Die Entwicklung kommunaler Schwerpunkträume der Aussiedlerzuwanderung läßt sich auch hier beobachten: Besonders hohe Aussiedleranteile verzeichneten beispielsweise die Samtgemeinden Werlte

(17,3%), Spelle (11,4%), Freren (8,8%), Lathen (8,7%), Nordhümmling (8,6%) und Sögel (8,3%). Weitere Schwerpunkte der Aussiedlerzuwanderung in Niedersachsen sind die Landkreise Gifhorn und Cloppenburg sowie die Stadt Hannover.

Die starke Aussiedlerzuwanderung und deren Konzentration in besonderen Schwerpunkträumen wurden zu einer zunehmend schwierigeren gesellschaftlichen Herausforderung. Lange hatte die Aussiedlereingliederung als ein mustergültiges, auch für die Integration ausländischer Einwanderer empfehlenswertes Modellunternehmen gelten können. Die Rahmenbedingungen haben sich seit Anfang der 1990er Jahre unter wachsendem Haushaltsdruck verändert. Leistungen für Eingliederungshilfen wurden gekürzt, die Dauer der Sprachkurse drastisch verringert, obgleich die Deutschkenntnisse der Zuwanderer deutlich schlechter wurden und die angespannte Arbeitsmarktlage bei geringen beruflichen Qualifikationen und mangelnder Sprachfertigkeit immer weniger Chancen bot. Die reduzierten Eingliederungshilfen greifen aber auch angesichts der anhaltenden Massenerwerbslosigkeit zum Teil nur mehr bedingt. Die Chancen von Aussiedlern bzw. Spätaussiedlern, eine ihrer Qualifikation entsprechende berufliche Position zu finden, sanken deutlich. Demotivierung und Desorientierung sowie Spannungen zwischen Aussiedlern bzw. Spätaussiedlern und Einheimischen, aber auch zwischen jugendlichen Spätaussiedlern und jungen Ausländern der zweiten oder dritten Generation nahmen in den 1990er Jahren zu und haben trotz des Rückgangs der Aussiedlerzuwanderung seit Mitte der 1990er Jahre erst schrittweise an Bedeutung verloren.

Szenarien und Perspektiven

In der Gesamtentwicklung von Bevölkerung und Wanderung im späten 20. Jahrhundert folgte Niedersachsen dem allgemeinen Trend für die Bundesrepublik: Geburtenraten stagnieren bzw. sinken und die Bevölkerung wird insgesamt älter. Daß die demographisch alternde Bevölkerung noch nicht in absoluten Zahlen schrumpfte, sondern noch mäßig wuchs, hatte, vom Anstieg der mittleren Lebenserwartung abgesehen, seinen Grund nur mehr in der Zuwanderung aus dem Ausland. Für die zukünftige Entwicklung der Bevölkerung in Deutschland sind die prognostischen Modellrechnungen eindeutig: Selbst bei einer mittleren jährlichen Zuwanderung von ca. 170.000 Ausländern in die Bundesrepublik würde die Wohnbevölkerung von rund 82 Millionen 1999 auf etwa 81 Millionen 2015 und auf etwa 77 Millionen 2030 zurückzugehen.

In der bei steigender Lebenserwartung und sinkenden Geburtenraten insgesamt demographisch alternden Bevölkerung entfaltet sich mit dem Geburtenrückgang eine folgenreiche Eigendynamik – weil mit den gestern und heute nichtgeborenen Kindern auch die potentiellen Eltern von morgen fehlen. Auch in Niedersachsen wächst die Bevölkerung seit langem nur noch aufgrund von Zuwanderungen. Im Jahre 2000 lag die Zahl der Geborenen um 3.465 unter der Zahl der Gestorbenen. Bei einer Zuwanderung, die über dem Niveau der 1980er Jahre, aber unter dem hohen Niveau der frühen 1990er Jahre läge, würde nach Modellrechnungen des Niedersächsischen Landesamtes für Statistik die Bevölkerung Niedersachsens aller Voraussicht nach bereits ab 2007/2008 sinken. 2016 dürfte die Bevölkerung des Bundeslandes unter der Ziffer für das Jahr 2000 liegen, fortan dürfte sich der Rückgang einem mittleren Szenario zufolge mit verschärftem Tempo vollziehen. 2040 könnte die Bevölkerungszahl Niedersachsens mit rund 6,9 Millionen demnach um fast 14% unter dem Stand von 2001 liegen.

Um 2015 dürfte sich die Zusammensetzung der Bevölkerung in Niedersachsen nach Altersgruppen schon stark gewandelt haben: Gab es in Niedersachen 2000 noch rund 1,56 Millionen Menschen im Alter von 0–18 Jahren, so wird diese Gruppe 2016 nur mehr 1,34 Millionen umfassen. Die Gruppe der Menschen im Alter von 18–45 Jahren dürfte von 3 Millionen im Jahr 2000 auf weniger als 2,5 Millionen im Jahr 2016 sinken. Demgegenüber wird die Zahl der älteren Menschen deutlich ansteigen: Die Zahl der Menschen, die 65 Jahre alt oder älter waren, betrug 2000 rund 1,3 Millionen, 2016 wird sie bei 1,67 Millionen liegen. 844.000 Menschen in Niedersachsen werden dann mindestens 75 Jahre oder älter sein, im Jahre 2000 waren es erst 568.000.

Bei wachsender Einsicht in die Bestimmungskräfte der natürlichen Bevölkerungsentwicklung ist in den letzten Jahren Bewegung in die Migrationsdiskussion und Migrationspolitik gekommen. Über Jahrzehnte hinweg war ignoriert worden, daß die Integration von Millionen aus dem Ausland stammenden Menschen die Gesellschaft der Bundesrepublik Deutschland immer nachhaltiger prägte. Eine diese Prozesse begleitende und gestaltende Migrations- und Integrationspolitik war deshalb lange ausgeblieben – denn was man tabuisiert, das kann man nicht gestalten.

Mit der Reform des Staatsangehörigkeitsrechts, die seit dem 1. Januar 2000 gültig ist, wurde ein wichtiger Schritt zur Anerkennung der seit langem bestehenden Einwanderungssituation getan. Zugleich bedeutete diese Reform eine Angleichung an europäische Standards. Seit dem 1. Januar 2000 in Deutschland geborene Kinder ausländischer Eltern erhalten die deutsche Staatsangehörigkeit. Falls sie zugleich auch die ausländische Staatsangehörigkeit der Eltern erwerben, müssen sie sich nach Erreichen der Volljährigkeit bis zum 23. Lebensjahr für eine Staatsangehörigkeit entscheiden. Wollen sie die ausländische Staatsangehörigkeit behalten, verlieren sie die deutsche wieder. Die Einbürgerung wurde erheblich erleichtert. Ausländer haben unter bestimmten Voraussetzungen, wozu auch das Bestehen eines Sprachtests gehört, seit dem 1. Januar 2000 nach acht – und nicht mehr wie bis dahin nach fünfzehn – Jahren einen Anspruch auf Einbürgerung.

Dieses Angebot wurde durchaus angenommen. Im Jahr 2000, dem ersten Jahr nach der Reform, stieg die Zahl der Einbürgerungen im Vergleich zum Vorjahr um 30% auf knapp 187.000 an. 2001 sank die Zahl der Einbürgerungen wieder leicht auf 178.100 ab. Unter diesen knapp 180.000 Eingebürgerten befinden sich 23.400 in Deutschland geborene ausländische Kinder unter zehn Jahren, denen die deutsche Staatsangehörigkeit automatisch zuerkannt wurde. Über 40% der Personen (75.600), die 2001 die deutsche Staatsangehörigkeit erworben haben, waren türkischer Herkunft. Annähernd gleich stark waren bei der Einbürgerung die beiden nächsten Nationalitätengruppen: jeweils rund 7% (12.000) der neu Eingebürgerten waren iranischer oder jugoslawischer Herkunft.

Eine neue und überraschende Initiative für die Migrationspolitik der Zukunft war im Februar 2000 von der Anregung von Bundeskanzler Schröder auf der Hannoveraner CeBIT-Messe ausgegangen, höchstqualifizierten ausländischen Computerspezialisten eine vorübergehende Arbeitserlaubnis für Deutschland zu erteilen. Aus der Initiative wurde die ›Green Card‹, der bald eine bayerische ›Blue Card‹ folgte, der sich neben anderen Bundesländern auch Niedersachsen angeschlossen hat. Die ›Green Card‹-Regelung ermöglicht hochqualifizierten Fachkräften aus Ländern außerhalb der EU einen erleichterten Zugang zum Arbeitsmarkt in Deutschland. Bis zu 20.000 Fachkräfte im Bereich der Informationstechnologie können aufgrund dieser Regelung für maximal fünf Jahre ein Aufenthalts- und Arbeitsrecht in der Bundesrepublik Deutschland wahrnehmen. Ende März 2002 waren rund 11.500 ›Green Cards‹ vergeben. Die meisten ›Green Cards‹ gingen an Fachkräfte aus Indien (2.500), vor Bewerbern aus Nachfolgestaaten der UdSSR (1.600) sowie Rumänien (900). Niedersachsen spielt als Ziel der Zuwanderung von ›Green Card-Besitzern‹ nur eine geringe Rolle. Die meisten ›Green Cards‹ wurden in Bayern erteilt (3.153). Schwerpunkte lagen auch in Hessen (2.602), Baden-Württemberg (2.222) und Nordrhein-Westfalen (1.756), in Niedersachsen hingegen kam es nur zur Zuwanderung von 159 ›Green Card‹-Besitzern.

Der Initiative des Bundeskanzlers auf der CeBIT folgte die Einberufung der Unabhängigen Kommission ›Zuwanderung‹, die am 4. Juli 2001 ihre Empfehlungen für eine zukünftige Zuwanderungs- und Integrationspolitik vorlegte.

In Auswahlkästchen ☐ Zutreffendes ankreuzen ☒

Antrag auf Arbeitsgenehmigung

Bitte Hinweise auf der Rückseite beachten.

Please note remarks on the reverse.

Faites attention aux indications mentionnées au verso.

Uzmite u obzir napomene na poledjini.

Lütfen arka sahifedeki hususlara dikkat ediniz.

Angaben zum ausländischen Arbeitnehmer:

1 Name

Vorname

2 bei Firma

3 Straße, Hausnummer

4 Postleitzahl, Ort

5 Versicherungsnummer

6 ggf. Geburtsname

7 Wohnung in der Bundesrepublik Deutschland, soweit nicht nebenstehend angegeben

8 Geburtsdatum

9 Geschlecht männl. ☐ weibl. ☐

10 Staatsangehörigkeit

11 anerkannter ausl. Flüchtling/Asylberechtigter ☐ ja ☐ nein

12 verheiratet ☐ ja ☐ nein

13 Staatsangehörigkeit des Ehegatten

14 Name und Anschrift des letzten Arbeitgebers

15 letzte Arbeitsgenehmigung erteilt vom Arbeitsamt

16 Aufenthaltsgenehmigung ☐ erteilt ☐ beantragt

17 durch/bei Ausländerbehörde

18 Aufenthaltsgenehmigung/Duldung/Aufenthaltsgestattung bis

Arbeitsgenehmigung wird beantragt

19 von bis

20 als (Art der auszuübenden Beschäftigung)

21 bei (Name und Anschrift des Beschäftigungsbetriebes)

22 Betriebsnummer des Beschäftigungsbetriebes

23 Beschäftigungsort/-gebiet

24 Fortsetzung der bisherigen Beschäftigung ja ☐ nein ☐

25 Mehrfachbeschäftigter ja ☐ nein ☐

26 Es wird bestätigt, daß der Arbeitnehmer entsprechend dem Antrag beschäftigt werden soll

Unterschrift des Arbeitgebers

27 Unterschrift des Arbeitnehmers

28 Datum

(Wird vom Arbeitsamt ausgefüllt)

Bundesanstalt für Arbeit

Arbeitsgenehmigung

Dem oben genannten Arbeitnehmer wird hiermit eine Arbeitsgenehmigung nach § 284 Sozialgesetzbuch (SGB) Drittes Buch (III) vom 24. 3. 97 (BGBl. I S. 594) in der jeweils geltenden Fassung erteilt.

Diese **Arbeitserlaubnis** gilt für eine berufliche Tätigkeit nach Ziff. 20 **nur** bei dem unter Ziff. 21 genannten Betrieb — § 285 SGB III

Die Arbeitserlaubnis gilt nicht für eine Beschäftigung als Leiharbeitnehmer

Diese **Arbeitsberechtigung** gilt für eine berufliche Tätigkeit jeder Art — § 286 SGB III

den Zeitraum von bis

Geltungsbereich/Beschäftigungsort

Arbeitsamt

im Auftrag

Datum

Dienststempel

BA – Ausl. Nr. 1 11.97 (Blatt 1) Ausfertigung für den Arbeitnehmer BUNDESDRUCKEREI

Formular für einen Antrag auf Erteilung einer ›Green Card‹

Die ›Süßmuth-Kommission‹ fordert einen klaren Wandel in der Migrations- und Integrationspolitik: Eine im Rahmen des Möglichen gesteuerte Zuwanderung sei aus wirtschaftlichen und demographischen Gründen notwendig geworden, der Zugang von Ausländern nach Deutschland müsse umfassend neu geregelt werden.

Der auch mit – begrenzter – Aufnahme der Ergebnisse der ›Süßmuth-Kommission‹ entwickelte, inhaltlich umkämpfte Entwurf der Bundesregierung für ein neues Zuwanderungsgesetz hat Bundestag und Bundesrat passiert und soll ab 1. Januar 2003 rechtskräftig werden. Aufgrund der Konflikte um die Abstimmung im Bundesrat haben die unionsregierten Länder indes beim Bundesverfassungsgericht gegen das Verfahren geklagt.

Das Zuwanderungsgesetz dokumentiert den Übergang der Bundesrepublik von einem informellen zu einem formellen Einwanderungsland, das über gesetzliche Regelungen kontrollierte Zuwanderung zuläßt und zugleich entsprechende Integrationsangebote bereithält. Damit steht Deutschland im Blick auf Migration und Integration in öffentlicher Diskussion, Politik und Gesetzgebung an einer Wende zu aktiver und planvoller Gestaltung von Migration und Integration als Zentralbereichen der Gesellschaftspolitik.

Zuwanderung und die daraus resultierenden Probleme für Zugewanderte und Einheimische werden allen Voraussagen zufolge auch die nächsten Jahrzehnte des Landes Niedersachsen bestimmen. Die Geschichte hat gezeigt, daß Integration selten reibungslos bzw. spannungs- und konfliktfrei verläuft. Ihre politische Begleitung und Gestaltung aber kann Spannungen abbauen oder doch begrenzen und dazu beitragen, damit verbundene Chancen zu nutzen, Folgen kalkulierbar zu halten und akzeptable Lebensbedingungen für alle Beteiligten bzw. Betroffenen zu sichern. Das erleichtert zugleich im Alltag der Einwanderungssituation die Begegnung in sozialem Frieden und kultureller Toleranz.

* * *

Dieses Buch ist ein Begleitband zur Ausstellung der Niedersächsischen Landeszentrale für politische Bildung mit dem Titel »›hier geblieben‹. Zuwanderung und Integration in Niedersachsen von 1945 bis heute«. Der Thematik nähert sich der Band über unterschiedliche Fallstudien zu wesentlichen Phänomen und Problemen von Migration und Integration im Raum Niedersachsen nach 1945. Die Beiträge wenden sich an einen weiteren Leserkreis. Dem entspricht auch das Bemühen um eine möglichst verständliche Darstellung. Frau Marianne Winkler als Leiterin des Ausstellungsprojekts der Niedersächsischen Landeszentrale für politische Bildung danken wir für die gute Kooperation, Herrn Jürgen Müller für Hilfestellungen bei der Bildredaktion. Für die Bearbeitung der Manuskripte zum Druck gilt unser Dank Frau Sigrid Pusch und Frau Jutta Tiemeyer von der Osnabrücker IMIS-Redaktion.

Literatur

Ausländische Bevölkerung in Deutschland, hg.v. Statistischen Bundesamt, Stuttgart 2001.

Bade, Klaus J.: Ausländer – Aussiedler – Asyl: Eine Bestandsaufnahme, München 1994.

Ders. (Hg.): Fremde im Land: Zuwanderung und Eingliederung im Raum Niedersachsen seit dem Zweiten Weltkrieg (IMIS-Schriften, Bd. 3), Osnabrück 1997.

Ders.: Europa in Bewegung. Migration vom späten 18. Jahrhundert bis zur Gegenwart, München 2000.

Ders./Meier, Hans-Bernd/Parisius, Bernhard (Hg.): Zeitzeugen im Interview. Flüchtlinge und Vertriebene im Raum Osnabrück nach 1945, Osnabrück 1997.

Ders./Oltmer, Jochen (Hg.): Aussiedler: deutsche Einwanderer aus Osteuropa (IMIS-Schriften, Bd. 8), Osnabrück 1999.

Herbert, Ulrich: Geschichte der Ausländerpolitik in Deutschland. Saisonarbeiter, Zwangsarbeiter, Gastarbeiter, Flüchtlinge, München 2001.

Malecki, Hans-Joachim: Die Heimatvertriebenen in Niedersachsen (Veröffentlichungen des Niedersächsischen Amtes für Landesplanung und Statistik, Reihe F, Band 6: Niedersachsen und das Flüchtlingsproblem, H. 1), Hannover 1949, S. 13–18.

Meier, Hans-Bernd: Vertriebene und Flüchtlinge im ehemaligen Regierungsbezirk Osnabrück 1945–1970: Zuwanderung, Flüchtlingsverwaltung, wirtschaftliche Integration und regionaler Strukturwandel, Diss. Osnabrück 1999 (http://elib.ub.uni-osnabrueck.de/publications/diss.html/E-Diss 129 HTML.html).

Meier-Braun, Karl-Heinz: Deutschland, Einwanderungsland, Frankfurt a.M. 2002.

Münz, Rainer/Ulrich, Ralf E.: Migration und zukünftige Bevölkerungsentwicklung in Deutschland, in: Klaus J. Bade/Rainer Münz (Hg.), Migrationsreport 2000. Fakten – Analysen – Perspektiven, Frankfurt a.M./New York 2000, S. 23–57.

Niedersächsisches Landesamt für Statistik: Regionale Vorausschätzung der Bevölkerung Niedersachsens unter Berücksichtigung von Wanderungen bis 2016, Hannover 2000.

Statistik-Datenbank, Ausgabe 2001, hg.v. Niedersächsischen Landesamt für Statistik, Hannover 2001.

»...und ahnten, daß hier die Welt zu Ende ist.« Aufnahme und Integration von Flüchtlingen und Vertriebenen im Westen Niedersachsens

Von Bernhard Parisius

Das Ost-West-Gefälle

An ihre Ankunft in Ostfriesland am 23. April 1946 kann sich die damals 27jährige Gerda Süßmann noch gut erinnern. Sie war mit der Bahn in Viehwaggons aus Weigelsdorf im Eulengebirge in das Flüchtlingsdurchgangslager Mariental bei Helmstedt transportiert worden: »Jetzt kamen wir in Personenwagen. Gegen Mittag landeten wir in Aurich. Ellernfeld nannte sich das große Barackenlager. Die kleinen Kinder wurden eingesammelt und gebadet. Nun bekamen wir einen Zettel, auf welchem unser Unterkunftsort stand. Wir erhielten Pogum. Wir wurden mit 20 Personen auf einem offenen Laster von Aurich nach Pogum gefahren. Als wir durch Critzum fuhren, fiel uns der frei stehende Glockenturm der Kirche auf, das kannten wir in Schlesien nicht. Als wir in Pogum ankamen, schauten wir über den Deich und ahnten, daß hier die Welt zu Ende ist. Wir baten in einem Haus, für Hartmut die Flasche warm zu machen. Dafür hatten wir unterwegs Milchpulver erhalten. Da sahen wir zum ersten Mal die Teekessel, welche direkt im Feuer standen. Aber in Pogum wollte uns keiner. Es ging weiter nach Ditzum. Da fand unser Nachbar Drescher Max mit seinen Verwandten ein Zimmer. Er ist allerdings gleich den kommenden Winter erfroren und verhungert. Er wollte einfach nicht mehr. Dann ging es weiter nach Nenndorp. Dort wollten sie nur drei Personen. Es war Frau Haberecht, Walter und Herbst Anna, welche ja auch bei uns im Haus wohnte. Sie wurden bei Bauer Osting in einer Butze untergebracht. Nun blieben wir sechs noch übrig. Uns fuhr man nach Hatzum. Es war schon finster und sehr spät, so konnte man mit uns nicht mehr viel anfangen. Wir kamen bei Herrn Kromminga in die Scheune. Von den großen Strapazen waren wir so müde, daß wir diese Nacht wunderbar geschlafen haben. Zum Frühstück erhielten wir warme Milch bzw. Milchsuppe. Das hat gemundet. Nun tagte ein Ausschuß über unsere Unterkunft. Man wußte nicht, wo man uns lassen sollte.«[1]

Gerda Süßmann kam mit ihren Eltern und ihrer Schwester, einer Tante und ihrem kurz vor der Vertreibung geborenen Kleinkind mit einem Vertriebenentransport in eine Region, in die sie nicht wollte. Bei der Verteilung der Vertriebenen im Lager Mariental hatte sie noch versucht, diesem Schicksal zu entgehen. Es standen dort abfahrbereite Busse in Richtung Harz. »Wir rannten so schnell wir konnten: Aber leider nahmen sie nur 200 und wir anderen mußten nach Ostfriesland. Wir wollten in den Harz, weil wir auch aus den Bergen kamen, aus dem Eulengebirge und dem Glatzer Bergland. Wir wollten wieder in den Wald.«[2]

Im Flüchtlingslager Tidofeld bei Norden lebten in den Nachkriegsjahren über 1.200 Flüchtlinge und Vertriebene (um 1950). Ursprünglich war es als Durchgangslager für Marinetruppen errichtet worden, davon zeugt noch der mächtige Eingang

Von den meist 1.600 bis 1.800 Personen umfassenden Transporten, die vom Februar 1946 bis Ende Januar 1947 aus Schlesien im Lager Mariental ankamen, wurden etwa 1.500 an entfernte Zielorte weitergeleitet, und der Rest, die sogenannten Spitzen, wurde in Autobussen ins Braunschweiger Land gebracht. Die Plätze in den Bussen waren sehr begehrt. Während der Flucht und Vertreibung gab es oft auch andere Möglichkeiten, anstatt mit dem von der Flüchtlingsverwaltung zugedachten Aufnahmeort vorliebzunehmen, sich selbst seinen neuen

Wohnort zu suchen. Dies ist eine der Hauptursachen für ein klares Ost-West-Gefälle in der Flüchtlingsverteilung in Niedersachsen.

Niedersachsen war neben Schleswig-Holstein unter den Ländern der alten Bundesrepublik das Hauptaufnahmeland für Flüchtlinge und Vertriebene. Von den über acht Millionen Flüchtlingen und Vertriebenen, die in die britische und amerikanische Zone strömten, nahm Niedersachsen fast zwei Millionen auf, und so hatte das Land mit 27% Flüchtlingen und Vertriebenen den höchsten Anteil hinter Schleswig-Holstein. In den Regierungsbezirken Stade, Braunschweig, Hannover und Hildesheim war jeder dritte oder vierte Bewohner ein Flüchtling oder Vertriebener, was im Westen des Landes, in den Regierungsbezirken Aurich und Osnabrück nur noch für jeden sechsten galt. Angesichts der Wahlmöglichkeiten der Flüchtlinge stellt sich die Frage, ob und warum eine spezifische Flüchtlingsbevölkerung in das Untersuchungsgebiet gekommen ist, die sich durch Herkunft, Alter, Beruf und den Anteil von Männern und Frauen von der Flüchtlingsbevölkerung in anderen Regionen unterscheidet. Schwerpunkt der folgenden Darstellung sind die ehemaligen Regierungsbezirke Aurich und Osnabrück, die – wie gesagt – beide nach dem Ende der Vertriebenentransporte 1946 mit 20% den niedrigsten Flüchtlingsanteil unter den niedersächsischen Regierungsbezirken hatten. Ein Blick wird dabei gelegentlich auf die Flüchtlingsaufnahme im Land bzw. im späteren Verwaltungsbezirk Oldenburg gerichtet, der eine mittlere Position zwischen dem dünn belegten Westen und dem dicht belegten Osten einnahm.

Lenkungsversuche der Militärregierung und der deutschen Verwaltung

Von der britischen Militärregierung und den deutschen Verwaltungsstellen wurde die Massierung der Flüchtlinge und Vertriebenen im Osten der ehemaligen Provinz Hannover durchaus erkannt. Beide wollten sie möglichst schnell und gleichmäßig über die gesamte Provinz verteilen. Am 5. September 1945 verkündete der Oberpräsident der Provinz Hannover, wie er »die nicht mehr tragbare Überfüllung der ostwärtigen Kreise der Provinz mit Flüchtlingen« und die »unkontrollierten Treckbewegungen von einem Regierungsbezirk in den anderen beenden«[3] wollte. Doch seine Planungen erwiesen sich als unrealistisch, weil sie den anhaltenden Zustrom von Flüchtlingen und Vertriebenen nicht berücksichtigten. Die Bemühungen der Militärregierung und der deutschen Verwaltung, eine gleichmäßigere Verteilung im Nachhinein herzustellen, also einen Großteil der Flüchtlinge und Vertriebenen in den Westen zu lenken, scheiterten aber auch an deren Widerstand. Ein Rechtsanwalt und Notar aus Soltau schilderte dem Landrat des Kreises Soltau am 25. August 1945 solche Erfahrungen: »Ich gestatte mir, Ihre Aufmerksamkeit darauf hinzulenken, daß ein nicht kleiner Teil derjenigen Personen, die bei mir eidesstattliche Versicherungen abgeben, in den früheren Gau Weser-Ems gebracht werden sollten, aus verschiedenen Gründen aber im Kreise Soltau verblieben.«[4] Viele kehrten aus dem Weser-Ems-Gebiet auch wieder in den Osten des Landes zurück.

Wenn schon keine nachträglichen Verschiebungen möglich waren, dann sollte jedenfalls die Verteilung künftig nach Plan und nicht mehr nach freien Entscheidungen der Flüchtlinge und Vertriebenen verlaufen. Durch Registrierungskarten und ein ausgeklügeltes Abstempelsystem, mit dem man sich die Berechtigung zum Bezug von Lebensmittelkarten erwerben konnte, sollte gewährleistet werden, »daß die Flüchtlinge nicht weiter von Ort zu Ort ziehen.«[5] Die endgültige Aufgliederung der Flüchtlinge und Vertriebenen auf die Kreise sollte am Zielbahnhof erfolgen.

Doch die Bekämpfung der »wilden Quartiermacher«[6] – wie sie in der Presse genannt wurden – erwies sich als äußerst schwierig. So monierte der Lüneburger Regierungspräsident am 8. November 1945, daß die wilde Flüchtlings- und Vertriebenenbewegung von Kreis zu Kreis und von Regierungsbezirk zu Regierungsbezirk nicht gestoppt werden könne, solange die Bürgermeister immer noch einzelreisenden Flüchtlingen und Vertriebenen Lebensmittelkarten für 3 bis 5 Tage ausgäben, in der Hoffnung, daß sie dann weiterzögen.

Als im November 1945 die Ankunft zehntausender weiterer Flüchtlinge und Vertriebener zu erwarten war, wurde der Plan endgültig aufgegeben, sie gleichmäßig über das Land zu verteilen. Die deutsche Verwaltung griff nach Kriegsende vor allem deshalb so spät steuernd in die Aufnahme und Verteilung der Flüchtlinge und Vertriebenen ein, weil ihr die dazu nötigen Kompetenzen nur schrittweise zugestanden wurden. So konnte erst Anfang Oktober ein Sonderbeauftragter für das Flüchtlingswesen ernannt werden, der unmittelbar dem Oberpräsidenten unterstand. Die Alliierte Kontrollkommission war vom Ausmaß der Transporte offenbar überrascht worden und entschloß sich erst Ende 1945, den Zustrom von Flüchtlingen und Vertriebenen zu steuern. Den deutschen Behörden war dabei lediglich die Rolle von ausführenden Organen zugedacht.

Bei der Unterbringung der Vertriebenentransporte aus Schlesien versuchte die Militärregierung erneut, die bisherige ungerechte Verteilung zu korrigieren. Doch wie die meisten Flüchtlinge des Jahres 1945 aus Pommern und Ostpreußen wollten auch viele der 1946 vertriebenen Schlesier lieber im Osten Niedersachsens bleiben.

Eine Erklärung für die Präferenz der Flüchtlinge und Vertriebenen für den Osten Niedersachsens liegt wohl auch darin, daß diejenigen, die wußten, was sie wollten, die erste sich bietende Gelegenheit wahrnahmen, um ihr Vorhaben in die Tat umzusetzen. Die vor der Roten Armee fliehenden Bauern aus Ostpreußen und Pommern ließen sich hinter der Grenze nieder, um möglichst schnell zu ihrem Hof zurückkehren zu können, und Arbeiter suchten das hannoversch-braunschweigische Industriegebiet auf, weil sie hier am ehesten Arbeit zu finden hofften.

Dennoch gelang es der Militärregierung, von März bis Mai 1946 in 18 Transporten fast 21.000 Vertriebene nach Ostfriesland zu schicken.[7] Jetzt zog es auch viele Einzelflüchtlinge hierher, weil sie in diesem Bauernland ihre Ernährung am ehesten gesichert glaubten. So stieg dort zwischen dem 1. Februar und dem 1. Mai die Flüchtlings- und Vertriebenenzahl um fast 40.000. Doch die dadurch erhoffte Entlastung für die stark belegten Landesteile blieb unter dem Strich bescheiden, hatten doch Ende Oktober 1946 fast 30.000 Flüchtlinge und Vertriebene Ostfriesland schon wieder verlassen. In den Regierungsbezirk Osnabrück dagegen kamen anstatt der gewünschten zusätzlichen 60.000 nur 34.000, und von denen zog dann auch noch die Hälfte schnell wieder weg. Nachdem viele

Noch gegen Ende der 1950er Jahre gab es in Ostfriesland über 50 Flüchtlingslager. Dazu zählten auch diese Nissenhütten in Groß-Midlum im Altkreis Norden (1950)

Flüchtlinge und Vertriebene so in einer Art ›Abstimmung mit den Füßen‹ demonstriert hatten, daß sie nicht im Westen Niedersachsens leben wollten, gab die Flüchtlingsverwaltung ihren Wünschen weitgehend nach. Oldenburg und die ohnehin am stärksten belasteten Bezirke Hannover, Lüneburg und Braunschweig wurden die Hauptziele der gelenkten Transporte. Allein Oldenburg nahm von Februar bis Oktober 1946 über 60.000 Vertriebene auf, die meisten davon erst ab Mai.

Dieser Befund wird von dem damaligen Abteilungsleiter im Landesamt für Statistik, Hans Joachim Malecki, bestätigt: »Die Erfahrungen haben gezeigt, daß die Leitung der Flüchtlinge aus Auffanglagern in die für sie bestimmten Gebiete nicht ohne weiteres durchführbar ist. Es sollte z.B. zunächst der Westteil Niedersachsens mit Flüchtlingen aufgefüllt werden; aber nur ein kleiner Prozentsatz derjenigen, die in Sonderzügen in Richtung Aurich und Osnabrück in Marsch gesetzt wurden, kam am festgesetzten Reiseziel an. Die Hauptmasse der Flüchtlinge suchte sich entgegen den ausführlichen Anweisungen ein Reiseziel nach eigenem Ermessen aus.«[8]

In ein Land, wo Milch und Honig fließt

Wenn auch ein Großteil der Flüchtlinge und Vertriebenen versuchte, nicht in den Westen Niedersachsens zu kommen, so gab es doch andere, die gerade hierher wollten. Dazu gehörten vor allem Frauen, die vor der Roten Armee flohen. Sie wollten so weit nach Westen wie es nur eben ging. Es waren vor allem Wünsche nach Sicherheit und Versorgung, die die Menschen in den Westen Niedersachsens zogen. Das gilt nicht nur für die ersten Flüchtlinge, die in den äußersten Westen Niedersachsens kamen, sondern auch für die im März 1946 einsetzenden Vertriebenentransporte aus Schlesien. Viele Flüchtlinge und Vertriebene suchten sich Ostfriesland als Aufnahmeland, weil sie glaubten, daß hier Milch und Honig flösse; so z.B. die 18jährige Irmgard Kobjolke, die mit ihren Eltern und fünf Geschwistern aus Rengersdorf, Kreis Lauban, Niederschlesien kam. Ihr Vater war im Ersten Weltkrieg schwer verwundet worden und konnte nur noch leichte Arbeiten verrichten. Sie erinnert sich: »Von Leobschütz ging der Transport in Viehwaggons. Wir haben gedacht, die schaffen uns nach Rußland. Da haben sie uns nochmal durchsucht und alles weggenommen. In Sagan haben wir zwei Tage gestanden. Wir hatten Angst vor Vergewaltigung durch die Russen. In Marienthal wurden wir entlaust. Da wurde gefragt, wo wir hinwollten, entweder Ostfriesland oder nach Westfalen. Und da hat unser Herr Pfarrer, der hat gesagt: ›Wir gehn nach Ostfriesland, da gibt's viel Butter.‹ Nach

Bremen, Brinkum, Syke, da die Ecke sind auch viele hingekommen. Aber wir wollten ebens nach Ostfriesland, weil der Pfarrer sagte: ›Da gibt's Milch und Butter.‹ Aber da haben wer nischt gekriegt. Nischt haben wir gekriegt.«[9] Bei den Transporten war oft der Ortspfarrer der Transportleiter, und er gab nicht selten den Ausschlag bei der Entscheidung für Ostfriesland, wiederum aus Versorgungsdenken.

Verteilung innerhalb der Regierungsbezirke Aurich und Osnabrück

Die Unterbringungs- und Ernährungsmöglichkeiten waren im Westen Niedersachsens vergleichsweise günstig. Zwar nahmen die Städte Emden und Osnabrück die traurigen Spitzenplätze 1 und 3 auf der Liste der am stärksten zerstörten Städte Niedersachsens ein, und auf Platz 2 rangierte das nahe an der Grenze zu Ostfriesland gelegene oldenburgische Wilhelmshaven, wo vor und während des Krieges viele Ostfriesen Arbeit gefunden hatten.[10] Doch auf dem Lande waren nur wenige Wohnungen zerstört worden, und die Ernährungslage war hier bis zum Herbst 1946 sogar ausgesprochen gut. Das lag nicht zuletzt

Viele Tidofelder erinnern sich gern an das Lagerleben mit vielen Spielkameraden

daran, daß die Verkehrsverbindungen zum Ruhrgebiet unterbrochen waren. So blieben die landwirtschaftlichen Produkte im Nahbereich und konnten in den Städten angeboten werden. In Ostfriesland kam es wegen der fehlenden Transportwege nach Kriegsende sogar zu einer Butterschwemme. Aufgrund dieser günstigen Bedingungen konnten die Kreisverwaltungen die Kreisstädte und andere zentrale Orte im Kreisgebiet schonen, um bei Bedarf aus den abgelegenen Bauerngemeinden geeignete Flüchtlingsarbeitskräfte abzurufen.

Während der Anteil der Flüchtlinge und Vertriebenen an der Bevölkerung in den Regierungsbezirken Aurich und Osnabrück mit jeweils 19% auf gleicher Höhe lag, gab es unter den Landkreisen im Regierungsbezirk Osnabrück größere Unterschiede als unter den ostfriesischen Kreisen. Im Osnabrückischen zählten die alten Bischofskreise Wittlage, Melle und Osnabrück auch bis zu 28% Flüchtlinge und kamen damit dem Durchschnittswert des Landes gleich. Die Emslandkreise meldeten demgegenüber nur 15% und unter ihnen der Kreis Aschendorf gar nur 13% – der niedrigste Wert eines Landkreises in Niedersachsen überhaupt. Die Ursache lag aber nicht in der Entfernung von der Grenze allein, sondern hatte offensichtlich mit der Wirtschaftskraft der aufnehmenden Kreise zu tun. Im Osnabrückischen hatten die am stärksten belegten Kreise eine gemischt landwirtschaftlich-industrielle Wirtschaftsstruktur und bessere Böden als das Emsland. Auch die Nähe der Stadt Osnabrück spielte eine große Rolle. Das gilt abgeschwächt auch für die Emslandkreise.

Innerhalb der ostfriesischen Landkreise gab es ebenfalls große Unterschiede bei der Verteilung der Flüchtlinge und Vertriebenen. Hier hingen sie offenbar eng mit den Unterschieden der Bodenqualität in Marsch, Geest und Moor zusammen. Die großbäuerlichen fruchtbaren Marschgebiete nahmen die meisten Flüchtlinge auf. Eine dieser Marschgemeinden war Böhmerwold im Rheiderland. Wann und warum Flüchtlinge herkamen, verrät die Gemeindechronik: »Die Gemeinde hatte damit 103 Flüchtlinge untergebracht. Einheimische waren nur noch etwas über 80 hier wohnhaft. Diese Zahl war so klein geworden, weil es nur noch wenige Gehilfen und Gehilfinnen gab. Diese Stellen füllten die Flüchtlinge aus. Hiesiges Dienstpersonal konnte man auch fast nicht mehr bekommen, weil für Geld, für das es doch nichts mehr zu kaufen gab, niemand mehr arbeiten wollte.«[11] Die Moorkolonien nahmen am wenigsten Flüchtlinge auf: allen voran das bei vielen Ostfriesen als Inbegriff der Armut geltende Moordorf mit nur 3,5%.[12]

In den Regierungsbezirken Aurich und Osnabrück scheint sich das Verteilungsmuster bei den Flüchtlingen und Vertriebenen aus einem Bündel von drei Kräften ergeben zu haben:

1. Die Kreisverwaltungen versuchten die Flüchtlinge in abgelegene, arbeitsplatzferne Regionen abzudrängen. Das hatte zwei Gründe: Sie wollten die kleinen Städte und großen Dörfer freihalten, um eventuell hier vorhandene Arbeitsplätze später mit – aus dem im Abseits wartenden Reservoir – ausgesuchten Arbeitskräften besetzen zu können, und sie wollten sicherlich Rückstaus vermeiden. Deshalb war es am einfachsten, erst einmal die an der Kreisgrenze gelegenen Gemeinden mit Flüchtlingen und Vertriebenen zu belegen.
2. Vor allem jüngere Flüchtlinge und Vertriebene widersetzten sich dem Abschieben in entlegenste Orte und strebten zu den Arbeitsplätzen.
3. Ihnen öffneten diejenigen Kommunen heimlich Tür und Tor, in denen Arbeitskräfte fehlten.

Angebote zur Eingliederung

Pläne zur beruflichen Eingliederung der Flüchtlinge und Vertriebenen gab es zunächst kaum, hatten sich doch selbst alle Versuche, die Flüchtlinge und Vertriebenen auch nur grob nach Erfordernissen des Arbeitsmarktes zu lenken, als undurchführbar erwiesen. Nur das Landesernährungsamt hatte von Anfang an klare Vorstellungen. So lautete ein Erlaß des Landesernährungsamtes Hannover vom 25. Mai 1945: »Die Ostarbeiter [die ehemaligen Zwangsarbeiter in der nationalsozialistischen Kriegswirtschaft] werden nach Möglichkeit bald abtransportiert. Ersetzt werden sie durch deutsche Männer und Frauen vom Land und aus der Stadt. Die nötigen Anregungen dazu sind gegeben.«[13]

Auch wenn diese kaltherzige Prognose sich vielfach bewahrheitete, gab es doch vielfältige Bemühungen einheimischer Politiker und Verwaltungsbeamter, Flüchtlingen und Vertriebenen auch andere Arbeitsplätze zu verschaffen. Die Überlegungen von einheimischen Lokalpolitikern waren oft sehr stark rückwärtsgewandt und bezogen das in der Arbeitskraft der Flüchtlinge und Vertriebenen liegende Wirtschaftspotential überhaupt nicht ein.[14] Der Kreisflüchtlings- und Wohlfahrtsausschuß des Altkreises Osnabrück dachte an Heimarbeit wie z.B. Korb- und Strohflechten; die Zentrumspartei in Osnabrück regte an, ob nicht die »Wiedererschließung der vor vielen Jahren stillgelegten Kohlenschächte unseres Kreises« dieser Aufgabe dienstbar gemacht werden könnte. Auch der Leiter des Oldenburger Arbeitsamtes setzte auf Heimarbeit.

Die Pläne des Regierungspräsidiums in Aurich – sofern sie nicht bei der Umsiedlung verharrten – richteten sich auf die Eingliederung in die vorhandenen Produktionszweige, wobei dem Torfabbau und seiner Verwertung ein besonderes Gewicht zukommen sollte. Durch eine Bodenreform und zum anderen durch die Gründung von Fehnkolonien, die sich selbst finanzieren sollten, hoffte man, 15.000 neue Siedlerstellen zu schaffen, von denen einige auch mit Flüchtlingen besetzt werden sollten. Solche rückwärts gewandten Utopien waren in dieser Zeit nicht so ungewöhnlich, wie es heute erscheinen mag. Sie gehören zu den zivilisationsskeptischen, antiurbanen und anti-industriellen Werthaltungen im deutschen Bürgertum, die den Wiederaufbau nach 1945 unter Verkennung der Wachstumschancen mitbestimmten.

Günstiger war die Lage im Emsland, wo es schon in der Weimarer Zeit im Osnabrücker Regierungspräsidium umfangreiche Vorarbeiten für die Förderung dieses alten Notstandsgebietes gegeben hatte. Der 1950 beschlossene Emslandplan beschränkte sich denn auch nicht auf die Stärkung der Landwirtschaft und die Kultivierung von Ödland, sondern hatte auch die Entwicklung von Industrie und Handwerk im Blick.

Auf der Suche nach besseren Arbeitsplätzen und Wohnungen

Magnet Großstadt

Die meisten Flüchtlinge und Vertriebenen, die im Untersuchungsgebiet untergekommen waren, hielten bald Ausschau, wie sie ihre Lage verbessern konnten. Viele entschlossen sich zur Abwanderung. Nur weil immer noch weitere Flüchtlinge und Vertriebene nachrückten, führte das nicht zu einem rapiden Rückgang ihrer Zahl. Andere strebten in die nächstgelegenen Städte, so z.B. nach Osnabrück, das bis Oktober 1946 erst wenige Flüchtlinge und Vertriebene aufgenommen hatte. Osnabrück wurde wegen der starken Zerstörungen von der Besatzungsmacht für den Zuzug gesperrt: Die Stadt bekam keine Vertriebenentransporte zugewiesen und brauchte auch keine Einzelpersonen aufzunehmen, die auf eigene Faust vor der Roten Armee geflohen waren. Um diesen Dispens wurde die Stadt von den Kreisen und Städten des Regierungsbezirks heftig beneidet.[15] Trotz des Zuzugsverbots stieg die Zahl der Flüchtlinge und Vertriebenen in Osnabrück aber schneller als in allen anderen Städten des Untersuchungsgebiets.

Doch nicht nur die großen kreisfreien Städte wie Osnabrück und Emden wurden zum Ziel von Flüchtlingen und Vertriebenen, die auf dem Lande untergebracht waren. Ebenso begehrt waren Wohnungen und Arbeitsplätze in nahegelegenen Kleinstädten. Im Herbst 1946 lebten in den Regierungsbezirken Aurich und Osnabrück 28% aller Flüchtlinge und Vertriebenen in Orten mit über 2.000 Einwohnern. Vier Jahre später waren es bereits fast 50%. Das Einleben in die neue Heimat durch Umzug vom kleinen ersten Aufnahmeort in eine Stadt oder ein großes Dorf gelang auch deshalb, weil es hier wenig Beschränkungen der Freizügigkeit gab. Dabei scheint es Unterschiede gegeben zu haben, einmal zwischen der britischen und der amerikanischen Zone, aber auch innerhalb der britischen Zone. Die Pläne der britischen und amerikanischen Besatzungsmächte waren allerdings im Kern identisch. Die Flüchtlinge sollten vorrangig auf dem Lande bei einheimischen Familien untergebracht und dort möglichst gleichmäßig verteilt werden. Alte Nachbarschaften sollten nicht neu entstehen, weil die Besatzungsmächte fürchteten, daß dadurch die Assimilation verzögert werden würde. Eine Verteilung nach Berufen könne erst in einem zweiten Schritt nach der ersten Unterkunft erfolgen. Eine gleichmäßige Verteilung ist zwar auch in der amerikanischen Zone nicht gelungen, weil sich auch hier viele Flüchtlinge und Vertriebene nicht ins Abseits schieben ließen, doch in der amerikanischen Zone wurden die Verteilungspläne couragierter durchgesetzt und auch ihre Einhaltung in den ersten Nachkriegsjahren kontrolliert. Hier entstand eine kommissarische Flüchtlingsverwaltung, die darüber wachte und entsprechende Vorschriften erließ. In der britischen Zone hingegen herrschte faktisch weitgehend Freizügigkeit. In Schleswig-Holstein, das am stärksten mit Flüchtlingen belegt war und am wenigsten Arbeitsplätze bot, gab es allerdings Einschränkungen, ebenso in Nordrhein-Westfalen, wo das Ruhrgebiet für junge Flüchtlingsarbeiter freigehalten werden sollte. Niedersachsen war das Gebiet in den Westzonen mit der rechtlich am wenigsten limitierten Freizügigkeit für Flüchtlinge und Vertriebene.

Die hohe Mobilität der Flüchtlinge und Vertriebenen einerseits und andererseits die Chance, von der Militärregierung ein Zuzugsverbot zu erhalten, ermöglichte den Städten eine eigenständige Flüchtlingspolitik. So nahm die Stadt Osnabrück, die wegen der vielen Zerstörungen ein Zuzugsverbot erwirkt hatte, während und trotz des Zuzugsverbots mehr als 5.000 Flüchtlinge und Vertriebene auf.

Wie ein Flüchtling trotz Zuzugssperre in Osnabrück Aufnahme finden konnte, erzählt der 1920 in Ostpommern als Sohn eines Dorfschullehrers geborene Horst Kösling. Er hatte sich als Kriegsfreiwilliger gemeldet, die Schrecken des Krieges in der UdSSR erlebt, und war nach Kriegsende auf pfiffige Art zu einem Bauern ins Artland entlassen worden. Obwohl er es dort sehr gut getroffen hatte und in der Familie aufgenommen worden war, wollte er doch nicht auf Dauer auf dem Lande bleiben. Er nahm sich einen Tag frei und ging zum Arbeitsamt: »Ich bin eines Tages früh los gefahren […] nach Osnabrück, um zu sehen, wieder zu peilen, was los ist, was kann man machen, und daß man natürlich in der Stadt mehr Möglichkeiten hat, das zu verwirklichen, was man

Albert Dombrowski
Tischlermeister

Bau- und Möbeltischlerei
Laden- und Innenausbau

Osnabrück, Holtstraße 57 . Fernruf 8413
früher Arys (Ostpreußen)

Romane Fach-u. Schulbücher Jllustrierte
Papier Schul-u. Bürobedarf Spielwaren

Horst Springer

Osnabrück Sutthauser-Str. 41
Ruf 6090 Nähe Rosenplatz
früher: Bartenstein/Ostpr.

Autofahrschule
RICHARD SCHINDEL
Osnabrück, Rolandstr. 5, Ruf 4004
(Früher: SCHLESIEN)

PAUL BITTNER
Fleisch- und Wurstwaren
Schlesische Spezialitäten
Verkaufsstellen:
Wissingen und Westerhausen
Osnabrück, Kornstraße 14
früher: Köpprich bei Neurode (Schles.)

Landsleute! Beim Einkauf von Motorrädern, Fahrrädern, Nähmaschinen, Rundfunk, Elektro-Herde, Öfen, Kinderwagen zu günstigen Zahlungsbedingungen denken Sie an

K. HEISIG, Laer 37
Tiheplatz - früher Fa. Zölper, Glatz/Schles.

Zum Weihnachtsfest
Königsberger Marzipan
zu günstigen Preisen
Oskar **Schlater,** Osnabrück
Arndtstr. 3 (früher: Grünhof/Ostpreußen)

Einer sagt es dem anderen:

Preiswert und gut
kauft man

Mütze und Hut

bei

E. R. KRÜGER, Osnabrück
Süsterstraße 26, neben Möbelhaus Sandkühler (früher Westpreußen)

RADIO - UKW - SCHALLPLATTEN

vom Rundfunk-Spezial-Geschäft

RADIO WISCHOTT

OSNABRÜCK, Am Arndtplatz, Ruf 8273:- (früher Schneidemühl/Pomm.)

Günstige Gelegenheitskäufe

Schirme aus dem Fachgeschäft

aller Art — für jeden Geschmack in reicher Auswahl — zu günstigen Preisen fachgemäße Ausführung sämtlicher Reparaturen im Schirmfachgeschäft

M. Baumann

Osnabrück, Kleine Domsfreiheit 9

(früher Sorau/Lausitz)

Steinmetzbetrieb
Bildhauerei
Grabdenkmäler

MAX HEISLER

Steinmetzmeister

Osnabrück, Hansastr. 49 Ruf 4080

früher: Gabersdorf Kr. Glatz/Schles.

Herren- u. Knaben-Anzüge, Damen- u. Herren-Mäntel, Trenchcoats, Lodenmäntel, Sakkos, Hosen, Strick-Kostüme

Deine Wahl „Ideal"

Im Laden ohne Schaufenster | **Auch Teilzahlung**

„Ideal" - KLEIDUNG Georg Schwandt, Osnabrück, Dielingerstr. 4/5

„Früher: KÖSLIN (Pommern)"

Frischfisch und Räucherwaren

auf dem **Wochenmarkt**
in **Osnabrück**

donnerstags Ledenhof
Eingang Neuer Graben

sonnabends Domhof

bei **FISCH - PRICK**

früher: Osterode (Ostpreußen)

UHREN

jeder Art in großer Auswahl **auf bequeme Teilzahlung** sofort erhältlich

Reinhold Bittner

Osnabrück, Bramscher Str. 42

früher: Langenbielau/Schlesien

Günstige Weihnachtsangebote

in Textil-, Kurz-, Woll- und Schuhwaren

Louis Schaar, Dissen, Große Straße 16

früher Breitenstein/Ostpr.

will, ist klar.« Er erhielt sofort eine Stelle als Arbeiter bei der Butterabsatzgenossenschaft im Stahlwerksbunker vermittelt. Vom Wohnungsamt bekam er auch gleich ein Zimmer. Nachdem er über den Suchdienst seine Mutter wiedergefunden hatte, überlegte er erneut, wie seine berufliche Zukunft aussehen könne: »Und wenn der Vater Lehrer war, dann bietet sich das an, daß der Junge sagt: Och war ganz schön, werde vielleicht auch Lehrer. In unserer Verwandtschaft sind, glaube ich, 21 Lehrer.«[16] Er hat in Oldenburg studiert, bekam in Osnabrück die erwünschte Stelle und konnte seine pädagogischen Überzeugungen im Sonderschulbereich verwirklichen. Angesichts der zeitgenössischen Äußerungen, daß jeder Flüchtling für die aufnehmende Kommune eine große Belastung darstellte, klingt diese Geschichte fast unglaubwürdig. Horst Kösling war aber, wie die Zuwandererzahlen zeigen, kein Einzelfall.

Ein Blick auf den Arbeitsmarkt liefert eine Erklärung: Obwohl durch die Luftangriffe nicht nur Wohnhäuser, sondern auch Fabriken und Werkstätten zerstört worden waren, begann die Wiederaufnahme der Produktion nach Kriegsende rasch. Die Arbeitskräfte in Industrie und Handwerk konnten nur durch Zuwanderer gewonnen werden, waren doch viele Osnabrücker gefallen, versehrt oder noch in Kriegsgefangenschaft. Die wenigen noch vorhandenen einheimischen Bauhandwerker arbeiteten gegen Naturalien für Bauern im Speckgürtel der Stadt. Für den Wiederaufbau der Wohnungen und der öffentlichen Gebäude in der Stadt fehlten Arbeitskräfte. Die Arbeiter aus den Reihen der Flüchtlinge und Vertriebenen, von denen viele in ihrer Heimat in einem anderen Beruf gearbeitet hatten, haben desolate Wohnverhältnisse und Arbeitsbedingungen auch deshalb akzeptiert, weil sie sich gute Chancen ausrechneten, vom Wohnlager aus eine feste Bleibe in der Stadt zu finden.

Entsprechend niedrig war die Erwerbslosigkeit unter den Flüchtlingen und Vertriebenen in der Stadt Osnabrück – sie lag bei 5%. Unter den 15 kreisfreien niedersächsischen Städten verzeichnete Osnabrück neben den ebenfalls stark zerstörten Städten Hildesheim und Hannover die niedrigste Erwerbslosigkeit unter Flüchtlingen und Vertriebenen. Offensichtlich gibt es einen Zusammenhang zwischen Zerstörungsgrad der Städte, Zuzugsverbot und Erwerbslosigkeit von Flüchtlingen und Vertriebenen: Die Städte brauchten Flüchtlinge und Vertriebene zum Aufbau. Und wegen des Zuzugsverbots konnten sie sich aussuchen, wen sie aufnehmen wollten. Die Sogwirkung Osnabrücks hielt in den 1950er Jahren an, ja verstärkte sich. In die Stadt kamen nun Menschen, die es im ersten Anlauf nicht geschafft hatten und denen es erst jetzt nach vielen Versuchen gelang, sowie immer mehr Flüchtlinge aus der Sowjetischen Besatzungszone bzw. DDR.[17]

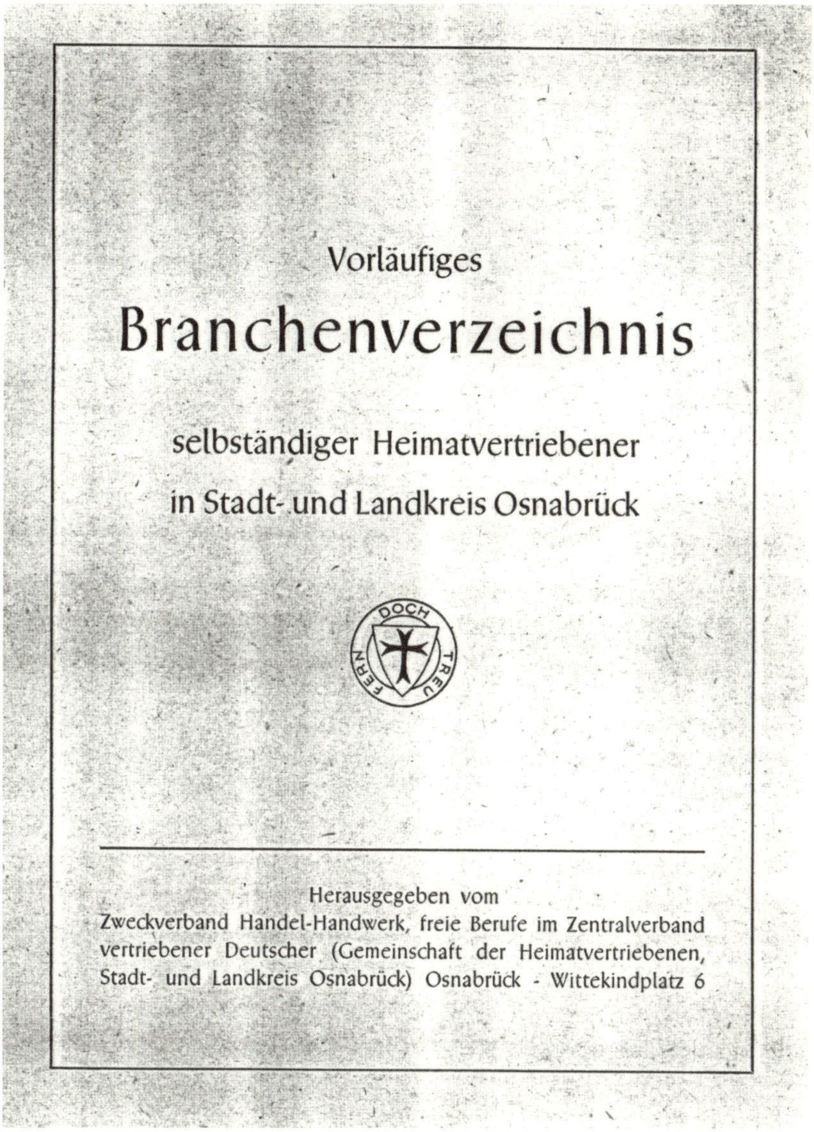

Vorläufiges

Branchenverzeichnis

selbständiger Heimatvertriebener

in Stadt- und Landkreis Osnabrück

Herausgegeben vom
Zweckverband Handel-Handwerk, freie Berufe im Zentralverband vertriebener Deutscher (Gemeinschaft der Heimatvertriebenen, Stadt- und Landkreis Osnabrück) Osnabrück - Wittekindplatz 6

Emden, die größte Stadt Ostfrieslands, war zwar im Krieg ebenso stark zerstört worden wie Osnabrück, doch bot hier der Wiederaufbau den Flüchtlingen und Vertriebenen zunächst viel weniger Chancen. Emden war damit die einzige kreisfreie Stadt in Niedersachsen, die in dieser Zeit Flüchtlinge und Vertriebene verlor.[18] Die wirtschaftliche Entwicklung der ostfriesischen Metropole war stark dadurch belastet, daß der Schiffbau, die dominierende Industrie der Stadt, völlig darniederlag, weil durch eine Auflage der Alliierten erst vier Jahre nach

Kriegsschluß mit dem Neubau von Schiffen wieder begonnen werden durfte. Ein anderer wichtiger Grund lag wohl darin, daß sich Emden mit dem Wiederaufbau der Altstadt sehr schwer tat. Das alte Emden mit seinen malerischen Gassen und Giebeln wollten die Stadtplaner nicht wieder auferstehen lassen, weil es ihnen zu eng und zu unhygienisch erschien. Deshalb begannen sie mit umfangreichen Planungen, zu denen auch ein Architektenwettbewerb gehörte. Als die Entwürfe dann 1948/49 vorlagen, war ihre Umsetzung aber sehr schwierig geworden, weil die Altbesitzer zäh an ihren Kleinstgrundstücken festhielten. Erst nach der Währungsreform begann deshalb der Neubau von Wohnungen. Auch in Emden stieg ab 1950 die Zahl der Flüchtlinge und Vertriebenen deutlich an. Jetzt wurde der Aufbau der Altstadt und der Bau von Siedlungen nachgeholt, der durch die Stadtplanung verzögert worden war. Daß hierher aber im Vergleich zu Osnabrück so wenig Flüchtlinge und Vertriebene kamen und blieben, lag auch daran, daß Emden auf die Wiederbelebung der alten Wirtschaftsstruktur setzte: Hafen, Reedereien, Schiffbau und die Heringsfischerei. Der Grundsatz des wirtschaftlichen Wiederaufbaus lautete: »Das Bodenständige wieder aufzubauen und auszubauen.«[19] Das spiegelt sich auch in der Struktur der von den Flüchtlingen eingenommenen Arbeitsplätze: Sie fanden sich weniger in den Alt-Emder Wirtschaftszweigen, sondern dominierten hier im öffentlichen Dienst und im Dienstleistungssektor. Fast jeder vierte Vertriebene war im Öffentlichen Dienst beschäftigt, während das bei den Einheimischen nur für jeden zehnten galt.[20]

Der Zug in die Kleinstadt oder ins nächstgelegene größere Dorf

Auch die Kleinstädte und zentral gelegenen größeren Dörfer waren das Ziel vieler Flüchtlinge und Vertriebenen, die in entlegenen Bauerndörfern untergebracht worden waren. Deshalb konnten auch diese Kommunen eine eigene Flüchtlingspolitik betreiben. So hat z.B. die ostfriesische Stadt Leer die Chance erkannt, die in der Aufnahme von Flüchtlingen und Vertriebenen lag. Es gelang, u.a. die Porzellanfabrik Kostial, ursprünglich in Schneidemühl beheimatet und später nach Marienburg in Sachsen verlagert, aus dem oldenburgischen Wildeshausen abzuwerben. Leider entwickelte sich der Betrieb aber nicht wie erhofft. Als erfolgreicher erwiesen sich kleine Betriebe.

Auch in den 1950er Jahren blieben diese Städte attraktiv für Flüchtlinge und Vertriebene, die bis dahin noch nicht den Absprung von abgelegenen Dörfern auf dem Lande geschafft hatten. Fast klassisch dafür steht die Geschichte der siebenköpfigen Bäckerfamilie Süßmann. Die Süßmanns mußten am 17. April

1946 ihren Heimatort Weigelsdorf im Eulengebirge verlassen und waren zunächst in Hatzum untergekommen, wo die Familie keine zufriedenstellende Arbeit fand. Frau Süßmann erinnert sich: »Wir hatten einiges unternommen, um aus Hatzum wegzukommen, Umsiedlung usw., aber es gelang nichts. Dann faßte Opa den Entschluß, wieder eine Bäckerei aufzumachen. Er fuhr 165mal mit dem Fahrrad nach Leer. Man wollte uns einfach nicht dazwischen haben. Er sollte Sicherheit bieten, doch wir hatten nur unsere Arbeitskraft. So kampferprobt wie Opa eben war, ließ er sich nicht abweisen.«[21] Nach einigem Hin und Her gelang es ihm, einen Bauplatz Ecke Osseweg/Königsbergerstraße zu bekommen. Am 13. Mai 1953 wurde die Bäckerei eröffnet. Flüchtlingen und Vertriebenen in Leer gelang es sogar, ein eigenes Viertel und damit auch ein Stück der alten Heimat aufzubauen. Auch einzelne größere Dörfer sowie die Nachbargemeinden der Städte und einzelne Industriegemeinden zählten immer mehr Flüchtlinge und Vertriebene.

Nicht alle Kleinstädte erkannten aber das Wirtschaftspotential, das in aufnahmesuchenden Flüchtlingen und Vertriebenen steckte. Dazu zählte z.B. die Stadt Lingen. Obwohl die Stadt im Krieg nur verhältnismäßig wenig zerstört

Ein Blick in die Druckerei: Im ehemaligen Wirtschaftsgebäude der Marinekaserne in Leer produzierte die Porzellanfabrik Kostial aus Schneidemühl hochwertiges Porzellan (um 1950)

wurde, hatte sie es geschafft, daß ihr die lokale Militärregierung eine Zuzugssperre gewährte. Militärregierung und Landkreis hofften, daß die Stadt später ihre Zusage einlösen würde, die es dem Kreis erlaubte, »arbeitsfähige Kräfte mit ihren Familien dorthin zu geben.«[22] Als die Stadt sich 1948 aber weigerte, vom Landkreis zugewiesene Flüchtlinge und Vertriebene aufzunehmen, kam es zu Spannungen zwischen Stadt und Kreis.

Wie stark Entscheidungen der Flüchtlinge und Vertriebenen darüber, wo sie unterkommen und bleiben wollten, die Verteilung bestimmten, zeigen Statistiken aus dem Herbst 1946. Die Flüchtlinge und Vertriebenen in den Regierungsbezirken Aurich und Osnabrück zeichneten sich durch ein hohes Durchschnittsalter aus. So lag der Anteil der über 65jährigen Flüchtlinge und Vertriebene in Ostfriesland und im Regierungsbezirk Osnabrück höher als im niedersächsischen Landesdurchschnitt und der Anteil der Männer unter ihnen unter dem Landesdurchschnitt. Deutlich treten diese Unterschiede auch hervor, wenn man den Anteil der 20 bis 45jährigen Männer, also der leistungsfähigsten Gruppe, an der Gesamtzahl der männlichen Flüchtlinge und Vertriebenen betrachtet. In Ostfriesland zählten dazu nur 28%, im Regierungsbezirk Osnabrück und im Landesdurchschnitt 32%.[23] Die beiden zerstörten Großstädte Osnabrück und Emden erwiesen sich als Magneten für junge arbeitsfähige Männer. Beide hatten mit 54% der 20 bis 45jährigen Männer an der Gesamtzahl ihrer männlichen Flüchtlinge und Vertriebenen den mit Abstand höchsten Anteil in Niedersachsen.

Die nächste Zählung, die im Oktober 1948 durchgeführt wurde, bietet weitere Angaben, und zwar u.a. zum Beruf vor und nach Flucht und Vertreibung sowie zur Erwerbslosigkeit: In das Untersuchungsgebiet kamen mehr Menschen, die schon in der Heimat keine Berufsperspektive mehr hatten, als in andere Regionen. Auch bei dieser Zählung zeigt Ostfriesland Extremwerte. Es hatte den höchsten Anteil an Flüchtlingen und Vertriebenen, die schon in der Heimat zu den Berufslosen und Erwerbslosen gezählt hatten. 62% in Ostfriesland standen 58% im Landesdurchschnitt gegenüber; im Regierungsbezirk Osnabrück waren es 60%.

Da verwundert es nicht, daß Ostfriesland mit 17% die höchste Flüchtlingserwerbslosigkeit unter den niedersächsischen Regierungsbezirken hatte[24], während sie im Regierungsbezirk Osnabrück mit 11% deutlich niedriger und genau auf dem niedersächsischen Durchschnittswert lag.[25] Die niedrigsten Quoten hatten die Regierungsbezirke Hannover (8,6%), Braunschweig (9,4%) und Lüneburg (10%).

Wenn im Regierungsbezirk Osnabrück im Durchschnitt jüngere und arbeitsfähigere Flüchtlinge und Vertriebene lebten als in Ostfriesland, so hatte das vor allem drei Gründe: Einmal zog die zerstörte Bezirkshauptstadt geradezu junge Männer an, die bereit waren, beim Wiederaufbau zu helfen, nicht zuletzt auch, weil sie sich davon eine langfristige Unterkunft in einer Großstadt erhofften. Zweitens boten die alten Bischofskreise mit ihren guten Böden und reichen Bauernhöfen und einem darauf basierenden Handwerk vergleichsweise gute Aufnahmemöglichkeiten. Drittens herrschten in der Grafschaft Bentheim und in dem als Notstandsgebiet bekannten Emsland insofern günstigere Bedingungen als in Ostfriesland, als es hier in der Öl- und Textilindustrie Arbeitsplätze gab und besonders im Kreis Aschendorf-Hümmling Siedlungsmöglichkeiten auf Ödland.

Auch die oldenburgischen Städte ziehen Flüchtlinge und Vertriebene an

Wie stark Städte Flüchtlinge und Vertriebene anzogen, zeigte sich auch im benachbarten Land Oldenburg, das im November 1946 als Verwaltungsbezirk Oldenburg im neugebildeten Land Niedersachsen aufging. Selbst in dem im Krieg weitgehend zerstörten Wilhelmshaven, dessen Herz, die Marinewerft, demontiert werden mußte, suchten und fanden bis 1950 über 17.000 Flüchtlinge und Vertriebene Aufnahme, unter ihnen wie in Osnabrück und Emden überproportional viele Männer im leistungsfähigsten Alter. Die Stadt stand im Überlebenskampf: Angesichts der Demontage der Werft mußte sie sich eine neue wirtschaftliche Grundlage schaffen. Bereits im Juli 1945 versuchte ein Industrieausschuß, in dem sich Vertreter von Verwaltung und Wirtschaft zusammenfanden, Flüchtlingsfirmen an die Jade zu ziehen. Zunächst wurden vor allem Firmen der Metallindustrie angeworben, nach der Währungsreform bemühte sich die Stadt besonders um Textilfabriken, um so auch die in Zusammenarbeit mit dem Evangelischen Hilfswerk schon im Februar 1946 nach Wilhelmshaven geholten 30 Betriebe der Lodzer Textilindustrie zu fördern. Einige Fabriken entwickelten sich hervorragend, so daß Wilhelmshaven mit über 3.000 Arbeiterinnen und Arbeitern zu Beginn der 1950er Jahre zu den größten Textilstädten in Niedersachsen zählte. Auch die Ansiedlung der Olympia-Schreibmaschinenwerke erwies sich als außergewöhnliche Erfolgsgeschichte: 1952 zählte Olympia fast 4.000 Arbeiterinnen und Arbeiter. Wenn in Wilhelmshaven dennoch eine vergleichsweise hohe Erwerbslosigkeit herrschte, so lag das an der geringen Flexibilität der einheimischen Arbeiter. Sie blieben auf ihren angestammten Arbeitsplätzen, die sie im Rahmen des alliierten Demontagebefehls langsam, aber sicher vernichteten. So erarbeiteten sie sich ihre eigene Erwerbslosigkeit.

Anders war die Situation in den Städten Oldenburg und Delmenhorst. Beide Städte waren im Krieg vergleichsweise wenig zerstört worden und erhielten deshalb viele Vertriebenentransporte zugewiesen. Sie hatten im Oktober 1946 einen Flüchtlings- und Vertriebenenanteil von 25%. Viele, die 1946 mit einem Vertriebenentransport aus Schlesien in die Stadt Oldenburg gebracht wurden, hatten einfach mehr Glück als andere gehabt, daß sie in eine weitgehend von Kriegszerstörungen verschonte Stadt gekommen waren und nicht in ein abgelegenes Dorf. Doch in solchen stark mit Flüchtlingen und Vertriebenen belegten Großstädten war es weit schwieriger, in gewünschten Berufen unterzukommen als in zerstörten Städten, die dringend Flüchtlinge und Vertriebene als Arbeitskräfte brauchten. So fanden denn auch in der Stadt Oldenburg die meisten Flüchtlinge und Vertriebenen nur als Arbeiter eine Stelle. Diese Spannung zeigt sich auch darin, daß in den drei kreisfreien oldenburgischen Städten der Anteil der abwanderungswilligen Flüchtlinge und Vertriebenen höher war als in allen anderen niedersächsischen kreisfreien Städten. Überproportional am Wegzug beteiligt waren in der ehemaligen Residenzstadt und traditionellen Verwaltungshochburg Oldenburg Angestellte und Beamte unter den Flüchtlingen und Vertriebenen. Diese Stellen in der Verwaltung waren und wurden mit Einheimischen besetzt. Für Arbeiter gab es hier mehr Bedarf, nicht zuletzt auch durch die Ansiedlung eines zuvor in Bodenbach (Sudeten) ansässigen Motorenwerkes der AEG. Die Befürchtungen großer Teile der alteingesessenen konservativen Bürgerschaft, daß Oldenburg eine Industriestadt werden könnte, erfüllten sich nicht. Vielmehr profitierte die einheimische Bevölkerung vom Zustrom der Flüchtlinge und Vertriebenen von einem sozialen Aufstieg durch Unterschichtung.

In Delmenhorst waren die Wohnungen erhalten geblieben, aber die Industrie weitgehend zerstört. Es kam zu größten Spannungen zwischen Einheimischen und Flüchtlingen bzw. Vertriebenen, die nur durch das Eingreifen der Militärregierung und der oldenburgischen Regierung nicht zu Tätlichkeiten eskalierten. Der Delmenhorster Stadtrat setzte auf eine Förderung der textilen Großindustrie, die nach dem Krieg nur langsam wuchs. Eine Entspannung trat erst ein, als viele Flüchtlinge und Vertriebene in Bremen Arbeit fanden und viele Facharbeiter in der ersten Hälfte der 1950er Jahre die Stadt verließen.

Trotz der Aufnahme eines großen Teils der Vertriebenentransporte in den drei großen Städten des Landes Oldenburg strebten immer noch mehr Flüchtlinge und Vertriebene hierher. So stieg der Anteil der Flüchtlinge und Vertriebenen im Verwaltungsbezirk, die in den Städten Oldenburg, Delmenhorst und

Wilhelmshaven lebten, von 27% im Jahre 1946 auf 33% im Jahre 1950. Rein rechnerisch wurde jeder zweite Flüchtling und Vertriebene, der zwischen Oktober 1946 und 1950 in den Verwaltungsbezirk Oldenburg kam, in den drei Städten aufgenommen. Hinter dieser Zahl verbergen sich allerdings auch viele Zuzüge von Flüchtlingen und Vertriebenen, die lange in oldenburgischen Dörfern auf diese Chance gewartet hatten, sowie Zuzüge von weiteren Flüchtlingen und Vertriebenen in die auf dem Lande freigewordenen Quartiere und schließlich Wegzüge von Flüchtlingen und Vertriebenen aus den drei Städten in Gebiete außerhalb des Verwaltungsbezirks Oldenburg. Die Abwanderung war hier wegen der Anziehungskraft und der Aufnahmemöglichkeiten der drei kreisfreien Städte insgesamt geringer als aus Ostfriesland. Das war auch der Grund dafür, daß die Flüchtlingsbevölkerung im Verwaltungsbezirk Oldenburg sich hinsichtlich des Männeranteils, des Alters und der Berufstätigkeit vor Flucht und Vertreibung im Hinblick auf die Anforderungen des Arbeitsmarktes durch günstigere Werte auszeichnete als in den Regierungsbezirken Aurich und Osnabrück. Die schlechteren Werte Oldenburgs, und vor allem von Osnabrück und Aurich, gegenüber dem Ostteil Niedersachsens liegen darin begründet, daß die meisten derjenigen, die wußten, was sie wollten, gleich im Osten blieben, darunter viele Bauern und Arbeiter, während viele der Flüchtlinge, die in den Westen kamen, stark von Versorgungsdenken geleitet waren.

Verstärkung des Ost-West-Gefälles in den 1950er Jahren

Wenn schon vor Gründung der Bundesrepublik Deutschland viele Flüchtlinge und Vertriebene sich ihre neuen Wohnorte selbst suchten, so gilt das für die 1950er Jahre noch viel mehr. Die Bedingungen waren günstiger geworden: Das Grundgesetz garantierte Freizügigkeit, Umsiedlungsprogramme und andere Hilfen des Bundes erleichterten den Ortswechsel, und die Städte hatten mit den ersten Zuwanderern gute Erfahrungen gemacht.

In den 1950er Jahren verschärften sich die Unterschiede im Ausmaß der Abwanderung der Flüchtlinge und Vertriebenen zwischen Ostfriesland und dem Regierungsbezirk Osnabrück ganz erheblich: Während im Regierungsbezirk Osnabrück ihr Anteil an der Bevölkerung fast gleich blieb, fiel er in Ostfriesland von 18% auf 12%. Stellt man in Rechnung, daß auch in dieser Zeit noch Flüchtlinge zugewiesen wurden, so ist festzuhalten, daß von den 1950 hier noch lebenden Flüchtlingen und Vertriebenen 20.000 Ostfriesland verließen – gut jeder Dritte. Es waren aber nicht nur erwerbslose Flüchtlinge und Vertriebene. Fast 40% von ihnen hatten eine Stelle.[26] In Oldenburg waren die Abwanderungen in den 1950er Jahren viel geringer; die drei kreisfreien Städte konnten ihre Flüchtlinge und Vertriebenen halten, allerdings gab es auch hier große Abwanderungen auf dem Lande.

Die Wanderungen der 1950er Jahre sowie die vorhergehende gleichgerichtete Wanderung von 1945–1950 stellte nun nicht etwa nachträglich eine gleichmäßigere Verteilung von Flüchtlingen und Vertriebenen über das Land her, sondern sie verstärkte die bestehenden Unterschiede noch: Die Binnenwanderer strebten in Gebiete, die schon 1946 überproportional belegt waren, nämlich in die Regierungsbezirke Lüneburg, Hannover, Hildesheim und Braunschweig. War z.B. der Regierungsbezirk Lüneburg im Verhältnis zur Bevölkerungszahl 1950 doppelt so stark mit Flüchtlingen und Vertriebenen belegt wie der Regierungsbezirk Aurich, so war seine Belegung 1961 annähernd dreimal so stark.[27]

Auffällig dabei ist, daß sie – abgesehen von der Sogwirkung Osnabrücks – vor allem in Kleinstädte zogen. Das gilt nicht nur im Regierungsbezirk Osnabrück, sondern für ganz Niedersachsen und auch für andere Bundesländer. Die zeitgenössische Soziologin Elisabeth Pfeil glaubte in zivilisationskritischer Argumentation darin einen ›gesunden Kern‹ der vertriebenen Landbevölkerung zu erkennen, der sich ›Verstädterung‹ und ›Vermassung‹ widersetzte.[28] Vieles aber spricht schlicht dafür, daß sich in Klein- und Mittelstädten nun noch am ehesten berufliche Chancen boten – hatten doch in den Großstädten die mobilsten und leistungsfähigsten Flüchtlinge schon längst Fuß gefaßt und wohl auch bereits die meisten Nischen besetzt. Auch der Trend zur Kleinstadt bestätigt, daß Flüchtlinge und Vertriebene nicht nur Fürsorgeobjekte waren, die sich ohne Gegenwehr an den Rand der Gesellschaft drängen ließen, sondern daß sie sich im Rahmen ihrer Möglichkeiten ihren Platz in Wirtschaft und Gesellschaft selbst suchten.

Bei der Suche nach neuen Lebenszusammenhängen spielten meistens wirtschaftliche Gesichtspunkte eine entscheidende Rolle. Eine vorausschauende Verteilung der Flüchtlinge und Vertriebenen unter Arbeitsmarktgesichtspunkten war nicht möglich gewesen, weil die Unterbringung zunächst Vorrang haben mußte, aber auch weil die Besatzungsmacht und deutsche Entscheidungsträger vor Ort den wirtschaftlichen Wiederaufbau und vor allem sein Tempo nicht voraussahen, ja wohl nicht einmal erahnten. Sie waren vielmehr davon überzeugt, daß Mangel an allem, aber vor allem an Nahrungsmitteln und Wohnungen, an Produktionsstätten und Energie, die nächsten Jahre prägen würde. In jedem Flüchtling und Vertriebenen sahen deshalb viele Einheimische – unabhängig von individuellem Mitleid und Hilfsbereitschaft – auch einen Konkurrenten um ohnehin viel zu knappe Ressourcen.

Eine an den Bedürfnissen des Arbeitsmarkts orientierte Flüchtlingspolitik der Städte und Industriegemeinden, gepaart mit Energie und Weitsicht der arbeits- und lernfähigsten Flüchtlinge und Vertriebenen, rückte die Verteilung nachträglich nach Anforderungen des Arbeitsmarktes zurecht. Da die Kommunen dies nicht publik werden ließen und lautstark nur Klagen an die Öffentlichkeit trugen, wurde der frühe Beitrag der Flüchtlinge und Vertriebenen zum Wiederaufbau nicht erkannt und ihre berufliche Integration später oft als ›Flüchtlingswunder‹ im ›Wirtschaftswunder‹ verklärt oder als Erfolg staatlicher Flüchtlingspolitik verstanden.

Soziokulturelle Motive für die Abwanderung oder das Bleiben

Konfession und Herkunft

Die Aufnahme von Flüchtlingen und Vertriebenen aus der Grafschaft Glatz zeigt, daß die Entwicklung der Ansiedlungsmuster der Flüchtlinge und Vertriebenen jedoch nicht allein auf ihre wirtschaftlichen Überlegungen und Planungen der Verwaltung zurückzuführen war. Sie zeigt auch, wie stark die Mobilität von Anfang an war: Oft führte der katholische Geistliche die Vertriebenen aus den Bauerndörfern der Grafschaft, hielt sie zusammen und traf die Entscheidung für Ostfriesland, weil er glaubte, daß hier Milch und Honig flösse. In fünf Monaten, nämlich von Ende Mai bis Ende Oktober 1946, haben z.B. fast 4.000 katholische Flüchtlinge und Vertriebene Ostfriesland wieder verlassen, während 17.000 evangelische neu hinzugekommen sind. Einer der katholischen Abwanderer schrieb im März 1946 aus Großoldendorf bei Remels (Kreis Leer) an den Bischof in Osnabrück: »Wie ich in Aurich erfuhr, soll der Regierungsbezirk 75.000 Umsiedler aufnehmen. Wie es den Anschein hat, werden es in der Hauptsache Menschen aus der Grafschaft Glatz sein, die 170.000 Einwohner zählt. Diese Menschen haben nicht nur die Heimat verloren, sondern als Gebirgsmenschen in die Tiefebene verpflanzt, kommen sie aus Sehnsucht nach ihren Bergen fast um. Hinzu kommt, daß die kirchliche Betreuung gegenwärtig ausfällt. Die Grafschafter sind gute Kirchgänger und das religiöse Leben war dort sehr gut.«[29]

Der überproportional starke Rückgang der Katholiken unter den Flüchtlingen und Vertriebenen in Ostfriesland hielt an. Der Anteil sank von fast 60% im Mai 1946 über 34% im Oktober 1946 und 26% im Jahre 1950 schließlich auf 22% im Jahre 1961. Diese Abnahme lag im Landestrend. Sie war hier nur stärker ausgeprägt. Während insgesamt zwischen 1950 und 1960 rund 13% der Flüchtlinge und Vertriebenen Niedersachsen verließen, waren es 19% der katholischen Flüchtlinge und Vertriebenen.[30] Der Regierungsbezirk Osnabrück zählte zu den wenigen Regionen, in denen die Zahl und der Anteil der katholischen Flüchtlinge und Vertriebenen gestiegen ist. Er profitierte von seinen gemischten Religionsverhältnissen. Außerhalb des Regierungsbezirks Osnabrück war ein Anstieg des katholischen Flüchtlingsanteils nur noch in den kreisfreien Städten Hildesheim und Göttingen sowie in den Landkreisen Duderstadt, Cloppenburg und Vechta zu verzeichnen.

Die Wanderungen der Flüchtlinge und Vertriebenen führten so auch zu einer Entmischung der konfessionellen Verhältnisse. Viele katholische Flüchtlinge und Vertriebene, die in der Diaspora untergekommen waren, zog es in die katholischen Gebiete des Regierungsbezirks Osnabrück und ins oldenburgische Münsterland, während viele evangelische Flüchtlinge und Vertriebene, die in diesen Regionen Aufnahme gefunden hatten, in evangelische Gebiete zogen. Wenn es auch vielfältige Probleme im kirchlichen Leben zwischen Einheimischen und Flüchtlingen bzw. Vertriebenen gleicher Konfession gab, so läßt sich zumindest nachweisen, daß es Katholiken zu Katholiken und Evangelische zu Evangelischen zog.

In den Landgebieten Ostfrieslands gab es keine katholischen Kirchen. Die katholischen Vertriebenen feierten ihren Gottesdienst in Baracken, wie hier in Westerende (um 1948)

oder auch in Schulen, wie z.B. in Strackholt im Landkreis Leer (um 1948)

Es müssen vorwiegend Katholiken aus Schlesien gewesen sein, die aus dem Weser-Ems-Gebiet wegzogen sind. Gerade hier war ihr Anteil sehr hoch, und sie stellten die einzige große katholische Vertriebenengruppe. Der Rückgang des Anteils der Schlesier läßt sich allerdings nur auf Landesebene belegen. Lebten im Jahre 1946 noch 36% aller in den Westzonen aufgenommenen schlesischen Flüchtlinge und Vertriebenen in Niedersachsen, so sank ihr Anteil an den Flüchtlingen und Vertriebenen in Niedersachsen auf 24% im Jahre 1961. Sie zog es vor allem nach Nordrhein-Westfalen.[31]

Motive zum Bleiben in der Region: Wahlverwandtschaften

Neben wirtschaftlichen und religiösen Gründen gab es weitere Motive, die das Wanderungsverhalten der Flüchtlinge und Vertriebenen bestimmten. Trotz der Anziehungskraft der Städte und Industriegebiete sind zahlreiche Flüchtlinge und Vertriebene auf dem flachen Lande geblieben. Darunter waren zwar vergleichsweise viele Alte und Kranke und alleinstehende Frauen mit Kindern, doch eine ganze Reihe von Flüchtlingen und Vertriebenen hat sich auch bewußt für das Bleiben auf dem Lande entschieden. Zum einen sind Menschen dort geblieben, die aufgrund ihrer hohen Qualifikation in der Verwaltung oder in der

Sparte ›geistige Berufe‹ eine Stelle finden konnten – besonders auch Lehrer. Es waren vielfach auch Stellen und dazugehörige Lebenszusammenhänge, die hier schon traditionell von auswärtigen Beamten eingenommen worden waren.

Eine andere Gruppe blieb im Untersuchungsraum, weil sie in einem Flüchtlingslager untergekommen war, das Gemeinschaft und Geborgenheit bot. Als sich abzeichnete, daß viele sogar Besitzer von Eigenheimen werden konnten, erhöhte das die Attraktivität, und einige zog diese Aussicht sogar wieder nach Westniedersachsen zurück. Auch viele kleine Geschäftsleute, denen es gelang, wieder einen Laden oder einen Gewerbebetrieb zu eröffnen, sind auf dem Lande geblieben.

Geblieben oder zurückgekehrt sind auch Flüchtlinge und Vertriebene aus der Landwirtschaft. Dazu zählten selbständige Bauern, die eine Siedlerstelle erhielten. Die meisten von ihnen hatten, als es zur Zuteilung der Stelle kam, das Weser-Ems-Gebiet schon verlassen oder in anderen Berufen ein Auskommen gefunden. Sie kehrten dann aber in die Region und die Landwirtschaft zurück. Es handelte sich dabei oft um Familien, die in ihrer Heimat gerade den Aufstieg aus der unterbäuerlichen Schicht ins Bauerntum geschafft hatten. Zum anderen blieben auf dem Lande Flüchtlinge und Vertriebene, die auch in ihrer Heimat Landarbeiter gewesen waren. Sie fanden hier Möglichkeiten, an Vertrautes wieder anzuknüpfen, was für sie wichtiger war als die besseren Verdienstmöglichkeiten in Industrieregionen und auch das Leben in der Diaspora und die Sehnsucht nach Wald und Bergen erträglicher gestaltete. Bei einigen von ihnen führte es dazu, daß sie sich der jeweils vorherrschenden Konfession anschlossen. Gerade diese Gruppe wurde von der einheimischen Bevölkerung bevorzugt aufgenommen. Ihre Fähigkeiten, Fleiß, Körperkraft, Bescheidenheit – und mit dem Spaten umgehen zu können –, wurden von vielen Einheimischen auf dem Lande hoch geschätzt. Deshalb wurden sie auch bei der Vergabe von Wohnungen und Arbeitsmöglichkeiten bevorzugt.

Zu ihnen gehörte die Landarbeiterfamilie Elsner aus dem niederschlesischen Niederhannsdorf. Frau Elsner kam mit ihrer Schwester und deren kleinem Sohn bei einem Kleinbauern unter. »Die hatten nur eine kleine Wirtschaft, zwei, drei Kühe. Platz war da eigentlich nicht. Die mußten ihre beste Stube für uns räumen. Da waren dann meine Schwester mit ihrem Jungen und ich. Später kam dann noch mein Schwager, der in Hamburg aus der Gefangenschaft entlassen worden war. Da haben wir dann zu viert in dem schmalen Bett geschlafen. Da wurde aus rohem Holz von einem Tischler aus Holtland auf Kosten der Gemeinde ein halber Sarg zusammengeschlagen. Das waren schwere Zeiten am Anfang [...]. Die Aufnahme im Dorf war nicht gut. Die Bauern hatten ja auch nicht viel. Die großen Bauern gaben Geld und brauchten keine Flüchtlinge zu nehmen, bei den kleinen Bauern da wurden sie reingeschubst.«[32]

Was Frau Elsner dennoch dort hielt, war die Möglichkeit, wie zu Hause in Stellung gehen zu können. Die Familie paßte sich den Möglichkeiten an und nahm die sich bietenden bescheidenen Chancen, den Lebensstandard etwas zu erhöhen, optimal wahr. Frau Elsner wußte bald, wie sie die einheimischen Bauern nehmen mußte: »Wenn man von den Bauern etwas wollte, etwa Pferd und Wagen, damit man etwas transportieren konnte, dann durfte man sich nicht fein anziehen. Man zog sich alte Klamotten an, nahm, wenn der Bauer auf der Diele war, den Besen zur Hand und fegte ein wenig und schließlich fragte man. Dann hieß es in der Regel: ›Jau, das kannst du woll kriegen. Jau das geit woll.‹«

Belohnt wurde ihr Verhalten damit, daß die Familie bei der Vergabe von Bauplätzen für Flüchtlinge und Vertriebene berücksichtigt wurde. Frau Elsner erinnert sich: »1949 sind wir angefangen, unser Haus zu bauen und im November 1950 eingezogen. [...] Die Gemeinde traf die Auswahl der Flüchtlinge, die dort bauen sollten. Wer bei den Bauern gearbeitet hatte, hatte bessere Aussichten, weil sie wußten, daß die arbeiten konnten.« Es wurden insgesamt vier Doppelhäuser von acht Familien gebaut. Zwei davon erhielt die Großfamilie Elsner. Flüchtlingsfamilien, die die Gemeinde nicht behalten wollte, wurden dagegen ganz anders behandelt: »Als wir bauten, sollte nebenan das fünfte Haus errichtet werden. Das ist aber nicht geschehen, statt dessen haben sie aus Leer eine alte Wehrmachtsbaracke, eine Bekleidungsbaracke, gekauft und da vier Familien untergebracht. Die zahlten dann monatlich 18 Mark Miete. Diese Flüchtlinge haben sich bis auf wenige Alte verzogen. Die Baracke hat bis vor vier Jahren noch gestanden und wen man im Dorf nicht haben wollte, der wurde dort untergebracht.«[33]

Schluß: Auswirkungen der Flüchtlingsaufnahme

Insgesamt haben die Flüchtlinge und Vertriebenen im Untersuchungsgebiet große Aufbauleistungen erbracht, die Wirtschaft gestärkt und zu einer Öffnung der Gesellschaft beigetragen. Daß es dazu kommen konnte und zumeist ein anhaltender Stellungskrieg zwischen Einheimischen und Neuankömmlingen vermieden wurde, lag vor allem daran, daß viele Flüchtlinge und Vertriebenen sich ihre neue Heimat selbst gesucht haben, wobei sie sich auch von Zuwendung oder Ablehnung durch die jeweilige Aufnahmegesellschaft haben leiten lassen. Diese gegenseitige Auswahl hat dazu geführt, daß der Anteil der Flüchtlinge und Vertriebenen an der Modernisierung auf dem Lande oft nur schwer zu erkennen ist. Am ehesten läßt er sich wohl noch im Schulbereich fassen. In den Landgebieten der Regierungsbezirke Aurich und Osnabrück haben Flüchtlinge und Vertriebene die Einsicht in die Bedeutung der Schulbildung erhöht. Zum einen bot eine höhere Schulbildung für die meisten Flüchtlingskinder die einzige erfolgversprechende Aussicht, einen Beruf ihrer Wahl zu finden. Zum anderen war bei vielen Familien schon in der Heimat eine höhere Bildung üblich. So lag der Anteil der Flüchtlingsschüler auf den weiterführenden Schulen weit über ihrem Bevölkerungsanteil, und Ostfrieslands Flüchtlingsbevölkerung hatte den höchsten Anteil an Schülern auf weiterführenden Schulen in Niedersachsen. 40% aller Schüler, die sich um Ostern 1947 zur Aufnahmeprüfung in die fünfte Klasse des Auricher Gymnasiums meldeten, stammten aus Flüchtlingsfamilien.[34] Wenn sich auch zunächst die Schere zwischen der Schulbildung der Flüchtlingskinder und der einheimischen Kinder noch weiter öffnete, so zogen die Einheimischen doch ab Mitte der 1950er Jahre nach.

An dieser Bildungsoffensive waren aber nicht nur Flüchtlingsschüler und -eltern beteiligt, sondern auch Flüchtlingslehrer. Da viele einheimische Lehrer nach Kriegsende wegen ihrer nationalsozialistischen Vergangenheit entlassen wurden, war der Anteil der Flüchtlingslehrer sehr hoch. So waren in Ostfriesland über 30% der Volksschullehrer und 40% der Gymnasiallehrer Flüchtlinge und Vertriebene. Sie leisteten im Unterricht eine bislang in der Forschung kaum zur Kenntnis genommene wichtige Integrationsarbeit. Sie waren auch weniger als einheimische Lehrer in den bildungsfeindlichen Kosmos vieler Dörfer eingebunden und konnten so auch gegenüber einheimischen Eltern freier agieren. Darüber hinaus wurden die Lehrer von der Dorfbevölkerung auch verpflichtet, leitend am Vereins- und Kulturleben des Dorfes teilzunehmen. So galt es in vielen Gemeinden als selbstverständlich, daß der Lehrer die Gemeinderatssitzungen protokollierte, als Schriftführer bei den örtlichen Vereinen und Genossenschaften fungierte und den Gesangverein leitete. Darüber hinaus versuchten viele Lehrer, neue Impulse zu setzen, wie z.B. durch Dorfgemeinschaftsabende mit Lesungen bekannter Autoren oder durch Diskussionskreise mit jungen Menschen. Erst durch die Schließung vieler Zwergschulen ab den 1950er Jahren hat sich der Einfluß der Lehrer auf das soziokulturelle Leben auf dem Lande drastisch verringert.

Ebenso haben Flüchtlinge und Vertriebene auf dem Lande auf die Bedeutung einer Berufsausbildung aufmerksam gemacht. Vorher kamen die Schulkinder oft zum Bauern als kleine Knechte oder Mägde und wurden später Landarbeiter. Die meisten Flüchtlinge haben schnell erkannt, daß das für ihre Kinder keine Perspektive bot. Durch ihren beruflichen Erfolg haben sie gezeigt, daß Bildungsanstrengungen sich lohnen. Durch ihre Karrieren in Schule und

Aus dem Flüchtlingslager Tidofeld wurde ein Norder Stadtteil (um 1960)

Verwaltung haben sie auch dazu beigetragen, daß sich dort eine Beamtenschaft, einschließlich höherer Beamte, im Lande verwurzelte. Zuvor waren solche Stellen oft mit Männern besetzt worden, die dorthin versetzt worden waren und oft möglichst schnell wieder fort wollten. Die Flüchtlingsbeamten waren nicht nur Ansprechpartner für ihre vertriebenen Schicksalsgenossen, denen sie das Einleben erleichterten, sondern sie haben vermutlich sogar auch zur Verstärkung der regionalen Identität beigetragen. Ohne sie hätten die Stellen im öffentlichen Dienst nicht mit Menschen ländlicher Prägung besetzt werden können, die dauerhaft hier blieben und nach Jahren als Ostfriesen oder Emsländer angesehen werden konnten. Die Wirkungen auf dem Lande waren regional sehr unterschiedlich: Viele Flüchtlinge und Vertriebene suchten sich Regionen, in die sie ›paßten‹, beruflich, religiös und von der Mentalität her. Sie konnten diese Regionen so auch in ihrer Besonderheit gegenüber anderen Regionen stärken. Nimmt man Provinz als genetisch-historischen Begriff, nicht als statisches ›ewiges‹ Phänomen, sondern als einen »Relationsbegriff, der ein variables Verhältnis zwischen fortgeschrittenen, industrialisierten auf der einen und unterentwickelten Regionen auf der anderen Seite bezeichnet«[35], dann kann man als Wirkung der Flüchtlinge und Vertriebenen in Westniedersachsen durchaus eine »Stärkung der Provinz«[36] feststellen – sowohl unter wirtschaftlichen Aspekten, aber auch politisch und kulturell.

Anmerkungen

1 Handschriftliche Erinnerungen von Gerda Süßmann zusammengestellt zur Hochzeit ihres Sohnes Hartmut 1985, Niedersächsisches Staatsarchiv in Aurich (StAA) Rep 230.
2 Ebd.
3 Niedersächsisches Hauptstaatsarchiv in Hannover (HStA Hann) Acc. 31/67 Nr. 71.
4 HStA Hann Acc. 31/67 Nr. 71.
5 Ein detaillierter Erlaß des Oberpräsidenten vom 6.10.1945 zur Steuerung der Flüchtlingsbewegung zielte darauf, daß die Flüchtlinge sich nicht selbst ihre neuen Wohnorte aussuchten, sondern das festgelegte Ziel erreichten; ebd.
6 Lüneburger Post, 12.10.1945.
7 Errechnet nach den Angaben aus: Das Flüchtlingslager Mariental (1945–1947) und die Vertriebenentransporte aus Schlesien (1946–1947). Ein Beitrag zur Nachkriegsgeschichte der Gemeinde Mariental und des Landkreises Helmstedt. Aus Akten verschiedener Archive erarbeitet und zusammengestellt von Rolf Volkmann, unter Mitarbeit von Helga Volkmann, Grasleben 1997, S. 127–138.
8 Hans Joachim Malecki, Die Heimatvertriebenen in Niedersachsen, in: Niedersachsen und das Flüchtlingsproblem (Veröffentlichungen des Niedersächsischen Amtes für Landesplanung und Statistik, Reihe F, Bd. 6, H. 1), 2. Aufl. Hannover 1951, S. 9–25, hier S. 13.
9 Interview des Verfassers am 5.8.1996 mit Harald und Elisabeth Hauptvogel, Maria Heisig, Irmgard Kobjolke, Paul und Elfriede Nowak in Tidofeld.
10 Angaben nach dem Statistischen Jahrbuch deutscher Gemeinden, 37. 1949, S. 367–369, zit. nach: Ulrich Schneider, Niedersachsen unter britischer Besatzung 1945. Besatzungsmacht, deutsche Verwaltung und die Probleme der unmittelbaren Nachkriegszeit, in: Niedersächsisches Jahrbuch, 54. 1982, S. 251–319, hier S. 287.
11 Gemeindechronik der Gemeinde Böhmerwold, StAA M 10, 262.
12 Zahlenangaben in: Veröffentlichungen des Niedersächsischen Amtes für Landesplanung und Statistik, Reihe F, Bd. 4, H. 3, Hannover 1950.
13 Zit. nach Karl-Heinz de Wall, Flüchtlingsjahre in Leerhafe-Hovel, in: Harlinger Heimatkalender, 1997, S. 41–44, hier S. 43.
14 Niedersächsisches Staatsarchiv in Osnabrück (StAOs) Dep 104 II Akz 47/92 Nr. 47, Protokoll, 19.12.1946.
15 Hierzu s. die Proteste der Kreise, in: StAOs Rep 430 Dez 304 Akz 15/65 Nr. 18.
16 Interview des Verfassers mit Horst Kösling am 20.1.1995 in Osnabrück.
17 StAOs Rep 430 Dez 304 Akz 15/65 Nr. 45.
18 Errechnet nach Angaben in: Niedersachsen und das Flüchtlingsproblem, H. 2, Tab. 1 und Tab. 9 sowie Veröffentlichungen des Niedersächsischen Amtes für Landesplanung und Statistik, Reihe F, Bd. 15, H. 2, Hannover 1955, S. 38.
19 Bernard Schröer, Emden – wirtschaftlich gesehen, in: Seehafenstadt Emden, Hannover 1960, S. 25–30, hier S. 28.
20 Veröffentlichungen des Niedersächsischen Amtes für Landesplanung, Reihe F, Bd. 15, H. 2, S. 46.
21 Handschriftliche Erinnerungen von Gerda Süßmann, StAA Rep 230.
22 StAOs Rep 430 Dez 304 Akz 15/65 Nr. 18.
23 Errechnet nach Angaben in: Niedersachsen und das Flüchtlingsproblem, H. 2, Tab. 2.

24 Zahlenangaben in: Niedersachsen und das Flüchtlingsproblem, H. 2, Tab. 15.

25 Unterstrichen werden diese Angaben durch weitere Statistiken: Der Arbeiteranteil (1948) ist in Ostfriesland mit 35% viel niedriger als im übrigen Niedersachsen (48%) und der Anteil der selbständigen Berufslosen viel höher (34% gegenüber 26%). Weiter werden diese Tendenzen durch die Statistik der Flüchtlinge und Vertriebenen nach Renten- und Unterstützungsempfängern bestätigt. Während im Landesdurchschnitt 4,6% von ihnen Wohlfahrtsunterstützung erhielten, waren es in Ostfriesland 7,2% und im Regierungsbezirk Osnabrück 5,4%; ebd., Tab. 9.

26 Walter von Schwichow, Lagebericht zur Frage der Beseitigung der derzeitigen Notstände im Regierungsbezirk Aurich, August 1950, StAA Rep 17/3 Nr. 1134.

27 Statistik von Niedersachsen, Bd. 60, Hannover 1967, S. 39.

28 Elisabeth Pfeil, Die berufliche und soziale Eingliederung der Heimatvertriebenen in Niedersachsen, in: Niedersachsen und das Flüchtlingsproblem, H. 3: Aufbau aus eigener Kraft, Hannover 1951, S. 7–23, hier S. 7f.

29 Brief von Jakob Kabus an Bischof Berning, 4.3.1946, Diözesanarchiv Osnabrück, 06-08-00.

30 Statistik von Niedersachsen, Bd. 60, S. 108.

31 Myung-Sun Park, Die Vertriebenen in der Bundesrepublik Deutschland. Mobilität und Klassenstrukturierung in den Fünfziger Jahren, Diss. Bielefeld 1989, S. 192f.

32 Mitschrift eines Gesprächs von Herrn Dr. Paul Weßels mit Familie Elsner, 30.5.1992 in Holtland, StAA Rep 270.

33 Ebd.

34 Die Liste findet sich in StAA Rep 171 Nr. 179.

35 Gert Zang, Subjektive Reflexionen über ein Projekt und seine organisatorische, methodische und inhaltliche Entwicklung. Überlegungen zu einer kritischen Regionalgeschichtsschreibung für das 19. und 20. Jahrhundert, in: ders. (Hg.), Provinzialisierung einer Region. Zur Entstehung der bürgerlichen Gesellschaft in der Provinz, Frankfurt a.M. 1978, S. 465–539, hier S. 486.

36 Vgl. Dieter Bellmann u.a., ›Provinz‹ als politisches Problem, in: Kursbuch 39, Berlin 1975, S. 81–127, hier S. 91.

Literatur

Bade, Klaus J. (Hg.): Fremde im Land. Zuwanderung und Eingliederung im Raum Niedersachsen seit dem Zweiten Weltkrieg (IMIS-Schriften, Bd. 3), Osnabrück 1997.

Baha, Norbert: Wiederaufbau und Integration. Die Stadt Delmenhorst nach 1945, Delmenhorst 1983.

Brelie-Lewien, Doris von der: »Dann kamen die Flüchtlinge«. Der Wandel des Landkreises Fallingbostel vom Rüstungszentrum im ›Dritten Reich‹ zur Flüchtlingshochburg nach dem Zweiten Weltkrieg, Hildesheim 1990.

Brosius, Dieter: Zur Lage der Flüchtlinge im Regierungsbezirk Lüneburg zwischen Kriegsende und Währungsreform, in: ders./Angelika Hohenstein, Flüchtlinge im nordöstlichen Niedersachsen 1945–1948, Hildesheim 1985, S. 3–86.

Grebing, Helga: Flüchtlinge und Parteien in Niedersachsen. Eine Untersuchung der politischen Meinungs- und Willensbildungsprozesse während der ersten Nachkriegszeit 1945–1952/53, Hannover 1990.

Kollai, Helmut R.: Die Eingliederung der Vertriebenen und Zuwanderer in Niedersachsen, Berlin 1959.
Meier, Hans-Bernd: Vertriebene und Flüchtlinge im ehemaligen Regierungsbezirk Osnabrück 1945–1970: Zuwanderung, Flüchtlingsverwaltung, wirtschaftliche Integration und regionaler Strukturwandel, Diss. Osnabrück 1999 (http://elib.ub.uni-osnabrueck.de/publications/diss.html/E-Diss 129 HTML.html).
Niedersachsen nach 1945. Gesellschaftliche Umbrüche, Reorganisationsprozesse, sozialer und ökonomischer Strukturwandel, hg.v.d. Niedersächsischen Landeszentrale für politische Bildung, Hannover 1995.
Schröer, Bernard: Emden 1945–1961. Ein Bericht über den Wiederaufstieg der Stadt, Emden 1962.
Seggern, Andreas von: Großstadt wider Willen. Zur Geschichte der Aufnahme und Integration von Flüchtlingen und Vertriebenen in der Stadt Oldenburg nach 1944 (Beiträge zur interkulturellen Diskussion, Bd. 8), Münster 1997.
Wilhelmshaven 1945–1952. Ein Bericht über den Wiederaufbau unserer kommunalen Verwaltung und des Wirtschaftslebens unserer Stadt. Erstattet von Oberstadtdirektor Dr. Friedrich Paffrath, Wilhelmshaven 1952.

»Wir leben ja nun hier«. Flüchtlinge und Vertriebene in Niedersachsen – Erinnerung und Identität

Von Rainer Schulze

»Das wirkliche Flüchtlingsnotland des deutschen Westens reicht von Flensburg bis Göttingen und von Helmstedt bis Bückeburg, und jedem, der mit offenen Augen durch die Städte und Dörfer dieses Elendsgebietes reist, wird der Unterschied fast schlagartig auffallen, wenn er die Grenzen nach Hessen oder Nordrhein-Westfalen überschreitet, oder wenn er gar in den freundlichen Süden oder Südwesten der Trizone kommt.«[1]

(Heinrich Albertz, 1945 bis 1948 Flüchtlingspastor in Celle und Leiter des städtischen Flüchtlingsamtes; 1948 bis 1951 Niedersächsischer Staatsminister für Flüchtlingsangelegenheiten)

Ost-Niedersachsen und das Flüchtlingsproblem

Seit der Jahreswende 1944/45 strömten in immer größeren Zahlen deutsche Flüchtlinge in den niedersächsischen Raum, die ihre Heimat im Osten vor der heranrückenden Roten Armee verlassen hatten. Nach dem Ende der Kampfhandlungen und der Errichtung der Besatzungsherrschaft kam diese Zuwanderung kurzfristig zum Stillstand, schwoll aber in den Sommermonaten 1945 wieder an und nahm 1946 im Gefolge der im Artikel XIII des Potsdamer Abkommens vereinbarten organisierten Zwangsausweisung der Deutschen aus den Gebieten östlich der Oder-Neiße-Linie und den benachbarten Staaten nochmals stark zu. Ende 1950, als die Umsiedlungsmaßnahmen so gut wie zum Abschluß gekommen waren, lebten mehr als 1,85 Millionen der insgesamt rund 13 Millionen deutschen Flüchtlinge und Vertriebenen in Niedersachsen; hinzu kamen nochmals über 350.000 Zuwanderer aus der sowjetischen Besatzungszone und Berlin, bei denen es sich zum Teil auch um Menschen handelte, die vorher aus den Gebieten östlich der Oder-Neiße-Linie geflohen oder vertrieben worden waren.[2] Niedersachsen hatte damit von allen (westdeutschen) Bundesländern die größte Zahl von Flüchtlingen und Vertriebenen aufgenommen. Der Anteil der Flüchtlingsbevölkerung an der Gesamtbevölkerung lag bei nahezu einem Drittel; einen höheren Anteil verzeichnete im Bundesgebiet nur noch Schleswig-Holstein.

Die im Gefolge von Flucht und Vertreibung in den niedersächsischen Raum strömenden Menschen verteilten sich hier allerdings nicht gleichmäßig, sondern konzentrierten sich vornehmlich in den Gebieten östlich der Weser. Vor allem bis zur deutschen Kapitulation im Mai 1945 waren diese Kreise das bevorzugte Zufluchtsgebiet, denn die vor der heranrückenden Roten Armee Flüchtenden sahen ihren Aufenthalt im Westen Deutschlands als lediglich vorübergehend an und wollten sich deshalb nicht weiter als nötig von ihrer alten Heimat entfernen. Selbst nach Errichtung der Besatzungsherrschaft gelang keine auch nur annähernd gleichmäßige Verteilung des Bevölkerungszustroms. Das östliche Niedersachsen blieb Hauptaufnahmegebiet, aber sogar hier war die Flüchtlingsbelegung noch unterschiedlich. Den insgesamt stärksten prozentualen Bevölkerungszuwachs hatte der alte Regierungsbezirk Lüneburg zu bewältigen. Bereits im Oktober 1945 beherbergte er über 300.000 Flüchtlinge bei lediglich knapp 510.000 Einheimischen. Die Volkszählung vom 13. September 1950 zeigte, daß er unter den damals acht niedersächsischen Regierungs- und Verwaltungsbezirken mit einem Anteil von rund 41,5% Flüchtlingsbevölkerung

Ankunft in Celle: Flüchtlingstreck, wahrscheinlich aus Pommern, auf dem Weg von Westercelle in die Celler Innenstadt im März 1945 (illegal gemachtes Foto von Karl Dülkefälden)

immer noch an der Spitze lag; danach folgte der alte Verwaltungsbezirk Braunschweig mit etwa 38,5%. Auf Kreisebene hatte der Landkreis Uelzen die höchste Flüchtlingsbelegung. Generell gilt, daß fast die Hälfte aller Flüchtlinge und Vertriebenen in Gemeinden mit weniger als 2.000 Einwohnern unterkam; in einigen kleinen Dörfern in Ost-Niedersachsen lebten Ende 1945 sogar mehr Flüchtlinge als Alteingesessene. Die Probleme, die der Zustrom der Flüchtlinge und Vertriebenen im östlichen Niedersachsen aufwarf, waren im Prinzip dieselben wie in allen anderen Regionen: Unterbringung, Versorgung mit Lebensmitteln, Heizmaterialien, Möbeln, Hausrat, Kleidung, Schuhen und überhaupt allen Gebrauchsgegenständen sowie die enormen Schwierigkeiten, Arbeitsplätze bzw. Erwerbsmöglichkeiten für die Neuankömmlinge zu finden. Aufgrund des weit überdurchschnittlichen Bevölkerungszustroms hatten diese Probleme allerdings im östlichen Niedersachsen eine ganz andere Dimension und damit auch soziale Sprengkraft. Zwar wurde die große Mehrzahl der neu in den niedersächsischen Raum kommenden Menschen in ländlichen Gebieten untergebracht, in denen es kaum Kriegszerstörungen gab, doch war ein guter Teil des verfügbaren Wohnraumes schon mit Menschen belegt, die bei der Zunahme des Luftkriegs aus den Großstädten und den Industriezentren evakuiert worden waren, und die beständig wachsende Zahl von Flüchtlingen und Vertriebenen führte schnell zu einer Überbelegung der verfügbaren Unterbringungsmöglichkeiten. Am Ende des Krieges mangelte es an fast allem, und die ohnehin bestehenden Engpässe wurden durch die vielen nun noch zusätzlich zu versorgenden Menschen nochmals erheblich verschärft. Die Flüchtlinge und Vertriebenen wurden von der einheimischen Bevölkerung schnell als eine unliebsame Konkurrenz im täglichen Versorgungskampf angesehen, und besonders in den ländlichen Gebieten führten diese Probleme zu wachsenden Spannungen. Zwar gab es zahlreiche Beispiele von Kooperation und Hilfsbereitschaft, aber insgesamt überwogen Ablehnung und Distanzierung. Da die ländlichen Gegenden in der Regel von direkten Kriegseinwirkungen weitgehend verschont geblieben waren, konnten die Eingesessenen die Lage der Neuhinzugekommenen vielleicht gerade noch rational erfassen, wirklich nachempfinden konnten (und wollten) sie sie jedoch nur selten.

Die Gegensätze, die sich vor allem in den ländlichen Räumen zwischen Einheimischen und Flüchtlingen auftaten, hätten kaum größer sein können. Die einheimische ländliche Bevölkerung hatte fast alles behalten: Heimat, Wohnraum, Besitz, angestammte Berufs- und Erwerbstätigkeit, eigenes Land zur Sicherstellung der Ernährung, vor allem auch den angestammten sozialen Status und die gesicherte Identität. Dies sollte nun mit einem Mal mit den Flüchtlingen und Vertriebenen geteilt werden, die das meiste, zum Teil auch alles verlo-

Zum Wohnhaus umgebauter ehemaliger Munitionsbunker der Lufthauptmunitionsanstalt in Hambühren (Landkreis Celle), erste Bauphase (lediglich Erdgeschoß und Flachdach), ca. 1950/51

ren hatten. Einheimische Dorfbewohner sollten mit Großstädtern, Welfen mit Schlesiern oder Ostpreußen, Protestanten mit Katholiken auskommen; Bauern lebten mit einem Mal mit Menschen unter einem Dach, die Arbeiter bzw. Angestellte waren. Unterschiedliche Normen und Leitbilder, Verhaltensweisen und mentale Eigenarten, politische Traditionen und überkommene Bräuche wirkten sich in den ländlichen Gegenden sehr viel belastender für das Zusammenleben aus als in großstädtischen, industriell geprägten Gebieten, die schon immer eine gewisse soziale Mobilität und Zuwanderung und damit auch Durchmischung aufwiesen.

Heinrich Albertz war davon überzeugt, »daß das Flüchtlingsproblem das Spitzenproblem unseres augenblicklichen deutschen Schicksales ist. Nicht das einzige Problem, aber das, an dem sich alles andere beispielhaft darstellt. Gehen wir in dieser Sache an der Wirklichkeit vorbei, dann stehen wir außerhalb des deutschen Lebens.«[3] Viele zeitgenössische Beobachter hätten dieser Beschreibung sicherlich vorbehaltlos zugestimmt. Generell herrschte die Meinung vor, daß es mindestens eine Generation oder sogar noch länger dauern würde, bis die durch den Zustrom der Flüchtlinge und Vertriebenen aufgeworfenen Probleme bewältigt wären.

Doch entgegen allen ursprünglichen Annahmen wurde bereits im Verlauf der 1950er Jahre aus dem Gegeneinander von Einheimischen auf der einen und Flüchtlingen und Vertriebenen auf der anderen Seite ganz allmählich ein Neben- und dann auch ein Miteinander. Gemeinsame Alltagssorgen und -erfahrungen halfen dabei. Erhebliche Bedeutung bei diesem Prozeß des Zusammenwachsens kam im übrigen der Ankunft einer weiteren Welle von Neuankömmlingen in den ländlichen Gebieten zu: Gegenüber den ›Stadtflüchtlingen‹ und den ausländischen ›Gastarbeitern‹, die in den 1960er Jahren in die ländlichen Gebiete kamen, erschienen vielen Alteingesessenen die nun schon sehr viel länger bei ihnen lebenden Flüchtlinge und Vertriebenen fast wie ihresgleichen, und auch die Flüchtlinge und Vertriebenen haben sich in dieser Situation für die Sicherung ihrer eigenen Position offenbar mehr von einer ›Solidarisierung‹ mit den Einheimischen versprochen als von einer gemeinsamen ›Front‹ mit den ›Neuen‹.

Die große Mehrzahl der heute noch lebenden Flüchtlinge und Vertriebenen hat es trotz der schwierigen Anfänge nach landläufigen Maßstäben im Westen erfolgreich ›zu etwas gebracht‹, manche von ihnen sicherlich um einiges über das hinaus, was sie erwartet hätte, wenn es 1945 nicht den Bruch in ihrer Biographie durch den erzwungenen Verlust ihrer Heimat gegeben hätte. Sie fanden Beschäftigung, sie heirateten, sie bekamen Kinder, sie bauten Häuser, sie übernahmen politische Ämter. Materieller Wohlstand stellte sich ein, der sich von dem der Einheimischen jetzt, mehr als fünfzig Jahre nach Flucht und Vertreibung, kaum noch merklich unterscheidet – die Indikatoren, die gemeinhin für eine erfolgreich verlaufene Eingliederung genommen werden, sind ohne Frage vorhanden. Lebensgeschichtliche Interviews, die in den letzten Jahren geführt worden sind, zeigen aber, daß es daneben doch immer noch eine ganze Reihe von Bereichen gibt, in denen bis heute erhebliche Unterschiede zwischen beiden Bevölkerungsgruppen bestehen. Dazu gehört nicht zuletzt die Tatsache, daß es viele Flüchtlinge und Vertriebene nach wie vor schwierig finden, eine umfassende Lebensgeschichte zu formulieren, in der sie ihre Vergangenheit in der ›alten‹ Heimat in einen sinnvollen und sinnstiftenden Bezug zu ihrer Gegenwart in der ›neuen‹ Heimat setzen und an ihrem neuen Lebensmittelpunkt verorten können.

Die Geschichtswissenschaft hat sich lange, sofern sie sich überhaupt des Themas Flucht und Vertreibung der deutschen Bevölkerung nach dem Zweiten Weltkrieg angenommen hat, im wesentlichen auf eine Dokumentation der Flucht- bzw. Vertreibungsgeschehnisse sowie auf eine Untersuchung der Pro-

Bau eines Flüchtlingswohnhauses der Sozialen Baugenossenschaft Celle in (Celle-)Vorwerk in Gemeinschaftsarbeit, 1951/52

bleme der Eingliederung der Flüchtlinge und Vertriebenen in Wirtschaft und Gesellschaft des Nachkriegsdeutschland konzentriert. Dabei sind Fragen der gruppenspezifischen Erinnerung und Erfahrung der Flüchtlinge und Vertriebenen weitgehend ausgeblendet bzw. nur insoweit thematisiert worden, als sie den Eingliederungsprozeß behinderten bzw. verzögerten. Erst in letzter Zeit ist diesen Fragen mehr Aufmerksamkeit gewidmet worden.

Aufnahmeregion Landkreis Celle

Da sich die jüngere Flüchtlings- und Vertriebenenforschung weniger an den Herkunftsgebieten im Osten als an den Aufnahmegebieten im Westen orientiert hat, wird auch hier beispielhaft von einem Aufnahmekreis ausgegangen, dem Landkreis Celle am Südrand der Lüneburger Heide. Celle war bis zum Zweiten Weltkrieg ein noch ganz überwiegend agrarisch geprägter Kreis und hatte eine im Vergleich zum Reichsdurchschnitt geringe Einwohnerdichte; bis zum Frühjahr 1945 blieb er überdies vom eigentlichen Kampfgeschehen nahezu unberührt. Seit der Zunahme des Luftkrieges über Deutschland ab 1943 waren deshalb bereits zahlreiche Großstadtbewohner nach Celle geflüchtet oder evakuiert worden. Seit Anfang des Jahres 1945 kamen dann zusätzlich in immer wachsenden Zahlen Flüchtlinge aus den deutschen Ostgebieten hierher. Im Herbst 1945 war die Celler Bevölkerung um etwa 70% gegenüber dem Stand von 1939 angewachsen; eine Zählung vom 1. Oktober 1945 ergab, daß einer eingesessenen Bevölkerung von 58.721 Menschen 31.944 Flüchtlinge und Luftkriegsbetroffene (= Evakuierte) gegenüberstanden.[4] Der Zustrom hielt noch weiter an; am 1. April 1948 befanden sich über 43.000 Flüchtlinge und Vertriebene (einschließlich der Flüchtlinge aus der sowjetischen Besatzungszone sowie der noch verbliebenen Evakuierten aus den drei Westzonen) im Kreisgebiet.[5] Der Landkreis Celle wies damit zwar eine überdurchschnittliche Flüchtlingsbelegung auf, lag aber nicht in der absoluten Spitzengruppe in Niedersachsen.

Die Schwierigkeiten, die sich aus dem Aufeinanderstoßen dieser beiden Bevölkerungsgruppen ergeben haben, und die Folgewirkungen, die der Flüchtlingszustrom für Struktur und Entwicklung des Landkreises seit 1945 hatte, sind bereits verschiedenfach ausführlich dargestellt worden. Im folgenden geht es um die Entwicklung der Identität der Flüchtlinge und Vertriebenen, die nach dem Zweiten Weltkrieg in den Landkreis Celle gekommen sind, um das Weiterwirken der alten Prägungen und um die lebensgeschichtliche Bedeutung der Erinnerungen an die frühere Heimat fünfzig Jahre nach Flucht und Vertreibung. Dem wird anhand von zwei spezifischen Fragen nachgegangen: Was macht die spezifische Erinnerung der Flüchtlinge und Vertriebenen aus, und wo sehen sie heute ihre ›Heimat‹? Grundlage bilden mehrstündige Einzelgespräche mit insgesamt 61 Flüchtlingen und Vertriebenen, 33 Männer und 28 Frauen, die ich in den vergangenen Jahren geführt habe. Mit einigen habe ich noch vertiefende Nachgespräche geführt, verschiedene haben mir außerdem Tagebuchaufzeichnungen, Briefe und andere private Unterlagen zur Verfügung gestellt. Alle Befragten sind in Gebieten östlich der Oder-Neiße-Linie geboren, mußten im Gefolge des Zweiten Weltkrieges als Kinder bzw. Jugendliche oder junge Erwachsene ihre Heimat verlassen und sind schließlich, einige über manche Umwege, im Landkreis Celle gelandet, wo sie zum Zeitpunkt des Interviews lebten. Der älteste Gesprächspartner ist 1906 geboren, der jüngste 1940.[6]

Im folgenden werden vor allem die Betroffenen selbst zu Wort kommen, denen so lange nicht zugehört wurde, wenn sie von ihren Erfahrungen erzählen wollten. Die abschließenden Überlegungen sollen einen Diskussionsanstoß geben und anregen, darüber nachzudenken, was das heutige bundesdeutsche kollektive Gedächtnis ausmacht – und inwieweit die Erfahrungen und Erlebnisse derjenigen, die nach 1945 in die heutige Bundesrepublik gekommen sind, hierin einen Platz gefunden haben.

Schwierige Erinnerungen

Alle Flüchtlinge und Vertriebenen erinnern sich sehr intensiv an ihre frühere Heimat; selbst bei denen, die bei der Flucht bzw. Vertreibung Kinder waren, ist die alte Heimat noch sehr präsent. Diese Erinnerungen sind durchweg positiv besetzt, und bei den meisten geht diese Heimaterinnerung über ›normale‹ Kindheitserinnerungen hinaus und schließt regionenspezifische Momente mit ein – die Landschaft, die regionalen Spracheigentümlichkeiten, die speziellen Gerichte und Rezepte der jeweiligen Region, aus der sie stammen.

Hilma E., 1934 im ostpreußischen Bartenstein (heute Bartoszyce) geboren, wo ihr Vater Kantor an der Stadtkirche war, erinnert sich zum Beispiel noch immer an »die üppige ostpreußische Landschaft« und »die großartige Aussicht auf die Stadt und die Umgebung von Bartenstein«, die sie vom Kirchturm genoß. Für Heinrich von der M. aus Schmenzin (heute Smecino) in Pommern ist die Erinnerung an die alte Heimat selbstverständlich: »Man hat es in sich – das muß man nicht bewahren. Das ist da. Da bedarf es auch keiner Anstrengung.« Ähnlich äußerte sich Gerda L., 1928 in Lustgarten (polnisch Wesolkach) im Wartheland geboren: »Ich geh' noch oft die Wege und Straßen, die sich wahrscheinlich inzwischen verändert haben, denn mein Geburtsort existiert ja heute nicht mehr – aber mein Elternhaus steht noch.« Selbst Frieda W. aus Liegnitz (heute Legnica), die sich eigentlich als unsentimental bezeichnete, räumte ein: »Das gehört zu meinen schönsten Kindheitserinnerungen, diese großen Alleen – herrlich. [...] Es gibt Dinge, die ich selber nicht weiß. Wenn ich dieses wahnsinnig sentimentale und kitschige Riesengebirgslied höre, dann laufen mir die Tränen, heute noch.« Viele fühlten sich noch immer der Landschaft ihrer Herkunftsregion so verhaftet, daß sie sich mit der Landschaft ihrer neuen Heimat nie so recht hatten anfreunden können, wie zum Beispiel Brigitte A. aus Königsberg (heute Kaliningrad): »Ich kann die Landschaft auch immer noch nicht annehmen. Heide – ich bin nie in der Heide. Ich kenne die Heide eigentlich gar nicht.« Paul Z. aus Wildgrund (heute Pokrzywna) im Riesengebirge merkte an, daß er nach seiner Flucht noch lange mindestens einmal im Jahr zum Skifahren in die Alpen gefahren war, »weil ich [...] nicht so unbedingt das Flachland verkraften konnte.«

Öffentliches Singen der (Flüchtlings-)Singgemeinschaft Vorwerk in der neugebauten Flüchtlingssiedlung Vorwerk in den 1950er Jahren (Dirigent und Chorleiter: Hermann Duvenbeck)

Bei allen hat sich der letzte Eindruck ihres alten Zuhauses fest in die Erinnerung eingebrannt. Für die meisten Männer war dies beim Abschied nach ihrem letzten Heimaturlaub, so daß ihnen zu diesem Zeitpunkt noch gar nicht klar war, daß es der letzte Besuch zu Hause war. Um so verzweifelter bemühten sich einige, dieses letzte Bild in die Erinnerung zurückzuholen und einen vagen Eindruck zu konkretisieren und ihm eine höhere Bedeutung zu geben – Heinrich von der M.: »Ich habe am letzten Morgen, bevor ich zur Bahn gefahren wurde, [...] einen sehr guten Hirsch geschossen, ein Prachtstück. Den habe ich morgens noch gesehen [...]. Das ist die letzte Erinnerung.« Bei den Frauen handelt es sich häufig um den letzten Blick zurück, bevor das Haus, die heimatliche Gegend endgültig aus dem Blickfeld verschwandt, wie bei Erna C., als sie am 30. Januar 1945 überstürzt Neusalz/Oder (heute Nova Sota) verließ und als letzten Gedanken hatte: »Ich sehe dich [die Wohnung in Neusalz] nicht mehr wieder.«

Alle Flüchtlinge und Vertriebenen haben auch eine außerordentlich plastische und detailreiche Erinnerung an die Geschehnisse während der Flucht bzw. der Vertreibung. Viele haben versucht, diese Erinnerungen zu verdrängen, weil die Geschehnisse so schrecklich und traumatisch waren, und selbst in langen und intensiven Gesprächen fünfzig Jahre später wurden sie nur sehr zögerlich, in distanzierten und neutralen Worten oder auch gar nicht angesprochen. Typisch dafür ist Gisela Z., die nur allgemein sagte: »Ich bin den Polen nicht mehr böse. Aber wie die mich behandelt haben, und auch die Russen, das ist schlimm gewesen.« Nur ganz wenige Frauen sprachen zum Beispiel von den Vergewaltigungen, denen sie ausgesetzt waren, wie Josephina V., deren Treck auf der Flucht aus Groß Volz (heute Wołcza Wielka), wo ihr Mann als Gutsverwalter tätig war, von sowjetischen Truppen überrollt und wieder zurückgeschickt wurde. Sie mußte dann auf dem Gut noch bis Sommer 1946 Zwangsarbeit leisten: »Ich bin ja auch 'nen paar Mal vergewaltigt worden [...]. Man konnt' sich ja nicht dagegen wehren! Auch von den Polen einmal. [...] Und wir haben erst noch die jungen Mädchen immer versteckt, [...] und dann mußten wir eben 'ran.« Karin J. aus Stresow (heute Strzeszewo), die ebenfalls von sowjetischen Truppen überrollt wurde und dann nach Rußland zu Aufbauarbeiten gebracht werden sollte, aber nach fünf Wochen wieder freikam, sprach nur von »Russenbesuch, die immer nach Mädchen suchten. [...] Viele [mußten] jetzt schon befürchten, daß sie einen kleinen Iwan kriegen werden! Entsetzlich, das ist wohl das Schlimmste von allem.« Alle waren sich einig, daß Flucht und Vertreibung viel schlimmer waren, als man es in den meisten Berichten und Darstellungen liest – die Gewalt, die Entmenschlichung, die vielen Toten, der Hunger und vor allem die beständige, allgegenwärtige Angst.

Für viele, die zum Zeitpunkt der Flucht bzw. Vertreibung Kinder waren, stellen sich die Ereignisse im Rückblick allerdings auch als eine Art Abenteuer dar. Dies trifft vor allem für Jungen zu, die in dieser Phase häufig die Verantwortung für die gesamte Familie übernahmen, da die Väter im Krieg waren.

Dieter R., 1931 im schlesischen Petrigau (heute Piotrków Borowski) geboren, war gerade 14, als sein Vater am 23. Januar 1945 zum Volkssturm eingezogen und er von ihm als »der Älteste und Kräftigste« der Kinder ermahnt wurde, seiner Mutter und seinen Großeltern eine besondere Stütze zu sein. Nur wenige Wochen vorher noch hatte sich Dieter in kindlichen Phantasien ausgemalt, wie er, wenn er bloß groß wäre, die »russischen Feinde« wie »Winnetou und Old Shatterhand, von denen ich vor kurzem in einem alten, auf dem Boden gefundenen Buch gelesen« hatte, »wegjagen« würde. Jetzt endete seine Kindheit schlagartig. Vor dem Aufbruch zur Flucht nur wenige Tage später fühlte er sich zunächst wie gelähmt, bis mit einem Mal alle Ängste abfielen und er sich statt dessen nahezu unverletzlich fühlte. Während der Flucht hatte er seine erste Begegnung mit gewaltsamem menschlichen Tod, als er Zeuge der Erschießung von Partisanen durch deutsche Soldaten wurde, und er erlebte das erste Aufflackern von Sexualität, als ihn die älteste Tochter der Wirtsleute, bei denen sie zeitweilig untergekommen waren, in einer Mischung aus kindlichem Spiel und sexueller Verführung küßte und umarmte – später sollten sie und ihre Mutter Opfer einer nächtlichen Vergewaltigung durch sowjetische Soldaten werden, während Dieter oben im Haus schlief. Dieses sind Erlebnisse, an sich die Dieter R. immer noch in allen Details erinnert – andererseits sagte aber auch er: »Es war alles irgendwie auch etwas wie ein Abenteuer.« Ähnlich äußerte sich Arnold E.: Er werde die Flucht aus dem Wartheland »wahrscheinlich nie in meinem Leben vergessen. [...] Das behält man auch, solche Bilder, das waren die gravierendsten«, fügte aber hinzu, als Kind »empfindet man das gar nicht so schrecklich.«

Manche erinnern sich an Flucht bzw. Vertreibung nahezu wie an einen surrealen Film, in dem sie sich selbst praktisch von außen als Akteure betrachten. Bei Frieda W. war die Flucht aus Liegnitz eine Evakuierung des Lazarettes, in dem sie als Schwesternhelferin arbeitete. Zu trinken gab es nach ihrer Erinnerung nur Sekt aus den Lazarettbeständen. Es gab auch kein Toilettenpapier, statt dessen wurden Geldscheine benutzt: »Das war alles irgendwo – ich hab' danebengestanden, ich hab's nicht richtig mitgekriegt.« Für sie herrschte reiner Fatalismus: »Es ist ja sowieso alles im Eimer.« Gleichzeitig war sie der Ansicht, was dann natürlich nicht zutraf: »Ich habe es als Fahrt in den Tod empfunden. Ich konnte mir nicht vorstellen, daß das Leben nach so einem verlorenen Krieg überhaupt noch weitergeht.«

Zwei häufig anzutreffende Formen, mit den schrecklichen Erlebnissen fertig zu werden, sind Verdrängung und Verharmlosung, aber wesentlich ist, daß es sich in allen Fällen um Erfahrungen handelt, die die Einheimischen insbesondere in den ländlichen Regionen in dieser Form nicht hatten und die gar nicht oder nur schwer mit ihnen zu teilen waren. Typisch ist die Äußerung von Brigitte A. zur Haltung der Einheimischen: »Die können sich da nicht hineinversetzen, und ich verstumme dann auch, ich erzähle auch nichts.« Der allgemeine Eindruck war (und blieb bis heute), daß es keinen Einheimischen wirklich interessierte, daß keiner davon wissen wollte – Josephina V.: »Wem sollte man das erzählen? Wer wollte das wohl hören? [...] Ja, das war mein Problem.« Sie hat selbst ihrem Mann längst nicht alles erzählt, was ihr in den 16 Monaten Zwangsarbeit in Pommern widerfahren war.

Kaum jemand hat vergessen, wie schwierig das Sich-Einfinden im Westen war. Die meisten fühlten sich ausgegrenzt und unerwünscht und merkten sofort bei ihrem ersten Zusammentreffen mit den Einheimischen ganz deutlich, daß sie als anders und deshalb in der Regel auch als minderwertig angesehen wurden. Erna C. aus Neusalz ist eine von vielen, die immer noch weiß: »Wir wurden auch hier im Dorf überhaupt nicht anerkannt. Es hieß grundsätzlich nur, wir seien die Polacken.« Brigitte A. aus Königsberg erlebte die Celler Bevölkerung ähnlich: »wir, das Pack aus Ostdeutschland, die angeblich nichts hatten und da so als Asoziale hierherkamen und, ja, sehr diskriminierend behandelt wurden«. Hilma E.: »Wir waren immer die Flüchtlinge. [...] Man wurde nicht verstanden [...] und dadurch ausgegrenzt. Dann wurden Aufsätze in der Schule geschrieben, was hat man erlebt, und dann hieß es, ja ihr habt es gut, ihr habt was erlebt.« Bei vielen hat sich tief eingegraben, daß sie ausgelacht und auch ausgegrenzt wurden, weil sie anders sprachen. Rudolf O. aus Bobersberg (heute Bobrowice) in der Neumark: »Hier wurde ja auch viel Platt gesprochen, und es wurde immer 'mal gesagt, wenn die Einheimischen jemandem 'was mitteilen wollten, aber wenn man das nicht mitbekommen sollte, dann wurde Platt gesprochen, weil man ganz genau wußte, daß die Vertriebenen oder Flüchtlinge das dann doch nicht so verstehen konnten.« Horst und Gisela Z., beide aus Stettin (heute Szczezin), wo sie 1943 geheiratet hatten, brachten ihre Erfahrung auf die Formel: »Die Celler waren ekelhaft!«, allerdings fügte Frau Z. hinzu: »Ich hab' lange gebraucht, mich mit den Cellern eigentlich von mir aus so ein bißchen anzufreunden.«

Außerdem ist noch bei fast allen die Erinnerung daran sehr lebendig, daß sie im Vergleich zu ihren einheimischen Altersgenossen sehr viel beengter wohnten und sich häufig nicht leisten konnten, was viele ihrer einheimischen Altersgenossen bereits besaßen, wie zum Beispiel ein Fahrrad oder richtige Fußballstiefel. Karin E. erzählte, daß zur Konfirmation alle einheimischen Mädchen, die mit ihr konfirmiert wurden, bereits ein neues Kleid und einen neuen Mantel hatten und sich nun ein Fahrrad wünschten: »Und ich konnte ja nun mit allem nicht mithalten – ich hatte 'nen geliehenes Kleid, und ich hatte 'nen Mantel aus 'ner Spende, und naja, meine Schuhe waren auch aus 'ner Spende noch aus Dänemark, und, naja, 'nen Fahrrad hab' ich mit 48 Jahren erst gekriegt.« Valentin I. wußte noch immer zu berichten, daß sie noch nicht einmal einen Hausschlüssel von dem Bauern bekommen hatten, bei dem sie einquartiert waren. Wenn er und sein Bruder weggingen, »dann haben wir 'ne lange Stange genommen und oben bei Muttern ans Fenster geklopft, wenn wir abends nach Hause kamen; dann mußte sie aufmachen.«

Die als diskriminierend und stigmatisierend empfundenen Geschehnisse sind nicht vergessen oder verwunden, und dies gilt insbesondere für jene Flüchtlinge und Vertriebenen, die in den ländlichen Gebieten wohnen blieben. Die Verbitterung von Ingeborg W. über die Art und Weise, wie sie und ihre beiden Schwestern von den einheimischen Bauern aufgenommen wurden, war selbst fünfzig Jahre später noch immer fast körperlich spürbar: »Und dann haben sie zu uns gesagt: Wenn ihr was gehabt hättet, dann hättet ihr ja was mitgebracht. [...] Also zum Heiraten und zum Arbeiten, da waren wir denn noch gut, und die Kinder, [denn wir] kriegten gesunde Kinder, ja, ja, das war schon wichtig.«

Anton H., 1924 in Weidicken (heute Wejdyki) in Ostpreußen als einziger Sohn eines kleines Bauern geboren, heiratete nach seiner Flucht in einen einheimischen Hof im Kreis Celle ein. Er erinnert sich noch immer ganz unmittelbar daran, wie »ganz erbärmlich« es ihm ergangen ist: »Also so etwa gut und gerne zwanzig Jahre war's schon grausam.« Von seiten der Einheimischen sei ihm nur Neid und Mißgunst entgegengeschlagen, weil er einem der Ihren die Einheiratung und damit die Übernahme eines guten Hofes verbaut habe: »Wenn ich das gewußt hätte, was das für Schwierigkeiten gibt, hier seßhaft zu werden, dann hätte ich's nie und nimmer getan, nie und nimmer.« In seinem Dorf war er der einzige Flüchtling, der in einen Hof eingeheiratet hatte, so daß er von niemandem Solidarität erfuhr. Auch Markus B., der aus dem Banat stammte, heiratete eine einheimische Bauerntochter. In seinem Fall war es noch nicht einmal so sehr die dörfliche Gemeinschaft, die ihm Schwierigkeiten machte, sondern die eigene Schwiegermutter. Zu vermuten ist, daß wenn Markus B. ein einheimischer Bauernsohn gewesen wäre, er die nötige Autorität und auch Selbstsicherheit gehabt hätte, die Schwiegermutter zurechtzuweisen – dies konnte er nicht, zum Teil sicherlich persönlichkeitsbedingt, zu einem guten Teil aber auch, weil er als ›Habenichts‹ in den Hof eingeheiratet hatte. Umgekehrt gab es auch den Fall eines einheimischen Bauernsohnes, dessen Entscheidung, ein Flüchtlingsmädchen zu heirateten, seine Familie regelrecht gespalten hat – er wurde aus dem Familienverband ausgestoßen; der Hof ging nach dem Tod des Vaters an den jüngeren Bruder, und die beiden Brüder (und ihre Familien) sprechen bis heute nicht miteinander, obwohl sie in Sichtweite voneinander wohnen. Andererseits war auch durchaus nicht allen Flüchtlingen ein Einheimischer ›gut genug‹ als Ehepartner. Frieda W. berichtete, daß ihr Vater, der auch nach der Flucht sofort wieder als Arzt arbeitete und eine »Bombenpraxis« hatte, ihren Mann, der aus Celle stammte und sich lange mit verschiedenen Gelegenheitsarbeiten durchschlug, nie anerkannt habe: »Und das hat alles beigetragen nachher zur Trennung.«

Dies sind vielleicht extreme Einzelfälle, aber zahlreiche Flüchtlinge und Vertriebene klagten, wie zögerlich ihnen der Zugang zu den Vereinen und Veranstaltungen der Einheimischen, insbesondere zu den auf dem Lande so wichtigen Feuerwehr- oder Schützenvereinen, ermöglicht wurde. In vielen Orten gab es deshalb Veranstaltungen speziell für Flüchtlinge, sogenannte Flüchtlingsbälle mit Theater, Tombola und Tanz. Erich P. aus Schackummen/Eichkamp in Ostpreußen (Ort besteht heute nicht mehr), der auf einer derartigen Veranstaltung seine spätere Frau, ebenfalls ein Flüchtling, kennengelernt hatte, weiß noch: »Für den Gastwirt war das so das zweite Schützenfest, so viel war da los. [...] Das war dolle beliebt.« In einem Ort wurde zusätzlich zu dem sogenannten ›Ministertisch‹, dem Stammtisch der einheimischen Bauern am Sonntagnachmittag, ein ›Skattisch‹ eingerichtet: »Da waren dann Flüchtlinge dazwischen«, erinnerte sich Karin E. Für die Flüchtlingskinder und -jugendlichen gab es die Deutsche Jugend des Ostens (DJO), die in vielen Orten im Landkreis aktiv war und Zeltlager, Wanderfahrten, Lieder- und Theaterabende und andere Freizeitaktivitäten organisierte. »Das war eigentlich sehr schön«, meinte Rudolf O., der an vielen dieser Veranstaltungen in den späten 1940er und 1950er Jahren teilgenommen hatte. Selbst heute, wo alle Vereine und Veranstaltungen für jeden zugänglich sind, werden manchmal noch feine Unterschiede gemacht. Rudolf O., der seit der Ankunft seiner Familie im Landkreis Celle im Februar 1945 bis heute in demselben Dorf gelebt hat und mit der Tochter eines Einheimischen verheiratet ist, wurde zum Beispiel bei einem Königsschießen in seinem Schützenverein vor einigen Jahren aufgefordert, sich etwas »zurückhalten, erst 'mal sollten ja die Einheimischen 'mal Schützenkönig werden, ich wäre ja nun kein richtiger Hiesiger, sondern – ja, Flüchtling hat sie auch nicht gesagt, aber man wär' kein richtiger Einheimischer, und deswegen sollte man erst 'mal die Einheimischen davorlassen, wenn die Schützenkönig werden wollen.«

Viele gaben der Nicht-Anerkennung durch die Einheimischen aber auch eine positive Wendung. Sie waren anders, aber sie waren deshalb nicht minderwertig, sondern im Gegenteil ›besser‹ als die Einheimischen: Sie waren gebildeter, sie hatten ein besseres Verständnis von deutscher Geschichte und deutschen Traditionen, und die Einheimischen in den ländlichen Regionen waren einfach nur zu rückständig und unkultiviert, um dies zu erkennen – Erna C.: »Wir waren Fremde, und die haben uns nicht angenommen. Aber der Unterschied bestand darin, daß die nicht wußten, wo Breslau liegt, wir aber wußten, was die Lüneburger Heide war – Hermann Löns, das haben wir schon in der Schule gelernt.« Ingeborg W. ist eine von vielen, deren erster Eindruck nach der Ankunft war: »Die waren hier ja eigentlich viel ärmer als wir zu Hause.« Auch Arnold E. erinnert sich: »Also das kannten wir nicht mehr, [Feldarbeit] mit Kühen oder Ochsen und so, das war nicht mehr bei uns.« Auch die Tatsache, daß mit Heide statt mit Stroh gestreut wurde, wurde generell als rückständig gesehen. Willy K. ging deshalb noch einen Schritt weiter und erhöhte die historisch-kulturellen Leistungen der Deutschen im Osten fast ins Mythische: »Nach der ersten Trostlosigkeit und Verbitterung gewannen wir unsere Selbstachtung zurück. Seht, konnten wir sagen, was drüben war, das haben wir gebaut. Wir haben es gelebt und geliebt. Seht, wir waren dort nicht nur die Bauern von Groß-Nebau oder Schubin, wir waren Deutsche, ja wir waren nicht nur Deutsche, wir waren Europäer, wir waren das Abendland.«

Für die meisten Flüchtlinge und Vertriebenen dauerte es bis Ende der 1940er Jahre oder sogar noch länger, bis ihnen klar wurde, daß der Verlust der alten Heimat endgültig war, daß es für sie unmöglich sein würde, in ihre Heimat zu-

Umzug der Deutschen Jugend des Ostens (DJO) Im Landkreis Celle in den 1950er Jahren

rückzukehren. Die meisten reagierten vor allem mit Wehmut und auch Resignation auf diese Erkenntnis, aber viele erwähnten, daß dies durchaus auch neue Energien mobilisierte sowie den Willen verstärkte, wieder ihr eigener Herr zu werden, wenn schon nicht in der alten Heimat, dann doch zumindest in der neuen Umgebung im Westen. Fast alle erinnern sich, daß sie insbesondere der Schulbildung und beruflichen Ausbildung einen ganz besonderen Stellenwert zumaßen: »Du behältst nur das, wenn du alles verlierst, was du dir im Kopf geschaffen hast«, wie Paul Z. betonte.

Aber obwohl die Mehrzahl der heute noch lebenden Flüchtlinge und Vertriebenen, aus heutiger Sicht und nach heutigen Maßstäben, verhältnismäßig erfolgreich in ihrem ›neuen‹ Leben nach Flucht und Vertreibung war, teilen viele dieses Urteil häufig nicht, wenn sie auf ihr Leben zurückblicken. Sie weisen statt dessen darauf hin, daß sie aus ihrer Sicht einen sozialen Abstieg erlitten haben, auch wenn sie Stolz darüber äußerten, was sie trotz allem erreicht hatten. Viele waren überzeugt davon, daß sie im Vergleich zur einheimischen Bevölkerung bis in die 1970er Jahre geringere berufliche Chancen und Aufstiegsmöglichkeiten hatten und daß sie sehr viel härter als die Einheimischen arbeiten mußten, um denselben Lebensstandard und dieselbe Anerkennung zu erreichen.

Viele meinten im Rückblick auch, daß sie einen hohen Preis zahlen mußten, um ihr Leben nach Flucht und Vertreibung wieder neu aufzubauen und sich ihren Anteil am Nachkriegswohlstand zu sichern: »Wir mußten uns anpassen«, sagte zum Beispiel Gertrud F., »ich habe meine Sitten und Gebräuche einfach aufgegeben.« Karin E. meinte: »Ja, es war ja nun so, zu Hause hatten wir 'nen Besitz, und da hatten wir, naja, so'n gewissen Status. Und hier waren wir ja nun so arm, mußten uns doch ja sehr unterordnen.« Willy K. fügte dem noch hinzu: »Wir waren ja froh, daß wir unser Leben gerettet hatten.« Viele fühlten aber insbesondere seit ihrer Pensionierung, daß trotz aller äußerlichen Erfolge in ihrem Leben etwas fehlte. Wie Hilma E. vielleicht am nachdrücklichsten feststellte: »Materieller Besitz war da, den erarbeitete ich mir – aber es fehlte mir [lange] die Beziehung dazu.«

Mehrere Heimaten

Auf die Frage, wo ihre Heimat sei, antworteten auch mehr als fünfzig Jahre nach Flucht und Vertreibung noch mehr als die Hälfte der Befragten, ihre Heimat sei der Ort, sei die Gegend ihrer Geburt und frühen Kindheit. Heinrich von der M. sagte ohne jedes Zögern: »Ich bin Pommer – selbstverständlich! [...] Neue Wurzeln gibt es nicht, es gibt sie nur da«, und Valentin I. stellte ebenso

Alte Heimat: Hilma E. (links) zusammen mit ihrer Tante, ihrer Mutter und ihrem Bruder vor dem Wohnhaus der Familie in Bartenstein 1941

deutlich fest: »Ich bin Galizier. […] Für mich gibt's nur eine Heimat, das ist Galizien. […] Man ist ja hier [im Kreis Celle] praktisch großgeworden, die Kinder sind hier geboren, man hat für die Kinder 'was geschaffen, aber irgendwie hängt man immer noch dadran. Man kann sich einfach nicht so leicht davon trennen.«

Die meisten Flüchtlinge und Vertriebenen, fuhren zumindest einmal wieder in ihre alte Heimat, viele mehrfach, und diese Besuche waren in der Regel von einer emotionalen Intensität, die lange nachwirkte. Anton H.: »Also wenn ich da besuchsweise hinkonnte, das war für mich immer ein Erlebnis, also das kann man überhaupt nicht beschreiben. Ich hab' jedes Stück Land – weiß ich noch so genau, das könnt' ich noch genau nachzeichnen«. Manchen wurde es überhaupt erst bei ihrer ersten Reise in die Gegend ihrer Geburt so richtig klar, daß dies für sie immer noch Heimat darstellte. Eine von ihnen ist Hilma E., die 1990 zum ersten Mal wieder nach Ostpreußen fuhr und dabei feststellte, daß sie sich immer noch als Bartensteinerin fühlt: »Ich habe Heimat gefunden. Ich habe sie wiedergefunden, habe sie aber eigentlich erst da als Heimat identifiziert. [...] Da war mir das egal, ob das Polen ist oder was, das war einfach meine Heimat. Da wohnen jetzt andere Menschen, die eine andere Sprache sprechen, es ist ein anderes Land, aber es bleibt meine Heimat, meine gefühlsmäßige Heimat.« Dieter R. aus Petrigau erging es ähnlich: »Ich hab' das eigentlich erst so richtig begriffen, daß ich keine emotionale Bindung hier [im Westen] irgendwo habe, als ich 1985 in Schlesien zu Hause war – da habe ich das begriffen, was emotionale Bindung heißt. [...] Ich wußte nicht, wie das wirkt, bevor ich da war, wie tief es doch noch drin ist.« Für andere war der erste Besuch dagegen ein notwendiger Abschluß, der bei dem überstürzten bzw. erzwungenen Aufbruch 1945 nicht erfolgen konnte. Margot H. aus Hartfeld (polnisch Patniwi) brachte die Zwiespältigkeit der Erfahrung deutlich zum Ausdruck. Ihre spontane Reaktion beim ersten Besuch in der alten Heimat war: »Was ist das doch ein schönes Land!« Allerdings wurde ihr gleichzeitig bewußt: »Die Erinnerung ist deutsch, aber die Realität ist polnisch.«

Relativ viele bezeichneten sich immer noch als ›Heimatlose‹ oder als ›Heimatsuchende‹. Bei anderen war die Bindung an die alte Heimat nicht mehr ganz so intensiv, aber auch für sie war sie noch lebendig und in gewisser Weise wichtig für ihr Selbstbild. Gerhard N. aus Steinau/Oder (heute Scinawa), der in den letzten fünfzig Jahren ein anerkannter Lokalhistoriker in Celle geworden ist, bezeichnete sich selbst als »ein in Schlesien geborener Niedersachse – ein wahrer Europäer«. Brigitte A. aus Königsberg meinte, »ich würde sagen, ich bin eingebürgerte Ostpreußin.« Andere benutzten Begriffe wie ›Rucksack-Germanen‹ oder ›Beute-Celler‹, um ihre Identität zu beschreiben. Es gab kaum jemanden, der die Frage, ob er sich denn nun als Celler betrachte, mit einem klaren und uneingeschränkten Ja beantwortete.

Fast alle meinten, daß sie bestimmte Eigenarten aus der früheren Heimat bis heute behalten haben. Das betraf manchmal ganz triviale Dinge, die aber trotzdem bedeutsam sind, wie Eßgewohnheiten, Festtagsbräuche oder Familienrituale. Die meisten haben ihren heimischen Dialekt nie vollständig abgelegt, wie Erich P., der selbst von sich sagte: »Bei mir kann man ja noch von 20 Meter hören, daß ich ein Ostpreuße bin!« Einige, wie Valentin I., sprechen ihr spezifisch-regionales Deutsch nach wie vor, wenn sie sich mit den Geschwistern oder mit

Alte Heimat: Hilma E. vor der Haustür des früheren Wohnhauses ihrer Familie in Bartoszyce 2000, zusammen mit dem heutigen polnischen Bewohner

Freunden und Bekannten aus ihrer früheren Heimat treffen: »Dann sprechen wir unsere Muttersprache; das können die Einheimischen nicht begreifen.« Die wenigsten Flüchtlinge und Vertriebenen haben das regionale Platt ihrer neuen Heimat richtig sprechen gelernt, obwohl die meisten es jetzt verstehen – oder aber sie trauen sich nicht, es zu sprechen, aus Angst, von den Einheimischen ausgelacht zu werden. Markus B., der insgesamt vier Sprachen fließend spricht, meinte: »Und wie ich [hierher] kam, da hab' ich gesagt, ich werde schneller noch eine Fremdsprache lernen als wie Platt.« Anton H., der in einen einheimischen Hof eingeheiratet hatte, gehört zu der Minderheit, die ganz bewußt »diese Sprache« gelernt hatte und mit allen älteren Einheimischen im Celler Platt redete, um sich einzupassen: »Also man mußte das, zwangsläufig, schon lernen.« Aber auch er verfiel in eine leicht ostpreußisch-masurische Sprachfärbung und -melodie, als er von seiner alten Heimat und den vielen Schwierigkeiten in seiner neuen Heimat sprach. Die Mehrzahl der Flüchtlinge und Vertriebenen hat auch die für ihre Herkunftsregion spezifische Art der Kommunikation zumindest zu einem gewissen Teil beibehalten. Viele stellten heraus, daß sie auch heute noch mehr und anders mit ihren Nachbarn und Freunden reden als die als wortkarg angesehenen Celler – wie Frieda W. es nannte: »Dieses Talent, mit einem Satz mitten im Gespräch zu sein und den Kern zu treffen, das haben die nicht.«

Flucht und Vertreibung bedeuteten auch, daß die alten Dorfgemeinschaften und Nachbarschaften auseinandergerissen wurden. Schulfreunde, Nachbarn, der Familienarzt, der Pastor, der Eckladenbesitzer waren jetzt über alle vier Zonen des besetzten Deutschlands verstreut, und die meisten Flüchtlinge und Vertriebenen hatten ihre soziale Vernetzung verloren. Fast alle haben versucht, Kontakte zu ehemaligen Nachbarn, Schulkameraden, Freunden und Bekannten wiederherzustellen; sie sind deshalb Mitglied der jeweiligen Landsmannschaft, des Bundes der Vertriebenen oder der verschiedenen Heimatkreisorganisationen geworden, als deren Bildung in der alten Bundesrepublik in den späten 1940er Jahren wieder erlaubt wurde, und sie haben, manche bis heute, Heimattreffen besucht, um andere Menschen aus ihrer Herkunftsregion zu treffen, über ihre Heimat zu sprechen und sowohl Erinnerungen als auch Neuigkeiten auszutauschen. Dies alles trug allerdings auch dazu bei, die Flüchtlinge und Vertriebenen in den Augen der Einheimischen weiterhin als ›anders‹ erscheinen zu lassen, während manche Flüchtlinge und Vertriebene wiederum erwähnten, daß sie insgeheim immer noch ein bißchen neidisch auf ihre einheimischen Nachbarn oder Freunde seien, die ihre für den sozialen und emotionalen Rückhalt bedeutsame soziale Vernetzung aus frühester Jugend noch haben. Horst Z. meinte: »Also das habe ich sehr – bis heute – sehr vermißt, daß dieser Zusammenhang, menschliche Zusammenhang, zwischen den früheren Mitschülern, Freunden, zum Teil auch Familie gestört oder überhaupt nicht mehr da ist, und wenn ich die hiesige Bevölkerung – ja, mein Schulnachbar wohnt da, mit dem bin ich in die Schule gegangen – was die alle erzählen, wie die schön ihre Schulfreunde haben [...]. Also das ist eigentlich dadrum, das würde ich auch heute noch so bedauern.«

Selbst für diejenigen, die von sich sagten, daß sie neue Wurzeln im Raum Celle gefunden haben, gilt, daß die alte Heimat im Osten nach wie vor sehr präsent ist und einen bedeutenden Stellenwert für sie einnimmt – in der persönlichen Erinnerung und in den spezifischen Prägungen, Gefühlswelten, Lebens- und Denkweisen. Johann P. war gerade erst fünf Jahre alt, als er nach Hambühren im Landkreis Celle kam. Er bezeichnete sich selbst als einen »echten« Niedersachsen und war lange Jahre Vorsitzender der Hambührener Chorgemeinschaft, des ältesten und traditionsreichsten Vereines des Ortes, der bereits 1869 gegründet wurde. Doch selbst er meinte, daß daneben noch etwas weiteres seine Identität ausmache. Seine Eltern stammten aus Neudorf in Galizien; sie mußten im Zuge der Umsiedlungsaktion nach dem Hitler-Stalin-Pakt vom August 1939 ihre Heimat verlassen und wurden nach einigen Umwegen schließlich in einem kleinen Dorf im Wartheland angesiedelt. Anfang 1945 floh seine Familie und kam in den Landkreis Celle. Doch als er 1987 zum ersten Mal seit der Flucht wieder an die Orte seiner Kindheit zurückkehrte, hatte er das Gefühl, »irgendwie heimgekommen zu sein«, und er kam daraufhin für sich selbst zu dem Schluß, daß er vielleicht doch noch – unbewußt – Wurzeln in der Region hat, in der er seine ersten Lebensjahre verbracht hat. Gleichzeitig fühlte er eine starke innere Bindung an die Herkunftsregion seiner Eltern, Galizien; sicherlich auch deshalb, weil bis zum Tode seines Vaters zu Hause Galiziendeutsch gesprochen wurde.

Diese sehr eigentümliche Mischung der Gleichzeitigkeit von ›alter Heimat‹, die nur in der Erinnerung, einigen Familientraditionen und einem fernen Land existiert, und ›neuer Heimat‹, die selbst nach mehr als fünfzig Jahren immer noch eine Spur Fremdheit aufweist, diese mehrfache Verschränkung von Vergangenheit und Gegenwart ist bis heute typisch für die meisten Flüchtlinge und Vertriebenen, unabhängig von sozialer Schicht oder Geschlecht, und setzt sie nach wie vor von den Einheimischen ab.

Von Instrumentalisierung und Tabuisierung zu Normalisierung?

Der Landkreis Celle stellt keinen Sonderfall dar, sondern illustriert vielmehr die Probleme, denen sich die Flüchtlinge und Vertriebenen überall im Nachkriegsdeutschland gegenübersahen, im Westen wie im Osten. Sie fanden im Nachkriegsdeutschland eine neue politische und wirtschaftliche Verortung. Nicht zuletzt aufgrund der Maßgaben der vier Besatzungsmächte waren sie den Einheimischen von Anfang an politisch, wirtschaftlich und rechtlich gleichgestellt, was eine unabdingbare Grundlage für ihr Seßhaftwerden war. Wichtig waren in diesem Zusammenhang auch staatliche Maßnahmen zur Unterbringung und Versorgung der Flüchtlinge und Vertriebenen und später dann auch zu ihrer wirtschaftlichen Eingliederung, wie Umsiedlungsprogramme, Maßnahmen zur beruflichen Förderung, Wohnungsbauprogramme, steuerliche Erleichterungen, Kredithilfen oder Schuldenregelungen und in der Bundesrepublik das auch psychologisch so wichtige Lastenausgleichsgesetz von 1952. Doch letztlich betrifft all dies lediglich den äußerlichen Status der Neuhinzugekommenen und gibt noch keinen Aufschluß über ihre soziale und mentale Befindlichkeit. Wenn Vertreter der Vertriebenen darauf hinwiesen, »Reichtum und wirtschaftlicher Aufstieg sind kein Ersatz für Heimat, Recht und alle mit diesen Säulen unserer Ordnung zusammenhängenden realen und metaphysischen Dinge. [...] Die Annahme oder Erwartung, die Heimat des Einzelnen durch einen allgemeinen wirtschaftlichen Aufstieg ersetzen zu können, ist ein der materialistischen Betrachtungsweise entspringender Trugschluß«[7], so wurden sie insbesondere seit den 1960er Jahren gerne leichthin allesamt als ›Kalte Krieger‹ oder ›Ewiggestrige‹ bezeichnet und dem rechten politischen Milieu zugeordnet. Aber Äußerungen wie diese machen deutlich, daß trotz aller politischen Integrationsmaßnahmen und einer insgesamt erfolgreichen politischen und wirtschaftlichen Ein- und Angliederung eine sehr wesentliche Dimension ausgeblendet blieb.

Die Flüchtlinge und Vertriebenen bekamen zwar einen Anteil am sich herausbildenden Wohlstand des Nachkriegsdeutschlands, aber sie mußten sich hier einfügen, in Westdeutschland wie auch in Ostdeutschland, ohne daß das spezifische historische Erbe sowie die Lebenserinnerungen und Lebenserfahrungen, die sie mitgebracht haben, von den aufnehmenden Regionen, der ›neuen‹ Heimat, akzeptiert und einen Platz im allgemeinen Geschichtsbewußtsein gefunden haben. In der DDR blieben Flucht und Vertreibung bis weit in die 1980er Jahre ein Tabuthema. In der alten Bundesrepublik wurden zwar seit Ende der 1940er Jahre die Bildung von Flüchtlings- und Vertriebenenorganisationen unterstützt und zahlreiche Spezialmuseen und Forschungseinrichtungen zur Geschichte der Deutschen in Mittel- und Osteuropa finanziell gefördert, doch das Ergebnis war auch hier nicht die Herausbildung eines gemeinsamen Geschichtsbewußtseins von Einheimischen *und* Neuhinzugekommenen. Das historische Erbe der Flüchtlinge und Vertriebenen wurde so zwar vielleicht museal konserviert, letztlich aber in den individuellen privaten Raum abgedrängt und gesamtgesellschaftlich marginalisiert. Es entstand keine gemeinsame allgemein gültige Erinnerung, vielmehr ist das kollektive Gedächtnis im wesentlichen das gruppenspezifische Gedächtnis der Einheimischen, das den Flüchtlingen und Vertriebenen keine kollektiven Muster oder Auffangmöglichkeiten für ihre Erinnerungen und Erfahrungen anbot.

In Westdeutschland wurde das Thema Flucht und Vertreibung zwar zunächst durchaus aufgegriffen, aber es wurde im wesentlichen instrumentalisiert bzw. funktionalisiert. In den 1950er Jahren waren die Flüchtlinge und Vertriebenen nützliche Bauern auf dem Schachbrett des Kalten Kriegs. Die von vielen noch gehegten Rückkehrhoffnungen wurden von der Politik unter Verweis auf die Vorläufigkeit der Grenzregelung im Potsdamer Abkommen gezielt als Faustpfand eingesetzt, um bei einer eventuellen Friedenskonferenz Forderungen nach Grenzänderungen besser untermauern zu können. Flucht und Vertreibung eigneten sich ebenfalls, um herauszustellen, daß auch Deutsche Opfer des Zweiten Weltkriegs waren und Unrecht erlitten hatten. Gleichzeitig wurden Flüchtlinge und Vertriebene in populären Filmen der 1950er Jahre als unschuldige Opfer dargestellt, die 1945 alles verloren hatten, sich aber dennoch nicht unterkriegen ließen und erfolgreich eine neue Existenz im Westen schufen, insbesondere wenn sie fleißig, ordentlich, ohne große Ansprüche und, im Falle der Frauen, jung und attraktiv waren. Ein klassisches Beispiel für die stereotype Form der Darstellung der Flüchtlinge und Vertriebenen und ihrer Situation in der neuen Heimat ist der Erfolgsfilm ›Grün ist die Heide‹ (1951); derartigen Filmen kam eine wichtige gesellschaftsstabilisierende Funktion zu. Der Spielfilm ›Mamitschka‹ (1955), der ein realistischeres Bild der materiellen und mentalen Lebenssituation der Neuankömmlinge zeichnete, blieb dagegen an den Kinokassen erfolglos.

Annerose Rosan, selbst Flüchtling aus Gilgenau (heute Elgnówko), schildert die typische Verarbeitung des Flüchtlingszustroms selbst durch gutwillige und gutmeinende Einheimische in dem kleinem Dorf Morsum bei Bremen, in dem sie mit ihrer Familie nach der Flucht aus Ostpreußen gelandet war: »Einer der Dorflehrer hielt das Kulturleben in Gang. Er war nicht nur Chorleiter, sondern schrieb auch Theaterstücke, die man im Gasthaus aufführte. Sie hatten, mit Abwandlungen, stets das gleiche Thema: Ein Flüchtlingsmädchen – sehr fleißig, sehr adrett, sehr hübsch – arbeitet bei einem Bauern. Der Sohn verliebt sich in sie. Gegen den Widerstand der Bäuerin und mit Hilfe des Altbauern werden sie schließlich ein Paar. In ihrem Ärger stolpert die Bäuerin und verstaucht sich ein Bein. Die junge Schwiegertochter pflegt sie aufopfernd, erledigt nebenbei den Haushalt und gewinnt das Herz der Schwiegermutter. Alle sind glücklich.«[8]

Flucht und Vertreibung als politisches Druckmittel in der Auseinandersetzung zwischen den beiden Blöcken im Kalten Krieg bzw. als individualisierte Soap Opera mit Happy-End – dies ist, überspitzt ausgedrückt, was von den Lebensbiographien der Flüchtlinge und Vertriebenen in das (west-)deutsche Kollektivbewußtsein einging. Aber selbst dies war nicht von Dauer. Mit dem ›neuen Aufbruch‹ Ende der 1960er Jahre und der Ost-West-Entspannung schien das Thema Flucht und Vertreibung politisch nicht mehr in die Landschaft zu passen, und die Flüchtlinge und Vertriebenen wurden zunehmend als Anachronismen angesehen, die lediglich in der Vergangenheit lebten und deshalb die Zukunft nur zu belasten drohten. Ihr Schicksal wurde deshalb aus manchmal vielleicht sogar gutgemeinten, aber letztlich falsch verstandenen übergeordneten politischen Erwägungen weitgehend aus dem kollektiven Bewußtsein verdrängt. Der Instrumentalisierung folgte auch im Westen eine Tabuisierung.

Die Lebensgeschichten der Flüchtlinge und Vertriebenen wurden immer nur von der großen Politik benutzt, aber von der Nachkriegsgesellschaft nicht wirklich angenommen. Es kann deshalb nicht verwundern, daß viele Flüchtlinge und Vertriebene selbst mehr als fünfzig Jahre nach Flucht und Vertreibung immer noch meinten, es mache einen Unterschied, daß sie nicht ›hier‹ geboren sind, und sie hätten nach wie vor das Gefühl, irgendwie Außenseiter geblieben zu sein, irgendwie nicht so ganz dazu zu gehören. Ingeborg W. stellte fest: »Wir haben 'nen guten Bekanntenkreis hier, auch hier unsere Nachbarin, und wir werden wohl dann 'mal so zum Kaffee mit eingeladen, aber der Kreis sind die Einheimischen nur. [...] Und sie sind zusammen konfirmiert, sie sind zusammen zur Schule gegangen, und sie halten entsprechend zusammen, also da kommen wir nicht so 'rein. [...] Man hat nicht so den totalen Anschluß, wollen wir 'mal sagen, an die Hiesigen. Das hat man nicht.«

Obwohl aus den ›Heimatvertriebenen‹ durchweg respektable und respektierte ›Neubürger‹ geworden sind, ist die Eingliederung und Einpassung in die neue Heimat in keinem Fall vollständig erfolgt. Die Lebenswege der Flüchtlinge und Vertriebenen sind allerdings sehr viel komplizierter und gebrochener, als sie sich aus der Sicht der Einheimischen häufig darstellten. ›Den Flüchtling‹ oder ›den Vertriebenen‹ gibt es weder im Hinblick auf die soziale Herkunft, die politische Einstellung oder die beruflich-wirtschaftliche Situation noch im Hinblick darauf, inwieweit Elemente der alten kollektiven Identitäten und Prägungen weiterwirkten. Dieser Prozeß hing stark von ganz individuellen psychischen Dispositionen ab. Aber es gab auch eine Reihe von mehr über-individuellen Faktoren, die das Einleben im Westen beeinflußten – darunter die Dauer der Ansässigkeit am jeweiligen Wohnort bis 1945, die Situation der Deutschen in der Herkunftsregion, die Frage, ob die Menschen aus ihrer Heimat vor der Roten Armee geflohen oder später vertrieben worden waren, die Gradlinigkeit der Ankunft in der ›neuen‹ Heimat oder die Aufnahmebereitschaft der Einheimischen. Wichtig (und bislang häufig übersehen) sind auch geschlechts- und altersspezifische Erlebenswelten, denn Flucht und Vertreibung waren in erster Linie Erfahrungen der Frauen, Kinder und Alten; die Männer waren im Krieg bzw. in Kriegsgefangenschaft und folgten ihren Familien von dort später in den Westen nach.

Die individuelle Kombination dieser Faktoren hatte einen wesentlichen Einfluß darauf, inwieweit Beharrung im ›Alten‹ oder Einfügung ins ›Neue‹ überwog.[9] Aber unabhängig vom Grad der ›Einfügung‹ gilt für alle, daß die alte Heimat und der erzwungene Verlust der alten Heimat prägende Lebenserfahrungen waren und bis heute Teil der Identität geblieben sind. Ihre gruppenspezifischen Erfahrungen und Erinnerungen, kollektive Prägungen und Gefühlswelten, Lebens- und Denkweisen setzen die Flüchtlinge und Vertriebenen als Gruppe bis heute von den Alteingesessenen ab. Unterschiedlich ist lediglich der Stellenwert dieser emotionalen und mentalen Aspekte in den individuellen Lebensbiographien. Für einige stellen Heimaterinnerungen lediglich Kindheits- und Jugenderinnerungen dar, über die sie um so mehr sprechen, je älter sie werden. Für andere bedeuten sie dagegen bis heute Verletzung und Schmerz, und einige führen auch ihr geringes Selbstvertrauen auf diesen Bruch in ihrer Biographie zurück, der ihnen das Leben verwehrt hat, das sie als Kinder für sich vorbestimmt sahen, bevor sie eine Chance hatten, dieses Leben tatsächlich zu leben. Brigitte A., die in Celle Berufsschullehrerin wurde, meinte: »Ich gehe einfach davon aus, wenn ich in Königsberg geblieben wäre, daß ich ein volles Studium angefangen hätte, daß meine Schulausbildung richtig komplett abgeschlossen worden wäre und ich dann dort tatsächlich andere Möglichkeiten gehabt hätte. [...] Wenn das so nicht gelaufen wäre, denke ich, hätte ich aufgrund meiner Veranlagung viel mehr aus meinem Leben machen können.« Und sie setzte dem dann noch hinzu: »Ich glaube aber auch, so rein vom Psychologischen her sind ja auch sehr viele Ängste geweckt worden [...], daß ich manchmal nicht den Mut gehabt habe, ja, über die Stränge zu springen und zu sagen, ja, tu's 'mal einfach – also nach dem Motto, da fällst Du wieder in so ein Katastrophenloch 'rein, wie ich's nach dem Kriege irgendwo war.« Auch Hilma E., die Musikpädagogin wurde und auch in verschiedenen Orchestern spielte, ist sich sicher, daß viele ihrer Ängste auf die als Kind »vor allem wegen meines ostpreußischen Dialekts« erlebte Ablehnung in ihrer neuen Heimat zurückzuführen sind: »Ich war zwar dabei – gehörte aber nicht dazu – konnte also auch keine Beziehungen entwickeln und keine Freundschaften schließen. […] Durch die Flucht war ich entwurzelt. Ich kam – dazu als Kind – in eine Gegend, wo ich keine Wurzeln schlagen konnte.« Daraus entwickelten sich bei ihr »panische Ängste vor Ausgrenzung, […] später auch in unangemessenen Reaktionen auf geringfügige Begebenheiten.« Dies begann sich erst zu ändern, als sie »freier [befreiter]« über ihre alte Heimat sprechen konnte.

Für viele Flüchtlinge und Vertriebene hat durch den Verlust ihrer Heimat und den Zwang, sich in einer neuen Umgebung einzupassen, die Region als identitätsstiftendes Element an Bedeutung verloren; sie stellen für sich eine sehr viel geringere Bindung an den Raum als bei gleichaltrigen Einheimischen fest, und sie definieren sich selbst häufig viel stärker über ihren Beruf und ihre persönlichen Interessen. Für manche Flüchtlinge und Vertriebenen hatte dies eine andauernde ›Wurzellosigkeit‹ zur Folge, die sich in Rastlosigkeit und häufigem Umziehen äußerte. Sie haben nie wieder einen Ort gefunden, den sie ›Heimat‹ nennen würden, aber manche, wie Heinrich von der M., wollten dies auch gar nicht mehr. ›Heimat‹ wurde statt dessen im Familien- und Freundeskreis gesucht. Seine Frau, ebenfalls ein Flüchtling, meinte: »Heimat braucht man erst, wenn man wieder etwas erbärmlicher wird. Heimat ist Schutz und sich zur Ruhe setzen können innerlich […]. Dem anderen eine Heimat sein, das ist beim Ehepaar doch etwas sehr Schönes – dieses sich in den anderen fallen lassen können: das ist Heimat. Heimat ist Ausruhen.« Es ist deshalb sicherlich kein Zufall, daß die Suche nach Heimat deshalb vor allem im Alter und bei Menschen, die allein leben, an Dringlichkeit gewinnt. Aus heutiger Sicht kann die Erfahrung der Flüchtlinge und Vertriebenen als ein Vorgriff auf eine allgemeine, vor allem durch (häufig erzwungene) berufliche Mobilität hervorgerufene gesamtgesellschaftliche Entwicklung des zunehmenden Heimatverlustes und der ›Entregionalisierung‹ der Identität gesehen werden. Allerdings blieben die Flüchtlinge und Vertriebenen als ›Vorhut‹ in diesem generellen Entwicklungsprozeß im wesentlichen auf sich allein gestellt.

Die große Mehrzahl der heute noch lebenden Flüchtlinge und Vertriebenen meinte allerdings, daß sie insgesamt gestärkt aus dieser einschneidenden Erfahrung des Heimatverlustes hervorgegangen sind, auch Hilma E.: »Ich fühle mich sehr, sehr reich mit vielen Erlebnissen, die mein ganzes Leben bereichert haben. Und insofern anders, daß ich manche Sachen mehr zu schätzen [weiß], vielleicht, das soll nicht überheblich sein, daß ich ganz anders für manche Dinge empfinde. […] Ich habe eine andere Erlebenswelt, unter Umständen.« Viele berichteten auch, daß das Gefühl, anders zu sein als die Einheimischen, auch ein gewisser Ansporn gewesen sei und sogar so etwas wie eine Trotzreaktion hervorgerufen habe: Man wollte den Einheimischen nun erst recht zeigen, daß man genauso gut wie sie sei, wenn nicht sogar besser. Frieda W. sah noch einen weiteren positiven Effekt für sich selbst: »Man hat sich besonnen: Was willst du eigentlich? Wer bist du eigentlich?«

Erinnerungen: Hilma E. bei der Himbeerernte in Bartenstein 1944

Heimat braucht Erinnerung. Heimat als emotionaler Erlebnisraum und integrative Lebensmöglichkeit, die Identifikation und Verhaltenssicherheit ermöglicht, ist nicht zuletzt davon abhängig, daß jeder einzelne seine individuellen Erfahrungen und Erinnerungen dort räumlich und zeitlich mit einbezogen fühlt. Für Hilma E. war es überhaupt erst einmal wichtig, daß ihr jemand beim Erzählen ihrer eigenen Lebensgeschichte und der Geschichte ihrer Familie zuhörte und sie erzählen ließ. In einem weiteren Schritt brachte sie ihre Erinnerungen in eine Ausstellung im lokalen Heimatmuseum ein: »Dadurch bin ich in Celle mehr und mehr ›zu Hause‹.« Nach einem langen Prozeß, der sich über mehrere Jahre erstreckte, kann Hilma E. heute feststellen: »So empfinde ich mehr und mehr auf der Basis der kindlichen Heimat hier mein Zuhause in Celle auch als ein Stück Heimat [...], so daß sich bei mir die bisher getrennt erlebten Gefühle von Heimat und Zuhause mehr und mehr mischen. [...] Jetzt, wo sich bei mir Gefühle von Zuhause und Heimat – alte und neue – beginnen zu mischen, merke ich real, wie meine Wurzeln hier in Celle wachsen und stärker werden.«

Bei anderen wird dieser Prozeß der Verortung in der neuen Heimat weniger öffentlich und weniger spektakulär ablaufen, aber um wirklich Heimat, wirklich Verortung zu finden, müssen die Lebensgeschichten immer wieder erzählt werden, müssen sie auch angenommen und in allen ihren Unvollkommenheiten akzeptiert werden. Sie müssen Teil des kollektiven Geschichtsbewußtseins der aufnehmenden Regionen werden und dürfen nicht rechts- oder auch linksradikalen Agitatoren überlassen bleiben. Josephina V. stellte fast resignierend fest, daß selbst ihre Enkelin zu ihr schon gesagt habe: »Ach, Du kommst ja aus Polen, nech?« Wie viele, so meinte auch sie, »es ist zu wenig darüber gesprochen worden.« Die Forderung von Dieter R. an die Aufnahmeregionen, das von den Flüchtlingen und Vertriebenen mitgebrachte historisch-kulturelle Erbe gleichrangig aufzunehmen, bleibt deshalb immer noch aktuell: »offener zu sein, [...] sich auch die anderen Kulturregionen zu Gemüte führen [...]. Es bereichert das eine wie das andere.«

Es muß endlich möglich sein, auf die Flüchtlinge und Vertriebenen zuzugehen und ihre gruppenspezifischen Erfahrungen ernstzunehmen, ohne Angst zu haben, dadurch in die ›rechte Ecke‹ gerückt zu werden. Günter Grass stellte in einer Rede in Vilnius im Oktober 2000 fest, es mute »merkwürdig und beunruhigend« an, »wie spät und immer noch zögerlich an die Leiden erinnert wird, die während des Krieges den Deutschen zugefügt wurden.«[10] In seiner jüngst erschienenen Novelle ›Im Krebsgang‹ räumte er dann, durch die Person des ›Alten‹, selbstkritisch ein, es sei eigentlich Aufgabe seiner Generation gewesen, diesen Greueln und Schrecknissen Ausdruck zu geben: »Niemals [...] hätte man über so viel Leid, nur weil die eigene Schuld übermächtig und bekennende Reue in all den Jahren vordringlich gewesen sei, schweigen, das gemiedene Thema den Rechtsgestrickten überlassen dürfen. Dieses Versäumnis [ist] bodenlos...«[11]

Erinnerungen: Hilma E.s bis heute gerettete und sorgsam verwahrte Flasche mit Himbeersaft aus der Ernte in Bartenstein 1944

Das Erinnern an die Opfer des Nationalsozialismus schließt das Erinnern an die Opfer der Folgen des Nationalsozialismus[12] nicht aus, es erfordert es vielleicht sogar. Geschichte muß in ihrer Gesamtheit erinnert werden, und es müssen sich alle mit ihren individuellen Lebensgeschichten und Lebenserfahrungen darin wiederfinden und verorten können, damit sie für alle sinn- und identitätsstiftend wirkt. Das hat nichts mit Revanchismus oder gar Schuldaufrechnung zu tun, sondern ist Teil der Anerkennung und Akzeptierung der Vergangenheit, der Folgen von Krieg und Niederlage in ihrer ganzen Bandbreite, zu der auch gehört, daß Flucht und Vertreibung untrennbar mit der nationalsozialistischen Gewaltherrschaft über weite Teile Europas und der nationalsozialistischen Rassen- und Ausrottungspolitik verbunden waren und bleiben. Die Novelle von Günter Grass ist ohne Zweifel ein wichtiger Schritt in diese Richtung, dem aber noch viele weitere folgen müssen. Nicht zuletzt die Historiker, und hier insbesondere diejenigen, die sich selbst als links oder liberal verstehen, haben hier noch eine große Bringschuld, eine kritische und komplexe Geschichte der Bundesrepublik zu schreiben, die ein umfassendes bundesdeutsches ›Gedächtnis‹ schafft.

Anmerkungen

1 Heinrich Albertz, Niedersachsen und das Flüchtlingsproblem, in: Flüchtlinge in Niedersachsen, H. 1, Hannover 1949, S. 7.

2 Diese und die folgenden Zahlenangaben nach Helmut R. Kollai, Die Eingliederung der Vertriebenen und Zuwanderer in Niedersachsen, Berlin 1959, S. 19–25, 43f., 135; Hans-Joachim Malecki, Die Heimatvertriebenen in Niedersachsen, in: Flüchtlinge in Niedersachsen, H. 1, Hannover 1949, S. 9–28, 31–57; Dieter Brosius, Zur Lage der Flüchtlinge im Regierungsbezirk Lüneburg zwischen Kriegsende und Währungsreform, in: ders./Angelika Hohenstein, Flüchtlinge im nordöstlichen Niedersachsen 1945–1948, Hildesheim 1985, S. 1–86, hier S. 5f.

3 Albertz, Niedersachsen und das Flüchtlingsproblem, S. 7.

4 Verzeichnis über den Bevölkerungsstand des Landkreises Celle nach dem Stande vom 1. Okt. 1945, Kreisarchiv Celle, N 5 Nr. 7.

5 Statistische Monatshefte für Niedersachsen, 2. 1948, S. 84.

6 Die Namen aller Gesprächspartner sind im folgenden anonymisiert worden. Die für die Nachnamen verwendeten Buchstaben entsprechen denen in früheren Veröffentlichungen, in denen ich bereits aus diesen Interviews zitiert habe.

7 Peter Paul Nahm, Der Wille zur Eingliederung und seine Förderung, in: Eugen Lemberg/Friedrich Edding (Hg.), Die Vertriebenen in Westdeutschland. Ihre Eingliederung und ihr Einfluß auf Gesellschaft, Wirtschaft, Politik und Geistesleben, Kiel 1959, Bd. 1, S. 145–155, hier S. 153.

8 Annerose Rosan, Das verlorene Gesicht. Lebensbilder 1932–1947, Bremen 2000, S. 117f.

9 Formulierung angelehnt an Hermann Bausinger, Beharrung und Einfügung. Zur Typik des Einlebens der Flüchtlinge, in: Jahrbuch für Volkskunde der Heimatvertriebenen, 2. 1956, S. 9–16.

10 Günter Grass, Ich erinnere mich…, in: Günter Grass/Czesław Miłosz/Wisława Szymborska/Tomas Venclova, Die Zukunft der Erinnerung, hg.v. Martin Wälde, Göttingen 2001, S. 27–34, hier S. 32f.

11 Günter Grass, Im Krebsgang. Eine Novelle, Göttingen 2002, S. 99.

12 Formulierungen angelehnt an die umfangreiche Diskussion der Novelle von Günter Grass in der deutschen Tages- und Wochenpresse im Februar 2002.

Quellen

Lebensgeschichtliche Interviews mit Flüchtlingen und Vertriebenen. Tonbandprotokolle im Besitz des Verfassers.

Literatur

Bausinger, Hermann: Heimat und Identität, in: ders./Konrad Köstlin (Hg.), Heimat und Identität. Probleme regionaler Kultur. 22. Deutscher Volkskunde-Kongreß in Kiel vom 16. bis 21. Juni 1979, Neumünster 1980, S. 9–24.

Franzen, K. Erik: Die Vertriebenen. Hitlers letzte Opfer, Berlin/München 2001.

Hughes, Michael L.: ›Through No Fault of Our Own‹: West Germans Remember Their War Losses, in: German History, 18. 2000, S. 193–213.

Krockow, Christian Graf von: Heimat. Erfahrungen mit einem deutschen Thema, 2. Aufl. Stuttgart 1989.

Lehmann, Albrecht: Flüchtlingserinnerungen im Erzählen zwischen den Generation, in: Bios, 2. 1989, S. 189–206.

Ders.: Im Fremden ungewollt zuhaus. Flüchtlinge und Vertriebene in Westdeutschland 1945–1990, München 1991.

Moeller, Robert G.: War Stories: The Search for a Usable Past in the Federal Republic of Germany, in: The American Historical Review, 101. 1996, S. 1008–1048.

Müller-Handl, Utta: »Die Gedanken laufen oft zurück…« Flüchtlingsfrauen erinnern sich an ihr Leben in Böhmen und Mähren und an den Neuanfang in Hessen nach 1945, Wiesbaden 1993.

Rautenberg, Hans-Werner: Die Wahrnehmung von Flucht und Vertreibung in der deutschen Nachkriegsgeschichte bis heute, in: Aus Politik und Zeitgeschichte. Beilage zur Wochenzeitung Das Parlament, 1997, H. 53, S. 34–46.

Schulze, Rainer: Zuwanderung und Modernisierung – Flüchtlinge und Vertriebene im ländlichen Raum, in: Klaus J. Bade (Hg.), Neue Heimat im Westen: Vertriebene, Flüchtlinge, Aussiedler, Münster 1990, S. 81–105.

Ders.: »Die Ansprüche kamen erst später.« Zur Integration der Flüchtlinge und Vertriebenen in Niedersachsen, in: Deutsche Studien, 126. 1995, S. 259–287.

Ders.: Alte Heimat – neue Heimat – oder heimatlos dazwischen? Zur Frage der regionalen Identität deutscher Flüchtlinge und Vertriebener – Eine Skizze, in: Nordost-Archiv, N.F., 6. 1997, S. 759–787.

Ders. (Hg. zus. mit Reinhard Rohde u. Rainer Voss): Zwischen Heimat und Zuhause. Deutsche Flüchtlinge und Vertriebene in (West-)Deutschland 1945–2000, Osnabrück 2001.

Ders.: Heimat – Erinnerung – Identität. Beiträge zur Befindlichkeit der deutschen Flüchtlinge und Vertriebenen, Osnabrück [2003].

Schwartz, Michael: Vertreibung und Vergangenheitspolitik. Ein Versuch über geteilte deutsche Nachkriegsidentitäten, in: Deutschland-Archiv, 30. 1997, S. 177–195.

Theisen, Alfred: Die Vertreibung der Deutschen – Ein unbewältigtes Kapitel europäischer Zeitgeschichte, in: Aus Politik und Zeitgeschichte. Beilage zur Wochenzeitung Das Parlament, 1995, H. 7/8, S. 20–33.

Wagnerová, Alena: 1945 waren sie Kinder. Flucht und Vertreibung im Leben einer Generation, Köln 1990.

›Der kranke Flüchtling‹. Die gesundheitliche und psychiatrische Behandlung von Flüchtlingen und Vertriebenen in Niedersachsen

Von Andrea Riecken

Flucht, Vertreibung und gesundheitliche Folgeprobleme

Migration und Gesundheit

Gesundheitliche Fragestellungen werden in der Migrationsforschung hauptsächlich unter zwei Gesichtspunkten diskutiert. Zum einen geht es um den Aspekt der ›Migration von Kranken‹, und zum anderen um ›Krankheiten als Migrations- und Integrationsfolgen‹. Beim zuerst genannten Schwerpunkt stehen die Reaktionen staatlicher Politik, politischer Entscheidungsträger, Institutionen des Gesundheitswesens oder der Bevölkerung auf die realisierte oder beabsichtigte Einwanderung von angeblich oder tatsächlich kranken Migranten im Vordergrund. Thematisiert werden zumeist Befürchtungen in den Aufnahmeländern, Migranten könnten Infektionskrankheiten einschleppen und damit die Gesundheit der Bevölkerung erheblich gefährden. Nicht selten führten diese Befürchtungen zu strikten Gesundheitskontrollen bei der Zuwanderung, zu Zuwanderungsbeschränkungen bei schlechtem Gesundheitszustand oder zur Ablehnung der Zuwanderung bei fortdauernder Krankheit bzw. ihrem chronischen Verlauf. Für Deutschland läßt sich dieses Phänomen exemplarisch an mehreren Migrationsbewegungen aufzeigen. Dazu gehört u.a. die Diskussion um die osteuropäische Transitwanderung im Kaiserreich zur Auswanderung nach Nordamerika, die (Zwangs-)Migrationen im nationalsozialistischen Deutschland, die ›Gastarbeiter‹-Anwerbung der frühen 1950er und 1960er Jahre in der Bundesrepublik sowie die Debatte um die Aussiedler- und Asylzuwanderung der 1990er Jahre.

Vergleichbare Reaktionen lassen sich aber auch in der unmittelbaren Nachkriegszeit des Zweiten Weltkriegs in Niedersachsen im Kontext der Flüchtlings- und Vertriebenenzuwanderung bei den verantwortlichen Ministerien und den im öffentlichen Gesundheitswesen tätigen Ärzten nachweisen. Dennoch hat sich die mittlerweile mehr als fünfzigjährige Flüchtlings- und Vertriebenenforschung mit der gesundheitlichen Versorgung der Flüchtlinge und Vertriebenen als Aufgabe des öffentlichen Gesundheitswesens kaum auseinandergesetzt, auch die gesundheitlichen Problemlagen der Patienten spielten in der Forschung bisher nur eine marginale Rolle. So sind zum Thema ›Krankheiten als Migrations- und Integrationsfolgen‹ nur vereinzelt Studien entstanden, bei denen die Krankheitshäufigkeiten von Flüchtlingen und Vertriebenen einerseits und der einheimischen Bevölkerung andererseits miteinander verglichen wurden. Diese Gegenüberstellungen beschränkten sich allerdings überwiegend auf somatische Erkrankungen. Zusammenhänge zwischen Migration und psychischer Gesundheit wurden demgegenüber kaum thematisiert. Ziel des vorliegenden Beitrags ist es, die unterschiedlichen Aspekte des Themas ›Migration und Gesundheit‹ am Beispiel der Flüchtlings- und Vertriebenenzuwanderung aufzuzeigen. Bevor politische und verwaltungstechnische Maßnahmen und daran anschließend psychische Erkrankungen bei Flüchtlingen und Vertriebenen in den Blick genommen werden, folgt zunächst ein einleitender Überblick über die gesundheitliche Gesamtsituation der Bevölkerung im Niedersachsen der Nachkriegszeit.

Gesundheitsprobleme der Nachkriegszeit

Schon der Erste Weltkrieg hatte bei großen Teilen der deutschen Bevölkerung zur erheblichen Verschlechterung des Gesundheitszustandes geführt, und auch nach dem Zweiten Weltkrieg schnellten die Erkrankungsraten aufgrund von Infektionen in die Höhe. Das galt besonders für Tuberkulose, Typhus und verschiedene Geschlechtskrankheiten (Gonorrhoe/Tripper und Syphilis). Aber auch Ernährungsschäden wie Eiweißmangelerkrankungen und Erkrankungen aufgrund unhygienischer Lebensbedingungen wie Krätze- und Läusebefall stiegen im Vergleich zum Vorkriegsniveau um ein Vielfaches. Dr. Franz Ickert, Oberregierungs- und Obermedizinalrat im Niedersächsischen Ministerium für Arbeit, Aufbau und Gesundheit in Hannover (NMfA) und zugleich Vorsitzender des Zentralkomitees zur Bekämpfung der Tuberkulose in der britischen Besatzungszone, gab in seinem Tuberkulosebericht für Niedersachsen im Jahr 1945 eine 50% höhere Tbc-Sterblichkeit an als 1938.[1] Demnach kamen 1945 auf 10.000 Einwohner 7,5 Tbc-Todesfälle im Vergleich zu 5 im Jahr 1938. Schleswig-Holstein wies sogar eine Steigerung der Tuberkulosesterblichkeit von 169% auf. Während Hannover unter den niedersächsischen Städten einen Anstieg der Tbc-Sterblichkeit um 138% zwischen 1938 und 1945 verzeichnete, blieben Osnabrück mit 112% (1938/47) und vor allem Göttingen mit 71% (1938/45) dahinter zurück. Eine starke Zunahme von Gonorrhoe und Syphilis wies auch die

AUS DER AUFKLÄRUNGSARBEIT DES DEUTSCHEN ZENTRALKOMITEES
ZUR BEKÄMPFUNG DER TUBERKULOSE

Geschlechtskrankheitenstatistik der Stadt Hannover aus.[2] So lag der Anteil von Geschlechtskranken 1934 in Hannover bei rund 2,9 Personen auf 10.000 Einwohner und stieg sehr deutlich in den Jahren 1946 auf ca. 19,2 und 1947 auf 21,1 an. Und schließlich waren auch die Neuerkrankungen an Typhus in Niedersachsen den Wochenmeldungen der Gesundheitsämter zufolge nach dem Krieg auf das Zwanzigfache im Vergleich zu den Vorkriegsjahren gestiegen.[3]

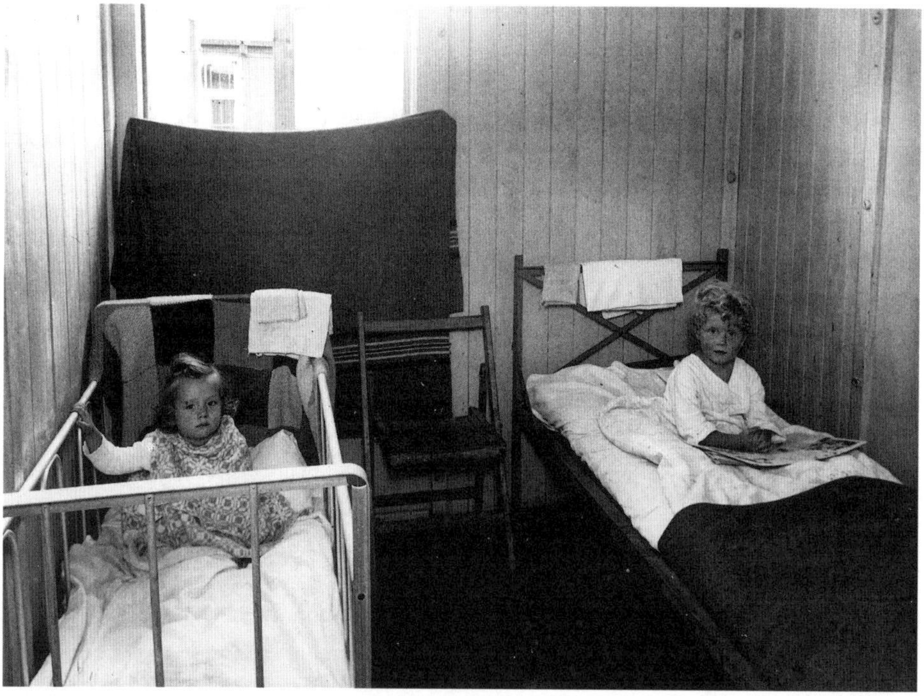

Zwei Kleinkinder auf der Kinderkrankenstation im Durchgangslager Uelzen-Bohldamm, 1947

Das Gesundheitswesen und vornehmlich die Gesundheitsämter in Niedersachsen standen angesichts dieser dramatischen Verschlechterung der gesundheitlichen Situation der niedersächsischen Bevölkerung vor der Aufgabe, die Ausbreitung von Infektionskrankheiten zu verhindern, nicht zuletzt auch, um die Arbeitsfähigkeit der Bevölkerung zu erhalten. Die Medizinalstatistik erlangte in diesem Zusammenhang als Kontrollinstrument in der Nachkriegszeit – ähnlich wie in der NS-Zeit – eine exponierte Stellung. Sowohl von den Alliierten als auch vom Niedersächsischen Ministerium für Arbeit, Aufbau und Gesundheit wurde einer regelmäßigen und detaillierten Erfassung der Kranken und wenn möglich der gesamten Bevölkerung große Bedeutung beigemessen. Die Wichtigkeit der statistischen Berichterstattung läßt sich auch an den Erhebungsintervallen ablesen. So wurde in Zeiten mit hohen Erkrankungsraten eine engmaschige Registrierung angeordnet, d.h. es sollten wöchentliche bis vierzehntägige Meldungen erfolgen, in Phasen der abnehmenden Erkrankungshäufigkeiten galten monatliche bis halbjährliche Zählungen als ausreichend. Die Interpretation der Medizinalstatistiken ist allerdings schwierig; denn schon die zeitgenössischen Autoren verweisen auf die methodischen Probleme bei der Auslegung der Daten. So wurden beispielsweise Todesursachenstatistiken sowohl von den Standesämtern als auch von den Gesundheitsämtern geführt. Die Statistiken der Standesämter stützten sich dabei auf die vom behandelnden Arzt ausgefüllten Sterbezählkarten. Das Gesundheitsamt führte hingegen eine Statistik, die auf der sanitätspolizeilichen Meldung beruhte. Das waren Meldungen vom Arzt, Krankenpflegepersonal oder Haushaltsvorstand über die Todesursache eines Menschen. Es kam oft vor, daß die Statistiken auf der Basis der sanitätspolizeilichen Meldungen deutlich weniger Sterbefälle bei den Infektionen aufwiesen als die Daten der Standesämter. Viele Tbc-Todesfälle waren wohl, so vermutete Oberregierungs- und Obermedizinalrat Ickert, dem Gesundheitsamt nicht gemeldet worden, um den Desinfektionsmaßnahmen der Gesundheitsämter zu entgehen.

Gesundheitliche Versorgung in der Großraumbaracke des Krankenreviers im Durchgangslager Uelzen-Bohldamm, 1948

Vor diesem Hintergrund müssen bei den statistischen Veränderungen ganz unterschiedliche Faktoren berücksichtigt werden; nicht selten war ihre Interpretation auch ein Politikum: Für die britische Militärregierung war die Zunahme der Tuberkuloseerkrankungen beispielsweise nur eine »Zunahme auf dem Papier«, die auf veränderte Erhebungsmethoden, wie etwa eine ausgedehntere Meldepflicht, zurückgeführt werden müsse.[4] Dadurch würden Fälle aufgedeckt, die zuvor schon existiert hätten, aber nicht offenkundig gewesen seien. Das NMfA sprach dagegen von einem tatsächlichen Anstieg der Tuberkuloserate. Sie sei besonders auf die schlechte Ernährungslage der Bevölkerung und die starke Zuwanderung von Flüchtlingen und Vertriebenen zurückzuführen. Eine geschlossene Tbc könne sich aufgrund von Mangelernährung zu einer offenen und ansteckungsfähigen Tbc wandeln, und die beengten Wohnverhältnisse würden zur Ausbreitung der Tbc beitragen. Aber auch die unzureichenden Möglichkeiten der Asylierung von Infektionskranken in Krankenhäusern und Heilstätten würden einer Ausbreitung der Tbc Vorschub leisten. Und schließlich stellten Flüchtlinge und Vertriebene sogar eine Risikogruppe dar; denn Untersuchungen an Schulkindern hätten gezeigt, daß Flüchtlingskinder fast doppelt so häufig positive Tuberkulinproben aufwiesen als einheimische Kinder, unter denen rund ein Drittel positiv getestet worden war.

Hinter der unterschiedlichen Interpretation der Daten und der Diskussion um das Zustandekommen der Statistiken verbergen sich konträre Interessenlagen: So neigte die britische Militärregierung eher zu einer ›Bagatellisierung‹ der Probleme; denn sie wollte die ›geordnete Vertreibung‹ und Zuweisung von Flüchtlingen und Vertriebenen in die britische Zone durchsetzen und zugleich den Vorwurf von inhumanen Maßnahmen abwenden. Dem NMfA war hingegen eher an einer ›Skandalisierung‹ gelegen, um die von den Alliierten beschlossenen Zuweisungen von Flüchtlingen und Vertriebenen abzuwehren und gleichzeitig ein stärkeres Engagement der britischen Militärregierung zur Behebung der Kriegsschäden und zur Verbesserung der Lebensverhältnisse zu fordern.

Zuwanderung und gesundheitliche Folgeprobleme

Mit der Zuwanderung von Flüchtlingen und Vertriebenen in die vier Besatzungszonen verschärften sich die Folgeprobleme des Krieges in vielen Lebensbereichen. Die ohnehin schon schwierige Wohnsituation wurde besonders in den ländlichen Regionen zunehmend problematischer. Es entstanden Massenunterkünfte, Barackenlager und Elendsquartiere. Viele Menschen mußten auf engstem Raum unter schlechten Lebensbedingungen über einen langen Zeitraum ausharren. Die sanitären Anlagen waren oft knapp bemessen oder fehlten manchmal ganz. Unzweifelhaft führten die schlechten hygienischen Bedingungen und beengten Wohnverhältnisse zu einer Erhöhung der Ansteckungsgefahren für Infektionskrankheiten. Neben der prekären Wohnsituation war auch die Ernährungslage streckenweise katastrophal. Mangelerkrankungen wie Dystrophien und Hungerödeme waren keine Seltenheit. Die allgemeine Schwächung

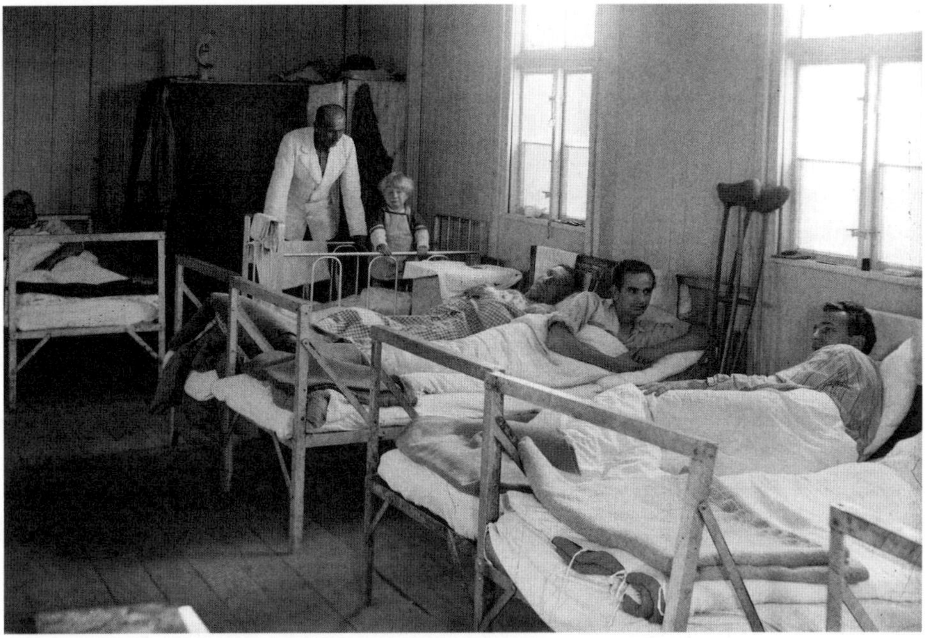

Arztvisite auf der Krankenstation im Durchgangslager Uelzen-Bohldamm, 1947

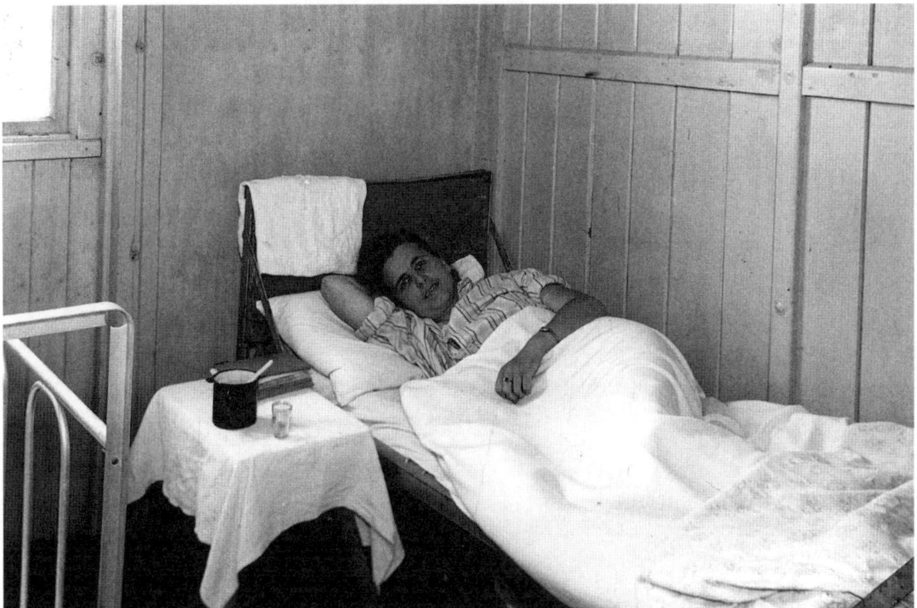

Eine Frau auf der Isolierstation des Krankenreviers im Durchgangslager Uelzen-Bohldamm, 1947

des Organismus konnte zu Schäden an den inneren Organen sowie Herz-Kreislauferkrankungen führen, aber auch die Anfälligkeit für Infektionskrankheiten erhöhen.

Das NMfA und die niedersächsischen Regierungspräsidenten fürchteten, daß von den Flüchtlingen und Vertriebenen eine Seuchengefahr ausgehen könne. Die einheimische Bevölkerung müsse vor der Einschleppung von Infektionskrankheiten geschützt werden. In der Konsequenz wurde ein gestaffeltes System der Gesundheitsüberwachung entwickelt, das gewährleisten sollte, Infektionskrankheiten sofort zu erkennen und erkrankte Flüchtlinge und Vertriebene an einer Weiterreise zu hindern. Flüchtlinge und Vertriebene wurden somit einer langfristigen Überprüfung ihres Gesundheitszustandes ausgesetzt und bei einem Infektionsverdacht sofort einer Behandlung zugeführt. Das System basierte auf Kontrollmaßnahmen und restriktiven Behandlungsformen, also vor allem auf der Erfassung, anschließenden Isolierung und ›zwangsverordneten‹ Heilbehandlung der Kranken. Dabei mußten Flüchtlinge und Vertriebene im wesentlichen vier Stufen von Gesundheitskontrollen durchlaufen: 1. gesundheitliche Überprüfungen in den Durchgangslagern und angeschlossenen Hilfskrankenhäusern, 2. amtsärztliche Kontrollen bei der Ankunft in den Kreisen und Gemeinden an den Bahnstationen, 3. nachgehende Überwachung vor

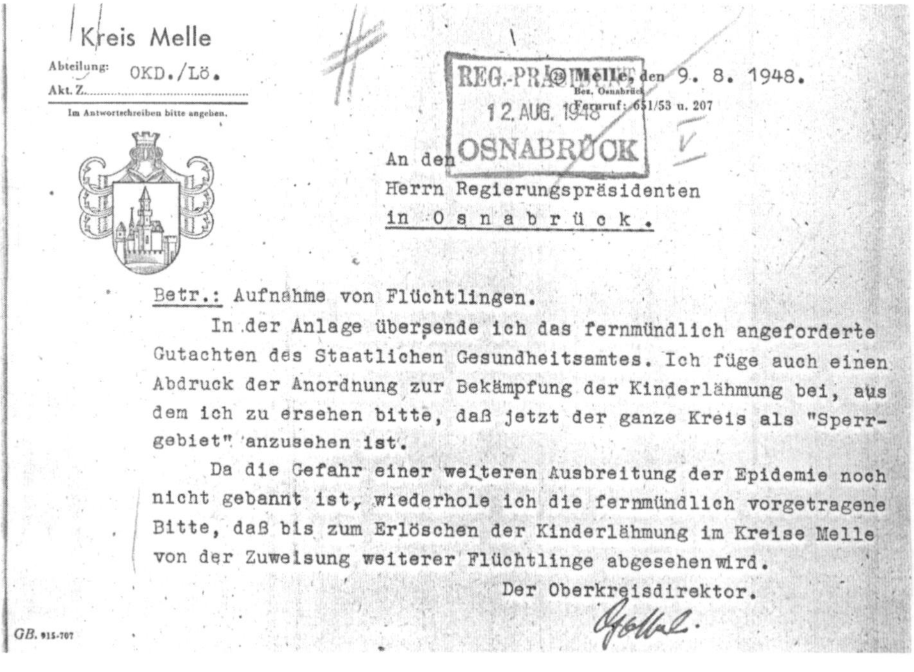
Kreis Melle

Abteilung: OKD./Lö.

Akt. Z.

Im Antwortschreiben bitte angeben.

REG.-PRÄS. 12. AUG. 1948 OSNABRÜCK

Melle, den 9. 8. 1948.
Bez. Osnabrück
Fernruf: 651/53 u. 207

An den
Herrn Regierungspräsidenten
in Osnabrück.

Betr.: Aufnahme von Flüchtlingen.

In der Anlage übersende ich das fernmündlich angeforderte Gutachten des Staatlichen Gesundheitsamtes. Ich füge auch einen Abdruck der Anordnung zur Bekämpfung der Kinderlähmung bei, aus dem ich zu ersehen bitte, daß jetzt der ganze Kreis als "Sperrgebiet" anzusehen ist.

Da die Gefahr einer weiteren Ausbreitung der Epidemie noch nicht gebannt ist, wiederhole ich die fernmündlich vorgetragene Bitte, daß bis zum Erlöschen der Kinderlähmung im Kreise Melle von der Zuweisung weiterer Flüchtlinge abgesehen wird.

Der Oberkreisdirektor.

GB. 915-707

Ort in den Einzel- und Massenunterkünften durch Betreuungsärzte für Zugewanderte und 4. amtsärztliche hygienische Überwachung der Flüchtlingslager. Dieses mehrstufige Verfahren war erst im Verlauf der Zuwanderung entwickelt worden, um eine größere Sicherheit zu gewährleisten. Zunächst waren viele Erkrankungen bei den Gesundheitskontrollen in den Durchgangslagern übersehen worden, was in den Rückmeldungen der Gesundheitsämter an das NMfA deutlich wurde. Um die Überprüfung lückenloser zu gestalten, versuchte die Gesundheitsverwaltung die Effektivität der Kontrollmaßnahmen zu erhöhen. Mit dem Gesetz zur Tbc-Diagnostik vom 27. September 1948 wurde in Niedersachsen dann die Grundlage für Röntgenreihenuntersuchungen geschaffen. Ab Mitte Oktober 1949 begannen die Durchleuchtungen aller Flüchtlinge und Vertriebenen im Durchgangslager Uelzen-Bohldamm.

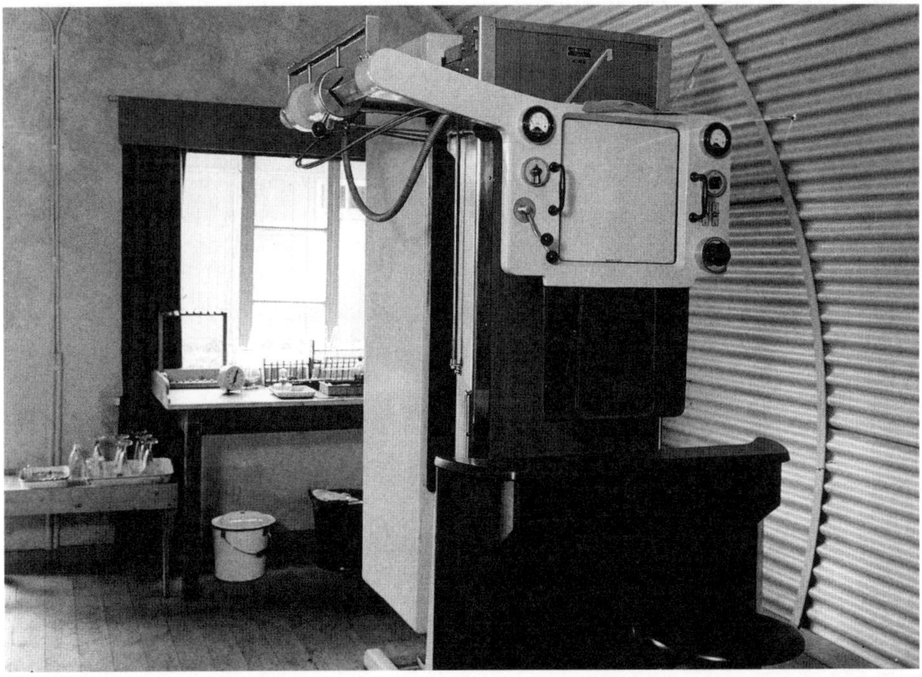

Röntgenapparat auf der Röntgenstation im Durchgangslager Uelzen-Bohldamm, gestiftet vom Schwedischen Roten Kreuz für Röntgenreihenuntersuchungen zur Tuberkulosediagnostik, 1947

Das gestaffelte System der Gesundheitskontrollen: Ankunft, Unterbringung und Integration

Durchgangslager und Hilfskrankenhäuser

Die ersten Gesundheitskontrollen erfolgten in Niedersachsen 1945 in den Durchgangslagern Friedland (Landkreis Göttingen), Uelzen-Bohldamm (Landkreis Uelzen), Poggenhagen (Landkreis Hannover) und Lüstringen (Landkreis Osnabrück). Die Dienstordnung vom 30. März 1949 für das Flüchtlingsdurchgangslager Friedland enthält strikte Anweisungen für die gesundheitliche Betreuung der Flüchtlinge.[5] Demnach mußte die medizinische Versorgung der Flüchtlinge und Vertriebenen bereits am Bahnhof bzw. an der Zonengrenze beginnen. Der leitende Lagerarzt hatte dafür das medizinische Personal zur Verfügung zu stellen. Alle Flüchtlinge sollten bei ihrer Aufnahme sofort ärztlich untersucht und entlaust werden. Im nächsten Schritt galt es, das Ergebnis der Untersuchung auf einem Registrierschein zu vermerken. Bei festgestellter Krankheit hatte der Arzt zu entscheiden, ob der Flüchtling im Krankenrevier des Lagers medizinisch betreut werden könne oder ob eine Einweisung in ein Krankenhaus notwendig sei. Flüchtlinge mit einer Körperbehinderung oder einem Gebrechen waren von vornherein in eine dafür vorgesehene Einrichtung

Stand vom 1. 6. 1949

Organisationsplan des Zentralen Flüchtlings-Durchgangslagers Uelzen-Bohldamm

Lagerleitung

Lagerleiter
Stellvertr. Lagerleiter
Verwaltungsleiter
leitender Lagerarzt

Hauptabteilung I
Registrier-, Abfertigungs- und Ordnungsdienst

Ia Aufnahme
1. Vorlager-Registrierung
2. Zugangskontrolle
3. Registrierung

Ib Abfertigung
1. Transportabfertigung
2. Einzelabfertigung
3. Urlaub
4. Eßmarken / Kasse
5. Auskunft
6. R. K.-Ablage

Ic Kartei
1. Kartei
2. Suchpost

Id Lagerpolizei
1. Lageraufsicht
2. Wachdienst
3. Brandwache
4. Fundbüro
5. Quartieranweisung
6. Barackenbetreuung
7. Telefonzentrale
8. Transportleitung

Hauptabteilung II
Verwaltungs-, Küchen- und Technischer Dienst

IIa Allgemeine Verwaltung
1. Personal-Stelle
2. Haushalts-, Kassen- und Rechnungswesen
3. Lohnbuchhaltung
4. Kanzlei
5. Materialbeschaffung
6. Kraftfahrwesen
7. Gepäckaufbewahrung und Gepäckabfertigung
8. Geräte- u. Materialverwaltung
9. Hausmeisterei
   Wäscherei
   Schuhmacherei

IIb Verpflegung
1. Einkauf, Lager, Abrechnung
2. Küche
3. Kaffeeküche
4. Kaltverpflegung

IIc Poststelle
1. Post Ein- und Ausgang
2. Flüchtlingspost
3. Meldewesen und Statistik
4. Aktenablage

IId Bauleitung

IIe Arbeits-Einsatz

Hauptabteilung III
Gesundheitsdienst

1. Männer-Ambulanz
2. Frauen-Ambulanz
3. Krankentransporte
4. Apotheke
5. Laboratorium
6. Röntgenstation
7. Bestrahlung
8. Männer-Station
9. Frauen-Station
10. Masern-Station
11. Isolier-Station
12. Säuglings-Station
13. Entlausung
14. Duschanlage

Niedersächsische Buchdruckerei, Uelzen

zu verlegen. Gleiches galt für Infektionskranke, die direkt in einer Baracke isoliert und gegebenenfalls in einem Krankenhaus mit Isolierstation untergebracht werden sollten.

Ähnliche Abläufe gab es auch im Flüchtlingsdurchgangslager Uelzen-Bohldamm. So meldete der leitende Lagerarzt am 3. August 1946 an die Medizinalabteilung des Oberpräsidiums in Hannover, daß im Juli 1946 – also innerhalb eines Monats – insgesamt 95.397 Flüchtlinge und Vertriebene untersucht worden seien (92.993 Personen aus 52 Vertriebenentransporten, 2.404 Einzelreisende). Das medizinische Personal hatte im Durchschnitt täglich 3.080 Flüchtlinge und Vertriebene gesundheitlich überprüft. Von den insgesamt 95.397 untersuchten Personen wurden 124 Kranke in Krankenhäuser des Kreises Uelzen eingeliefert sowie 1.029 stationär und 5.060 ambulant im Krankenrevier des Lagers behandelt. Allerdings dominierten nicht die Infektionskrankheiten Tbc, Syphilis und Gonorrhoe die Krankheitsstatistik, sondern Krätze und Unterernährung. Frauen waren darüber hinaus deutlich durch das frauenspezifische Kriegsschicksal geprägt, denn 4.044 (8,7% aller untersuchten Personen) von ihnen gaben an, vergewaltigt worden zu sein (s. Tab. 1).

Tabelle 1: Krankheitsstatistik von im Durchgangslager Uelzen-Bohldamm untersuchten Flüchtlingen und Vertriebenen im Juli 1946 (Gesamt: 95.397; Frauen: 46.630; Männer: 21.116; Kinder: 27.651)

Krankheiten	Anzahl	%
An Typhus erkrankt gewesen zu sein gaben an	3.920	4,1
Vergewaltigt worden zu sein gaben an	4.044	8,7
Verdacht auf Fleckfieber	0	0
An Krätze litten	6.321	6,6
Kleiderläuse hatten	33	0,03
Kopfläuse hatten	3.515	3,7
Geschlechtskrank waren	10	0,01
Verdacht auf Geschlechtskrankheit	1.105	1,6
Unterernährt waren	5.618	5,9
An Tuberkulose litten	172	0,2
Verdacht auf Tuberkulose	156	0,2

Quelle: Hauptstaatsarchiv Hannover (HStA Hann), Nds 300, Acc 48/65, Nr. 172.

Ermittelten die Lagerärzte in Friedland bei einem Flüchtling eine Erkrankung, dann erfolgte eine Verlegung und weitergehende Überprüfung des Gesundheitszustandes im Hilfskrankenhaus des Landkreises in Göttingen-Rohns. Das Hilfskrankenhaus war bereits im Herbst 1945 auf Befehl der Militärregierung errichtet worden, da Friedland die große Zahl kranker Flüchtlinge nicht mehr in seiner Krankenbaracke versorgen konnte.[6] Genutzt wurde die zur Brauerei gehörende Gaststätte Rohns, die bis zur Umwandlung in das Hilfslazarett als Teillazarett für verwundete Soldaten gedient hatte. Um den Ausbruch von Seuchen und Infektionen von vornherein zu verhindern, wurden die kranken Flüchtlinge bei der Aufnahme im Hilfskrankenhaus sofort untersucht und bei der Bestätigung einer Infektionserkrankung direkt in Göttinger Kliniken mit Infektionsabteilungen weitergeleitet.

Von insgesamt 2.482 in Göttingen-Rohns zwischen dem 1. Dezember 1945 und dem 30. November 1946 behandelten Flüchtlingen und Vertriebenen starben 158 Patienten (6,4%) an den Folgen ihrer Erkrankung (s. Tab. 2). Wie in Uelzen-Bohldamm stehen auch in Friedland die Ernährungsprobleme an erster Stelle, allerdings sind sie mit 40% deutlich stärker ausgeprägt. Wie gravierend schlecht der Gesundheitszustand von Flüchtlingen und Vertriebenen mit Ernährungsproblemen war, zeigt die Todesrate der Patienten: Etwas mehr als die Hälfte starb an diesem Mangelzustand. Faßt man darüber hinaus noch die ›Erkältungskrankheiten‹ zu einer Kategorie zusammen (Nr. 2, 5 und 7; 13,5%), ist das Krankheitsspektrum bereits zu 50% abgedeckt. Auch in dieser Statistik spielen Tbc und Geschlechtskrankheiten nur eine untergeordnete Rolle. Dabei ist allerdings zu berücksichtigen, daß Infektionskranke, die bereits bei der Eingangsuntersuchung identifiziert und an andere Krankenhäuser weitergeleitet worden waren, in der Jahresstatistik der Klinik keine Rolle mehr spielen. Besonders hervorzuheben sind bei den organischen Erkrankungen die Herz- und Kreislauferkrankungen, da sie mit 17,7% eine vergleichsweise hohe Sterblichkeitsrate aufweisen. So hatten Flüchtlinge und Vertriebene, die an einer Unterernährung, Herz-Kreislauferkrankung oder Lungenentzündung litten, eine deutlich verminderte Überlebenschance. Ferner verdeutlicht die Statistik, daß den psychischen Störungen, für deren Weiterbehandlung die ›Heil- und Pflegeanstalt Göttingen‹ zur Verfügung stand, im Vergleich zu den körperlichen Erkrankungen nur eine marginale Bedeutung zukam.

Amtsärztliche Kontrolle bei der Ankunft in den Kreisen und Gemeinden

Der zweite Schritt der Gesundheitsüberwachung fand auf den Bahnhöfen bzw. in den Durchgangslagern der Kreise und Gemeinden statt. Bereits im November 1945 erfolgten die Untersuchungen auf Anweisung der Alliierten und später auf der Grundlage des Erlasses des NMfA zur ›Ärztlichen Betreuung Zugewanderter im Lande Hannover‹ vom 13. September 1946. Mit dem Erlaß, der sich auf das Gesetz zur Vereinheitlichung des Gesundheitswesens vom 3. Juli 1934

Tabelle 2: Krankheitsstatistik der behandelten Flüchtlinge und Vertriebenen (insgesamt 2.482) des Hilfskrankenhauses Göttingen-Rohns im Zeitraum 1.12.1945–30.11.1946

Nr.	Krankheiten	Anzahl	%	Verstorbene	%
1	Schwere Erschöpfungszustände/Hungerödeme	993	40,0	91	57,6
2	Akute schwere Erkältungskrankheiten	193	7,0	1	0,6
3	Chirurgische Erkrankungen	295	11,0	3	1,9
4	Krätze	110	3,9	-	-
5	Lungenentzündungen	89	3,0	13	8,2
6	Herz- und Kreislauferkrankungen	101	3,5	28	17,7
7	Grippe und andere Infektionskrankheiten	98	3,5	-	-
8	Tuberkulose (Lungen)	128	4,6	3	1,9
9	Schwere Ernährungsstörungen der Säuglinge/ Hungerödeme	61	1,9	5	3,2
10	Akute Durchfallerkrankungen	94	3,2	-	-
11	Nervenerkrankungen	61	1,9	2	1,3
12	Gelenkentzündungen	66	2,4	1	0,6
13	Rippenfellentzündungen	42	1,3	-	-
14	Hepatitis epidemica	36	1,1	-	-
15	Hauterkrankungen	39	1,2	-	-
16	Magen-Darmerkrankungen	70	2,8	1	0,6
17	Nierenerkrankungen	41	1,3	2	1,3
18	Fleckfieber	20	0,5	-	-
19	Diphtherie	22	0,6	2	1,3
20	Schwere Erfrierungen	17	0,4	-	-
21	Psychiatrische Erkrankungen	24	0,7	1	0,6
22	Geschlechtserkrankungen	24	0,7	-	-
23	Augen- und Ohrenerkrankungen	18	0,4	-	-
24	Gynäkologische Erkrankungen	17	0,3	-	-
25	Bösartige Geschwülste	29	0,8	4	2,5
26	Malaria	39	1,2	-	-
27	Ruhr	12	0,4	1	0,6
28	Leber- und Gallenerkrankungen	11	0,4	-	-
29	Typhus	9	0,3	-	-
30	Scharlach	3	0,1	-	-
31	Entbindungen	3	0,1	-	-
32	Anämie	5	0,2	-	-
33	Diabetes	3	0,1	-	-

Quelle: Jahresbericht des Chefarztes, 1.12.1945–30.11.1946; HStA Hann, Nds 300, Acc 48/65, Nr. 169.

und seine drei Durchführungsverordnungen stützte, werden die Gesundheitsämter angewiesen, alle seit dem 1. September 1945 zugezogenen Personen gesundheitlich zu überwachen. Unter gesundheitlicher Überwachung wurde die ärztliche Untersuchung und Vorsorge zur Verhütung einer Seuchengefahr verstanden. Bei der Ankunft von Flüchtlingstransporten sollte deshalb der Amtsarzt für die Entlausung des Gepäcks sorgen, während des Transportes neu erkrankte Flüchtlinge erfassen und schließlich gesundheitliche Kontrolluntersuchungen bei Flüchtlingen mit Verdacht auf eine Infektionskrankheit (Tbc und Geschlechtskrankheiten) veranlassen.

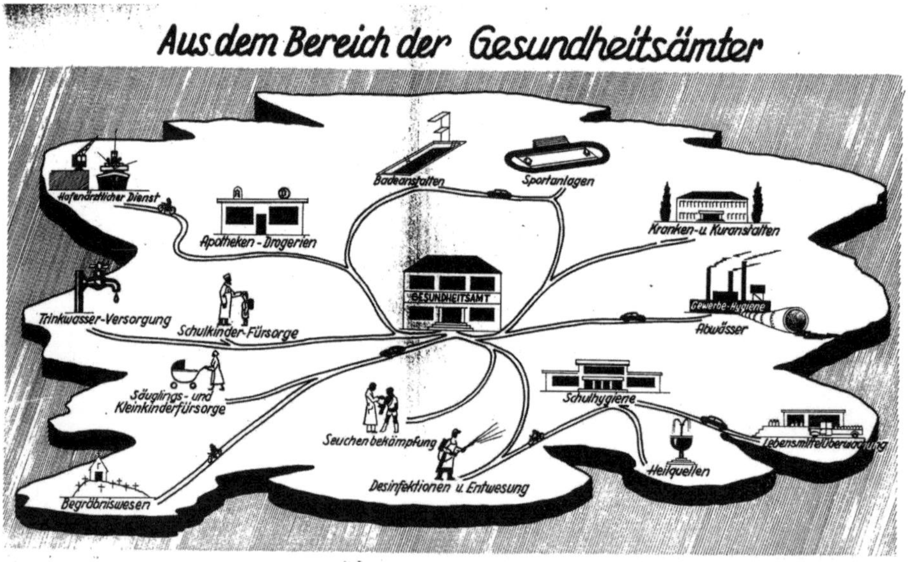

Die Aufgaben der Gesundheitsämter nach dem ›Gesetz über die Vereinheitlichung des Gesundheitswesens‹ (1934) und dessen Durchführungsverordnungen (1935), 1954

Für diese Versorgung vor Ort, in den Gemeinden und Kreisen, existierten konkrete und differenzierte Organisationspläne, die den Ablauf und die Durchführung der Untersuchung, aber auch die Schichteinteilung von Ärzten und ärztlichem Hilfspersonal sowie die Beteiligung des Deutschen Roten Kreuzes (DRK) regelten und somit die gesamte Flüchtlingsaufnahme organisatorisch erfaßten. So wurde beispielsweise ein im März 1946 ankommender Flüchtlingstransport am Bahnhof von Aschendorf im Regierungsbezirk Osnabrück waggonweise auf die Lager Kolpinghaus, Amandushaus, Bösing und Saal Einhaus verteilt. In diesen Durchgangslagern wurden die Flüchtlinge zunächst untersucht und entlaust, wofür pro Lager ein Arzt und vier DRK-Helferinnen bzw. -Helfer zur Verfügung standen. Im Anschluß daran erfolgte die Registrierung sowie Verpflegung und schließlich die Unterbringung der Flüchtlinge und Vertriebenen in den Gemeinden. Kranke Personen wurden sofort in umliegende Krankenhäuser eingewiesen.

Betreuungsärzte für Zugewanderte

Mit der Einführung der Betreuungsärzte für Zugewanderte durch den bereits oben angeführten Erlaß vom 13. September 1946 erreichte die gesundheitliche Überprüfung der Flüchtlinge eine neue Dimension. Das NMfA begründete den Erlaß im wesentlichen mit drei Argumenten: Erstens litten Flüchtlinge und Vertriebene vermutlich überdurchschnittlich häufig an Krankheiten, weil sie in ihrer Heimat seit Ende des Krieges unter schwierigen Bedingungen und damit auch ohne jede ärztlich-gesundheitliche Betreuung gelebt hätten. Zweitens kämen die Flüchtlinge ohne ordnungsmäßige Überweisung und müßten für die Tuberkulose- und Geschlechtskrankenfürsorge und für die Bazillenträgerüberwachung völlig neu aufgenommen werden. Und drittens bestehe eine amtsärztliche Pflicht, die sich überall entwickelnden hygienischen Unzuträglichkeiten aufgrund des beengten Wohnraums durch eine Verteilung der Lasten auf ein Mindestmaß zu beschränken, Gefahrenquellen offenzulegen und zu beseitigen.

Zur Unterstützung der Gesundheitsämter sollten deshalb die Kreise auf Weisung der Gesundheitsämter arbeitende Betreuungsärzte einstellen. Die Betreuungsfunktion konnten niedergelassene oder zugewanderte Ärzte übernehmen. Das Gesundheitsamt hatte dabei die Kreise in Bezirke von 4.000–6.000 Einwohnern einzuteilen, wobei auf 1.500 Personen ein Arzt kommen sollte. Bis zum 1. März 1947 mußte der Betreuungsarzt alle Zugewanderten gesundheitlich untersucht haben (Blut-, Stuhl- und Urinproben). Im Vordergrund standen zwar die Überprüfung der Wohnverhältnisse und die Kontrolle des Gesundheitszustandes, es sollten aber auch präventive Maßnahmen, im Sinne der Krankheitsvorbeugung durch gesundheitliche Aufklärung der Flüchtlinge und Einheimischen, von den Betreuungsärzten wahrgenommen werden. Im Anschluß hatten die Betreuungsärzte ihre Ergebnisse auf Formblättern zu vermerken und an die Gesundheitsämter weiterzuleiten. Die Gesundheitsämter waren wiederum verpflichtet, diese Berichte zusammenzufassen und auf dem Dienstweg, also über den Regierungspräsidenten, an das NMfA weiterzugeben.

Aus der so entstandenen Hygienestatistik von Niedersachsen geht hervor, daß die größten Probleme im Bereich der Bekleidung der Flüchtlinge und Vertriebenen lagen (s. Tab. 3). Unter den 532.706 in Augenschein genommenen Personen besaßen 20,9% (111.218) keine Oberbekleidung, 26,6% (141.823) hatten keine Schuhe, und 24,4% (129.792) verfügten über keine Wäsche. Ferner zeigte sich, daß von den beanstandeten Fällen lediglich 2,8–4,0% rasch behoben werden konnten. Ähnlich katastrophal sah die Situation bei der wohnräumlichen Unterbringung aus. Fast 20.000 Personen lebten ohne Heizung, und ca. 78.000 besaßen kein Bett. Auch hier war es nicht möglich, die Mängel schnell zu beheben.

Tabelle 3: Hygienestatistik von Niedersachsen aus der Flüchtlingsbetreuungsaktion für den Zeitraum 13.9.1946–18.8.1947

Zahl der besuchten Haushalte: 182.033; Zahl der besuchten Personen: 532.706						
Hygiene der Flüchtlingsunterbringung		Von den Betreuungsärzten gemeldet:				
			Beanstandungen		Davon abgestellt	
		Gesamt	Anzahl	%	Anzahl	%
Wohnen	Einzelquartier	518.494	14.199	2,7	8.926	62,0
	Massenquartier	14.212	491	3,5	169	34,0
	Heizbar	512.879	964	0,2	670	71,0
	Ohne Heizung	19.827	19.827	100	2.080	15,5
Schlafen	Betten (Möbel, Wäsche)	454.749	14.990	3,3	4.969	33,3
	Ohne Betten	77.957	77.957	100	7.679	9,9
Waschgelegenheit	Körper	-	5.570	-	3.333	58,0
	Wäsche	-	4.709	-	3.330	71,0
Kochen	Eigene Gelegenheit	151.855	1.089	0,7	592	55,5
	Gemeinschaftsküche	26.437	67	0,3	48	71,0
	Ohne Gelegenheit	3.741	3.741	100	470	12,0
Wasser	Leitung	99.566	139	0,1	115	83,0
	Hausbrunnen	75.367	190	0,3	130	71,0
	Öffentliche Brunnen	5.159	128	2,5	15	12,0
	Sonderregelung	1.941	129	6,6	45	33,0
Abort	Eigener	16.894	151	0,9	77	50,0
	Gemeinschaftlicher	164.191	3.290	2,0	2.883	91,0
	Ohne	948	948	100	117	12,0
Abfall	Abwasser	-	700	-	479	71,0
Ungeziefer	Körper	4.466	4.466	100	1.119	25,0
	Haus	7.273	7.273	100	1.792	25,0
Kleidung	Oberkleidung	421.488	14.082	3,3	3.516	25,0
	Ohne	111.218	111.218	100	4.072	4,0
	Schuhe	390.883	13.630	3,5	2.815	19,0
	Ohne	141.823	141.823	100	4.951	3,5
	Wäsche	402.914	12.856	3,2	2.538	20,0
	Ohne	129.792	129.792	100	3.600	2,8

Quelle: HStA Hann, Nds 300, Acc 48/65, Nr. 154.

Im Zusammenhang mit der Krankheitsstatistik der Flüchtlingsbetreuungsaktion bestätigte sich wiederum, daß die Infektionskrankheiten hinter den Ernährungsschäden zurücktraten (s. Tab. 4). Dieses Ergebnis war allerdings vom NMfA erwartet worden; denn die Gesundheitskontrollen in den Durchgangslagern und bei der Ankunft in den Kreisen und Gemeinden sollten ja gerade dafür sorgen, daß Flüchtlinge und Vertriebene mit Infektionskrankheiten frühzeitig identifiziert und separiert wurden. Das Ministerium zeigte sich vielmehr insofern beunruhigt, als trotz der intensiven Überprüfungen immer neue Infektionskranke ermittelt werden konnten, was als Bestätigung der Notwendigkeit des Erlasses gewertet wurde. Auch die kleinste Zahl von Infektionsträgern, so wurde vom NMfA argumentiert, berge die Gefahr einer Einschleppung von Infektionskrankheiten in sich. Deshalb sollten die Betreuungsärzte für Zugewanderte nicht nur bei Infektionsverdacht prüfen, sondern alle Flüchtlinge und Vertriebenen einer Gesundheitskontrolle unterziehen. Gleichwohl waren die Anstrengungen zur Behebung der Ernährungsschäden sowohl vom NMfA als auch von den Gesundheitsämtern im Vergleich zu den umfassenden Interventionen bei den Infektionskrankheiten sehr gering. Darüber hinaus führten die hohen Sterblichkeitsraten von 14,5% bei den Lebendgeburten nicht zu besonderen Interventionen im Bereich der Säuglingsfürsorge oder Mütterberatung.

Tabelle 4: Krankheitenstatistik von Niedersachsen aus der Flüchtlingsbetreuungsaktion für den Zeitraum 13.9.1946–18.8.1947

Zahl der besuchten Haushalte: 182.033; Zahl der besuchten Personen: 532.706			
Krankheiten der Flüchtlinge	Untersuchte	Kranke	%
Rachitis	118.713	9.494	8,0
Ernährungsschäden (Ödeme, Anämie, starke Untergewichte)	532.706	47.764	9,0
Tbc	532.706	12.959	2,4
Geschlechtskrankheiten	532.706	1.417	0,3
Chediak abgenommen	532.706	26.155	4,0
Tyhus abdominalis-Rekonvaleszenten 1945/46 (Bauch-, Unterleibstyphus)	532.706	13.465	2,5
Krätze/Hauteiterungen	532.706	21.463	4,0
Malaria	532.706	1.337	0,3
Schwangerschaft seit 1945	-	16.182	-
Fehlgeburten seit 1945	-	2.000	12,5
Totgeburten seit 1945	-	612	3,8
Lebendgeburten seit 1945	-	13.570	83,7
Davon bereits gestorben	-	1.975	14,5
Zahl der Familien, in denen nach 1945 Personen fehlen (Tod, vermißt, u.a.)	182.033	49.191	27.0
Fehlen des Vaters	182.033	28.308	15,0
Fehlen der Mutter	182.033	5.519	3,0
Fehlen von minderjährigen Kindern	182.033	7.021	4,0
Vollzählige Familien	182.033	69.200	38,0

Quelle: HStA Hann, Nds 300, Acc 48/65, Nr. 154.

Hygienische Überwachung der Flüchtlingslager

Der letzte Schritt im gestaffelten System der Gesundheitskontrollen bestand aus einer langjährigen hygienischen Überwachung der Flüchtlingslager durch die Gesundheitsämter. Diese Aufsichtsfunktion reichte bis in die 1950er Jahre hinein und mündete später in Stellungnahmen zur Barackenräumung unter hygienischen und sozialhygienischen Gesichtspunkten. Bereits im November 1945 forderte der Oberpräsident von Hannover von den Gesundheitsämtern eine regelmäßige Berichterstattung jeweils zum 1. und 15. des Monats ein.[7] Dabei sollten unterschiedliche Bereiche erfaßt werden: 1. Art der Unterbringung, 2. durchschnittliche Belegung, 3. Zahl der Ärzte, 4. Zahl der Pflegepersonen, 5. Vorhandensein einer Krankenstube, 6. Entfernung zum nächsten Krankenhaus, 7. Bestände von Verband- und Arzneimittel, 8. Zustand der Abortanlagen, 9. Wasserversorgung, 10. Beobachtungen über Verlausungen, 11. allgemeiner Gesundheitszustand der Insassen und 12. besondere Beobachtungen.

Die zu besichtigenden Flüchtlingslager waren extrem unterschiedlich in ihrer Größe, auch der bauliche Zustand der Lager variierte erheblich. Häufig hatten die Baracken schon während der nationalsozialistischen Diktatur als Lager für

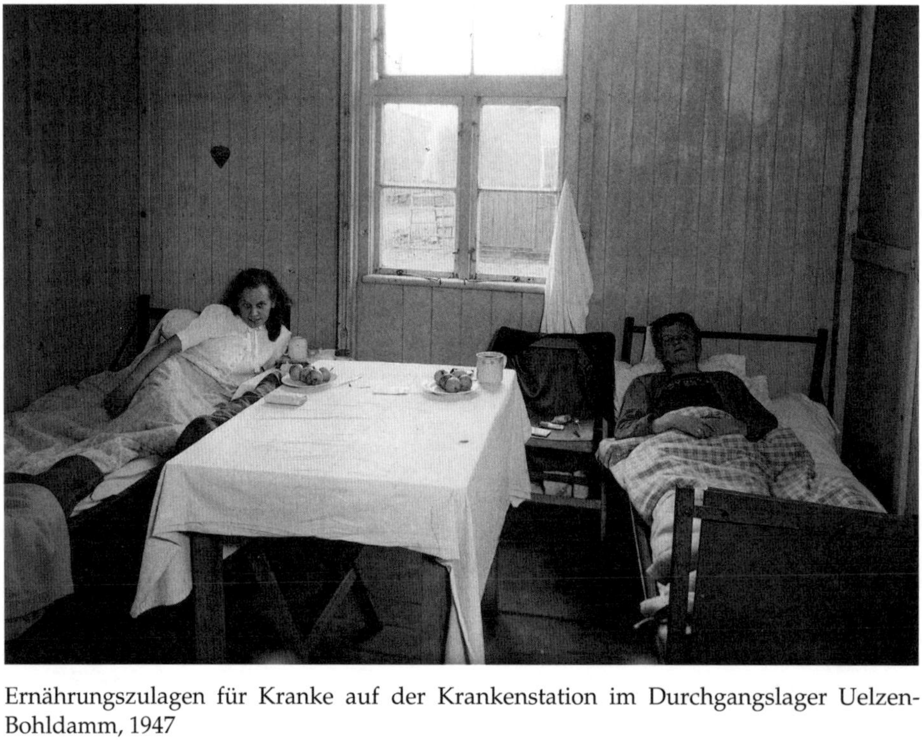

Ernährungszulagen für Kranke auf der Krankenstation im Durchgangslager Uelzen-Bohldamm, 1947

den Reichsarbeitsdienst (RAD) oder zur Unterbringung ausländischer Zwangsarbeiter gedient und waren bereits regelmäßig auf Anweisung des Reichsinnenministeriums von den Gesundheitsämtern kontrolliert worden. Die Gesundheitsämter entwickelten so seit der NS-Zeit bei der hygienischen Überprüfung von Lagern eine große Routine. Der Informationsgehalt der Berichte über die hygienische Überwachung der Flüchtlingslager nahm allerdings aufgrund eines wachsenden Grades der Standardisierung zunehmend ab. Monat für Monat und Jahr für Jahr wurden die schlechten Wohnverhältnisse und Lebensbedingungen der Flüchtlinge und Vertriebenen mit dem Hinweis auf die unveränderte Lage als ›Normalzustand‹ dokumentiert. Da Infektionsträger jedoch jederzeit ausgemacht werden konnten, verfehlte die hygienische Überwachung der Flüchtlingslager ihre Kontrollfunktion nicht.

Flüchtlinge und Vertriebene in der Heil- und Pflegeanstalt Osnabrück

Psychische Erkrankungen nach Flucht und Vertreibung

Flucht und Vertreibung stellte für viele Menschen sowohl physisch als auch psychisch eine große Belastung dar. In nicht wenigen Fällen ist sogar von einer ›Traumatisierung‹ auszugehen, die nach den gegenwärtigen Richtlinien der Diagnostik als Posttraumatische Belastungsstörung diagnostiziert wird.[8] Im Gegensatz zu den Infektionskrankheiten bei Flüchtlingen und Vertriebenen erregten aber die psychischen Störungen kein breites öffentliches Interesse. Die wenigen empirischen Studien der Nachkriegszeit beschäftigen sich fast ausschließlich mit Flüchtlingskindern und nicht mit erwachsenen Flüchtlingen und Vertriebenen. Auffallend ist außerdem, daß davon ausgegangen wurde, daß Flucht und Vertreibung im Sinne einer traumatischen Erfahrung nur zu seelischen Kurzzeit-, aber nicht zu Langzeitschäden führen würde. Reihenuntersuchungen zur Leistungsfähigkeit sollten Belege für eine ›traumatische‹ Schädigung liefern. Die Ergebnisse konnten in vielen Bereichen die Erwartungen nicht bestätigen. So traten bei schulischen Leistungstests zumeist keine Unterschiede zwischen Flüchtlingskindern und Einheimischen zutage. Die wenigen aktuellen Studien, die sich mit den gesundheitlichen Folgen von Flucht, Vertreibung und Integration bei Flüchtlingskindern beschäftigen, zeigen allerdings, daß die psychischen Probleme in der Regel größer waren als bisher angenommen.

Als Ausnahmeerscheinung im Kontext der früheren Forschung ist in diesem Zusammenhang Maria Pfister-Ammende zu nennen. Ihre Arbeiten aus den 1940er bis 1960er Jahren sind um so bemerkenswerter, als sie einen sehr umfassenden und detaillierten Einblick in die psychische Verarbeitung des gesamten Flucht-, Vertreibungs-, ›Entwurzelungs‹- und ›Wiederverwurzelungs‹-Prozesses geben. Ihre Beschreibungen reichen von der ›psychischen Fluchtreaktion‹ über die ›Internierungspsychose‹ bis zur ›Heimweh- bzw. Entwurzelungsdepression‹.[9] Darüber hinaus werden präventive, therapeutische und rehabilitative Maßnahmen zur Behandlung von Flüchtlingen angesprochen. Aber auch sie verneint schwere psychische Langzeitschäden und schließt sich damit der damaligen medizinischen Sichtweise an.

Vor dem Hintergrund von Wiedergutmachungs- und Entschädigungsgesetzen lautete die Position der Ärzte in psychiatrisch-neurologischen Gutachterverfahren bei Überlebenden der nationalsozialistischen Konzentrationslager zu Beginn der 1950er Jahre, daß Umwelteinflüsse nur dann schädlich seien, wenn sie zu hirnorganischen Veränderungen geführt hatten. Wie bei den Kriegsneurosen wurde angenommen, daß auch ein noch so schweres Trauma Verhalten und Erleben eines zuvor gesunden Menschen nicht dauerhaft beeinträchtigen könne. Psychische Auffälligkeiten würden nach Aussetzen des schädigenden Reizes in jedem Fall abklingen. Die Kritik an den Gutachten der Ärzte wurde in den 1960er und 1970er Jahren immer massiver, und besonders der Aufsatz von Eissler aus dem Jahre 1963 (›Die Ermordung von wievielen seiner Kinder muß ein Mensch symptomfrei ertragen können, um eine normale Konstitution zu haben?‹) trug entscheidend zu einer veränderten Bewertung der Symptome bei.[10]

Flüchtlinge und Vertriebene in der Psychiatrie

Durch die Zuwanderung von Flüchtlingen und Vertriebenen stieg das Behandlungsaufkommen der Heil- und Pflegeanstalt Osnabrück (heute Niedersächsisches Landeskrankenhaus Osnabrück, NLKH) über die Jahre nachhaltig an.[11] Daß der Anstieg der Belegstärke tatsächlich mit der Zuwanderung zusammenhing, zeigt ein Vergleich der Aufnahmejahre 1945 und 1946. Während in beiden Jahren die Zahl der aufgenommenen einheimischen Frauen konstant bei jeweils 81 Patientinnen lag, stieg die Zahl der aufgenommenen Flüchtlingsfrauen von 18 (1945) auf 82 (1946) an. 1946 war also jede zweite in der Klinik aufgenommene Patientin eine Flüchtlingsfrau, was dem Anteil von Flüchtlingen an der einheimischen Bevölkerung, der bei ungefähr 25% lag, nicht entsprach. Flüchtlingsfrauen waren 1946 demnach zu ungefähr 25% in der Heil- und Pflegeanstalt Osnabrück überrepräsentiert.

Darüber hinaus läßt sich ein Zusammenhang zwischen ›geordneter Vertreibung‹ und Aufnahmeentwicklung vermuten, wenn das Anwachsen der Patientinnenzahlen im Jahr 1946 in den einzelnen Monaten betrachtet wird (s. Tab. 5).

Niedersächsisches Landeskrankenhaus Osnabrück, 1957

Lag im Januar und Februar 1946 noch ein Verhältnis von ca. 30% Flüchtlingsfrauen zu 70% einheimischen Frauen bei den Aufnahmen vor, so erhöhte sich der Anteil von Flüchtlingsfrauen in der Heil- und Pflegeanstalt Osnabrück in den Monaten März bis Oktober so stark, daß sich nun genau das umgekehrte Verhältnis ergab: Im Spitzenmonat Juni des Jahres 1946 waren es fast 70% Flüchtlingsfrauen zu 30% einheimischen Frauen. Erst in den Monaten November und Dezember begann der Anteil von Flüchtlingsaufnahmen in der Klinik wieder zu sinken. Das könnte sich auf die Vertriebenentransporte in den Regierungsbezirk Osnabrück zurückführen lassen: Die alliierte ›Operation Schwalbe‹ brachte von Februar 1946 bis Mitte 1947 ungefähr 1.360.000 Vertriebene aus den polnisch verwalteten Gebieten in die britische Zone.[12] Der Rückgang der Zahl der Transporte in den Wintermonaten dürfte den Rückgang der Aufnahmen von Flüchtlings- und Vertriebenenfrauen in die Heil- und Pflegeanstalt Osnabrück ab November 1946 erklären.

Tabelle 5: Aufnahmen in der Heil- und Pflegeanstalt Osnabrück von einheimischen Frauen und Flüchtlingsfrauen, 1945 und 1946

	Flüchtlinge		Einheimische	
Aufnahmeentwicklung 1945	Anzahl	%	Anzahl	%
Januar	0	0	10	100,0
Februar	0	0	7	100,0
März	0	0	1	100,0
April	0	0	5	100,0
Mai	1	14,3	6	85,7
Juni	3	21,4	11	78,6
Juli	0	0	6	100,0
August	2	33,3	4	66,7
September	7	36,8	12	63,2
Oktober	1	20,0	4	80,0
November	1	11,1	8	88,9
Dezember	3	30,0	7	70,0
Aufnahmeentwicklung 1946	Anzahl	%	Anzahl	%
Januar	2	28,6	5	71,4
Februar	3	37,5	5	62,5
März	7	50,0	7	50,0
April	6	50,0	6	50,0
Mai	6	54,5	5	45,5
Juni	12	66,7	6	33,3
Juli	16	59,3	11	40,7
August	8	53,3	7	46,7
September	8	61,5	5	38,5
Oktober	7	50,0	7	50,0
November	5	31,2	11	68,8
Dezember	2	25,0	6	75,0

Quelle: Aufnahmebuch für Patientinnen des Niedersächsischen Landeskrankenhauses 1940–1946, Archiv des NLKH.

Zusätzlich zur Erhöhung der Belegstärke führte die vermehrte Aufnahme von Flüchtlingsfrauen zu Veränderungen bei der Krankheitsstatistik der Heil- und Pflegeanstalt Osnabrück (s. Tab. 6). Besonders hervorzuheben ist in diesem Zusammenhang der geringe Anteil von affektiven Störungen[13] wie Depressionen und der hohe Prozentsatz an dementen Erkrankungen[14] bei Flüchtlingsfrauen im Vergleich zu einheimischen Patientinnen. Im Gegensatz zu einheimischen Patientinnen wiesen Flüchtlingsfrauen über 6% weniger Depressionen und fast 11% mehr demente Erkrankungen auf. Aufschlußreiche Einblicke in die Entstehung (Ätiologie) und den Verlauf (Manifestation und Pathogenese) der psychischen Erkrankungen und den möglicherweise intervenierenden Einfluß von Flucht und Vertreibung eröffnen die Krankengeschichten der Patientinnen.

Tabelle 6: Krankheitsstatistik im Jahr 1946 von in der Heil- und Pflegeanstalt Osnabrück behandelten einheimischen Frauen (insgesamt 81) und Flüchtlingsfrauen (insgesamt 82)

Krankheiten	Flüchtlinge		Einheimische	
	Anzahl	%	Anzahl	%
Demenz	20	24,4	11	13,6
Schizophrenie	31	37,8	28	34,6
Psychose	4	4,9	6	7,4
Depressionen	5	6,1	10	12,3
Oligophrenie (Intelligenzminderungen)	4	4,9	8	9,9
Epilepsie	2	2,4	3	3,7
Sonstige	16	19,5	15	18,5

Quelle: Aufnahmebuch für Patientinnen des Niedersächsischen Landeskrankenhauses 1940–1946, Archiv des NLKH.

So enthalten die Krankenakten der Flüchtlingsfrauen aus der Heil- und Pflegeanstalt Osnabrück oftmals Hinweise auf die individuellen Kriegs-, Flucht- und Vertreibungserlebnisse. Diese Erfahrungen gehören gewissermaßen zur ›Normalität‹ einer Nachkriegsbiographie. Sie werden bei der chronologischen Erfassung des Lebenslaufs als Teil der Anamneseerhebung in der Regel offenkundig. Unklar ist, ob die behandelnden Psychiater der Heil- und Pflegeanstalt Osnabrück die Kriegs-, Flucht- und Vertreibungserlebnisse der Flüchtlingsfrauen mit der Entstehung und Behandlung der Krankheiten in Zusammenhang brachten. Anhand der folgenden drei Kurzdarstellungen von Krankengeschichten wird dieser Frage nachgegangen. Als erstes Beispiel ist die Aufnahme von Frau L. im Jahre 1945 anzuführen (s. Beispiel 1). Frau L. floh im Alter von 81 Jahren aus Ostpreußen und erlitt auf der Flucht eine schwere Verletzung. Sie wurde 1945 stationär aufgenommen und verstarb nach zehn Jahren Aufenthalt in der Psychiatrie. Nach Angaben des Arztes schritt bei Frau L. aufgrund der Erlebnisse am Ende des Krieges die geistige Erkrankung voran und erreichte einen Zustand der Teilnahmslosigkeit, Stumpfheit und intellektuellen Eingeschränktheit. Ob dem Flüchtlingsschicksal für Entstehung, Verlauf und Behandlung der Krankheit eine weitergehende Bedeutung beigemessen wurde, kann nicht näher bestimmt werden, denn der kurze Aufnahmebericht ist das einzige schriftliche Dokument während ihres gesamten zehnjährigen stationären Aufenthalts. Es bleibt demnach unklar, ob bei der Patientin Heimwehreaktionen wie depressive Verstimmungen auftraten und sie unter dem Flüchtlingsschicksal litt.

Beispiel 1: Flüchtlingspatientinnen in der Heil- und Pflegeanstalt Osnabrück mit der Diagnose senile Demenz: Aufnahme 1945

Frau L.: geb. 1864, in S. (Ostpreußen), jetziger Wohnort: B.; Unterhalt: Landes-Fürsorge-Verband Hannover, Flüchtlingsfürsorge.
Erstaufnahme im NLKH: 1945, bis 1955 im NLKH, dort verstorben.
Biographische Daten: Witwe, ohne Beruf, zuletzt wohnhaft in B. Kreis G.H., aus den wenigen noch erhältlichen Angaben war zu entnehmen, daß sie bei einem Fliegerangriff den linken Unterarm verloren hat, in der Folgezeit nahm der geistige Altersabbau noch weiter zu, Frau L. zeigte sich stumpf und teilnahmslos und intellektuell hochgradig eingeschränkt.
Diagnose: senile Demenz, hochgradig Altersschwach

Quelle: Krankenakten des Niedersächsischen Landeskrankenhauses, Archiv des NLKH.

Ein anderer Befund zeigt sich bei der Auswertung der Krankengeschichte von Frau N. Diese Patientin beschreibt ihre mehrmalige ›Flucht‹ aus Schlesien noch 1955 – also zehn Jahre nach Flucht und Vertreibung – unter großer emotionaler Betroffenheit (s. Beispiel 2). Im Zentrum ihrer Ausführungen stehen besonders die erlittene Vergewaltigung und die durchlebten Krankheiten. Der Schock der Vergewaltigung, bei der sie mit Pistolen bedroht wurde und die sie bisher vor ihrem Mann geheimgehalten habe, hätte zum Ausbleiben der Menstruation geführt. Der Selbstbeschreibung zufolge stellt die Patientin Zusammenhänge zwischen den Flucht- bzw. Vertreibungserlebnissen und dem Ausbruch der Krankheit her. Die vom Arzt festgehaltenen Angstsymptome, die sich besonders in einer Angst vor Menschen, vor dem Tod, vor Krankheiten und vor dem Ausbleiben der Menstruation äußern und durch depressive Verstimmungen und Selbstmordgedanken der Patientin ergänzt werden, bringt er aber mit der Krankheitserklärung der Patientin nicht in Verbindung. Vielmehr zeigt die Diagnose des Psychiaters eine von den Ereignissen der Flucht und Vertreibung losgelöste Zuschreibung der Krankheitsursache. Er macht statt dessen die Wochenbettsituation der Patientin, also u.a. hormonelle Veränderungen bei Schwangerschaft und Geburt, für den Ausbruch der psychischen Erkrankung verantwortlich. Zudem datiert er die Erstmanifestation der Erkrankung auf das Jahr 1955 und hebt somit auch die zeitliche Nähe zu den Flucht- und Vertreibungserlebnissen auf. Da die Krankenakte keine weiteren Angaben zu den durchgeführten Behandlungsmaßnahmen enthält, kann nur vermutet werden, daß die von der Patientin angesprochenen ›traumatischen Erlebnisse‹ in den Kriegs- und Nachkriegsjahren für die weitere Behandlung keine Rolle gespielt haben und den behandelnden Arzt nicht besonders interessierten.

Beispiel 2: Flüchtlingspatientinnen im Niedersächsischen Landeskrankenhaus Osnabrück mit der Diagnose hypochondrisch-depressives Zustandsbild: Aufnahme 1955

Frau N.: geb. 1923, in O. (Schlesien) *Erstaufnahme im NLKH:* 1955 *Biographische Daten:* Vater 1953 verstorben, Mutter lebt noch, ein Bruder gefallen, ein Bruder lebt noch, 1949 Heirat, zwei Kinder. Krankheitsgeschichte: Diagnose: Hypochondrisch-depressives Zustandsbild (aufgetreten im Wochenbett). 1945 Flucht ins Sudetenland, dann zurück, 1946 eine zweite Flucht vor den Polen, auf der Flucht sei sie vergewaltigt worden von einem Russen, das wisse der Ehemann noch gar nicht (weint), 1945/1946 schwere Typhuserkrankung, nach der Vergewaltigung durch den furchtbaren Schock blieb die Menstruation aus, nach dem Typhus furchtbarer Ausschlag am ganzen Körper, es waren zu der Zeit keine Ärzte da, man habe gesagt, der Ausschlag sei Krätze gewesen, unter den Krusten sei Eiter gewesen [...], sie erzählt noch weinend, daß sie bei der Vergewaltigung mit Pistolen bedroht worden sei (Kohabitation mit Schutzmitteln). *Psychischer Befund:* Angstzustände, Angst vor Tod, vor Menschen, vor Krankheiten, Angst, daß die Menstruation nicht durchkommt bzw. ausbleibe, hypochondrische Beschwerden in der Zeit der Mens, Mißempfindungen, depressive Verstimmungen, Selbstmordgedanken. *Diagnose:* Hypochondrisch-depressives Zustandsbild ab 1955 im Wochenbett

Quelle: Krankenakten des Niedersächsischen Landeskrankenhauses, Archiv des NLKH.

Daß die Krankenakten umfangreiche und detaillierte Informationen zu belastenden Lebensereignissen enthalten, die im Zusammenhang mit Flucht und Vertreibung stehen, hat bereits die Krankengeschichte von Frau N. gezeigt. Das Beispiel von Frau O. dokumentiert diesen Sachverhalt noch nachdrücklicher, weil nun auch Informationen über Aussiedlung und Integration hinzukommen. Die Patientin schildert dabei über eine Zeitspanne von 17 Jahren von mehreren belastenden Erlebnissen. Dazu gehört 1. die Trennung von den Eltern 1945 (im Alter von 17 Jahren allein in Schlesien zurückgeblieben), 2. die Verrichtung von Zwangsarbeit bis 1948 (von Polen verschleppt bis nach Warschau), 3. die Aussiedlung in die Bundesrepublik Deutschland 1958 (Erkrankung auf dem Transport), 4. das Auffinden einer veränderten Familiensituation (die Eltern leben mittlerweile getrennt), 5. das Scheitern von Integrationsversuchen auf dem Arbeitsmarkt (Arbeitsverhältnisse nach wenigen Tagen immer wieder aufgegeben) und schließlich 6. der Beginn ihrer Erkrankung (seit der Aussiedlung sei sie krank und seit 1961 arbeite sie nicht mehr). Seelische und körperliche Belastungen verbindet die Patientin dabei mit verschiedenen Stationen ihres Lebens. Hier sind besonders der Verlust der Eltern und das alleinige Zurückbleiben in Schlesien sowie die Verschleppung und Zwangsarbeit in Polen zu nennen. Aber auch die Aussiedlung und das Leben nach der Migration erlebt die Patientin als Belastung. So erkrankt sie auf dem Transport in die Bundesrepublik schwer, ihre Kernfamilie findet sie in der erwarteten Form nicht mehr vor, und ihre Integrationsbemühungen auf dem Arbeitsmarkt scheitern, weil sie seit der Aussiedlung ständig unter gesundheitlichen Beeinträchtigungen leidet. Im Zentrum der andauernden Beschwerden stehen Schwächegefühle und Schmerzsymptome.

Beispiel 3: Flüchtlingspatientinnen im Niedersächsischen Landeskrankenhaus Osnabrück mit der Diagnose hypochondrisch-depressives Zustandsbild: Aufnahme 1962

Frau O.: geb. 1928, in O. (Kreis W., bei Warschau, Polen)
Erstaufnahme im NLKH: 1962
Bericht Marienhospital 1962
Biographische Daten: Ledig, Beruf: Näherin, sie war vom 17.–30. Lebensjahr auf sich allein gestellt, in Schlesien zurückgeblieben, wo sie körperlich und seelisch viel durchgemacht hat, nach der Aussiedlung fand sie schließlich ihre Eltern wieder, die inzwischen getrennt lebten, bis jetzt (1962) hat sie hier in keiner Weise Fuß fassen können, bereits mehrmals hat sie ein Arbeitsverhältnis begonnen, das oft nach wenigen Tagen wieder aufgegeben wurde, seit der Aussiedlung ist sie »krank«, klagt über allgemeine Schwäche, ständige Schmerzen im rechten Oberbauch [...], sehr häufige Kopfschmerzen.
NLKH-Bericht 1962
Biographische Daten: 1945 sei sie von den Polen verschleppt worden und habe Zwangsarbeit verrichten müssen, 1947 sei sie nach Warschau gekommen, habe dort in einem Gefängnis Putzarbeiten verrichten müssen, im Herbst 1948 sei sie entlassen worden und habe dann in Warschau in einem Haushalt gearbeitet, im Herbst 1949 sei sie mit einer Bekannten nach Schlesien gekommen und habe dort als Näherin gearbeitet, im Januar 1958 sei sie aus Schlesien evakuiert worden und sei dann zu ihren Angehörigen nach S. gekommen, hier habe sie zunächst ein Jahr lang in einer Wäscherei gearbeitet, dann sei sie noch einige Monate in einer anderen Näherei tätig gewesen, seit Januar 1961 arbeite sie nicht mehr [...]. Auf dem Transport von Schlesien habe sie eine schwere Grippe durchgemacht und habe anschließend mit den Nieren zu tun gehabt, bei einer Tante in Westfalen, bei der sie sich dann längere Zeit aufgehalten habe, habe sie die Sache auskuriert.
Diagnose: Ausgeprägtes hypochondrisches Zustandsbild einhergehend mit depressiver Verstimmung

Quelle: Krankenakten des Niedersächsischen Landeskrankenhauses, Archiv des NLKH.

Die Krankenakte liefert dem behandelnden Arzt eine Fülle von Anhaltspunkten für die Diagnostik und Behandlung. Zusammenhänge zwischen den Lebensereignissen der Patientin und der Entstehung der Krankheit drängen sich geradezu auf. Die Diagnose zeigt aber, daß dieser kausale Zusammenhang nicht hergestellt wird. Vielmehr geht der Psychiater von einer ›Endogenität‹ der Erkrankung aus. Es handelt sich dabei um eine im Körper liegende Krankheitsursache (von innen heraus), allerdings ohne erkennbaren Organbefund. Ein kausaler Zusammenhang mit den Erlebnissen von Patienten besteht bei dieser Diagnose nicht. So dürften auch bei diesem Fallbeispiel die Erlebnisse und Lebensumstände der Patientin, wie sie sich aus den biographischen Angaben erschließen, für die weitere Behandlung nicht bedeutsam gewesen sein.

Zusammenfassend zeigt sich bei der Betrachtung der Krankengeschichten, daß die Akten oftmals umfassende Angaben zu den Kriegs-, Flucht- und Vertreibungserlebnissen der Flüchtlingsfrauen enthalten. Ferner geben sie Auskunft über die erlebten Belastungen, denn die emotionalen Befindlichkeiten der Patientinnen werden bei der Schilderung ihrer Biographie sichtbar. Obwohl es durchaus diagnostische Möglichkeiten gab, stellen die Psychiater keine Verbindung zwischen den ›traumatischen‹ Erlebnissen der Patientinnen und den psychischen Erkrankungen her. Bekannte Diagnosen waren z.B. die ›Entwurzelungsdepression‹, ›Entwurzelungsneurose‹, ›Konversionsneurose‹, ›reaktive Depression‹, ›abnorme seelische Reaktion‹ oder ›abnorme Erlebnisreaktion‹. Die Psychiater blieben aber dem organischen Modell verbunden. Bei diesem Modell werden psychische Symptome als Ausdruck einer zugrundeliegenden somatischen Krankheit verstanden, die metabolisch, enzymatisch, genetisch, immunologisch, biochemisch, virologisch oder bakteriell verursacht ist. Und schließlich bildete sich im Gegensatz zu den Krankheitserklärungen bei Kriegsgeschädigten (›Kriegspsychose‹) keine flüchtlingsspezifische Zuschreibung in Form einer ›Flüchtlingspsychose‹ heraus.

Schluß

Die Bemühungen der britischen Militärregierung und der niedersächsischen Landesregierung nach dem Zweiten Weltkrieg, die Infektionskrankheiten einzudämmen und die angespannte Seuchenlage in den Griff zu bekommen, zeigten bereits von 1947 an erste Erfolge. Die gesundheitliche Lage normalisierte sich in der britischen Zone langsam aber stetig aufgrund der Verbesserung der Ernährungssituation, der wirtschaftlichen Entwicklung Deutschlands, des Ausbaus von Wasserver- und Abwasserentsorgung und der zunehmenden Schaffung von geeignetem Wohnraum. Auch wenn viele Flüchtlinge und Vertriebene noch bis in die 1950er Jahre in Flüchtlingslagern verbleiben mußten, nahm die Belegungsdichte in den Massenquartieren bis zu ihrer Auflösung weiter ab. Neben der Verbesserung der Lebenssituation kam es auch zu Fortschritten in der Behandlung von Geschlechtskrankheiten durch das Penicillin und den Ausbau des Heilstättenwesens für die Asylierung von Infektionskranken.

Die schnelle und reibungslose Integration der Flüchtlinge und Vertriebenen in die bundesdeutsche Nachkriegsgesellschaft ist zu Recht als ›Mythos‹ entlarvt worden. Auch wenn die körperliche Gesundheit der Flüchtlinge und Vertriebenen vergleichsweise schnell wiederhergestellt werden konnte, so zeichneten sich deutlich psychische Langzeitfolgen der Zwangsmigration ab. Psychisch erkrankte Flüchtlinge und Vertriebene berichteten noch Jahre bzw. Jahrzehnte später von ihren belastenden Flucht-, Vertreibungs- und Integrationserlebnissen. Die Berichte von traumatischen Erfahrungen, existentiellen Bedrohungen und erlebten Kränkungen im Zusammenhang mit Flucht, Vertreibung und Integration sind aber weder von der medizinischen noch von der psychologischen Forschung aufgegriffen und diskutiert worden.

Die in der Flüchtlings- und Vertriebenenforschung erörterte These des ›sich nicht erinnern Wollens‹ muß wohl eher als Prozeß des ›sich nicht erinnern Sollens‹ verstanden werden; denn vermutlich nahm die Beschäftigung mit Flucht, Vertreibung und Integration als belastendes Lebensereignis bei Flüchtlingen und Vertriebenen in dem Maße ab, in dem das Nichtinteresse der Aufnahmegesellschaft an diesen Erlebnissen wuchs. Für die Prägekraft der Ereignisse bis in die Gegenwart hinein spricht allerdings die psychische Repräsentanz von Flucht, Vertreibung und Integration bei der Kinder- und Enkelgeneration der Flüchtlinge und Vertriebenen. In der Therapie können die Migrations- und Integrationserfahrungen der Eltern – als Teil der Familiengeschichte – zum wichtigen Thema werden. Sie äußern sich oftmals in sehr unterschiedlicher Form und sind schwer zu generalisieren. Flüchtlings- und Vertriebenenkinder können auf eine Ausrichtung der Eltern, die sehr stark auf eine Abgrenzung von der Aufnahmegesellschaft zielt, mit vermehrten Assimilationsbemühungen reagieren. Gleichermaßen ist auch eine übermäßige Identifikation mit den Migrations- und Integrationserfahrungen der Eltern möglich.

Anmerkungen

1 Franz Ickert, Die Tuberkulose in der britischen Zone, Hannover 1948.
2 V. Lundt, Zur Epidemiologie der Geschlechtskrankheiten in der Nachkriegszeit, in: Der öffentliche Gesundheitsdienst, 11. 1950, H. 11, S. 369–375.
3 Karl F. Steigner, Die Typhuslage in Niedersachsen nach dem Kriege, in: Neues Archiv für Niedersachsen, 3. 1949, H. 10, S. 353–391.
4 Ickert, Die Tuberkulose in der britischen Zone, S. 15.
5 Hauptstaatsarchiv Hannover (HStA Hann), Nds 300, Acc 48/65, Nr. 159.
6 Jahresbericht des Chefarztes des Hilfskrankenhauses in Göttingen-Rohns, 1.12.1945–30.11.1946; HStA Hann, Nds 300, Acc 48/65, Nr. 169.
7 Staatsarchiv Osnabrück, Rep 430, Dez 303, Akz 15/65, Nr. 82.
8 Horst Dilling/Werner Mombour/Martin H. Schmidt (Hg.), Internationale Klassifikation psychischer Störungen. ICD-10, Bern 1993.
9 Maria Pfister-Ammende, Psychotherapie in der Flüchtlingsbetreuung, in: Psyche, 3. 1949, H. 9, S. 636–640; dies., Zur Psychopathologie der Entwurzelung, in: Bulletin der Schweizerischen Akademie der Medizinischen Wissenschaften, 8. 1952, S. 338–345; dies., Psychologie und Psychiatrie der Internierung und des Flüchtlingsdaseins, in: Psychiatrie der Gegenwart. Forschung und Praxis, Bd. 3: Soziale und angewandte Psychiatrie, Berlin 1961, S. 760–791.
10 Karl R. Eissler, Die Ermordung von wievielen seiner Kinder muß ein Mensch symptomfrei ertragen können, um eine normale Konstitution zu haben?, in: Psyche, 1963, H. 5, S. 241–291.
11 Aufnahmebuch für Patientinnen des Niedersächsischen Landeskrankenhauses 1940–1946, Archiv des NLKH.
12 10 Jahre nach der Vertreibung, hg.v. Bundesministerium für Vertriebene, Flüchtlinge und Kriegsgeschädigte, Bonn 1956.
13 Die Hauptsymptome der affektiven Störungen bestehen in einer Veränderung der Stimmung oder der Affektivität (Gefühle) zur Depression (mit oder ohne begleitende Angst) oder zur gehobenen Stimmung (Manie). Dieser Stimmungswechsel wird oftmals von einem Wechsel des allgemeinen Aktivitätsniveaus begleitet; s. ICD-10.
14 Die Demenz, als Folge einer Gehirnerkrankung, verläuft in der Regel chronisch oder fortschreitend. Es kommt dabei zur Beeinträchtigung vieler höherer kortikaler Funktionen. Dazu gehören Einschränkungen beim Gedächtnis, Denken, Orientierung, Auffassung, Rechnen, Lernfähigkeit, Sprache und Urteilsvermögen. Neben diesen kognitiven Beeinträchtigungen treten auch Verschlechterungen bei der Motivation, emotionalen Kontrolle und des Sozialverhaltens auf; s. ICD 10.

Literatur

Ackermann, Volker: Flucht und Vertreibung. Das Problem physischer und psychischer Folgen am Beispiel von Nordrhein-Westfalen 1945–1955, in: Medizinhistorisches Journal, 29. 1994, H. 4, S. 379–395.

Bade, Klaus J./Meier, Hans-Bernd/Parisius, Bernhard: Zeitzeugen im Interview. Flüchtlinge und Vertriebene im Raum Osnabrück nach 1945, Osnabrück 1997.

Bade, Klaus J. (Hg.): Fremde im Land. Zuwanderung und Eingliederung im Raum Niedersachsen seit dem Zweiten Weltkrieg (IMIS-Schriften, Bd. 3), Osnabrück 1997.

Brosius, Dieter/Hohenstein, Angelika: Flüchtlinge im nordöstlichen Niedersachsen 1945–1948 (Quellen und Untersuchungen zur Geschichte Niedersachsens nach 1945, Bd. 1), Hildesheim 1985.

Berger, Eva: Die Würde des Menschen ist unantastbar. 200 Jahre Psychiatriegeschichte im ehemaligen Königreich Hannover am Beispiel des Niedersächsischen Landeskrankenhauses Osnabrück, Bramsche 1999.

Eckstaedt, Anita: Vertriebenenschicksale – psychoanalytisch gesehen, in: Dierk Hoffmann/Marita Krauss/Michael Schwartz (Hg.), Vertriebene in Deutschland. Interdisziplinäre Ergebnisse und Foschungsperspektiven, München 2000, S. 359–370.

Engelhardt, Michael von: Generation und historisch-biographische Erfahrung. Die Bewältigung von Flucht und Vertreibung im Generationenenvergleich, in: ebd., S. 331–358.

Franzen, K. Erik/Lemberg, Eugen: Die Vertriebenen. Hitlers letzte Opfer, München 2001.

Kühn, Dietrich: Jugendamt – Sozialamt – Gesundheitsamt. Entwicklungslinien der Sozialverwaltung in Deutschland, Neuwied 1994.

Labisch, Alfons/Tennstedt, Florian: Der Weg zum Gesetz über die Vereinheitlichung des Gesundheitswesens vom 3. Juli 1934. Entwicklungslinien und -momente des staatlichen und kommunalen Gesundheitswesens in Deutschland, Düsseldorf 1985.

Lemberg, Eugen/Edding, Friedrich (Hg.): Die Vertriebenen in Westdeutschland, 3 Bde., Kiel 1959.

Oberpenning, Hannelore: »Arbeit, Wohnung und eine neue Heimat…« Espelkamp – Geschichte einer Idee, Essen 2002.

Pfister-Ammende, Maria: Psychologie und Psychiatrie der Internierung und des Flüchtlingsdaseins, in: Psychiatrie der Gegenwart. Forschung und Praxis, Bd. 3: Soziale und angewandte Psychiatrie, Berlin 1961, S. 760–791.

Schulze, Rainer/Brelie-Lewien, Doris von der/Grebing, Helga (Hg.): Flüchtlinge und Vertriebene in der westdeutschen Nachkriegsgeschichte. Bilanzierung der Forschung und Perspektiven für die zukünftige Forschungsarbeit, Hildesheim 1987.

Ders. (Hg. zus. mit Reinhard Rohde u. Rainer Voss): Zwischen Heimat und Zuhause. Deutsche Flüchtlinge und Vertriebene in (West-)Deutschland 1945–2000, Osnabrück 2001.

Sons, Hans-Ulrich: Das öffentliche Gesundheitswesen in Nordrhein-Westfalen nach dem Zweiten Weltkrieg bis zur Gründung der Bundesrepublik Deutschland, Diss. Düsseldorf 1983.

Das Grenzdurchgangslager Friedland: Heimkehrer, Flüchtlinge und Vertriebene, Um- und Aussiedler

Von Dagmar Kleineke

Hier geblieben?

Wenn man durch das Dorf Friedland fährt, fallen das Lagergelände und die große Kirche mit der gewaltigen Figur des Heimkehrers davor sofort ins Auge. Die Siedlungshäuser am östlichen Ortsrand sind trotz verschiedener Überbauungen sofort als Bauten der Jahre nach dem Zweiten Weltkrieg zu erkennen. Was man nicht so ohne weiteres erkennt, ist, daß die ›Friedland-Gedächtniskirche‹ St. Norbert und die ›Friedland-Gedächtnis-Siedlung‹ mit fast 60 Häusern für Flüchtlingsfamilien gebaut worden sind, die in und um Friedland ›hängen geblieben‹ waren bzw. ›hängen bleiben‹ sollten, um eine neue Heimat zu finden. Ebenso ist der frühere Flüchtlingsfriedhof verschwunden, der einst dem Lager von der Gemeinde Friedland zur Verfügung gestellt wurde.

Gemessen an den Hundertausenden von Menschen, die durch Friedland nach ›Westdeutschland‹ zogen, sind es jedoch vergleichsweise wenige, die in Friedland und den umliegenden Dörfern geblieben sind. Die Mehrzahl der Flüchtlinge und Vertriebenen, Heimkehrer, Aussiedler und Asylsuchenden hat nur eine kurze Zeit im Lager verbracht. Man kann aber davon ausgehen, daß der Aufenthalt im Lager Friedland für viele von ihnen eine besondere Erfahrung gewesen ist, für sehr viele sogar eine bedeutungsvolle Rolle gespielt hat. Viele Menschen fanden hier nach Tagen oder Wochen der Flucht einen sicheren Ort, an dem sie aufatmen konnten. Viele verunsicherte und hilflose Flüchtlinge trafen auf verständnisvolle Mitarbeiter des Lagers, die noch bei größtem Andrang die Ruhe behielten und dabei zu helfen versuchten, den Weg in eine neue Heimat zu finden. Andere Flüchtlinge mußten das Gegenteil erleben und unter der Härte und Rücksichtslosigkeit von Lagermitarbeitern leiden. Heimkehrer erlebten in Friedland, daß jahrelange Erwartungen enttäuscht wurden, und daß sie mit der Tatsache zurechtkommen mußten, daß ihre Familien nicht mehr bestanden. Da das Lager Friedland aufgrund wechselnder Aufgabenzuweisungen nur bestimmte Personengruppen betreut hat, haben Flüchtlinge u.a. auch die bittere Erfahrung machen müssen, daß sie in Friedland abgewiesen

Der Flüchtlingsfriedhof. Undatiert

wurden und zum Ausgangspunkt ihrer Reise zurückkehren mußten. Vor allem aber sind im Lager Friedland ›Weichen‹ für das zukünftige Leben von Flüchtlingen und Vertriebenen, Heimkehrern und Aussiedlern gestellt worden.

Dennoch sollen im folgenden nicht die individuellen Erfahrungen einzelner Menschen beschrieben werden. Im Vordergrund stehen die Entstehung und Entwicklung des Lagers und seine Aufgaben während der ersten zehn Jahre seines Bestehens sowie die Lage einzelner Gruppen, die im Lager aufgenommen wurden. Auch wenn sich in den Jahrzehnten nach Ende der Besatzungszeit die wirtschaftlichen und politischen Bedingungen, unter denen das Lager arbeitete, wandelten – es gab Zeiten, in denen die Aufnahme von Tausenden von Flüchtlingen weniger eine soziale Bürde als ein organisatorisches Problem darstellte – und die Tragweite der Entscheidungen beeinflußten, die während des Aufenthaltes im Lager Friedland für die betroffenen Personen gefällt wurden; am Betreuungsverfahren selbst änderte sich kaum etwas. Ein Blick auf die gegenwärtigen Verhältnisse wird dies bestätigen.

Aufgaben des Lagers von 1945 bis heute

Das Grenzdurchgangslager Friedland liegt im gleichnamigen Ort Friedland im südlichsten Teil Niedersachsens, an der Grenze zu Hessen und Thüringen. Es wurde auf Anordnung der britischen Besatzungsmacht von deutschen Behörden im September 1945 eingerichtet und hat – bisweilen gleichzeitig – als eines der westdeutschen Erstaufnahme- und Grenzdurchgangslager für deutsche Flüchtlinge, Vertriebene und Aussiedler sowie als ein Entlassungslager für ehemalige deutsche Wehrmachtsangehörige (›Heimkehrer‹) gedient. Vorübergehend befanden sich auf dem Lagergelände ein Wohnlager für deutsche Jugendliche (1947–1951) sowie während des Zweiten Weltkriegs nach Deutschland verschleppte Ausländer, die ›Displaced Persons‹ (1949–1952).

Die Geschichte des Lagers Friedland endete jedoch nicht – wie ursprünglich geplant – mit dem Ende der deutschen Flüchtlings- und Gefangenentransporte. Es folgte die Aufnahme der ungarischen Flüchtlinge 1956, eine Aufgabe, die als mittelbare Folge des Zweiten Weltkriegs zu betrachten ist. Die Unterbringung weiterer ausländischer Flüchtlingsgruppen in den folgenden Jahrzehnten gehörte nicht mehr zu den ursprünglichen Aufgaben des Lagers, sondern erfolgte, weil die zuständigen bundesdeutschen Lager bereits überfüllt waren: 1973/74 kamen Flüchtlinge aus Chile, die in der Bundesrepublik um Asyl baten; ab dem 1. Dezember 1978 Flüchtlinge aus Vietnam, die noch vereinzelt bis 1995 nach Friedland kamen, um zu ihren Familien zu gelangen; in den Jahren 1984 bis 1986

Flüchtlinge auf dem Weg von der Grenze ins Grenzdurchgangslager Friedland, 1946/47

sind Asylbewerber aus den verschiedensten Staaten (aus Äthiopien, Afghanistan, Bangladesch, El Salvador, Ghana, Indien, Irak, Iran, Libanon, Nigeria, Pakistan, Sri Lanka, Syrien und aus der Türkei) wochenlang im Lager untergebracht worden. 1990 wurden Albaner aufgenommen, die wie die Flüchtlinge aus Vietnam als ›Kontingentflüchtlinge‹ ohne lange Aufnahmeprozedur sofort eine Aufenthaltsgenehmigung erhielten. Von Juli 1998 bis September 2000 weilten jüdische Emigranten (ebenfalls ›Kontingentflüchtlinge‹) im Lager Friedland; dann übernahm das Lager Bramsche bei Osnabrück die Aufgaben der Aufnahme und Verteilung dieser Personengruppe. Seit dem 1. Oktober 2000 ist das Lager Friedland die einzige ›Erstaufnahmeeinrichtung des Bundes‹ für Spätaussiedler aus den GUS-Staaten, d.h. für alle ›Rußlanddeutschen‹ und die, die vereinzelt noch aus Polen und Rumänien kommen.

Politische Entscheidungen haben dafür gesorgt, daß das Lager Friedland immer noch besteht. Während in den Jahren bis 1955 die Forderungen der Alliierten nach bestimmten Lagerkapazitäten den Erhalt Friedlands bewirkten, garantierten in der darauffolgenden Zeit politische Kompromisse den Bestand: Als Argumente für und gegen den Weiterbestand wurden in teilweise verbissenen Verhandlungen, die in der Presse mitverfolgt werden konnten, die Verantwortung der Bundesrepublik für die Folgen des Krieges, ein als angemessen erachteter Betreuungsstandard, dessen Kosten und nicht zuletzt der Mythos des Lagers ›Friedland, Tor zur Freiheit‹ angeführt.

Tabelle: Gesamtübersicht der in den Jahren 1945–2000 im Grenzdurchgangslager Friedland registrierten Personen

Jahr	A	B	C	D	E	F	G	H	I
1945	344.493	198.474				8.104			553.095
1946	493.090	41.189				44.634			583.099
1947	58.555	17.438				129.909			205.921
1948	22.248	3.402				179.300			205.715
1949	11.027	2.530				150.062			166.387
1950	6.207	1.464		34.162		21.114			65.298
1951	1.416	563		19.010		1.075		1.186	24.726
1952	3.981	214		3.258		784		1.646	10.024
1953	2.972	166		1.778		5.954		684	11.756
1954	148	56		1.583		4.626		675	7.417
1955	432	10		1.581		9.291		675	12.850
1956	402			17.107		4.084	235	663	25.615
1957	323			100.076		2.125	985	1.612	103.151
1958	217			122.539	3.674	3.150	1.782	2.926	127.050
1959	277			22.481	5.557	2.611	1.420	434	24.383
1960	305		10.434	11.667	3.261	1.472	739	182	23.321
1961	3.970		11.378	10.219	334	756	154	283	26.452
1962	156		575	11.355	889	608	265	231	12.660
1963	494		49	10.721	200	380	101	190	11.733
1964	459			15.287	231	349	116	429	16.408
1965	303			17.154	365	558	245	536	18.306
1966	189			20.682	1.243	1.204	925	518	21.668
1967	165			13.562	1.079	958	741	361	14.305
1968	110			11.275	594	621	419	359	11.946
1969	89			13.114	310	354	196	535	13.896
1970	17			8.940	341	323	235	210	9.255
1971				28.350	1.140	952	842	260	28.720
1972				18.555	3.418	2.916	2.659	368	19.180
1973				14.913	4.487	3.704	3.561	226	15.282
1974				15.753	6.517	4.474	4.474	190	15.943
1975				13.724	5.827	3.336	3.336	121	13.845
1976				39.465	9.791	4.610	4.610	261	39.726
1977				42.162	9.203	3.495	3.495	281	42.443
1978				45.148	8.464	225	225	241	45.389
1979				43.188	7.066	102	102	309	43.497
1980				34.876	6.963	66	66	342	35.218
1981				50.267	3.753	52	52	908	51.175
1982				34.366	2.078	24	24	532	34.898
1983				21.257	1.436	3	3	250	21.507
1984				17.997	891			351	18.348
1985				21.659	471			370	22.029
1986				26.782	734			363	27.145
1987				57.464	14.043			745	58.209

Fortsetzung Tabelle: Gesamtübersicht der in den Jahren 1945–2000 im Grenzdurchgangslager Friedland registrierten Personen

Jahr	A	B	C	D	E	F	G	H	I
1988				119.245	37.326			14.857	134.102
1989				157.449	27.253			14.364	171.813
1990				76.241	11.176			9.473	85.714
1991				64.777	29.875			768	65.545
1992				50.907	38.645			299	51.206
1993				48.799	47.390			129	48.928
1994				48.283	47.398			193	48.476
1995				46.728	46.113			213	46.941
1996				38.698	38.347			133	38.831
1997				30.027	29.809			75	30.102
1998				25.006	24.793			44	25.050
1999				32.038	31.827			37	32.075
2000				66.387	65.499			147	66.534

A: Flüchtlinge von Ost nach West (bis 1948 auch Evakuierte); B: Evakuierte, Flüchtlinge und Vertriebene von West nach Ost; C: Alleinstehende männliche jugendliche Zuwanderer aus der SBZ; D: Aussiedler und rückgeführte Deutsche einschließlich ›Operation link‹; E: davon ab 1.5.1958 aus der UdSSR; F: Heimkehrer; G: als Heimkehrer anerkannt (von Kategorie D); H: Sonstige abgelehnte und vertagte Fälle; I: Gesamt.

Quelle: Grenzdurchgangslager Friedland 1945–2000, hg.v. Niedersächsischen Innenministerium, Hannover 2001, S. 22f.

In den ersten Jahren übten die Offiziere der britischen Militärregierung für den Landkreis Göttingen die Dienstaufsicht aus, während der Oberkreisdirektor des Kreises Göttingen in wirtschaftlicher Hinsicht die vorgesetzte Behörde für das Lager war. 1947 übernahm das Land Niedersachsen die Verantwortung für das Lager Friedland. Von da an führte der für den Landkreis Göttingen zuständige Regierungspräsident als Beauftragter des Landes die Dienstaufsicht. Das Grenzdurchgangslager Friedland gehörte immer zum Geschäftsbereich des Ministeriums, dem die Vertriebenenangelegenheiten organisatorisch zugeordnet waren. Nach der Auflösung des Vertriebenenministeriums übernahm das Ministerium für Bundes- und Europaangelegenheiten die Aufsicht; seit dessen Auflösung im Jahr 1994 trägt das Niedersächsische Innenministerium die Verantwortung für das Lager.

Im Laufe der Jahrzehnte hat sich das Lager zu einem großen öffentlichen Betrieb entwickelt. In der ersten Zeit bot es über 500 Arbeitsplätze, die in späteren Jahren auf gut 100 reduziert wurden, ein beträchtlicher Teil der Beschäftigten waren anfangs Flüchtlinge und Vertriebene. Es hat sich bis heute zu einer in der bundesdeutschen Behördenlandschaft nicht mehr wegzudenkenden Institution entwickelt und ist mit rund 400 Beschäftigten zur Zeit ein bedeutender ökonomischer Faktor in Südniedersachsen.

Mit der Zeit veränderten sich das äußere Erscheinungsbild des Lagers und die Bedingungen, unter denen die Heimatvertriebenen, Heimkehrer, Asylsuchenden und Aussiedler aufgenommen, betreut und weitergeleitet wurden. 1946 machte es auf einzelne britische Besucher einen zufriedenstellenden, den Zeitläufen angemessenen Eindruck; sie berichteten, daß die Lagerausstattung den Mengen der durchreisenden Menschen angepaßt sei; daß die Unterbringung zwar spartanisch und ohne Annehmlichkeiten, aber ausreichend sei; daß sich die Flüchtlinge und Vertriebenen im Trockenen und Warmen ausruhen könnten und während ihres kurzen Aufenthaltes keinerlei ›hardship‹ leiden müßten. Andere dagegen, wie der britische Parlamentarier Robert R. Stokes, stellten fest, daß zwar gegen die Organisation des Lagers nichts zu sagen sei, daß aber doch Bedingungen herrschten, die nicht den Abmachungen des Potsdamer Abkommens entsprächen, wonach die Umsiedlung der Deutschen unter menschlichen Bedingungen erfolgen sollte. Aus dem Jahr 1949 gibt es Äußerungen aus dem niedersächsischen Vertriebenenministerium, die die musterhafte technische Einrichtung des Lagers bestätigen, aber doch gleichzeitig zugestehen, daß man im Lager Friedland mehr oder weniger in ›Erdhöhlen‹ wohne. Das Göttinger Tageblatt sprach 1951 vom größten Schandfleck Südniedersachsens.

Man sollte jedoch nicht übersehen, daß die britische und die deutsche Lagerleitung dem ersten Eindruck, den das Lager – insbesondere auf die Heimkehrer – machen würde, stets große Bedeutung beigemessen haben. Infolgedessen wurde nicht nur Wert darauf gelegt, möglichst viele Personen möglichst reibungslos durch das Lager zu schleusen, sondern auch, daß die Einrichtungen des Lagers verschiedensten Ansprüchen genügten, daß die unvermeidliche Lageratmosphäre soweit wie möglich gemildert wurde und menschliche Begegnungen möglich blieben.

Noch heute erkennt man den Lagerkomplex auf den ersten Blick als Fremdkörper im Ortsbild. Das Lagergelände wird zwar nicht mehr von einem Stacheldrahtzaun umgeben, doch gibt es immer noch einen Schlagbaum und einen Pförtner am Eingang. Wohl haben die Gebäude ihren provisorischen Charakter verloren, weil alle Nissenhütten und ein großer Teil der einstigen flachen Unterkunfts- und Verwaltungsbaracken durch feste Häuser ersetzt worden sind. Den ortsuntypischen Stil der jüngsten, überdimensioniert ausgefallenen Verwaltungsgebäude des Bundesverwaltungsamtes können Hecken und Büsche dennoch nicht verdecken.

Blick auf das Lager, vermutlich 1946/47

Immerhin gibt es noch Gebäude, die an die Entstehungszeit des Lagers erinnern und wegen ihres Zeugniswertes schon vor Jahren unter Denkmalschutz gestellt worden sind: Das ›Haus der Zuflucht‹ der Inneren Mission; die Kirchenbaracke der evangelischen und die St. Norbert-Kirche der katholischen Gemeinde; ein Prototyp der Nissenhütten, die einmal im Lager Friedland gestanden haben; die Glocke des Lagers und das ›Heimkehrerdenkmal‹ vor der katholischen Kirche.

In Gesetzen und Verordnungen, in Akten und Veröffentlichungen finden sich unterschiedliche Bezeichnungen für die Menschen, die durch Friedland kamen. Evakuierte wurden von Flüchtlingen und Flüchtlinge von Vertriebenen unterschieden; Vertriebene hießen auch Aussiedler oder Umsiedler. Verändert wurden auch die Bezeichnungen für ehemalige Wehrmachtsangehörige, ausländische Flüchtlinge und Deutsche aus den GUS-Staaten. Offensichtlich wurde von Zeit zu Zeit versucht, den wirtschaftlichen und politischen Entwicklungen mit Sprachregelungen Rechnung zu tragen. Wenn im folgenden von Flüchtlingen und Vertriebenen gesprochen wird, handelt es sich um diejenigen, die als Folge des verlorenen Krieges die Ostgebiete des Reiches sowie die deutschen Siedlungsgebiete in Ost-, Ostmittel- und Südosteuropa verlassen haben bzw. verlassen mußten. Als Evakuierte werden dagegen Personen bezeichnet, die seit Beginn des Krieges 1939 aus Gebieten, die durch Bombenangriffe gefährdet waren – wie Großstädte und Industriegebiete – in weniger bedrohte Landesteile geschickt wurden und nach Kriegsende ohne Wohnsitz dastanden. Die Bedeutung aller anderen Bezeichnungen wird aus dem Zusammenhang verständlich.

Die Einrichtung des Lagers

Die britische Planung

Nur wenige Kilometer vom Dorf Friedland entfernt, an der ›International corner‹ (auch ›Dreiländereck‹ genannt), liefen 1945 die Grenzen der britischen, der amerikanischen und der sowjetischen Besatzungszone zusammen. Außerhalb des Dorfes Friedland, auf der Straße zum benachbarten hessischen Marzhausen, lag der Grenzübergang zwischen britischer und amerikanischer Zone; ungefähr 6 Kilometer entfernt, in unmittelbarer Nähe des Gutes Besenhausen, der Grenzübergang zur sowjetischen Zone. Mit dem Einmarsch der sowjetischen Truppen in die Gebiete westlich der Elbe ab dem 1. Juli 1945 war der endgültige Verlauf der Demarkationslinie, der Grenze zwischen britisch-amerikanischem und sowjetischem Besatzungsgebiet festgelegt. Diese Festlegung der ›Zonengrenze‹ war mit der Schließung der Grenze verbunden.

Nachdem auf der Potsdamer Konferenz im August 1945 die Vertreibung der deutschen Bevölkerung aus Polen und den polnisch verwalteten deutschen Gebieten »als Umsiedlung in humaner Form« beschlossen worden war, entwarfen die Briten nach Verhandlungen mit den polnischen Behörden ein Konzept von Sammel-, Auffang- und Durchgangslagern, das von den deutschen Behörden umgesetzt werden mußte. Das ›Flüchtlingsproblem‹ war schließlich eine »deutsche Angelegenheit«.[1] Im Landkreis Göttingen ordnete die britische Militärregierung an, das Versuchsgut der Universität Göttingen in Friedland als Flüchtlingslager herzurichten. Laut Dienst- und Betriebsordnung des Lagers sollte es Evakuierte sowie Flüchtlinge und Vertriebene, die aus der russischen und polnischen Besatzungszone in den Westen strömten, »durchschleusen und betreuen«, und Deutsche, die im Austausch aus der britischen in die russische Zone reisen mußten, »aufnehmen, betreuen und weitersenden«.

Das Kriegstagebuch der für den Regierungsbezirk Hildesheim zuständigen Einheit der britischen Militärregierung, dem 117 Military Government Detachment (117 Mil. Gov. Det.), verzeichnet, daß das Lager Friedland am 20. September 1945 arbeitsfähig war. Der Grenzübergang zur sowjetischen Zone in unmittelbarer Nähe des Gutes Besenhausen wurde offiziell am 12. Oktober 1945 geöffnet. Die britische Militärregierung plante und erwartete, daß sie mit Hilfe des Lagers Friedland die Flüchtlingsströme würde beruhigen und lenken können, die sie als Folge der ›Umsiedlung‹ der deutschen Bevölkerung erwartete; daß auf diesem Wege Gesundheitskontrollen durchzuführen, ein Überblick über den Umfang der vertriebenen und ortlosen Menschenmenge zu erzielen sei und die eingetroffenen Transporte so schnell wie möglich weiterzuleiten wären. Für diese Aufgabe lag das Dorf Friedland strategisch sehr günstig. Am westlichen Rand des Dorfes verlief die Reichsstraße 27, das Dorf selbst lag an der wichtigen Nord-Süd-Verbindung der Reichsbahn und hatte einen Bahnhof.

Die Baugeschichte

Für die Errichtung und erste Einrichtung des Lagers beschlagnahmten die britischen Besatzungsbehörden das erforderliche Material und kommandierten neben britischen Soldaten anfangs auch deutsche Kriegsgefangene zur Arbeit ab. Das legendäre ursprüngliche Lager im Versuchsgut mit den Stallunterkünften auf Stroh und Heidekraut und in Militärzelten, die im Hof errichtet worden waren, mußte im Laufe des Herbstes aufgegeben werden: Als nach heftigen Regenfällen die Leine und ein davon abzweigender Mühlengraben, die das Versuchsgut umflossen, den Hof unter Wasser setzten, wurde das Lager ab Oktober 1945 Stück für Stück auf ein oberflächlich abgeerntetes Rübenfeld westlich der Bahnlinie im Dorf Friedland verlegt, was immerhin bis Anfang 1946 dauerte. Bis 1950 wurden insgesamt 267 Bauten auf einem Lagergelände von gut 76.000 qm errichtet: hölzerne und blecherne Nissenbaracken für wirtschaftliche Zwecke und für den Lagerbetrieb sowie Wasserbehälter und Abortanlagen; von allen diesen Bauten gehörte der größte Teil der britischen Militärregierung.

Der katholische Wohlfahrtsverband Caritas besaß um 1950 bereits Grundbesitz auf dem Lagergelände. Die Caritas war auch der erste Verband, der eine energische Baupolitik innerhalb und außerhalb des Lagers betrieb. 1950 wurde eine größere Holzbaracke als Lagerkirche errichtet. Noch bevor das Lager 1952 von der britischen Besatzungsmacht den deutschen Behörden übergeben und anschließend verkleinert wurde, plante und arbeitete der katholische Geistliche darauf hin, außerhalb des Lagers, in einem bis dahin rein protestantischen Gebiet, eine katholische Gemeinde anzusiedeln und für diese und die zahlreichen katholischen Flüchtlinge und Vertriebenen in den umliegenden Ortschaften eine Kirche zu errichten. Diese Kirche wurde bereits 1955 als St. Norbert-Kirche geweiht. Der protestantische Wohlfahrtsverband Innere Mission/Evangelisches Hilfswerk blieb aufgrund beschränkter Mittel, zum Teil auch aufgrund anderer Prioritäten, vergleichsweise zurückhaltend. Er begnügte sich mit einer Kapelle als Kirchenraum, die 1949 in einer hölzernen Baracke eingerichtet wurde. 1953 wurde ein allgemeiner Aufenthaltsraum, das ›Haus der Zuflucht‹ geschaffen.

Nach 1950 begann man im Lager, die hölzernen Baracken durch feste Häuser zu ersetzen (die Bezeichnung als Baracke aber blieb so lange an den Gebäuden haften, bis die Niedersächsische Landesregierung 1957 anordnete, in den Lagern sei von ›Unterkünften‹ und ›Häusern‹ zu sprechen). Insgesamt gesehen wurde im Lager stets zurückhaltend gebaut, da immer wieder eine Schließung bevorstand oder gefordert wurde. 1995 verfügte das Lager auf 6,5 ha Grundfläche über 16 Unterkunftshäuser einschließlich einer Sanitäts- und Pflegestation und einem Wirtschafts- und Sozialgebäude für einen mensaähnlichen Verpflegungsbetrieb.[2]

Das Lager wurde ursprünglich für die ›Schleusung‹ von 2.000 Personen täglich konzipiert, nicht jedoch für deren Unterbringung. Im Dezember 1945 zählte man aber bereits rund 5.000 Flüchtlinge, Vertriebene und Evakuierte und 800 bis 1.000 ›Übernachtungen‹ pro Tag. Um die Masse der Flüchtlinge vorübergehend unterbringen zu können, wurden zusätzliche Notunterkünfte im Dorf Bremke und in dem Friedland benachbarten Dorf Groß Schneen eingerichtet. Dennoch mußten im besonders bitteren Winter 1945/46 viele Flüchtlinge und Vertriebene die ersten Stunden und Nächte im Freien zwischen den Ställen und Baracken verbringen.[3] Anfang 1946 sollen 8.000 Personen betreut worden sein. Für 1947 und 1948 wird ein ›Fassungsvermögen‹ von 7.000 Personen angegeben. Danach konnte die Bettenzahl kontinuierlich reduziert werden; 1959 betrachtete die Lagerleitung 1.400 Personen als normale Belegung, war aber auf den Notfall mit einer Höchstbelegung von 1.600 Personen vorbereitet.

Zu Beginn des Jahres 2000 verfügte das Lager Friedland über 2.000 Betten, von denen 1.300 »für den Bund vorgehalten« werden mußten und 700 Landeswohnheimplätze für die Aussiedler bereitzuhalten waren, die in Niedersachsen aufgenommen wurden. Diese Kapazität war nicht etwa eine Reaktion auf die hohe Zahl von einreisenden Aussiedlern, sondern eine Konsequenz der Bestrebungen der Bundesregierung, die Lager auf einige wenige Orte zu konzentrieren. Seit dem Spätsommer 2000 mußte Friedland als einziges Grenzdurchgangslager für Spätaussiedler in der Bundesrepublik 2.600 Betten »für den Bund« zur Verfügung halten, während für den Landesbedarf das Lager Bramsche bei Osnabrück vorgesehen wurde. Inzwischen ist diese Zahl auf 2.300 Betten reduziert worden.

Zur Betreuung gehört, daß Verpflegung und Schlafgelegenheiten bereitgehalten werden; daß es Möglichkeiten gibt, sich zu waschen. Weiter zählen dazu eine ärztliche Untersuchung oder eine Röntgenuntersuchung, die Auszahlung von Wehrsold, Entlassungsgeld oder Begrüßungsgabe bzw. Betreuungsgeld und die Reisekostenerstattung; außerdem die Ausgabe von Kleidung und Toilettenartikeln; nicht zuletzt das Angebot an Gottesdiensten oder seelsorgerlichen Gesprächen. Zu manchen Zeiten gehörte eine offizielle Begrüßung zum Betreuungsprogramm.

An vorderster Stelle im Bauprogramm stand deshalb 1945 die Anlage von Toiletten (seinerzeit Latrinen und Pissoirs) und von Waschgelegenheiten sowie die Einrichtung eines Quarantänelagers mit Entlausungs- und Badebaracken mit den dafür erforderlichen Installationen und Drainagen. Zwar meinte das Göttinger Tageblatt bereits 1950, daß das Lager Friedland »ein kleines Gemeinwesen mit eigener Wasser- und Elektrizitätsversorgung sowie Kanalisation« geworden sei, doch noch 1958 – anläßlich einer Besichtigung durch das Hygieneinstitut der Universität Göttingen und durch die Bezirksregierung Hildesheim – war der Wassermangel im Lager ein Problem. So unglaublich es heute auch klingt: Um möglichst einwandfreie hygienische Verhältnisse aufrecht zu erhalten, mußte die Lagerleitung – zumindest in den ersten zehn Jahren – täglich zäh um Baumaterial, gegen die Nachlässigkeit von Lagerpersonal, Lagerbewohnern und Durchreisenden und nicht zuletzt gegen Ratten kämpfen.

Die Unterkunftsbaracken boten anfangs nicht mehr als ein Dach über dem Kopf. Erst als 1948 Kriegsgefangene in Friedland entlassen werden sollten, wurden – den Vorschriften der Genfer Konvention entsprechend – die Fußböden in den vorgesehenen Unterkünften zementiert und Betten aufgestellt, in der Einsicht, daß eine erfolgreiche Eingliederung von ehemaligen Wehrmachtsangehörigen ins Zivilleben nur unter Wahrung elementarster Grundregeln menschlichen Zusammenlebens möglich sei. Heute werden die Aussiedler aus Rußland und Kasachstan in Mehrbettzimmern untergebracht, und die Lagerleitung achtet darauf, daß Familien nicht auseinandergerissen werden.

Um Tausende von Menschen verpflegen zu können, mußten Küchen eingerichtet werden; die Bereitstellung von fünf großen Kochkesseln im Dezember 1945 wurde seinerzeit als großer Erfolg vermerkt; 1952 berichtete der leitende Arzt, daß das Lager mit Kippbratpfanne, emallierten Dampfkesseln und einem Eisschrank mit 200 l Inhalt ausgerüstet sei. Fünfzig Jahre später wird modernste Küchentechnik eingesetzt, um die Verpflegung von mehreren Tausend Menschen zu gewährleisten. Das Lager unterhält seit zehn Jahren einen mensaähnlichen Betrieb; die lagereigene Küche kann 2.600 Personen morgens, mittags und abends versorgen; der ›Speisesaal‹ bietet 500 Plätze.

Heimkehrer am Grenzübergang, vermutlich 1946/47

Das Lager vor den offiziellen Vertreibungen

Das Lager begann mit der Arbeit noch vor Beginn der offiziellen Vertreibungen; denn bereits vor der Potsdamer Konferenz flüchteten Tausende von Menschen aus dem sowjetischen Einflußbereich in die britische und amerikanische Besatzungszone. Aus dem Kriegstagebuch des 117 Mil. Gov. Det. geht hervor, daß die britischen Besatzungssoldaten gleichermaßen erstaunt wie beunruhigt beobachteten, daß Tausende von Evakuierten und Flüchtlingen zum Teil aus der amerikanischen, vor allem aber aus der sowjetischen Besatzungszone in die Dörfer der Landkreise Osterode, Göttingen und Duderstadt strömten, die im britischen Besatzungsgebiet lagen. Sie beobachteten ferner, was auch den sowjetischen Grenzsoldaten nicht verborgen geblieben war – und schließlich Anlaß zu Verstimmungen zwischen den beiden Besatzungsmächten gab –, daß viele Menschen die Grenze mehrfach kreuzten, um ihre Habe in den westlichen Zonen ›in Sicherheit‹ zu bringen.

Für die britische Besatzungsmacht stellten die ungeordneten, ›wild‹ über die Grenze strömenden Flüchtlinge ebenso wie die ›gelenkten Transporte‹ der Vertriebenen eine Gefährdung der öffentlichen Ordnung, der öffentlichen Gesundheit und die Verursacher massiver Versorgungsprobleme dar. In einer Zeit, in der Lebensmittel, Medikamente, Kleidung, kurz alles knapp und deswegen rationiert war, hatten die Besatzungsmacht, vor allem aber die deutschen Verwaltungsstellen enorme organisatorische Schwierigkeiten zu überwinden, um ausreichend viele Unterkünfte und genügend Lebensmittel zu beschaffen – die meisten der flüchtenden Menschen hatten nur das bei sich, was sie tragen konnten – und für einigermaßen erträgliche, vor allem aber sichere hygienische Bedingungen zu sorgen. ›Erste Hilfe‹ mit Lebensmitteln und Kleidung leisteten im Sommer 1945 viele ehemalige Mitarbeiter des Deutschen Roten Kreuzes (DRK), die in den Dörfern um Friedland Hilfsstationen eingerichtet hatten, obwohl das DRK durch die Besatzungsmacht verboten worden war.

Um die oben erwähnten Schwierigkeiten zu bewältigen, wurden unterschiedliche strategische Maßnahmen ergriffen: Wer in die britische Zone wollte, mußte sich seit dem Befehl der Militärregierung vom 7. Oktober 1945, der in der ganzen britischen Zone galt, in ein Durchgangs- und Auffanglager begeben. In Nordostniedersachsen bedeutete das, sich sofort im Lager Friedland zu melden, von wo aus man in die britische Zone ›verteilt‹ wurde, da die Stadt Göttingen völlig überfüllt war.[4] Später wurden nur diejenigen in der britischen Besatzungszone aufgenommen, die eine schriftliche Zuzugsgenehmigung vorweisen konnten bzw. zu einem zuzugsberechtigten Personenkreis gehörten oder ein ›Permit of Entry‹ in Händen hatten. Zuzugsgenehmigungen wurden von deutschen Behörden ausgestellt und von britischen Behörden abgestempelt. ›Permits of Entry‹ waren von der britischen Besatzungsmacht ausgegebene ›Eintrittserlaubnisscheine‹. Die ›gelenkten Aussiedlungen‹, d.h. die Vertreibungen wurden in einzelnen Schüben, den ›Operations‹ organisiert, um eine geordnete Aufnahme und Verteilung der Menschen auf die verschiedenen Gebiete der westlichen und östlichen Besatzungszonen sicherzustellen. Aus den gleichen Gründen wurden die ehemaligen Angehörigen der Wehrmacht in geschlossenen Transporten nach Friedland gebracht.

Auch Jahrzehnte später wurde die Beförderung ausländischer Kriegs- und Bürgerkriegsflüchtlinge (›Kontingentflüchtlinge‹) und Asylbewerber nach Friedland in geschlossenen Transporten organisiert. Dies gilt auch für die Aussiedler aus den ehemaligen Staaten der Sowjetunion. Bis vor kurzem kamen sie noch mit dem Flugzeug nach Deutschland und trafen zu bestimmten Zeiten in größeren Gruppen auf den Flughäfen ein, so daß es möglich war, für ihre weitere Beförderung nach Friedland Busse bereitzustellen.

Ankunft von Transporten der ›Operation link‹ im Grenzdurchgangslager Friedland

Praktische Arbeit

Begrüßung

Daß bereits das Überschreiten der Grenze oder die Ankunft im Lager Friedland auch äußerlich für viele ein Augenblick im Leben wurde, der sich deutlich von ihrem bisherigen abhob, dafür haben stets – mit Zustimmung der britischen Besatzungsoffiziere – deutsche Institutionen, die Wohlfahrtsverbände und die Lagerverwaltung gesorgt. So erhielten die geschlossenen Transporte von Heimkehrern, die vom Lager Friedland betreut werden sollten, an der Grenze eine Begrüßung unter freiem Himmel; auch die ersten Vertriebenentransporte der ›Operation link‹ wurden bereits am Grenzübergang offiziell in der westlichen Besatzungszone aufgenommen.[5] Lagerverwaltung und Geistliche der im Lager tätigen Kirchen nahmen die Heimkehrer bzw. die Vertriebenen in Empfang, Angehörige der Wohlfahrtsverbände gaben warme Getränke und eine erste kleine Mahlzeit aus. Regularien für den Grenzübertritt an den offiziellen Grenzübergängen entwickelten sich erst mit der Zeit. Seit 1953 fand eine offizielle Begrüßung der Heimkehrer im Lager statt, die sich im Laufe der Jahre zu einem Ritual entwickelte, zu dem regelmäßig Politiker, Repräsentanten des

Staates bis hin zum Bundespräsidenten und hohe geistliche Würdenträger erschienen. Auch die Presse nahm lebhaften Anteil an der Ankunft der Transporte und ließ nichts unversucht, ihren Lesern stets die erschütterndsten Bilder aus Friedland bieten zu können. Nur der erste Transport von repatriierten deutschen Kriegsgefangenen aus der UdSSR im August 1946 hat eine traurige Berühmtheit erlangt: Die völlig entkräfteten Männer wurden unter scharfer Bewachung am westlichen Schlagbaum von der britischen Besatzungsmacht in Empfang genommen.

Noch bis Ende 1999 wurden die Reisenden aus Rußland und Kasachstan in Friedland von der Lagerverwaltung und von Angehörigen der Wohlfahrtsverbände begrüßt. Heute steht kein Begrüßungskomitee mehr bereit, weil man im Lager nicht weiß, wann sie ankommen. Seitdem die Bundesrepublik Deutschland die Reise mit dem Flugzeug nicht mehr bezahlt (seit 1. Januar 2000) sondern lediglich Reisekosten in Höhe von Euro 102,- (vorher DM 200,-) pro Person erstattet, nehmen die meisten Aussiedler die preiswertere, dafür mehrere Tage dauernde Reise mit Bussen auf sich, deren Ankunftzeiten dem Lager jedoch nicht mitgeteilt werden.

Während die praktischen Aufgaben der Registrierung, der ärztlichen Untersuchung und der Verpflegung, der Weiterleitung und Verteilung der im Lager eintreffenden Menschen von einer deutschen Verwaltung erledigt wurden, blieb bis 1952 eine britische Einheit in Friedland dafür zuständig, neben der Überwachung und Kontrolle des Lagers den Verkehr mit den russischen Grenzbehörden aufrechtzuerhalten, die Verhandlungen mit ihnen zu führen und die ›Schleusung‹ von Flüchtlingen zu überwachen. Ab Sommer 1948 wurde eine spezielle britische Einheit aus Münster in Westfalen nach Friedland verlegt und überwachte seit dieser Zeit die Entlassung ehemaliger Wehrmachtsangehöriger. Ebenso war die Informationspolitik gegenüber der Presse eine Angelegenheit der britischen Besatzungsoffiziere: Statistische Angaben, zum Beispiel über ›Durchschleusungszahlen‹ oder den Gesundheitszustand der Heimkehrer, durften nur mit ihrem Einverständnis weitergegeben werden. Eine Abteilung des britischen Sicherheitsdienstes, die ›Zentrale Vernehmungsstelle‹, die offensichtlich bis zum Ende der Besatzungszeit (5. Mai 1955) in Friedland unterhalten wurde, befragte Flüchtlinge und Vertriebene sowie ›Heimkehrer‹ aus ›östlicher‹, d.h. russischer, polnischer, jugoslawischer und ostdeutscher Gefangenschaft. Aus den erhaltenen Akten ist herauszulesen, daß die Zusammenarbeit von britischem und russischem Militär an der Grenze bei Friedland mühsam gewesen ist, und daß der Grenzverkehr zwischen britischer und sowjetischer Besatzungszone immer vom Wohlwollen der östlichen Seite abhing. Angesichts der grenznahen Lage und der Bewirtschaftung von Lebensmitteln,

Baumaterialien und Medikamenten, eben all dessen, was im Lager Friedland dringend gebraucht wurde, hatten die Besatzungsoffiziere sicher Recht, wenn sie meinten, daß die britische Überwachung des Lagers auf keinen Fall aufgehoben werden dürfe. Selbst die höchsten Offiziere der britischen Militärregierung kümmerten sich um die Flüchtlingslager: Im November 1945 besuchte Feldmarschall Montgomery Friedland; das Lager mußte für die Zeit des Besuches – gerade fünf Monate nach Kriegsende – umfangreiche Sicherheitsmaßnahmen anordnen.

Registrierung

Wie bereits oben angedeutet, hat das Lager Friedland im Leben vieler Menschen eine besondere, wenn auch unterschiedlich bedeutsame Rolle gespielt. Ein Grund dafür ist u.a. der sich im Laufe der Jahre ändernde Entwicklungsstand der Flüchtlings- und Heimkehrergesetzgebung gewesen, die den Betroffenen entsprechend ihren Lebenswegen unterschiedliche Start- und Lebenshilfen ermöglichen sollte. Zu diesen Gesetzen gehören das Niedersächsische Flüchtlingsbetreuungsgesetz (1947), das Soforthilfegesetz (1949), das Flüchtlingssiedlungsgesetz (1949) und das Gesetz über den Lastenausgleich (1952). Bevor bundesgesetzliche Regelungen erlassen wurden, waren die gesetzlichen Bestimmungen, die die Versorgung von Flüchtlingen und Heimkehrern regelten, in allen westdeutschen Ländern verschieden. Erst die Bundesgesetze vereinheitlichten die Bestimmungen über die Ländergrenzen hinweg und garantierten eine Gleichbehandlung. Dazu zählen das Gesetz über Hilfsmaßnahmen für Heimkehrer (1950), das Kriegsgefangenenentschädigungsgesetz (1954) und das Häftlingshilfegesetz (1955). Derzeit gilt das Bundesvertriebenen- und Flüchtlingsgesetz (BVFG), das 1993 durch das ›Kriegsfolgenbereinigungsgesetz‹ verändert und ergänzt wurde. Diese Gesetze sollen jedoch hier nicht weiter erörtert werden: Sie ›griffen‹, sobald die Menschen das Lager Friedland verlassen hatten.

Um in den Genuß der gesetzlich vorgesehenen Eingliederungshilfen oder finanziellen Leistungen zu kommen, wurden die Menschen, die durch Friedland kamen, in bestimmte ›Kategorien‹ eingeteilt; sie wurden nicht nur einfach als Flüchtlinge, Vertriebene, Evakuierte oder Heimkehrer ›registriert‹, sondern auch nach Herkunft und Zeitpunkt ihrer Ankunft unterschieden. Teilweise war es äußerst schwierig herauszufinden, welche der gesetzlich festgelegten Voraussetzungen ihre Lebensgeschichte erfüllte und welche der vorgesehenen Hilfs- und Beistandsregelungen sie in Anspruch nehmen konnten.

Aussiedler auf ihren Wegen zu den Dienststellen und Wohlfahrtsverbänden im Lager, in den 1980er/1990er Jahren

Für alle Flüchtlinge und Vertriebene, die seinerzeit in die westlichen Besatzungszonen wollten, und sich infolgedessen in einem der Durchgangslager meldeten, um dort registriert zu werden, war dies ein überlebensnotwendiger Schritt. Nur mit der Registrierungskarte in der Hand würden sie in dem ihnen zugewiesenen Wohnort Unterkunft und Lebensmittelkarten erhalten. In den Monaten vor den organisierten Vertreibungen kamen die Flüchtlinge ungeordnet über die Grenze; Schilder wiesen ihnen den Weg in und durch das Lager. Zusätzlich zu den Schildern »Alle Flüchtlinge müssen zwecks Registrierung, ärztlicher Untersuchung, Desinfizierung durch dieses Tor« wurden Handzettel verteilt, die Anweisungen enthielten, wie man sich in der britischen Zone zu verhalten hatte und welche Behörden aufzusuchen waren.

Für einen Großteil der Flüchtlinge war die Registrierung häufig sehr problematisch. Viele hatten ihre Ausweise verloren, was Hunderte von eidesstattlichen Erklärungen in den Akten des Lagers Friedland belegen. Die Vertreter der britischen Besatzungsmacht äußerten sich anfangs mißtrauisch und behaupteten, »man kann davon ausgehen, daß der Flüchtling keine Papiere hat und daher die phantastischste Geschichte ohne jeden Beweis der Wahrheit erzählen kann. [...] Wenn man fragt, heißt es jedesmal ›Die Russen haben sie mir weggenommen‹ oder ›Ich habe sie bei einem Bombenangriff verloren‹.«[6]

Heute wirkt die ›Registrierung‹ in Friedland beinahe wie ein mündliches Vorstellungsgespräch, zu dem die Aussiedler ihre persönlichen Papiere und den Aufnahmebescheid des Bundesverwaltungsamtes vorlegen müssen. Doch gerade dieser Behördengang ist wichtig: Die Aussiedler haben zwar einen ›Aufnahmebescheid‹ in Händen, den sie noch vor der Ausreise abwarten mußten; den endgültigen ›Registrierschein‹, der für ihre Zukunft in der Bundesrepublik Deutschland maßgeblich ist, erhalten sie aber erst bei der Außenstelle des Bundesverwaltungsamtes in Friedland.

Einteilung in ›Kategorien‹

Da die Inanspruchnahme des Lagers Friedland durch die verschiedensten Personengruppen wie ein Spiegelbild der weltpolitischen Entwicklung wirkt, sollen im folgenden einige der ›Kategorien‹ dargestellt werden, nach denen deutsche und ausländische Flüchtlinge und Vertriebene bei der Registrierung ›eingeteilt‹ wurden. Nach der Registrierung erfolgte fast immer auch eine weitere Betreuung, es sei denn, die Flüchtlinge und Vertriebenen wurden, wie zeitweise im Fall der ›Schwarzgänger‹, abgewiesen. Als ›Operation honeybee‹ wurde der Austausch von deutschen Flüchtlingen und Vertriebenen zwischen der britischen und der sowjetischen Besatzungszone bezeichnet. Die Flüchtlinge und Vertriebenen aus dieser ›Aktion‹ wurden in Friedland in jedem Fall – unabhängig von der Richtung, in die sie ›geschleust‹ wurden – betreut.[7] Das Ende der Besatzungszeit ist gleichzeitig das Ende der Übersiedlungen in die SBZ/DDR. Zuwanderer aus der DDR wurden in Friedland noch bis 1970 registriert.

Seit März 1946 wurden die Deutschen der ›Operation swallow‹, die aus Schlesien vertrieben worden waren, in Friedland registriert und betreut. Nachdem gegen 1950 die ›Vertreibung‹ der deutschen Bevölkerung »im wesentlichen abgeschlossen war«[8], begannen die – beschönigend ›Familienzusammenführung‹ (›Operation link‹) – genannten Aussiedlertransporte. Die Aussiedler dieser Aktion sollten mit ihren Familien, die sich bereits in Westdeutschland aufhielten, zusammengeführt werden. Sie kamen in der Zeit von März 1950 bis April 1951, von Dezember 1954 bis Januar 1955 und ab Dezember 1955, verstärkt bis 1956 nach Friedland. Das Bundesvertriebenen- und Flüchtlingsgesetz zählte zu diesem Personenkreis Menschen aus den ehemaligen deutschen Ostgebieten, Danzig, Estland, Lettland, Litauen, der Sowjetunion, Polen, der Tschechoslowakei, Ungarn, Rumänien, Bulgarien, Jugoslawien, Albanien oder China.[9]

Als Aussiedler bzw. Spätaussiedler werden im Bundesvertriebenen- und Flüchtlingsgesetz Angehörige der ›Erlebnisgeneration‹ bezeichnet, die als »deutsche Volkszugehörige« betrachtet werden und sich durch »Abstammung, objektive Bestätigungsmerkmale wie Sprache und Bekenntnislage« ausweisen. Seit 1993 werden alle nach diesem Jahr geborenen Personen nicht mehr als Spätaussiedler anerkannt und dürfen – als »Abkömmlinge« (§ 7) – nur noch in Begleitung von Eltern oder Großeltern, die als Spätaussiedler anerkannt worden sind, in die Bundesrepublik einreisen.

›Schwarzgänger‹ waren Deutsche, die unerlaubt, d.h. ohne die erforderlichen Papiere, aus anderen Besatzungszonen nach Friedland kamen und in die britische Zone wollten; die Vorschriften, nach denen sie zeitweise überhaupt nicht betreut, d.h. abgewiesen, nicht registriert und nicht ärztlich untersucht werden durften und anschließend in die von ihnen verlassene Besatzungszone zurückkehren mußten, wechselten ständig.

Nachdem das Lager Friedland 1950 den Rang einer »Einrichtung von übergebietlicher Bedeutung« erhalten hatte, d.h. ein ›Bundesgrenzdurchgangslager‹ geworden war, hatte es auch den Personenkreis der deutschen ›Internierten‹ oder ›Zivilinternierten‹ zu ›schleusen‹; da die vielfältigen Probleme der Zivilinternierten, die im Ausland als Ausländer und damit als potentielle Feinde lediglich ihrer Staatsangehörigkeit wegen bei Kriegsausbruch festgenommen worden waren, erst durch einen Erlaß im Frühjahr 1951 anerkannt wurden, gab es in der Übergangszeit erhebliche Registrierungsschwierigkeiten.

Heimkehrer: Die britische Besatzungsmacht erklärte sich nicht nur für ihre eigenen Kriegsgefangenen, sondern auch für die Soldaten aus sowjetischer Kriegsgefangenschaft ›verantwortlich‹ und organisierte deren offizielle Entlassung in eigens eingerichteten Entlassungslagern (u.a. in Münster und Munsterlager). In Friedland wurden seit 1946 geschlossene offizielle Transporte deutscher Soldaten aus sowjetischer Kriegsgefangenschaft im Rahmen einer ›Kopf um Kopf‹-Regelung gegen ehemalige Kriegsgefangene aus westlicher Gefangenschaft ›ausgetauscht‹, die vor dem Krieg im Gebiet der sowjetisch besetzten Zone gewohnt hatten (›Operation clobber‹). Allerdings wurde kein Heimkehrer gezwungen, in die sowjetische Besatzungszone zurückzukehren, sondern konnte seinen neuen Wohnort frei wählen.

Nachdem das Lager Friedland 1948 Entlassungslager geworden war, mußten ehemalige Wehrmachtsangehörige die Entlassungsprozedur in Friedland durchlaufen, um vom Soldaten wieder zum Zivilisten zu werden. Sie erhielten hier einen Entlassungsschein (den sog. ›D2-Schein‹, später ›Heimkehrerbescheinigung‹ genannt), der ihre Anerkennung als Heimkehrer nachwies und ihnen das Recht garantierte, vom Staat bereitgestellte Hilfen in Anspruch zu nehmen. War die Anerkennung als Heimkehrer aufgrund eines unübersichtlichen Lebenslaufes in Frage gestellt, begannen die Nöte und Sorgen um die Zukunft; dann war nämlich eine stärkere Hilfestellung – im Vergleich zu Flüchtlingen, Vertriebenen und Aussiedlern – beim Eintritt ins Zivilleben gefährdet: bevorzugte Zuzugsregelung und Wohnungszuteilung sowie Anerkennungsregelungen für die Sozialversicherung (von Heimkehrern wurde keine Zuzugsgenehmigung verlangt; sie konnten den Wohnort frei wählen). Entlassungen im eigentlichen Wortsinn wurden bis April 1952 vorgenommen; nach diesem Zeitpunkt wurde nur noch bescheinigt, daß der Heimkehrer durch das Grenzdurchgangslager Friedland gekommen war. Im Lager mußten viele Jahre lang solche Bescheinigungen ausgestellt werden, da die Behörden weiterhin Entlassungspapiere forderten. Noch bis 1973 sind Menschen als ›Heimkehrer‹ in Friedland registriert und bis 1983 Anerkennungen als ›Heimkehrer‹ ausgesprochen worden.[10] Der Personenkreis, der als Heimkehrer anerkannt wurde, mußte im Laufe der Jahre immer wieder erweitert werden; während er ursprünglich alle aus Kriegsgefangenschaft kommenden Angehörigen der ehemaligen deutschen Wehrmacht umfaßte, »die ordnungsgemäß entlassen waren«[11], wurden beispielsweise einige Jahre später u.a. Internierte, zu Zwangsarbeit Verpflichtete und ›verschleppte Spezialisten‹ mit einbezogen.

In manchen Fällen verhinderte die Lagerleitung, daß entlassene Wehrmachtsangehörige in ihre Heimatländer weiterreisen konnten, um sie – wie im Fall der Flamen, also belgischer Staatsangehöriger, die auf deutscher Seite in der UdSSR gekämpft hatten – vor einer Verurteilung zum Tode in ihrer Heimat zu bewahren. Deserteure kennzeichnete die britische Dienststelle mit einer besonderen Bemerkung auf dem D2-Schein.

Aufgrund von Anweisungen der britischen Besatzungsmacht wurden ab 1949 ›Displaced Persons‹ (DPs) und ›Infiltrees‹ (›heimatlose Ausländer‹) ins Lager Friedland eingewiesen und beherbergt. Bei der erstgenannten Gruppe handelte es sich um Ausländer, die wider ihren Willen in der Zeit des nationalsozialistischen Regimes aus ihrer Heimat in das Reichsgebiet verschleppt worden waren; bei der zweiten Gruppe um Ausländer, »die ihre Heimat im Zusammenhang mit dem nationalsozialistischen oder einem ähnlichen Regime verlassen mußten«.[12]

Asylbewerber wurden im Lager Friedland nicht registriert, sondern lediglich beherbergt, wie z.B. die Flüchtlinge aus den verschiedensten Ländern der Welt, die zwischen 1984 und 1986 wochenlang im Lager untergebracht waren. Sie müssen sich bei der ›Zentralen Aufnahmestelle‹ in Braunschweig melden, die ihre ›Verteilung‹ auf die niedersächsischen Gemeinden vornimmt, und erhalten vom Tag des Asylantrages an Sozialfürsorge, bis über ihren Antrag entschieden ist.

Ärztliche Untersuchung

Seit der Eröffnung des Lagers Friedland wurden alle Personen, die sich dort meldeten, ärztlich in Augenschein genommen, unter ärztlicher Aufsicht entlaust oder zumindest auf Ungeziefer hin untersucht. Bei der Ankunft von Vertriebenen- oder Heimkehrertransporten oder von Schwarzgängern war vorgeschrieben, Handgepäck und Decken zu entlausen. Nachdem im Mai 1947 das erste Röntgengerät installiert worden war, wurde jeder Reisende mit Ausnahme kleiner Kinder geröngt. Während im Herbst 1945 noch 14 Ärzte und 46 Schwestern die gesamte medizinische Betreuung zu bewältigen hatten, brauchte man zwei Jahre später nur noch gut die Hälfte des medizinischen Personals; mit fortlaufender ›Normalisierung‹ des Flüchtlings- und Vertriebenenverkehrs konnte die Zahl an Ärzten und Schwestern weiter eingeschränkt werden. Akut Erkrankte wurden in einer Krankenstation aufgenommen. Als diese 1946 nicht mehr für die große Anzahl kranker Heimkehrer ausreichte, wurde das Gasthaus Rohns am Göttinger Stadtrand angemietet und für das Lager Friedland zu einem ›Hilfskrankenhaus‹ mit 200 Betten umgerüstet. 1950 erfolgte die Verlegung in die Weender Kasernen, die zum ›Evangelischen Krankenhaus Weende‹ ausgebaut wurden, das bis heute besteht.

In den 1980er und Anfang der 1990er Jahre stand im Lager lediglich noch eine Krankenstation mit einem Sanitäter und einer Krankenschwester zur Verfügung, ein Arzt war nicht mehr anwesend. Bei Bedarf konnten die in der Umgebung Friedlands praktizierenden Ärzte aufgesucht werden. In kritischen Fällen wurden die Reisenden in die Universitätsklinik Göttingen eingewiesen. Im Jahr 2000 wurden die ›Seuchenrechtlichen Vorschriften‹ in der Bundesrepublik neu geordnet, nach denen in allen größeren Gemeinschaftseinrichtungen vor der Aufnahme gerönt werden muß. Da zur Zeit in der Russischen Republik die Tuberkulose verbreitet ist, wurde im Lager Friedland im Sommer 2001 die obligatorische Röntgenuntersuchung wieder eingeführt und eine mobile private Röntgenstation eingerichtet. Derzeit röntgen mehrere Ärzte in zwei Schichten jeden eintreffenden Aussiedler.

Finanzielle Leistungen

Die Regelungen, nach denen im Lager Friedland finanzielle Zuwendungen direkt ausgezahlt werden, haben sich im Laufe der Jahre verschiedentlich geändert. Ehemalige Wehrmachtsangehörige und Kriegsgefangene aus östlicher und westlicher Gefangenschaft erhielten anfangs ihren Wehrsold, ab März 1949 nur noch das Entlassungsgeld. Seit Oktober 1953 wurde eine ›Spende der Bundes-

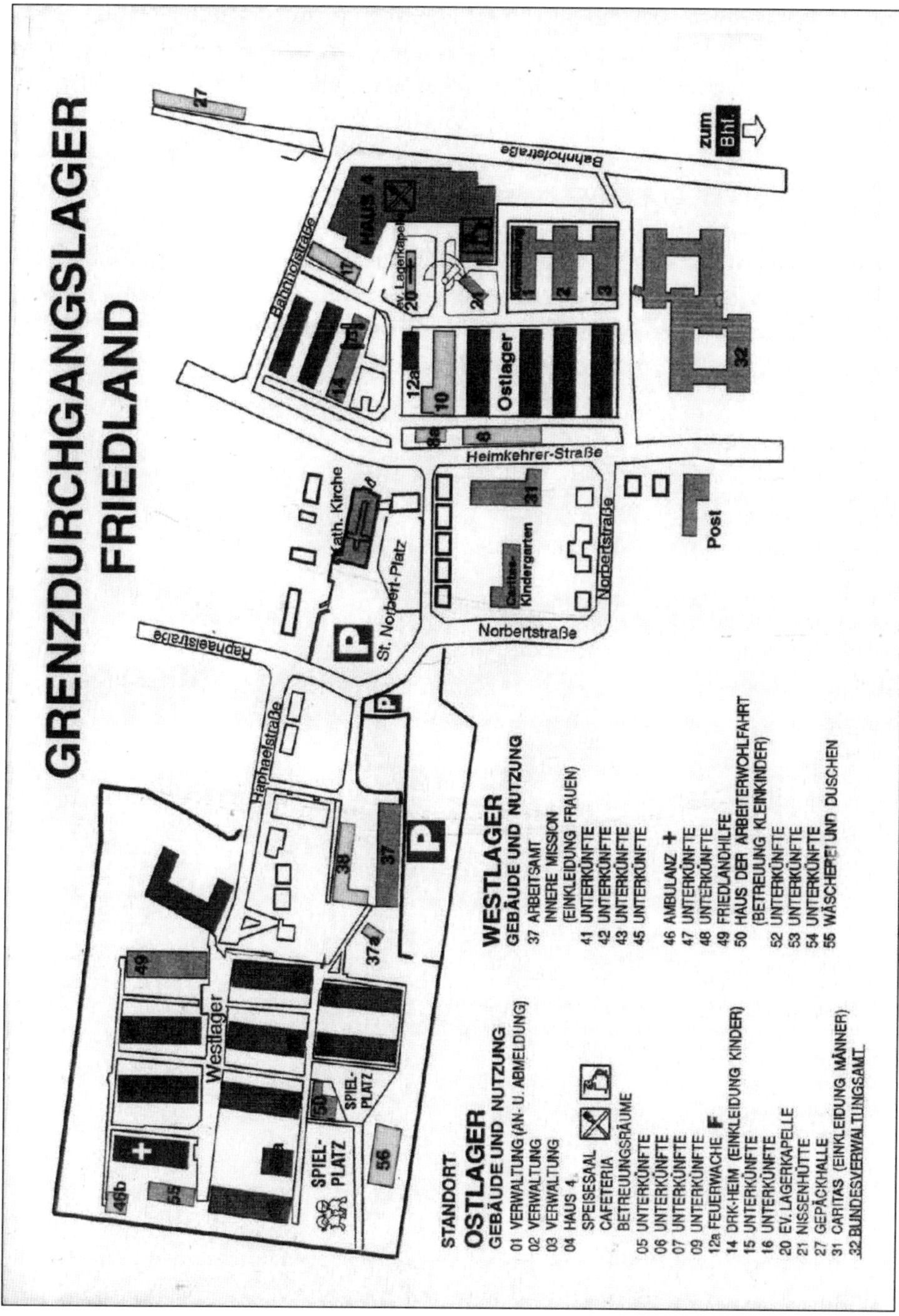
GRENZDURCHGANGSLAGER
FRIEDLAND
Westlager
Ostlager
SPIEL-PLATZ
SPIEL-PLATZ
Raphaelstraße
Bahnhofstraße
Heimkehrer-Straße
Norbertstraße
St. Norbert-Platz
Kath. Kirche
Caritas-Kindergarten
Post
HAUS 4
Ev. Lagerkapelle
zum Bhf.
STANDORT
OSTLAGER
GEBÄUDE UND NUTZUNG
01 VERWALTUNG (AN- U. ABMELDUNG)
02 VERWALTUNG
03 VERWALTUNG
04 HAUS 4,
SPEISESAAL
CAFETERIA
BETREUUNGSRÄUME
05 UNTERKÜNFTE
06 UNTERKÜNFTE
07 UNTERKÜNFTE
09 UNTERKÜNFTE
12a FEUERWACHE
14 DRK-HEIM (EINKLEIDUNG KINDER)
15 UNTERKÜNFTE
16 UNTERKÜNFTE
20 EV. LAGERKAPELLE
21 NISSENHÜTTE
27 GEPÄCKHALLE
31 CARITAS (EINKLEIDUNG MÄNNER)
32 BUNDESVERWALTUNGSAMT
WESTLAGER
GEBÄUDE UND NUTZUNG
37 ARBEITSAMT
INNERE MISSION
(EINKLEIDUNG FRAUEN)
41 UNTERKÜNFTE
42 UNTERKÜNFTE
43 UNTERKÜNFTE
45 UNTERKÜNFTE
46 AMBULANZ
47 UNTERKÜNFTE
48 UNTERKÜNFTE
49 FRIEDLANDHILFE
50 HAUS DER ARBEITERWOHLFAHRT
(BETREUUNG KLEINKINDER)
52 UNTERKÜNFTE
53 UNTERKÜNFTE
54 UNTERKÜNFTE
55 WÄSCHEREI UND DUSCHEN

regierung‹ als Begrüßungsgeld an Heimkehrer und Aussiedler ausgegeben. In jener Zeit stellten insbesondere die an Heimkehrer ausgezahlten Beträge eine ungewohnt hohe Geldmenge in deren Händen dar. Bereits zum ersten großen Heimkehrertransport im September 1953 hatten sich vor den Toren des Lagers jahrmarktähnliche Zustände entwickelt. Fliegende Händler hatten ihre Verkaufsstände aufgebaut und boten ›unnütze Dinge‹ zu teils überhöhten Preisen an. Preiskontrollen halfen nur wenig; die Männer setzten ihr Geld in Alkohol und bei Prostituierten um.[13] Daraufhin wurde die Abfertigungsprozedur anders organisiert und ein Teil des Geldes in Gutscheinen ausgegeben. In der jüngeren Vergangenheit erhielten Kontingentflüchtlinge, d.h. Personen, die kostenlos im Lager untergebracht und verpflegt wurden, ein Taschengeld, das sich an den Fürsorgesätzen orientierte und alle 14 Tage an den Haushaltsvorstand ausgezahlt wurde. Aussiedler erhalten von der Bundesrepublik ein Betreuungsgeld von Euro 11,- pro Person (DM 20,-). Die Bundesrepublik trägt neben den pauschal erstatteten Kosten für die Reise nach Deutschland die Kosten der Reise vom Lager in den Bestimmungsort.

Aufenthaltsdauer

Der Aufenthalt im Lager Friedland wurde stets so kurz wie möglich gehalten. Aus dem ›Lagerbefehl Nr. 1‹ vom 26. September 1945 für das Lagerpersonal läßt sich ablesen, wie man sich die gesamte Prozedur in der ersten Zeit vorzustellen hat.

»1. Einlieferung durch Lkw
2. Ausladung
3. Registrierung in Zelten
4. Aushändigung von Verpflegungskarten für das Lager nach Vorlage des Registrierscheines oder eines Passierscheines
5. Abstempelung dieser Scheine
6. Entlausung, dortselbst Abstempelung der Verpflegungskarte, sonst keine Ausgabe von Verpflegung
7. Aufenthalt im Lager bis Flüchtlinge durch Lautsprecher zur Abreise abgerufen werden
8. Ausschleusung der Flüchtlinge mit Hilfe der Soldaten
9. Lösen der Fahrkarten im Laufe des Tages
10. Abfertigung und Aufgabe des Gepäcks ebenfalls im Laufe des Tages«.[14]

In den ersten Monaten sollen Registrierung, ärztliche Untersuchung und Desinfizierung sowie eine Befragung durch den britischen Sicherheitsdienst ca. 15 Minuten gedauert haben. Nach der Errichtung des neuen Lagers nahmen die vorgeschriebenen Gänge zur Entlausung der Flüchtlinge und Vertriebenen, zur Gepäckentlausung, zur Registrierung und Vernehmung viele Stunden in Anspruch. Daran schlossen sich Gänge zu den Wohlfahrtsverbänden, zum Suchdienst, in die Kirchen an. Heimkehrer und Aussiedler mußten zu den Kassenstellen, um ihren Wehrsold bzw. die Begrüßungsgelder in Empfang zu nehmen. Bei großem Andrang dauerte der Aufenthalt im Lager mehrere Tage.

Zur Zeit halten sich die Aussiedler ungefähr eine Woche im Lager auf. In dieser Zeit suchen sie die Außenstelle des Bundesverwaltungsamts im Lager Friedland auf, wo sie sich identifizieren müssen und ihren Registrierschein sowie eine ›Laufkarte‹ erhalten, auf der die weiteren Ämter und Dienststellen im Lager eingetragen sind, die sie aufsuchen sollten. Dazu gehören das Arbeitsamt und die Krankenkasse (die AOK vertritt die anderen Krankenkassen). Der Gang zum Arbeitsamt ist besonders wichtig, weil eine Arbeitsförderung für Spätaussiedler von bestimmten Terminen abhängt. Nach der obligatorischen Röntgenuntersuchung folgen die Besuche bei den Wohlfahrtsverbänden, wo die Aussiedler Kleidung erhalten. Für einen Gang in eine der Kirchen oder ein Gespräch mit einem der Geistlichen bleibt kaum noch Zeit oder Ruhe. Darüber hinaus erhalten alle Aussiedler beim Bundesverwaltungsamt einen gedruckten mehrseitigen deutsch- oder russischsprachigen ›Wegweiser für Aussiedler‹, der die Behörden nennt, die sie aufsuchen sollten, sobald sie in dem für sie vorgesehenen Wohnort angekommen sind.

Wohnlager

Obwohl das Lager Friedland aufgrund seiner Lage an der Grenze zur sowjetischen Besatzungszone nicht als Wohnlager vorgesehen war, mußte es im ersten Jahrzehnt seines Bestehens die verschiedensten Personenkreise beherbergen, unter anderem:

- einen Teil des Personals, der nach Einrichtung des Lagers in den Dörfern um Friedland keine Wohnung fand,
- um 1949 Vertriebene aus den polnisch besetzten Gebieten, für die nicht so schnell Wohnungen nachzuweisen waren,
- nach der Einrichtung der Sperrzone, einem bis zu 5 km breiten Streifen entlang der DDR-Grenze zur Bundesrepublik im Mai 1952, die Sperrzonen-Flüchtlinge, die im Lager warten mußten, bis sie Wohnungen im Bereich des Landkreises Göttingen beziehen konnten,
- ›notaufgenommene‹ Zuwanderer aus der DDR, die im Lager Friedland auf ihre Weiterreise nach Nordrhein-Westfalen warten mußten,

- von 1949 bis 1952 ehemalige DPs sowie legal und illegal eingewanderte Ausländer, die nicht kurzfristig in Arbeit und Brot gebracht werden konnten,
- von Februar 1947 bis März 1951 aus der SBZ/DDR geflohene, zum Teil vagabundierende Jugendliche.

Gemessen an seinem Umfang machte dabei das DP-Lager Friedland – ebenso wie das Jugendauffanglager – nur einen verschwindend kleinen Teil des gesamten Lagerbetriebes aus. Die ehemaligen DPs und die heimatlosen ausländischen Flüchtlinge (›Infiltrees‹), die in Westdeutschland um Asyl gebeten hatten, wurden im Lager wie deutsche Flüchtlinge und Vertriebene behandelt, aufgenommen, verpflegt und medizinisch betreut. Außerdem sollte vom Lager aus versucht werden, ihnen möglichst schnell Wohnung und Arbeitsplatz zu besorgen. Aus den wenigen Angaben, die über die ehemaligen DPs und ausländischen Flüchtlinge vorhanden sind, geht hervor, daß es sich mehr oder weniger um die ›Letzten‹ dieser Personengruppen handelte, um den sog. ›harten Kern‹, der zwar nicht mehr für eine Auswanderung in Frage kam, dem aber wenigstens eine geregelte Lebensführung ermöglicht bzw. der aus dem Lager heraus in geregelte Lebens- und Wohnverhältnisse geleitet werden sollte. Da sie gleichzeitig mit Heimkehrern aus der UdSSR und Vertriebenen der ›Operation link‹ betreut werden sollten, mußte das Lager geteilt werden, um Auseinandersetzungen zwischen den Gruppen so weit wie möglich zu vermeiden. Eine Zusammenstellung für den Zeitraum von Januar bis September 1950 nennt folgende Nationalitäten: Polen, Holland, Österreich, Baltikum, Jugoslawien, Italien, Ungarn, Tschechoslowakei, Rußland, Rumänien, Mexiko, Spanien, Ukraine, Kuba, Griechenland, Libyen und Staatenlos; insgesamt 386 Personen.

Allen gemeinsam waren ihre höchst undurchsichtigen und schwer nachzuprüfenden Lebensläufe. Die simple Unterscheidung zwischen Ex-DPs und ›Infiltrees‹, die man später als heimatlose Ausländer bezeichnete, verbarg ein weites Spektrum menschlicher Schicksale, die in Form mehr oder weniger korrekter Ausweispapiere über die Amtstische geschoben wurden und in die vorgegebenen Kategorien eingepaßt werden mußten. So mußte das Lager auf Anweisung der internationalen Flüchtlingsorganisation IRO bzw. der britischen Besatzungsmacht ehemalige DPs nach Ablauf ihrer Haftstrafen aufnehmen, die davor in niedersächsischen DP-Lagern untergebracht gewesen waren. Eine Einweisung in niedersächsische Gemeinden wäre am Unverständnis und Protest der Einheimischen gescheitert. Aus westeuropäischen Ländern kamen – freiwillig und weniger freiwillig – ehemalige DPs zurück, die ursprünglich »aus deutschen DP-Lagern ausgewandert«[15], in der Emigration jedoch zu ›Arbeitsverweigerern‹ geworden seien. Soweit sie einen ›Wählbarkeitsschein‹ hatten, d.h. noch den strengen Kriterien genügten, die zur Auswanderung berechtigten, wurden sie ab 1950 in reinen DP-Lagern aufgenommen, wo sie auf ihre erneute Auswanderung warten mußten. Neben den ›ausgesonderten‹ DPs, die die IRO für eine Auswanderung nicht geeignet gefunden hatte, meldeten sich DPs, die ihren Status ›freiwillig‹ aufgegeben hatten, weil sie sich davon Vorteile versprachen. Weiter kamen DPs, deren Status völlig ungeklärt war, und ›Infiltrees‹, die keine Nationalität nachweisen konnten, illegal eingereist waren, dementsprechend als ›unerwünscht‹ galten und hofften, irgendeine Nationalität zugesprochen zu bekommen.

Das ›Bundesgesetz zur Sicherung der Rechtstellung der ehemaligen DPs und ausländischer politischer Flüchtlinge‹ wurde zwar im April 1951 wirksam; aber erst die in den folgenden Jahren erlassenen Ausführungsverordnungen regelten verbindlich das Ausmaß an Betreuung und finanziellen Leistungen. Die Berichterstattung über DPs und ›Infiltrees‹ ist in hohem Grade durch Vorurteile geprägt, sie läßt kaum die Probleme, die diese Ausländer hatten und die sie verursachten, erkennen. Trotz einer Vielzahl von Berichten in den Akten des Lagers läßt sich daher nicht beurteilen, wie groß der Anteil Straffälliger an den in Friedland eingewiesenen Ex-DPs und ausländischen Flüchtlingen wirklich war und ob die Gefahr, die von ihnen angeblich ausgegangen sein soll, wirklich so groß wie behauptet gewesen ist.

Wo Ex-DPs und heimatlose Ausländer nach ihrem Aufenthalt in Friedland geblieben sind, ist kaum bekannt. Unter anderem weiß man, daß von gut 400 ›Infiltrees‹, die in der Zeit von September 1949 bis Januar 1951 vom Lager Friedland aufgenommen worden sind, lediglich ein Fünftel noch nach Übersee auswandern konnte, während über ein Viertel von ihnen aus den verschiedensten Gründen sang- und klanglos aus dem Lager verschwand; ein Zehntel wurde auf Befehl der Militärregierung in niedersächsische Gemeinden eingewiesen, wo sie Arbeit und Unterkunft gefunden hatten.

Die Arbeit der Wohlfahrtsverbände

Zu den im Lager Friedland tätigen Wohlfahrtsverbänden gehören bis heute die Arbeiterwohlfahrt, die katholische Caritas, das Deutsche Rote Kreuz, die protestantische Innere Mission/Evangelisches Hilfswerk und – gewissermaßen als Dachverband – die Friedlandhilfe. Von den ausländischen Wohlfahrtsverbänden beendete die britische Heilsarmee, die im Auftrag der britischen Besatzungsmacht als Sektion des Britischen Roten Kreuzes eingesetzt worden war, ihre Tätigkeit 1950. Der Y.M.C.A. (Christlicher Verein junger Männer) schied im Herbst 1951 aus Friedland, und das Schwedische Rote Kreuz unterstützte die Arbeit im Lager von Juli 1949 bis Juli 1950 mit einer Röntgenstation.

Das Lager verdankt seinen guten Ruf in erheblichem Maß der fürsorgerischen Arbeit der Geistlichen beider Konfessionen und der Mitarbeiter der deutschen und ausländischen Wohlfahrtsverbände.[16] Die Zusammenarbeit von Lager und Verbänden lebte insbesondere durch die Initiativen der freiwilligen Helfer, die manche Aufgabe erkannten, bevor die staatliche Verwaltung sie gesehen hatte, und manche Arbeit ausführten, die die ›Behörde‹ Lager nicht übernehmen wollte oder konnte.

Der Suchdienst des DRK im Grenzdurchgangslager Friedland, um 1953

Es ist zwar schwer zu entscheiden, welcher Gruppe von Menschen, die durch Friedland kamen, mehr Aufmerksamkeit gewidmet wurde, doch scheint es unbestreitbar, daß die Wohlfahrtsverbände sich besonders um die repatriierten Kriegsgefangenen gekümmert haben. Wohl gab es gedruckte staatliche Anweisungen, die Heimkehrer rücksichtsvoll zu behandeln, doch war dies offensichtlich nicht selbstverständlich. Immer wieder mußten die Geistlichen beider Konfessionen darauf aufmerksam machen, daß »es noch vieler Liebe bedürfe, um sie [die Heimkehrer] die Gemeinschaft wiederfinden zu lassen, warmen menschlichen Verständnisses, um die Härten ihrer Anschauungen zu mildern«.[17] Mehrere Jahre bemühten sich die Wohlfahrtsverbände besonders um die ständig wachsende Zahl von Heimkehrern, die ihre Angehörigen nicht fanden. Da die Lebensmittelrationen in den ersten Jahren nach Kriegsende karg und Textilien knapp waren, beschafften die Wohlfahrtsverbände zusätzliche Lebensmittel und Kleidung, die an Heimkehrer, Flüchtlinge und Vertriebene sowie an Mitarbeiter im Lager verteilt wurden. Sie sorgten dafür, daß aus ihren Spendenaufkommen ein Entlassungsgeld oder später die ›Begrüßungsgabe‹ der Bundesregierung auch an ›nicht berechtigte‹ Heimkehrer gezahlt wurde. Durch eine Vielzahl kleiner und großer Handreichungen versuchten die Mitarbeiter der Wohlfahrtsverbände, Heimkehrer, Flüchtlinge und Vertriebene vorübergehend die unvermeidliche Lageratmosphäre vergessen zu lassen.

Als 1955 die letzten Heimkehrertransporte in Friedland eintrafen, lösten die beiden Lagergeistlichen in der Bundesrepublik eine Grundsatzdebatte über das Ausmaß und die Grenzen der Verpflichtung von Staat und karitativen Verbänden zur (Bekleidungs-)Hilfe aus. Während es den beiden Lagergeistlichen besonders dringlich erschien, die Heimkehrer aus russischer Gefangenschaft bereits in Friedland mit neuer Kleidung auszustatten, damit sie auch äußerlich als ›freie‹ Menschen auftreten konnten, waren Vertreter mancher Verwaltungs- und Verbandsspitzen in Westdeutschland eher der Ansicht, daß ein Durchgangslager nicht der Ort für eine umfangreiche Betreuung sei. Immerhin läßt sich aus zeitgenössischen Äußerungen schließen, daß sich die Erwartungen der Heimkehrer im Laufe der Jahre veränderten. So heißt es in einem Bericht von 1950 u.a.: »Es hat sich allmählich auch in Rußland herumgesprochen, daß in Friedland geholfen wird, und mancher erwartet den ihm als entlassenen Soldaten zustehenden Anzug dort. Es ist viel wert, wenn diese Leute hier nicht enttäuscht werden«.[18] Dagegen betrachteten 1955 nicht mehr alle Heimkehrer die Lagerkleidung als entwürdigend; im Bewußtsein, 1955 zu den ›letzten‹ zu gehören, wollten einige von ihnen die Kleidung der Gefangenschaft als Zeugnis ihrer Leiden bis nach Hause tragen. In dieser Haltung wurden sie von manchem offiziellen Begrüßer, selbst von hohen Vertretern der Kirchen, bestärkt.

1957 gründeten die Wohlfahrtsverbände, die im Lager Friedland tätig waren, einen Verein, die ›Friedlandhilfe e.V.‹, der von diesem Zeitpunkt an alle Sach- und Geldspenden entgegennahm und an die von den Verbänden geführten Ausgabestellen weitergab. Während sich seither die Arbeiterwohlfahrt der Pflege, Betreuung und Einkleidung von Kleinkindern widmet, versorgt und betreut das Deutsche Rote Kreuz jugendliche Ankömmlinge. Die Innere Mission/Evangelisches Hilfswerk kümmert sich um die Frauen und die Caritas um die Männer.

Da ein kommerzieller Suchdienst von der britischen Besatzungsmacht untersagt worden war, kümmerten sich – übrigens in allen Besatzungszonen – karitative Verbände um die Suche nach Zivilpersonen und ehemaligen Angehörigen der Wehrmacht. Nach Lage der Quellen ging im Lager Friedland die Einrichtung des kostenlosen Suchdienstes auf die Initiative der Inneren Mission zurück und wurde von den anderen Verbänden wie der Caritas und dem Roten Kreuz mitgetragen, ab 1947 allein vom DRK weitergeführt. 1948 wurde zusätzlich ein Bildersuchdienst eingerichtet und jeder Heimkehrer aus der UdSSR nach seinen zurückgelassenen Kameraden befragt.

Wohnlager für Jugendliche

Im Rückblick auf die Tätigkeit der karitativen Verbände wird dem ›Jugendauffanglager‹, das von Februar 1947 bis März 1951 im Lager bestand, immer nur sehr wenig Aufmerksamkeit gewidmet. Es handelte sich bei diesem Projekt um eine schwierige, von Innerer Mission/Evangelischem Hilfswerk freiwillig übernommene Arbeit; denn eine besondere Betreuung Jugendlicher gehörte nicht zu den Aufgaben im Lager Friedland.

Mit den Flüchtlingen kamen elternlose, vagabundierende Jugendliche ins Lager oder wurden in der Umgebung des Lagers aufgegriffen. Oft waren wochenlange Ermittlungen erforderlich, bis entschieden werden konnte, ob die Jugendlichen eine Aufenthaltsgenehmigung in der britischen Zone erhalten konnten oder ob sie in die sowjetische Besatzungszone zurückgeschickt werden mußten. Die Mitarbeiter der karitativen Verbände bemerkten, daß diese Jugendlichen im Lager völlig verlassen dastanden, mit der Ungewißheit ihrer Zukunft und der Einsamkeit in dem riesigen, fremden Lager nicht zurechtkamen und dringend eine besondere Betreuung nötig hatten. Die Angehörigen der karitativen Verbände stimmten mit Flüchtlingsminister Albertz überein, der 1948 bekümmert festgestellt hatte, daß zu wenig für die Jugendlichen getan würde, daß es nicht ausreiche, für Arbeit, Essen oder Bekleidung zu sorgen, sondern daß Heime und spezielle Unterkünfte geschaffen werden müßten. Sie hielten es vor allem für dringend nötig, die Jugendlichen wieder an eine geregelte Lebensführung zu gewöhnen, die viele von ihnen während der Kriegszeit verlernt hatten. Obwohl die Innere Mission mit ihrem Engagement für das Jugendlager die Bedeutung dieser Arbeit in der Nachkriegszeit augenfällig gemacht hatte, hat sie Mühe gehabt, jederzeit die Unterstützung von Jugend-, Arbeits- und Wohnungsämtern zu finden. Selten erfuhren die Betreuer, wo ihre Schützlinge blieben. Von denen, die nicht sang- und klanglos verschwanden, meldeten sich nur einzelne Jugendliche gelegentlich mit einem Kartengruß. Insofern erfuhren die Betreuer auch nur selten, ob und wie erfolgreich ihre Bemühungen gewesen waren.

Wie es heißt, hatten sich ›von Anfang an‹ alle karitativen Verbände ebenso wie die Lagerleitung um die Versorgung, die Beaufsichtigung und Beschäftigung sowie um die Weiterfahrt ›heimatloser Jugendlicher‹ gekümmert. Doch im Februar 1947 einigten sich Lagerleitung, Kirchen und Verbände, einschließlich der britischen Heilsarmee, darauf, der evangelischen Kirche im Lager die Jugendarbeit zu übertragen. Damit übernahmen Innere Mission/Evangelisches Hilfswerk die spezielle Betreuung männlicher Jugendlicher im Alter bis zu 18 Jahren. Zwischen Lagerleitung und Innerer Mission/Evangelischem Hilfswerk wurde ein formeller Vertrag geschlossen, der die Aufteilung der anfallenden Jugendarbeit und der Kosten regelte. Der kommandierende britische Offizier unterstützte und förderte die Einrichtung und Unterhaltung, soweit es ihm möglich war.

Nachdem die Jugendlichen anfangs in separaten, ihnen allein vorbehaltenen Baracken des Lagers untergebracht gewesen waren, wurden jetzt Unterkünfte und eine Küche für 30 junge Männer in zwei umgebauten Waschbaracken und einer Reichsarbeitsdienst-Baracke, die die englische Heilsarmee beschafft hatte, in größerer Entfernung vom Lager geschaffen. Das Lager galt als moralische Gefahrenzone für die Jugendlichen. Da die Innere Mission bereit war, die laufenden Kosten für die erzieherischen Kräfte des Jugendheimes zu übernehmen, wurden die Betreuer von ihr ausgewählt und die Arbeit in kirchlich-fürsorgerischer Weise geleistet. Im zeitgenössischen Sprachgebrauch der Inneren Mission nannte man sie ›Dienst an der Jugend‹ und unterschied in ›Samariterdienst‹ (Körperliche Reinigung und Pflege, Gewöhnung an Reinlichkeit, Ordnung und Pünktlichkeit, Suche nach Verwandten, Berufsberatung, Arbeitsvermittlung) und ›missionarischen Dienst‹ (Andachten, Teilnahme am Kreisjugendtag Obernjesa, Treffen mit der Evangelischen Flüchtlingsjugend Volpriehausen, Treffen mit Studenten der Evangelischen Studentengemeinde Göttingen). Die Jugendlichen sollten Deutsch und Rechnen nachholen, Anleitung zum Bücher- und Zeitungslesen erhalten und gemeinsam wandern. Im Jugendlager erhielten die Jungen Unterkunft, Kost, Pflege und Bekleidungshilfe; darüber hinaus sollte für eine Arbeitsstelle und eine Bleibe in der britischen Zone gesorgt werden. Während ihres Aufenthaltes arbeiteten die jungen Männer in den landwirtschaftlichen und handwerklichen Betrieben der Umgebung oder im Lager selbst und verdienten auf diese Weise einen Teil der für sie aufgewendeten Kosten. Mit den erarbeiteten Deputaten an Lebensmitteln sorgten sie dafür, daß ihre Ernährung einigermaßen gesichert war. Im Vordergrund der Betreuung standen Disziplinierungsübungen für alle Lebensbereiche und Hilfen bei der ›Wiederfindung der menschlichen Selbstachtung‹. Zu den Höhepunkten in der Geschichte des Jugendlagers wird die Konfirmation von sieben elternlosen

Jungen aus Ostpreußen gezählt, die anläßlich der Einweihung des Hauses der Inneren Mission 1949 im Lager Friedland gefeiert wurde.

Ebenso wie die anderen Einrichtungen des Lagers erlebte das Jugendauffanglager Zeiten, in denen man – neben großzügigeren Zuzugsbestimmungen – weit größere Kapazitäten gebraucht hätte, um ausreichend Hilfe bereitstellen zu können. Bis Ende März 1947 waren 69 Jugendliche über längere Zeit hinweg betreut worden, von denen 21 in Lehr- oder Arbeitsstellen vermittelt, 14 wieder zu ihren Eltern oder Verwandten geschickt worden waren und 20 sich bereits über vier Wochen im Lager aufhielten. Bis April 1949 waren rund 600 Jugendliche betreut worden.

Ein anderer Bericht gibt an, daß von 874 Jugendlichen, die bis 1949/1950 vom Jugendlager betreut worden waren, 513 in Arbeits- und Lehrstellen in der Landwirtschaft, aber auch in Handwerk, Industrie und Bergbau vermittelt werden konnten; 86 fanden zu ihren Angehörigen, die der Suchdienst ermittelt hatte, 96 gingen in die SBZ zurück, 94 setzten sich ab, 20 wurden in Erziehungsheime und einige in Krankenhäuser eingewiesen. 1950 hielten sich noch bis zu 35 Jungen im Lager auf. Im März 1951 beendeten Innere Mission/Evangelisches Hilfswerk die Arbeit im Jugendauffanglager Friedland.

Mit dem Ende der Betreuung des Jugendlagers durch die Organisationen der evangelischen Kirche war jedoch der Bedarf für eine solche Einrichtung keineswegs geschwunden. Verschiedene Berichte aus den Jahren 1952, 1953 und 1956 erwähnen das Jugendlager und geben Belegungszahlen an, so daß man davon ausgehen kann, daß es weiterhin bestanden hat. Von 1960 bis 1963 hieß das Lager Friedland ganz offiziell ›Grenzdurchgangs- und Jugendlager‹.

Was ist Friedland?

›Friedland, das Tor zur Freiheit‹, ›Friedland, Anfang einer neuen Zukunft‹. So wird das Grenzdurchgangslager in den Veröffentlichungen der Ministerien und in der Presse genannt. Ohne Zweifel sind diese Bezeichnungen von den meisten Flüchtlingen und Vertriebenen, Heimkehrern und anderen aufgenommenen Personen nicht nur aus Erleichterung oder Dankbarkeit benutzt worden. Sie müssen auch als Ausdruck der Erwartungen gewertet werden, mit denen sie nach Westdeutschland oder in die Bundesrepublik gekommen sind. So sah es wohl auch der niedersächsische Innenminister, als er 1995 formulierte: »Mit der Nennung dieses Ortes verbindet sich Hoffnung und Erwartung von Menschen, die sich entschlossen haben, ihre Heimat unter dem Druck der dortigen Verhältnisse zu verlassen, um in der BRD als Deutsche unter Deutschen in Freiheit

Eine Aussiedlerin in den 1980er/1990er Jahren

leben zu können«.[19] Damit akzeptierte er die Erwartungen der Ankömmlinge und drückte gleichzeitig die Verpflichtung der Bundesrepublik aus, diese Erwartungen nicht zu enttäuschen. Hört man sich heute im Lager um, heißt es, daß jetzt die vor einigen Jahren zurückgelassenen Familienmitglieder der Aussiedler zu ihren Angehörigen in die Bundesrepublik kommen und nennt den Vorgang ›Familienzusammenführung‹. Andere Stimmen meinen: Die ›Rußlanddeutschen‹ kommen jetzt in die Bundesrepublik, »weil sie nicht wissen, ob sie später noch kommen können«. »Und sie suchen für sich und vor allem für ihre Kinder eine sichere Zukunft, die derzeit in Kasachstan oder den anderen GUS-Staaten nicht gewährleistet ist«.[20] Das Lager Friedland scheint damit zu einer Station im Leben mancher Aussiedler geworden zu sein, die sie vielleicht zu diesem Zeitpunkt noch gar nicht erreichen wollten. Das bundesdeutsche Kriegsfolgenbereinigungsgesetz, das alle nach 1993 Geborenen nicht mehr als Aussiedler anerkennt, hat ihnen die Entscheidung abgenommen.

Nüchtern betrachtet ist das Lager eine öffentliche Verwaltungsstelle von Bund und Ländern, deren Aufgabenbereich durch die entsprechende Gesetzgebung bestimmt wurde: Als Grenzdurchgangslager wurde es eingerichtet, um mit seiner Hilfe ›Kriegsfolgen zu bewältigen‹. Dann war es jahrzehntelang eine Verwaltungsinstitution, in der Weichen gestellt wurden, um ›Kriegsfolgen entschädigen‹ zu können. Derzeit ist es eine Behörde, die daran beteiligt ist, ›Kriegsfolgen zu bereinigen‹. Aus Gesprächen mit Mitarbeitern der Wohlfahrtsverbände, die persönlichen Kontakt mit Spätaussiedlern haben, läßt sich allerdings entnehmen, daß diese Menschen das Lager auch heute noch als mehr als nur eine ›Behörde‹ wahrnehmen.

Anmerkungen

1 Hauptstaatsarchiv Hannover (HStA Hann), Nds Z 50 32/63 Nr. 92 a1.
2 Grenzdurchgangslager Friedland 1945–1995, hg.v. Niedersächsischen Innenministerium, Hannover 1995, S. 21.
3 Helga Hagelüken/Rainer Rohrbach, Hilfe in der Not: Friedland 1945, in: Göttingen 1945. Kriegsende und Neubeginn, Göttingen 1985, S. 137–147, hier S. 139.
4 Ebd., S. 138f.
5 HStA Hann Nds Z 50 32/65 Nr. 52 III 2, 3.3.1950.
6 Public Record Office, London (PRO) FO 1052-323, 8.3.1946. Übersetzung durch die Autorin.
7 Stadtarchiv Göttingen, Mil. Reg. 174, 25.10.1945.
8 Grenzdurchgangslager Friedland 1945–1995, S. 15.
9 Ebd.
10 Ebd., S. 22f.

11 HStA Hann Nds 386 16/83 Nr. 81, 24.1.1948.
12 Gustav v. Schmoller, Sechs Jahre Besatzungslasten. Eine Untersuchung des Problems der Besatzungskosten in den drei Westzonen und in Westberlin 1945–1950, Tübingen 1951, S. 193f.
13 HStA Hann Nds 386 16/83 Nr. 3, 7. und 11.12.1953.
14 HStA Hann Nds 386 16/83 Nr. 84, 26.9.1945.
15 HStA Hann Nds 380 62/65 Nr. 472, 7.8.1950, 8.8.1950.
16 Erich Püschel, Die Hilfe der deutschen Caritas für Vertriebene und Flüchtlinge nach dem 2. Weltkrieg (1945–1966), Freiburg i.Br. 1972, S. 25.
17 Kirchenkreisarchiv Göttingen (KrKiAGö), Super Süd Friedland 1949.
18 KrKiAGö, Super Süd Friedland, 27.1.1950.
19 Grenzdurchgangslager Friedland 1945–1995, S. 5.
20 Interview mit Pastor Isermeyer, Evangelisch-lutherische Kirche im Grenzdurchgangslager Friedland, 27.11.2001.

Literatur

Bade, Klaus J.: Migration und Integration in Deutschland seit dem Zweiten Weltkrieg. Probleme – Erfolge – Perspektiven (Niedersächsische Landeszentrale für politische Bildung), Hannover 2000.

Böhme, Kurt: Gesucht wird… Die dramatische Geschichte des Suchdienstes, München 1965.

Brosius, Dieter: Zur Lage der Flüchtlinge in Niedersachsen nach 1945, in: Niedersächsisches Jahrbuch für Landesgeschichte, 55. 1983, S. 99–113.

Grebing, Helga: Flüchtlinge und Parteien in Niedersachsen. Eine Untersuchung der politischen Meinungs- und Willensbildungsprozesse während der ersten Nachkriegszeit 1945–1952/53, Hannover 1990.

Grenzdurchgangslager Friedland 1945–1995, hg.v. Niedersächsischen Innenministerium, Hannover 1995.

Hagelüken, Helga/Rohrbach, Rainer: Hilfe in der Not: Friedland 1945, in: Göttingen 1945. Kriegsende und Neubeginn, Göttingen 1985, S. 137–147.

Jacobmeyer, Wolfgang: Vom Zwangsarbeiter zum Heimatlosen Ausländer, Göttingen 1985.

Kleineke, Dagmar: Entstehung und Entwicklung des Lagers Friedland 1945–1955, Dramfeld 1994.

Püschel, Erich: Die Hilfe der deutschen Caritas für Vertriebene und Flüchtlinge nach dem 2. Weltkrieg (1945–1966), Freiburg i.Br. 1972.

Schmoller, Gustav von: Sechs Jahre Besatzungslasten. Eine Untersuchung des Problems der Besatzungskosten in den drei Westzonen und in Westberlin 1945–1950, Tübingen 1951.

Zwanzig Jahre Lager Friedland, hg.v. Bundesministerium für Vertriebene, Flüchtlinge und Kriegsgeschädigte, Bonn 1965.

Aussiedlerintegration als kommunalpolitische Aufgabe. Aktivitäten und Maßnahmen am Beispiel des Landkreises Osnabrück

Von Hans-Joachim Wenzel

Die Kommunalisierung von Zuwanderungsfolgen

Die Gruppe der Aussiedler wurde in der Vergangenheit unter sehr unterschiedlichen Gesichtspunkten untersucht, jedoch selten aus der Perspektive der kommunalen Problemlagen und der administrativen Bearbeitung von Zuwanderungsfolgen. Im Mittelpunkt bisheriger Untersuchungen standen verschiedene alters-, qualifikations- und genderspezifische Gruppen in ihrem (meist problematischen) Zugang zu wichtigen gesellschaftlichen Teilbereichen wie Wohnungs- und Arbeitsmarkt, Bildungs-, Gesundheits-, Freizeit- und Beratungsinfrastrukturen, Vereinen, Parteien, zivilgesellschaftlichen Institutionen u.ä. Weiterhin ging es in vielen Analysen um interkulturelle Lebensverhältnisse, um Zuschreibungskategorien bei der Beobachtung kultureller Differenz bzw. den Prozessen wechselseitiger Beobachtung des Eigenen und des Fremden und den sich daraus ergebenden soziokulturellen Konfliktlagen. Letztlich versuchen die meisten Untersuchungen, relevante Beiträge zur Integration bzw. zu den Ursachen einer Ausgrenzung von Zuwanderern zu liefern.

Im Vergleich zu zugewanderten Ausländern wurden den Aussiedlern vielfältige Integrationsleistungen und -angebote zuteil, die allerdings in den 1990er Jahren in Quantität und auch Qualität immer weiter zurückgefahren wurden mit der offensichtlichen Tendenz, daß sich Bund und Länder immer weiter auf Kosten der Kommunen ihrer sozialstaatlichen Verpflichtungen entziehen.

Den Arbeitsmigranten der 1950er, 1960er und frühen 1970er Jahre wurde dagegen nie eine Einwanderungs- und Integrationspolitik zuteil, die ihre Grundlage in der lange gehegten Selbsttäuschung hatte, die Bundesrepublik sei kein Einwanderungsland. Diese Migrantengruppe erfuhr im Laufe der Zeit eher eine integrationspolitische Aufwertung im Kontext einer sukzessiven ›Normalisierung der Migrationserfahrung‹[1] u.a. durch den gleichberechtigten Einbezug in die Leistungsverpflichtungen des Wohlfahrtsstaats. Dabei wurden die sozialstrukturellen Folgen der Arbeitsmigration – ausgehend vom Betrieb und von

Info-Dienst Deutsche Aussiedler

Bundesministerium des Innern

Nr. 112 August 2001 ISSN 0942-7252

Inhalt

	Seite
Vorwort	
1. Neuregelungen im Zuwanderungsgesetz sichern zukunftsgerichtete Aussiedlerpolitik	1
2. Siebter Modellversuch mit Integrationsverträgen gestartet	3
3. Zuzugszahlen stabil, Antragszahlen stark rückläufig (Halbjahresbilanz)	6
4. Sichtbarer Erfolg der Hilfenpolitik in Westsibirien	8
5. Jochen Welt begrüßt Empfehlungen der Zuwanderungskommission	11
6. Neues Spätaussiedlerstatusgesetz schafft Rechtssicherheit und Akzeptanz	14
7. Hilfen für Aussiedler (Übersicht)	16
8. Serie Gelungene Integrationsprojekte: HipHop-Rap-Projekt für Jugendliche in Würzburg	34
9. Die Geschichte meiner Familie - preisgekrönte Chronik einer jungen Aussiedlerin	37
10. In eigener Sache	42
11. Namen und Nachrichten	43
12. Neues Informationsmaterial	57
13. Internet-Chat am 13.09.2001	80

Herausgeber: Beauftragter der Bundesregierung für Aussiedlerfragen
Jochen Welt, Mitglied des Deutschen Bundestages
Internet: www.aussiedlerbeauftragter.de

Geschäftsstelle: Bundesministerium des Innern
Referat SH II 4 - J
Postfach 170290
53108 Bonn

Telefon (0 18 88) 681-37 32
Telefax (0 18 88) 681-38 64
oder (0 18 88) 681-5 37 32
E-Mail Poststelle@bmi.bund.de

der Arbeitsverwaltung – zu einer alltäglichen administrativen Aufgabe. Im Vergleich zu den zugewanderten Arbeitsmigranten galt dagegen die Zuwanderung von Aussiedlern als ›Rückkehr von Deutschen‹. Diese genossen als formal deutsche Staatsangehörige zunächst die volle Unterstützung des Wohlfahrtsstaats. Im Laufe der 1990er Jahre wurden ihre sozialen und wohlfahrtsstaatlichen Leistungsansprüche jedoch beträchtlich eingeschränkt[2], so daß sie ihren privilegierten Zuwanderungsstatus verloren und sich weitestgehend den anderen Migrantengruppen annäherten. Weil ihnen Leistungen der Bundesanstalt für Arbeit wie auch vormalige Kompensationsleistungen nicht mehr gewährt werden, fallen sie immer stärker – vergleichbar anderen Migrantengruppen – in die sozialpolitische Verantwortung der Kommunen.

Obwohl sich auch heute noch die Unterstützungsmaßnahmen für Aussiedler bis auf die imponierende Zahl von 24 Formen aufsummieren lassen[3], ist unbestritten, daß die wohlfahrtsstaatlichen Ansprüche schrittweise eingeschränkt wurden. »Der Haushalt der Bundesanstalt für Arbeit wurde entlastet, indem der Anspruch auf Arbeitslosengeld in einen auf Eingliederungsgeld (1.1.1990) bzw. Eingliederungshilfe (1.1.1992) umgewandelt und damit die Höhe der Geldleistungen abgesenkt wurde. 1993 wurde die Bezugsdauer auf zunächst 15 Monate und seit dem 1.1.1994 auf 6 Monate gekürzt. Aussiedler (bzw. Spätaussiedler) erhalten im Anschluß auf die auf 156 Tage beschränkte Eingliederungshilfe auch keine Arbeitslosenhilfe mehr und sind, sofern sie keinen Arbeitsplatz finden, eine selbständige Tätigkeit aufnehmen oder auf anderes Vermögen zurückgreifen können, nunmehr auf Sozialhilfe angewiesen. Zugleich wurden die Sprachkurse, die die BfA[4] finanziert, auf 6 Monate gekürzt. Die Übernahme der Lebenshaltungskosten bei berufsqualifizierenden Fortbildungs- und Umschulungsmaßnahmen wurde ebenfalls gestrichen. Kriegsfolgengesetze wie das BVFG[5] oder das Lastenausgleichsgesetz wurden umgebaut bzw. entfielen. Entschädigungsleistungen als sog. Lastenausgleichsleistungen werden seit dem 1.1.1992 nicht mehr gewährt. Andere Leistungen, sog. Eingliederungsleistungen, sind gekürzt worden und werden zum Teil bei fortbestehendem Anspruch nicht mehr bezahlt, da ihre Gewährung von der Bereitstellung entsprechender Mittel abhängig gemacht wird (z.B. Eingliederungshilfen, Darlehen für Wohnungs- und Häuserbau). Rentenansprüche nach dem Spätaussiedlergesetz sind auf Spätaussiedler gem. § 4 BVFG begrenzt worden. Sie gelten nicht mehr für Ehegatten und Kinder, sofern diese keine Spätaussiedler sind.«[6]

Aufgrund dieser staatlichen Leistungskürzungen haben wir es mit einer zunehmenden Kommunalisierung des Migrationsfolgenproblems zu tun, also mit einer Abwälzung der Folgekosten auf die Kommunen. Wenn die Aussiedler

Anhörungsprotokoll

☐ einfach ☐ qualifiziert

☐ Bestätigungssprachtest ☐ Sprachtest im Rahmen der Visavorsprache

zum Aufnahmebescheid vom

1.1 Angaben zum/zur Antragsteller/in

Aktenzeichen Bundesverwaltungsamt VIII /SU -			
Name, Vorname			Geburtsdatum
ausgewiesen durch (Nr. IP/Reisepaß)		ausgestellt am	Nationalitätseintrag
ausgewiesen durch GU	ausgestellt am	Nationalität des Vaters	Nationalität der Mutter

1.2 Der/die Antragsteller/in gibt an, als Kind im Elternhaus folgende Sprache erlernt zu haben

Deutsch	Russisch	andere Sprache
☐ nein ☐ ja	☐ nein ☐ ja	(bitte angeben)

1.2.1 Angaben des/der Antragsteller/in, von wem die deutsche Sprache vermittelt wurde

☐ dem Vater ☐ der Mutter

☐ dem Großvater (väter-/mütterlicherseits) ☐ der Großmutter (väter-/mütterlicherseits)

☐ außerhalb des Elternhauses ☐ anderen Verwandten

Schule/Studium/Beruf/Sprachkurs/sonstiges (bitte kurz erläutern)

1.3 Sonstige Angaben des/der Antragsteller/in

Protokollbogen zum Sprachtest für Aussiedler

heute nach einem halben Jahr Eingliederungsunterstützung keine Erwerbsstelle finden – was angesichts ihres Qualifikationsprofils und ihrer mangelnden Sprachkompetenz sehr häufig der Fall ist –, fallen sie der kommunalen Sozialhilfe anheim, und den Kommunen wird so die sozialpolitische Verantwortung der Migrationsfolgen übertragen.[7] Das ist spätestens der Augenblick, in dem von Zuwanderung massiv betroffene Kommunen (wie viele ländliche Gemeinden in Niedersachsen) gezwungen werden, die Folgen dieser Zuwanderung politisch und administrativ zu bearbeiten. Weitreichende Folgen gibt es besonders für den kommunalen/regionalen Wohnungs- und Arbeitsmarkt sowie für den Infrastrukturbereich (Kindergärten, Schulen, soziale Dienste und Freizeiteinrichtungen), in denen zusätzliche Investitionen notwendig werden. Denn – soviel scheint unbestritten – eine Integration dieser ›Fremden mit deutschem Paß‹ in die verschiedenen gesellschaftlichen Teilsysteme kann langfristig nur gelingen, wenn sie einen gleichberechtigten Zugang zu den sozioökonomischen Kernbereichen wie Bildung, Berufsausbildung/Weiterbildung sowie Arbeits- und Wohnungsmarkt erlangen. Durch welche Unterstützungsmaßnahmen auf der kommunalen Ebene dies geschieht, soll zentral am Beispiel des Landkreises Osnabrück erläutert und in wesentlichen Ergebnissen vorgestellt werden.

Verlauf der Aussiedlerzuwanderung und räumliche Verteilung der Aussiedler in den Gemeinden des Landkreises Osnabrück und die Folgen

Bekanntlich sind seit den 1950er Jahren über 4 Millionen Aussiedler in die Bundesrepublik Deutschland übergesiedelt, davon allein seit 1990 über 2,2 Millionen. Im Rahmen des Kriegsfolgenbereinigungsgesetzes und des Asylkompromisses von 1993 wurde die Zahl der jährlich aufgenommenen Aussiedler zunächst auf ca. 220.000 abgesenkt und dann nach 1997 durch weitere Bewilligungsbegrenzungen, Bearbeitungsverzögerungen und Sprachprüfungen auf 120.000 und später auf ca. 100.000. Diese Absenkung der Zuwanderungszahlen geschah, ohne daß bis 2000 jemals offiziell eine Quotierung in der Aussiedlerzuwanderung eingeführt wurde.

Parallel zur wachsenden Aussiedlerzuwanderung in die Bundesrepublik stieg ihre Zahl im Landkreis Osnabrück seit Ende der 1980er Jahre überproportional stark an. Bis 1995 nahmen fast 25.800 Aussiedler ihren Wohnsitz im Landkreis, von da an – vornehmlich nach Inkrafttreten des Wohnortzuweisungsgesetzes im März 1996 – bis zum Dezember 2001 stieg ihre Zahl nur noch auf knapp 28.100, d.h. auf 7,9% der Gesamtbevölkerung (s. Schaubild 1). Angesichts der Anfang der 1980er Jahre rückläufigen und dann stagnierenden Bevölkerungsentwicklung wurde dieser Zuzug besonders von den Gemeinden im ländlichen Raum zunächst sehr begrüßt. Als allerdings aufgrund sich etablierender, meist informeller sozialer und institutioneller Netzwerkstrukturen diese Zuwanderung im Sinne einer Kettenwanderung kumulativ in einer Reihe von Landkreisen und Gemeinden stark anwuchs, gab es Initiativen zur gleichmäßigen Verteilung der Spätaussiedler im Bundesgebiet (so u.a. die ›Gifhorner Erklärung‹).

März 1995

"GIFHORNER ERKLÄRUNG"

zur Aussiedlerintegration

Verwaltungen der kreisfreien Städte Wolfsburg und Salzgitter, der Landkreise Gifhorn, Nienburg/Weser, Cloppenburg, Emsland und Osnabrück

Rußlanddeutsche Familie bei der Anmeldung im Grenzdurchgangslager Osnabrück/ Bramsche, 1996

Mit dem Wohnortzuweisungsgesetz vom 1. März 1996 wurde dann ein Instrument geschaffen, mit dessen Hilfe den zugewanderten Aussiedlern vornehmlich Wohnorte außerhalb der Zuwanderungsschwerpunkte zugewiesen wurden. Die Zahlung von Sozialhilfe wird dabei für drei Jahre an den zugewiesenen Wohnort gebunden; dieser darf nur verlassen werden, wenn an anderer Stelle eine Wohnung und ein Arbeitsplatz nachgewiesen werden. Zwischenzeitlich wurde am 1. Juli 2000 bereits die vierte Änderung des Wohnortzuweisungsgesetzes beschlossen. Diese jetzt bis zum 31. Dezember 2009 gültige Gesetzesänderung schränkt weiter das Grundrecht der Freizügigkeit ein (des Art. 11 Abs. 1 Grundgesetz), um »einer Überlastung von Ländern, Trägern der Sozialhilfe sowie von Gemeinden durch eine angemessene Verteilung entgegenzuwirken«.[8] Die Gemeinden sind andererseits verpflichtet, für die Unterbringung und Betreuung der zugewiesenen Migranten zu sorgen. Aussiedler, die die Zuweisung ignorieren, erhalten drei Jahre lang ab der Registrierung keine Leistung nach dem Sozialgesetzbuch. »Die Zuweisung wird nur dann gegenstandslos, wenn der Aufgenommene nachweist, daß ihm an einem anderen Ort nicht nur vorübergehend ausreichend Wohnraum, für den er nicht nur vorübergehend nicht auf Sozialhilfe angewiesen ist, und ein Arbeitsplatz oder ein son-

Schaubild 1: Jährliche Aussiedlerzuzüge in den Landkreis Osnabrück 1987–2001

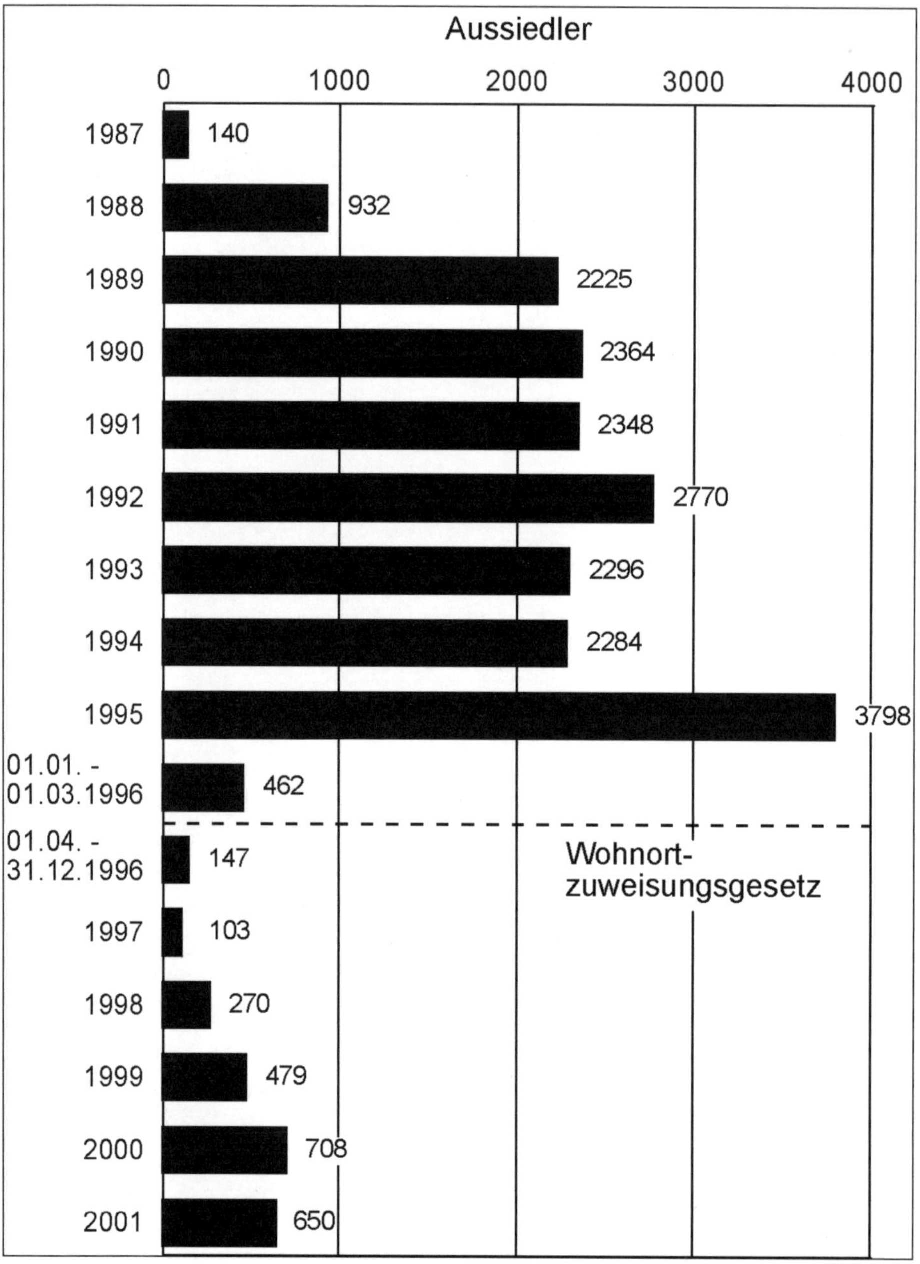

Quelle: Daten des Landkreises Osnabrück.

stiges den Lebensunterhalt sicherndes Einkommen oder ein Ausbildungs- oder Studienplatz zur Verfügung stehen, in jedem Fall spätestens drei Jahre ab Registrierung in einer Erstaufnahmeeinrichtung des Bundes.«[9]

Das Schaubild 1 bestätigt für den Zuwanderungsschwerpunkt Landkreis Osnabrück, daß das Wohnortzuweisungsgesetz zum gewünschten Erfolg führte und die Zuwandererzahlen schlagartig zurückgingen. Allerdings ist seit 1998 wieder ein leichter Anstieg bis Ende 2001 beobachtbar mit durchschnittlich mehr als 600 Zuwanderern pro Jahr, so daß die Aussiedler jetzt fast 8% der Gesamtbevölkerung des Landkreises ausmachen. Diese im Vergleich zu den späten 1980er und frühen 1990er Jahren quantitativ deutlich verringerte Zuwanderung war in den sechs Jahren von 1995 bis 2001 überproportional in den nördlichen Landkreis gerichtet (Samtgemeinden Artland, Bersenbrück, Neuenkirchen und Stadt Quakenbrück; s. Schaubild 2). Nur in wenigen Kommunen erfolgte eine leichte Abnahme (Samtgemeinde Fürstenau, Gemeinden Belm und Ostercappeln). Bei genauerer Analyse der Zahlen kann die Tendenz einer verstärkten Aussiedlerzuwanderung in die meisten ländlichen zentralen Orte wie Quakenbrück, Bersenbrück, Ankum, Neuenkirchen und Merzen festgestellt werden (s. Schaubild 3). Obwohl die größeren Gemeinden des Südkreises alle leichte Zunahmen in der Aussiedlerzuwanderung zwischen 1995 und 2001 aufweisen (allerdings auf der Basis geringer Ausgangszahlen), konnte bisher jedoch noch keine Trendwende im Hinblick auf eine gleichmäßigere Verteilung der Aussiedler im Landkreis Osnabrück erreicht werden. Aufgrund der wirksamen soziokulturellen Netzwerkverbindungen (s.u.) werden sich umfängliche Umverteilungen in der nächsten Zukunft wohl auch nicht erreichen lassen.

Die Aussiedlerzuwanderung in die ländlichen Räume fand bis 1996 vornehmlich aus zwei Gründen statt: Zunächst einmal spielten die vorhandenen Wohnungsangebote und die Baulandausweisungen für die Neubürger in den ländlichen Gemeinden eine zentrale Rolle, die damit der rückläufigen Bevölkerung und ebenfalls den rückläufigen kommunalen Finanzen begegnen wollten. Das führte zu einer verstärkten wohnungsorientierten Zuwanderung in den wirtschaftsschwachen Nordteil des Landkreises (s. Schaubilder 2 u. 3). Diese zahlenmäßige Konzentration wurde dann in der ersten Hälfte der 1990er Jahre durch die etablierten Aussiedlernetzwerke weiter verstärkt. Soziokulturelle, verwandtschaftliche, religiöse oder weltanschauliche Vernetzungen bestimmten ganz entscheidend die Migrationspfade und -muster im Sinne einer Kettenmigration und schrieben die räumlich ungleichgewichtige Verteilung hier wie generell in den Zielgebieten der Bundesrepublik fest. Von der Funktionsweise der Aussiedlernetzwerke und deren Verknüpfung mit Kommunalverwaltungen, sozialen Trägern und Initiativen in den Gemeinden hängen ebenfalls

Schaubild 2: Anteil der Aussiedler an der Gesamtbevölkerung in den Gemeinden des Landkreises Osnabrück

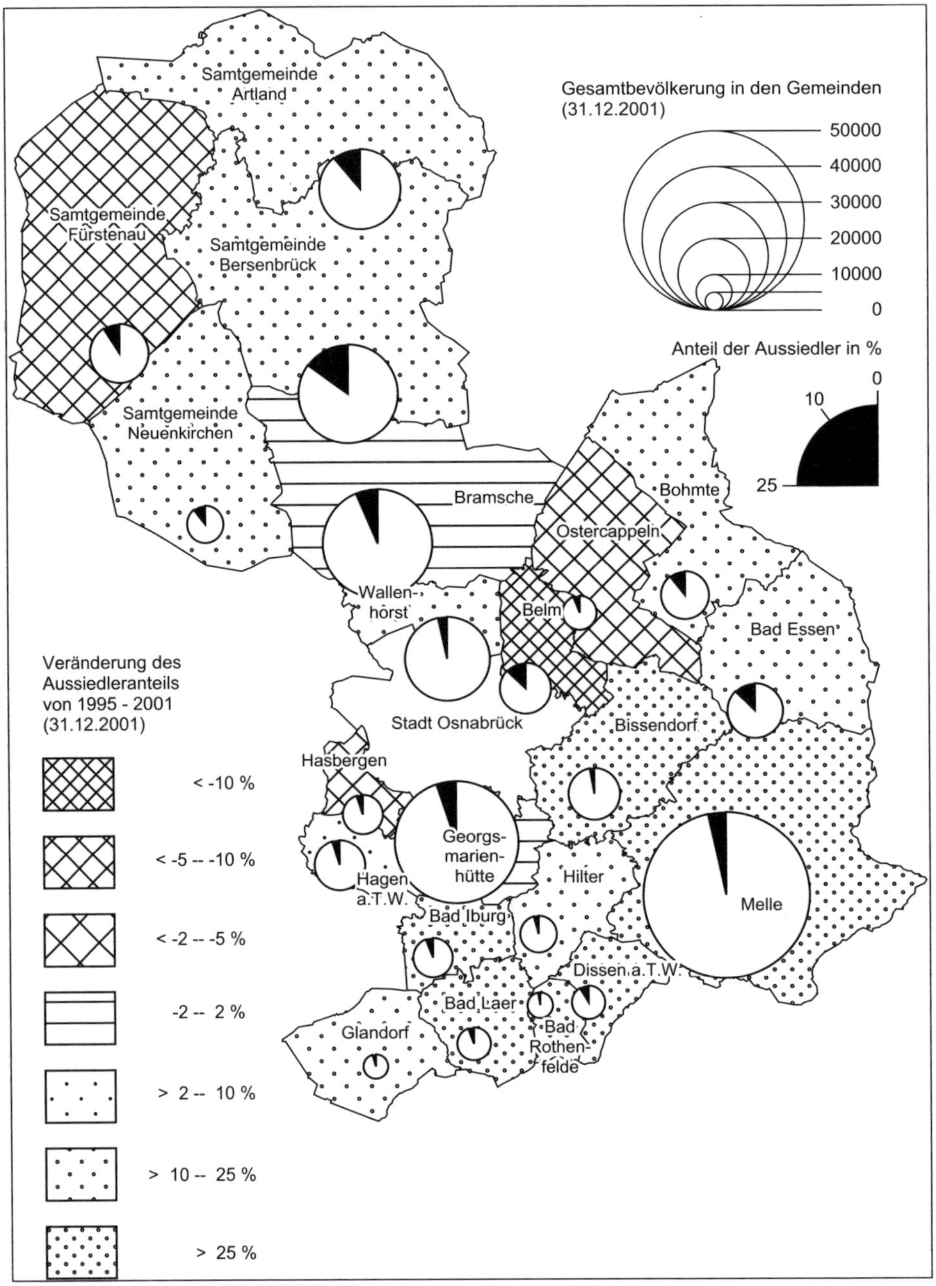

Quelle: Daten des Landkreises Osnabrück 2002.

Schaubild 3: Anteil der Aussiedler an der Gesamtbevölkerung in den Gemeinden des nördlichen Landkreises Osnabrück

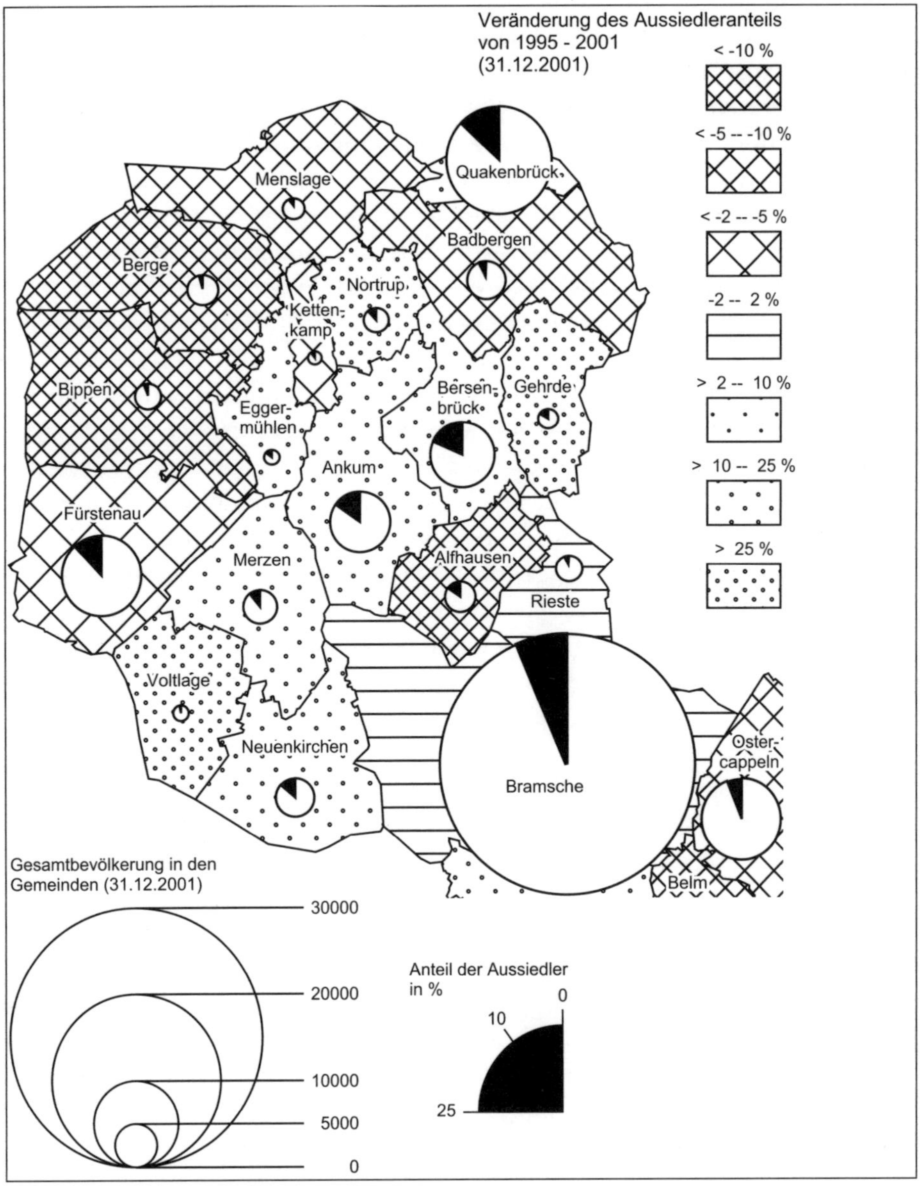

Quelle: Daten des Landkreises Osnabrück 2002.

weitgehend die gelingenden oder mißlingenden Integrationsbemühungen ab. Integration ist in diesem Zusammenhang im Kern zu verstehen als gleichberechtigter Zugang zu den gesellschaftlichen Teilsystemen z.B. von Wirtschaft, Arbeitsmarkt, Wohnungsmarkt, Bildung/Ausbildung, Gesundheit, Recht oder Politik. Die entscheidende Frage ist hier, inwieweit die aufnehmende Gesellschaft die zentralen Lebens- und Wirtschaftsbereiche für die zuwandernden Aussiedler öffnet und mittels welcher Programme und Maßnahmen die verschiedenen Akteure, u.a. die Kommunen, reagieren und die Integrationsprozesse zu unterstützen versuchen. Kommunen, die nach Art. 28 Grundgesetz die »Angelegenheiten der örtlichen Gemeinschaft im Rahmen der Gesetze in eigener Verantwortung« zu regeln haben, besitzen auch in der Bearbeitung migrationsspezifischer Probleme Gestaltungsspielräume, die besonders dann gefordert sind, wenn in Bund und Ländern eine Tendenz offensichtlich ist, »sich Verpflichtungen der sozialstaatlichen Begleitung von Zuwanderung auf Kosten der Kommunen zu entziehen«.[10] Entsprechend stehen die Gemeinden in Zuwanderungsbrennpunkten schwerwiegenderen Herausforderungen gegenüber als Gemeinden mit quantitativ und relativ niedrigen Zuwanderungsquoten. Im Kern wächst den Kommunen durch die Selbstentlastung des Bundes eine zweifache zusätzliche Aufgabe zu, zunächst im Bereich der Arbeitsmarktpolitik, um das erhöhte Arbeitsmarktrisiko der zuwandernden Aussiedler und deren Abgleiten in die kommunal zu finanzierende Sozialhilfe aufzufangen, und dann im Bereich der Wohnungs- und Infrastrukturversorgung (Kindergärten, Schulen, Weiterbildungsstätten, Sportanlagen, Beratungsstätten).[11]

Im Zuge des Rückgangs der Aussiedlerzahlen nach Inkrafttreten des Wohnortzuweisungsgesetzes von 1996 hat der Bedarf an integrationsunterstützenden Aktivitäten in den Gemeinden keinesfalls abgenommen. Im Gegenteil: Wie die vielfältigen kommunalen Unterstützungsmaßnahmen gerade auch im Landkreis Osnabrück belegen (s.u.), ist in verschiedenen Bereichen ein Problemstau entstanden, der erst mittel- bis langfristig bewältigt werden kann. Je nach lokaler Problemlage und deren kommunalpolitischer Bewertung ist es dabei naheliegend, daß in den Gemeinden häufig lokal unterschiedliche Lösungen zum Tragen kommen. Bedeutsam sind dabei nicht nur die Entscheidungen von Kommunalpolitik und Kommunalverwaltung, sondern auch das Engagement des Landkreises und der gemeindlichen Netzwerkpartner, z.B. von Wohlfahrtsverbänden, Arbeitgeber-/Arbeitnehmerorganisationen, Kirchen, Sportvereinen, Bildungsinstitutionen und von Initiativen lokalgesellschaftlicher Gruppen. Zudem ist wichtig, inwieweit es den Gemeinden gelingt, ›Drittmittel‹ zur Finanzierung kommunaler Projekte einzuwerben, z.B. Fördermittel des Bundesverwaltungsamts/Bundesinnenministeriums, der Europäischen Union (zumeist

Aussiedler in Osnabrück: Suburbane Reihenhäuser 1996

des Europäischen Sozialfonds ESF) oder im Rahmen des Bund-Länder-Programms ›Stadtteile mit besonderem Entwicklungsbedarf – Die soziale Stadt‹.

Im folgenden soll es um die Problemwahrnehmung und die Reaktion der Gemeinden im Landkreis Osnabrück im Hinblick auf die Aussiedlerzuwanderung gehen. Es wird gefragt, welche Probleme und migrationsspezifischen Differenzen in den Kommunen wahrgenommen werden, welche Problemlösungsansätze verfolgt und welche konkreten Maßnahmen initiiert bzw. unterstützt werden. Die hier vorgestellten kommunalen Ergebnisse fußen zum großen Teil auf einer Befragung, die der Verfasser in Zusammenarbeit mit dem Landkreis Osnabrück und F. Anders im Juli 1999 durchführte.[12]

Rahmenbedingungen der Integrationsunterstützung

Wirft man einen Blick auf alle regierungsseitigen Hilfs- und Unterstützungsangebote für Aussiedler, die trotz der oben dargestellten Einschränkungen noch offiziell gewährt werden, so ergibt sich ein imponierender Katalog von insgesamt 24 Angeboten. Die regierungsseitigen Hilfs- und Unterstützungsangebote für Aussiedler reichen von Rückführungs- und Eingliederungshilfen, Erstausstattung, Betreuungsgeld, speziellen Hilfen für erlittene Schädigungen über Sprach-, Bildungs-, Ausbildungsförderungen (besonders auch für jugendliche Aussiedler), Förderung von Langzeitarbeitslosen, sozialen Betreuungen und selbständigen Existenzgründungen bis hin zu Leistungen bei Krankheit, zur Unfall- und Rentenversicherung. Diese Auflistung verdeckt allerdings, daß im einzelnen viele Förderungsleistungen in Umfang und zeitlicher Dauer in den 1990er Jahren entscheidend abgesenkt wurden.

Zuständigkeiten liegen bei verschiedenen Institutionen als Entscheidungsträger, z.B. beim Bundesverwaltungsamt, bei der EU, den Bundesländern, der Bundesanstalt für Arbeit/den Arbeitsämtern, Landkreisen, Kommunen und ihren Sozialämtern, den Wohlfahrtseinrichtungen, Handwerkskammern sowie Industrie- und Handelskammern, ebenso bei den Ortskrankenkassen und Rentenversicherungsträgern. Hier ergibt sich für die zuwandernden Aussiedler zweifellos eine große Unübersichtlichkeit, die sie nur mit professioneller Hilfe durchschauen und nutzen können. Die betroffenen Gemeinden befinden sich hier gewissermaßen in einer Moderatorenrolle, in der sie in Kooperation mit anderen Institutionen, Verbänden und Initiativen entscheiden müssen, wie, mit welchen (zu beantragenden) Mitteln und Maßnahmen sie auf welche migrationsspezifischen Probleme reagieren wollen und dabei – neben den Aussiedlern – auch alle anderen Migrantengruppen in den Blick nehmen müssen. Hier gibt es von Gemeinde zu Gemeinde häufig unterschiedliche Reaktionsformen und ein jeweils darauf abgestimmtes lokales Krisenmanagement, je nachdem, welche (meist ethnisch zugeschriebenen) Probleme als bedrohlich wahrgenommen werden und welche zentralen Deutungsmuster im Hinblick auf die Differenz des Eigenen und des Fremden zugrundegelegt werden. Aus wissenschaftlicher Sicht wäre jeweils die Frage zu klären, inwieweit das Denken in ethnischen und kulturellen Kategorien kulturalistische Interpretationen favorisiert, die eine soziale Problemsicht eher verdecken, z.B. hinsichtlich gegebener Armutsstrukturen, psychosozialer Orientierungsunsicherheiten und abweichenden Verhaltens.

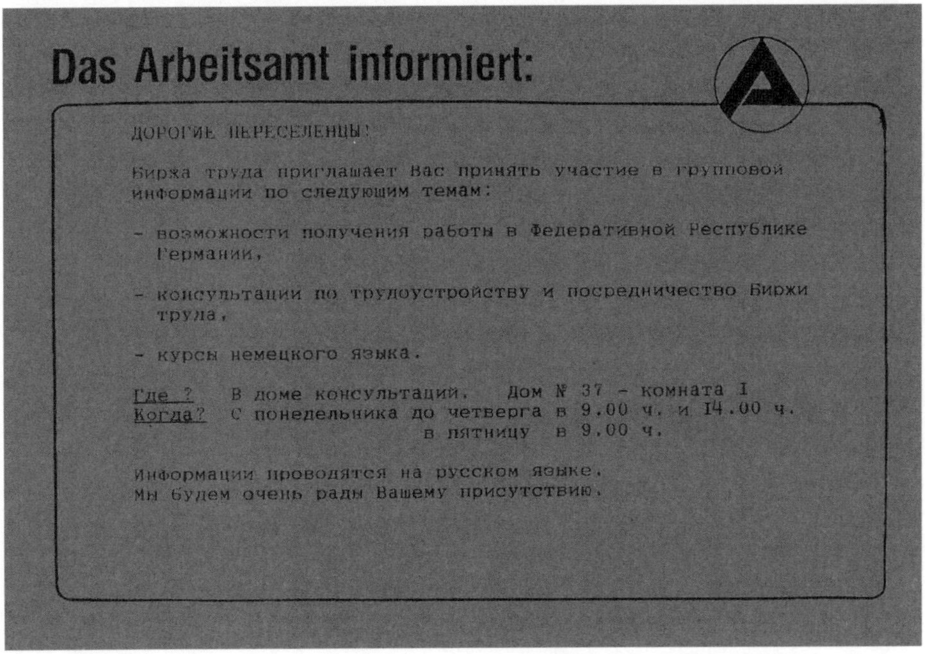

Das Arbeitsamt informiert:

ДОРОГИЕ ПЕРЕСЕЛЕНЦЫ!

Биржа труда приглашает Вас принять участие в групповой информации по следующим темам:

- возможности получения работы в Федеративной Республике Германии,
- консультации по трудоустройству и посредничество Биржи труда,
- курсы немецкого языка.

Где ? В доме консультаций. Дом № 37 - комната I
Когда? С понедельника до четверга в 9.00 ч. и I4.00 ч.
в пятницу в 9.00 ч.

Информации проводятся на русском языке.
Мы будем очень рады Вашему присутствию.

Das Bundesministerium des Innern hat in einem sog. Eckpunktepapier vom 28. September 1999 festgelegt, daß die Integrationsmaßnahmen vor Ort durch die Etablierung kommunaler Netzwerke ortsnah, zielgruppenspezifisch und letztlich effektiv organisiert werden sollten. Sinnvoll organisierte Netzwerke können als Pilotprojekte dabei beispielgebend staatlich gefördert werden; das gilt auch für Projekte, die in ein Netzwerk nachhaltig eingebunden sind. Von solchen Netzwerken erhofft sich das Bundesinnenministerium, daß sie als nachhaltige Einrichtungen nach Auslaufen der Förderung fortbestehen. Konkret heißt es dort: »An diesen Netzwerken sollen alle an der Integration Beteiligten mitwirken: Betreuungsorganisationen, Kirchen, Gewerkschaften, Arbeitsämter, Bildungseinrichtungen, Kommunalverwaltungen, Kulturorganisationen, Traditionsvereine, Sportvereine und private Initiativen, nicht zuletzt die Aussiedler selbst und ihre Verbände. Die Kommunen leiten die Netzwerke und tragen daher einerseits die Verantwortung für deren Arbeit; andererseits können sie die Planung und Durchführung der Maßnahmen beeinflussen. Verbände und sonstige an der Integration Mitwirkende können das Fachwissen der Kommunalverwaltung für Integrationsprojekte nutzen«.

Mit der Aussiedlerzuwanderung waren in den 1990er Jahren auch erstmals die kleineren ländlichen Gemeinden gefordert, weil ein Großteil dieser Migranten dort aufgenommen wurde. Die Kommunalpolitiker bemühten sich zu Beginn der 1990er Jahre sehr nachhaltig um diese Zuwanderer, weil die früheren umfänglichen staatlichen Unterstützungen als eine Art Strukturförderung verstanden werden konnten, die sie gleichzeitig in die Lage versetzte, den Bevölkerungsrückgang dieser Gebiete zu stoppen. Nachdem die wohlfahrtstaatlichen Förderungen sukzessive abgebaut wurden, die Aussiedler zunehmend stärker von Erwerbslosigkeit betroffen waren und der kommunal aufzubringenden Sozialhilfe anheimfielen (bei ›explodierenden‹ Sozialetats), war spätestens ein verstärktes Engagement der Kommunen im Sinne eines sozialen und sozioökonomischen Risikomanagements gefordert. Dieser Zeitpunkt markierte den Beginn für viele Initiativen, die auch von den Landkreisen und Kommunen initiiert wurden und in die verschiedene Wohlfahrtsverbände, Kirchen, Sportvereine, Migrantenvereine etc. eingebunden wurden. Dabei konnten sich einzelne Institutionen auch relativ eigenständig einbringen (s. die unten dargestellten Initiativen der Kirchen). Die Vernetzungen der integrationsbezogenen Maßnahmen nahm im Laufe der 1990er Jahre deutlich zu, weil nur so die vielfältigen ›Integrationsprobleme vor Ort‹ zukunftsfähig bearbeitet und gestaltet werden können.

Netzwerke, Formen und Maßnahmen zur Aussiedlerintegration in den Kommunen

Im Landkreis Osnabrück gibt es eine nicht immer leicht durchschaubare Gemengelage von integrationsfördernden Projekten und Maßnahmen, die einerseits von den Gebietskörperschaften, den Gemeinden und dem Landkreis und andererseits von Organisationen und Institutionen wie Wohlfahrtsverbänden, Kirchen, Bildungseinrichtungen, Volkshochschulen oder Sportvereinen angeboten werden. Um einen besseren Informationsstand und eine fachliche Abstimmung zu gewährleisten, wurde auf Initiative des Landkreises 1996 ein ›Runder Tisch Aussiedlerintegration‹ ins Leben gerufen, dem Vertreter aller relevanten Organisationen angehören. Dieser erfuhr 1999 eine Ergänzung durch einen ›Arbeitskreis Aussiedlerintegration‹. Diese beiden Institutionen verstehen sich als zentrale Netzwerkpartner zur Aussiedlerintegration, denen neben Informationsaustausch, Öffentlichkeitsarbeit und Koordination auch eine Beratungsfunktion, eine Initiativfunktion für Förderanträge und die Aufgabe der konkreten Unterstützung kommunaler Netzwerke zukommen.

Im Juli 1999 führte der Verfasser mit Unterstützung der Landkreisverwaltung eine Befragung sämtlicher Gemeinden des Landkreises Osnabrück zur Integrationsproblematik von Aussiedlern durch. Bis auf eine Ausnahme antworteten alle Gemeinden des Landkreises, meist durch einen in der Sozialverwaltung verantwortlichen Mitarbeiter. Neben Projekten zur kommunalen Beschäftigungsförderung, die nicht nur einen Beitrag zur Wirtschafts- und Arbeitsmarktintegration, sondern auch zur Sozialintegration leisten und die gleichzeitig die psychosozialen Folgen der Erwerbslosigkeit verringern helfen, gibt es vor allem unterschiedliche Begegnungsprojekte, schulische und ausbildungsbezogene Projekte, Sprachkurse, Freizeit- und Sportangebote sowie Maßnahmen zur Eingliederungsberatung, Wohnraumvermittlung, Weiterbildung und zur Rechts-, Finanz- und psychosozialen Beratung. Insgesamt werden von 18 Kommunen (56% aller Kommunen) konkrete Integrationsprojekte benannt. Unter ihnen befinden sich alle Gemeinden mit hohen Zuwanderungsquoten. Sie haben in der Regel auch eigens einen Mitarbeiter/eine Mitarbeiterin für Beratung und Koordination eingestellt. Allein 56,5 Mitarbeiter waren 1999 in der kommunalen Aussiedlerbetreuung tätig, davon 14,5 hauptamtlich, 32 nebenamtlich und 12 befristet (als ABM-Kräfte/Praktikanten). Nahezu die Hälfte davon beherrscht die russische Sprache, wodurch die Erreichbarkeit der Zielgruppen entscheidend verbessert werden kann. Tabelle 1 faßt die Beratungs- und Betreuungsangebote in den Gemeinden des Landkreises 1999 zusammen.

Alle von höherer Aussiedlerzuwanderung betroffenen Gemeinden bestätigen, daß sie bei den Integrationsmaßnahmen mit verschiedenen Institutionen, Verbänden, Vereinen und Initiativgruppen zusammenarbeiten. Im Vordergrund stehen hier Kooperationen mit Sozialämtern, u.a. des Landkreises, mit der Caritas und dem Diakonischen Werk, mit dem Arbeitsamt, mit Kirchen, Sportvereinen und Schulen und mit der Volkshochschule. In diesem Zusammenhang ist vor allem das Engagement des Landkreises hervorzuheben, der als wichtigster Netzwerkpartner der Gemeinden gelten kann. Seine Fachdienste, Regiebetriebe und Gesellschaften führten im Rahmen der Aussiedlerintegration 1999 allein 31 Maßnahmen durch, die darüber hinaus häufig auch anderen unterstützungsbedürftigen Gruppen offenstanden. Sie betrafen die Aktions- und Handlungsfelder Arbeitsmarkt, Schule, Sprache, Gesundheit, Gesellschaft, Recht

Tabelle 1: Integrations- und Betreuungsangebote

Angebote/Projekte	Häufigkeit der Nennungen
Begegnungsprojekte mit Aussiedlern und zwischen Einheimischen und Aussiedlern	24
Schulische Beratung und Betreuung, Maßnahmen zur schulischen Ausbildung	18
Erst- und Eingliederungsberatung, Wohnraumvermittlung	14
Freizeit- und Sportangebote	14
Sprachkurse	12
Maßnahmen zur beruflichen Aus- und Weiterbildung	7
Rechts-/Finanz-/Psychosoziale Beratung	7
Berufsberatung	5
	101

und Sport. Beispielhaft seien einige wichtige Aktivitäten und Unterstützungsmaßnahmen aufgeführt[13]:

- Vermittlung von arbeitsfähigen Sozialhilfeempfängern in sozialversicherungspflichtige Beschäftigungsverhältnisse
- Vermittlung von benachteiligten jungen Sozialhilfeempfängern in betriebliche Ausbildungsverhältnisse
- Durchführung von Seminaren zur beruflichen Orientierung
- Unterstützung von Jugendlichen und jungen Erwachsenen bei Berufsfindung, Ausbildungsplatz- und Arbeitsplatzsuche
- Runder Tisch Aussiedlerintegration zum Austausch von Erfahrungen und Informationen und zum Anstoßen von Initiativen
- Kultur- und Begegnungsveranstaltungen in Zusammenarbeit von Einheimischen mit Aussiedlern
- Gesundheitsförderung bei Kindern und Jugendlichen
- Baurechtliche Beratung im Bereich der Wohnungsbauförderung
- Jugendgerichtshilfe für jugendliche Straftäter
- Hausaufgabenhilfe sowie Sport- und Freizeitangebote für Schüler/Innen
- Förderung des Erwerbs der deutschen Sprache von Jugendlichen und jungen Erwachsenen bis zu 27 Jahren
- Freie Sportangebote in verschiedenen Sportdisziplinen.

Betrachtet man die Projekte zur Aussiedlerintegration im Landkreis Osnabrück im Jahre 2001, so fällt auf, daß sich die Schwerpunkte verschoben haben.[14] Nunmehr werden häufiger Maßnahmen zur sozialpädagogischen Familienhilfe und Elternarbeit, zur Betreuung von verhaltensauffälligen Schulkindern, zur Verbesserung von Freizeitangeboten für Jugendliche sowie zur personalen Unterstützung der Integrationsarbeit, z.B. durch Sozialarbeiter oder Jugendbetreuer, auf den Weg gebracht. Aus Sicht des Landkreises bleibt jedoch bis heute zentral die Beschäftigungsförderung im Rahmen der eigens zu diesem Zweck gegründeten Beschäftigungsinitiative ›MaßArbeit gGmbH‹ (s.u.). Sie bindet die weitaus größten Unterstützungsmittel. Im Jahr 2001 wurden für diese Initiative allein 10 Millionen DM aufgewendet, dabei entfielen jedoch ›nur noch‹ 1,8 Millionen DM auf aussiedlerbezogene Maßnahmen.

Die Frage nach den aus Sicht der Gemeinden notwendigen zukünftigen Handlungsfeldern wird unterschiedlich beantwortet. Als weiterhin unerläßlich werden die Förderung von Sprachkursen und Angeboten zur beruflichen Eingliederung vor allem für jugendliche Aussiedler angemahnt. Darüber hinaus fordern einige Gemeinden einen verstärkten Einsatz von Sozialpädagogen und Streetworkern, um auch Alkohol- und Drogenmißbrauch sowie Kriminalität vorzubeugen. Im Kontext der Intensivierung der Jugendarbeit und einer verbesserten Betreuung der in sich weit differenzierten Aussiedlerzielgruppen[15] fordern allein 14 Gemeinden eine höhere finanzielle Unterstützung durch den Landkreis, um sowohl zusätzliche Mitarbeiter und Sozialarbeiter wie auch soziale Infrastruktureinrichtungen (Kindergärten, Schulen, Sportanlagen, Beratungsstätten) finanzieren zu können.

Als relativ gut wird die Lage der Aussiedler auf dem Wohnungsmarkt eingeschätzt. Über 70% der Gemeinden (23) bezeichnen die Wohnsituation als ›gut‹, 25% (8) sagen, sie sei ›befriedigend‹ und nur eine Gemeinde spricht von einer mangelhaften Unterbringung der Aussiedler (hier handelt es sich um ein Hochhausgebiet in der Gemeinde Belm, das von über 70% Zuwanderern – Aussiedlern und Ausländern – bewohnt wird). In diesem Zusammenhang weisen 15 Gemeinden auf räumliche Ansiedlungsschwerpunkte der Aussiedler hin, wobei allerdings nur einige Gemeinden von Ghettoisierung und Ausgrenzung sprechen (z.B. in Bersenbrück, Belm, Bad Essen, Neuenkirchen). Nachdem die verfügbaren Mietwohnungen durch die Aussiedler belegt wurden, was sich in der Regel in den Gemeinden auch mietpreissteigernd auswirkt, haben mehrere Kommunen zusätzlich Wohnbauland ausgewiesen. Sie tragen dazu bei, daß Aussiedlerfamilien zunehmend Wohnungseigentum erwerben können. Insgesamt wird nur von wenigen Gemeinden für die Zukunft weiterer Wohnraumbedarf angemeldet. Viel entscheidender scheint dagegen ein zusätzlicher Bedarf an sozialen und öffentlichen Infrastruktureinrichtungen zu sein, die wegen des Bevölkerungsanstiegs allgemein und besonders wegen des Anstiegs der Kinder- und Jugendlichenzahlen erforderlich werden. Sehr häufig wurden aus Sicht der Kommunen der Neubau oder die Erweiterung von Kindergärten und Schulen notwendig (in 10 bzw. 11 Gemeinden) sowie von Beratungsstellen, Sporthallen, Jugend- und Vereinsheimen.

Zukünftig sehen sich viele Gemeinden (14) nicht mehr in der Lage, noch weitere Aussiedler aufzunehmen, 12 verhalten sich hier eher ambivalent, während 7 noch weitere Aufnahmekapazitäten sehen. Überraschenderweise sind unter den Befürwortern einer begrenzten Mehraufnahme von Zuwanderern auch Gemeinden mit hohem Aussiedleranteil (1999: Bersenbrück: 21,9%, Bohmte: 9,9%), und auf der anderen Seite befinden sich mehr Kommunen mit geringer Zuwanderungsquote, die eine weitere Aufnahme von Aussiedlern ablehnen (z.B. Hilter: 3,9%, Wallenhorst: 2,9%, Bad Rothenfelde: 1,8%). Hier zeigt sich sehr deutlich, daß unterschiedliche Bewertungen und Zukunftsvorstellungen zugrundegelegt werden und manchmal wohl auch das ›St. Florian-Prinzip‹ eine Rolle spielt. Tabelle 2 verdeutlicht die Probleme und Erschwernisse, die die Gemeinden im Hinblick auf die berufliche Eingliederung sehen. Die Gemeinden bezeichnen fehlende Sprachkenntnisse, die allgemein angespannte Arbeitsmarktlage und die unzureichenden Fachkenntnisse als die größten Hindernisse beim Arbeitsmarkteinstieg von Aussiedlern. Alle anderen aufgeführten Gründe erscheinen demgegenüber aus Sicht der Gemeinden nur als minderrangig und weniger bedeutsam.

Tabelle 2: Von den Gemeinden aufgeführte Probleme bei der Arbeitsmarktintegration

Maßgebliche Probleme	Häufigkeit der Nennungen
Fehlende Sprachkenntnisse	27
Allgemeine Arbeitsmarktlage	25
Unzureichende Fachkenntnisse	12
Geringe Motivation/hohe Ansprüche	6
Fehlende Angebote	5
Geringe Berufspraxis	3
Vorurteile der Arbeitgeber	2

Die berufliche Eingliederung besitzt im Integrationsprozeß zweifellos einen zentralen Stellenwert. Für die Kommunen hat sie eine Entlastung der angespannten Sozialhilfeetats zur Folge, und für die betroffenen Aussiedlerfamilien selbst erleichtert sie entscheidend die Bedingungen zur sozialen und psychomentalen Integration. Der Landkreis Osnabrück ging hier nach den Leistungskürzungen im Bereich der Arbeitsförderung 1993/94 und dem starken Anstieg der Nettoausgaben für die Sozialhilfe völlig neue Wege. Er vernetzte im Kern die Aktivitäten von Arbeits- und Sozialämtern mit jenen der Bildungs-, Ausbildungs- und Qualifizierungsträger und kooperiert seitdem auf allen relevanten

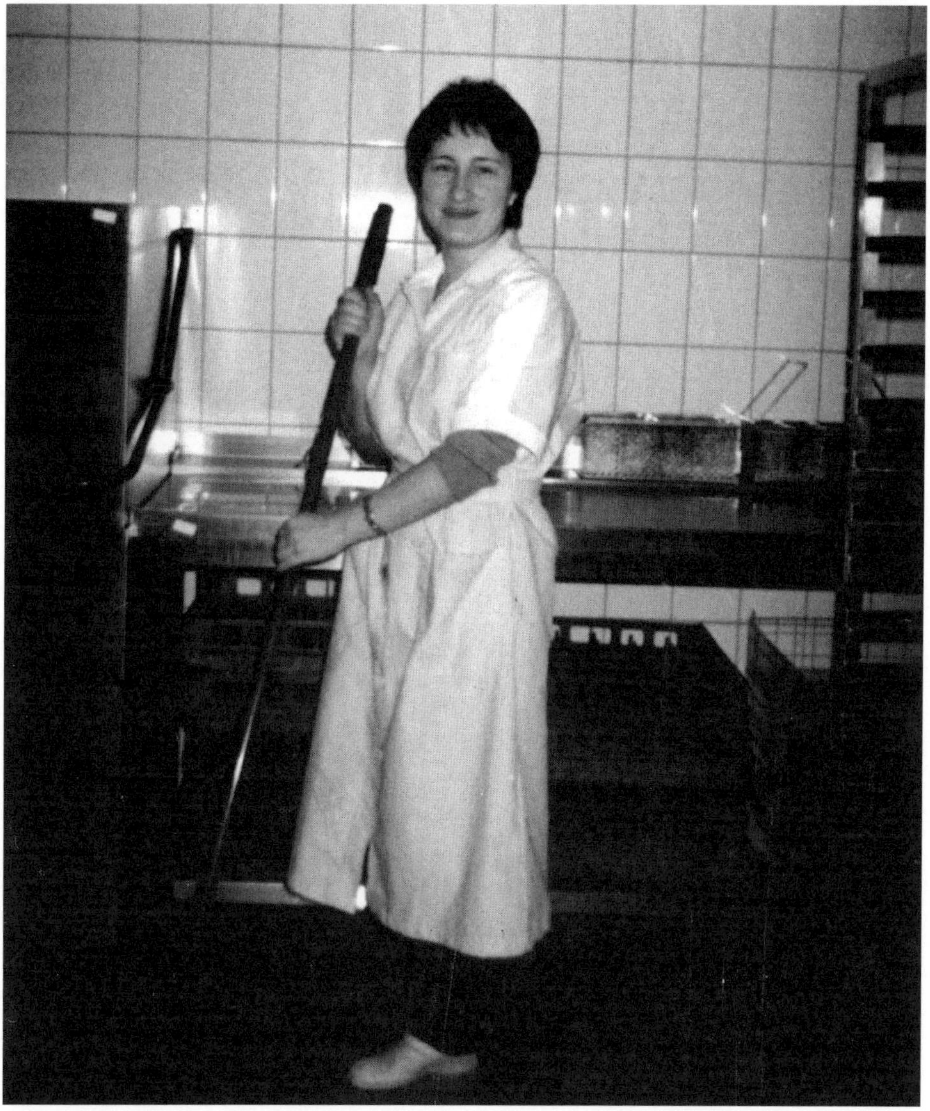

Start auf unterer Ebene: Neuer Anfang für rußlanddeutsche Akademikerin in Osnabrück, Anfang der 1990er Jahre

Feldern mit den betroffenen Kommunen. Das gesamte Aktionsprogramm setzt sich aus folgenden Bausteinen zur kommunalen Arbeitsmarkt-, Wirtschafts- und Qualifikationsförderung zusammen, die alle eng miteinander vernetzt sind.[16]

- ›MaßArbeit gGmbH‹: Kommunale Arbeitsvermittlung und Vermittlung von Qualifizierungsmaßnahmen im Rahmen sozialversicherungspflichtiger Beschäftigter
- Auswegberatung: Individuelle Beratung von Sozialhilfeempfängern zur Hilfe bei persönlichen Problemen und bei Vermittlungshemmnissen
- Ausbildungsvermittlung im Rahmen der ›MaßArbeit gGmbH‹: Unterstützung aller Aktivitäten und Maßnahmen zur Bekämpfung der Jugenderwerbslosigkeit
- ArtNetz: Integrationsprojekt zur gesellschaftlichen und beruflichen Integration von jungen Spätaussiedlern im strukturschwachen Nordkreis
- Serviceagentur Osnabrücker Land: Vermittlung und Betreuung für Bezieher von Arbeitslosengeld/-hilfe und Sozialhilfe (Kombi-Leistungsempfänger)
- Schaffung neuer Arbeitsplätze im Dienstleistungsbereich: Dienstleistungsangebote für private Haushalte und unternehmensnahe Dienstleistungen im Rahmen von subventionierten Arbeitsverhältnissen für Langzeiterwerbslose und erwerbslose Sozialhilfeempfänger
- Zusammenarbeit mit privaten Arbeitsvermittlern gegen Honorar: Nutzung aller im Osnabrücker Land vorhandenen Möglichkeiten und Ressourcen, um Erwerbslosen wieder in den Arbeitsmarkt zurückzuhelfen
- Gemeinnützige Arbeit: Sozialhilfeempfänger, die nicht direkt in den Arbeitsmarkt vermittelt werden können, erhalten ein Angebot für gemeinnützige Arbeit
- Refinanzierung: Verbesserung der Refinanzierung von Sozialleistungen durch verstärkte Heranziehung von Verwandten etc. zum Unterhalt
- Qualitätssicherung: Qualitätssicherung in der Sozialhilfe für eine effektive und zielgerichtete soziale Dienstleistung in den Sozialämtern im Landkreis Osnabrück.

Das 1993 gestartete Programm ›Hilfe zur Arbeit‹ wurde 1996 zu einer aktiven und innovativen Beschäftigungsinitiative ›MaßArbeit gGmbH‹ weiterentwikkelt, die sich zum Ziel gesetzt hat, jedem erwerbslosen Sozialhilfeempfänger eine möglichst dauerhafte sozialversicherungspflichtige Beschäftigung zu vermitteln. ›MaßArbeit gGmbH‹ »organisiert und koordiniert Qualifikationsmaßnahmen und nutzt dabei das flächendeckende, qualifizierende Angebot von Erwachsenenbildungsträgern in Stadt und Landkreis Osnabrück«.[17] Arbeitskräfte nachfragende Betriebe in der Region arbeiten zur Deckung ihrer qualifikationsspezifischen Nachfrage eng mit ›MaßArbeit‹ zusammen, indem sie z.B. im Falle einer Arbeitskraftvermittlung Beratungsunterstützung und intensive Begleitung gewähren. Zusätzlich bieten zeitlich befristete Lohnkostenzuschüsse einen Anreiz, Erwerbslose mindestens ein Jahr lang einzustellen. Wird eine vermittelte Erwerbsperson nach einer einjährigen Maßnahme wieder erwerbslos, so fällt sie bekanntlich zunächst aus der Sozialhilfe heraus und ist berechtigt, Leistungen des Arbeitsamtes zu beziehen. Auf diese Weise konnten bis zum 31. Dezember 2001 allein 5.209 erwerbslose Sozialhilfeempfänger vermittelt werden.[18] Dieser Erfolg schlägt sich nicht nur in einer deutlichen Verminderung der Nettosozialhilfekosten nieder, die von 30 (1991) auf 75 Millionen DM (1995) wuchsen, um dann bis zum Jahre 2001 wieder auf 52,1 Millionen DM zu fallen, sondern auch in einer deutlich verringerten Erwerbslosenquote. Gleichzeitig ging die Zahl der Sozialhilfeempfänger im Landkreis Osnabrück von mehr als 12.000 (1995) auf knapp 9.400 (1999) zurück. Diese ›Erfolgsmeldungen‹ sagen aber noch nichts über die Qualität und das Qualifikationsniveau der vermittelten Erwerbstätigen bzw. der Erwerbstätigkeiten aus. Auffällig ist dabei, daß die vermittelten Aussiedler nicht nennenswert an qualitativ höheren Statuspositionen des Arbeitsmarktes partizipieren. Insbesondere fällt auf, daß das intellektuelle und qualifikatorische Potential vieler Zuwanderergruppen noch keineswegs ausgeschöpft werden konnte.

Betrafen in der Zeit von 1994 bis 1996 noch ca. 80% aller Vermittlungen die Problemgruppe der Aussiedler, so machte diese im Jahre 2001 nur noch 12% aller Vermittlungsfälle aus.[19] Damit liegt die Quote der Aussiedler an der Gesamtzahl der Hilfeempfänger zwar noch bei 13% und damit höher als ihr Anteil an der Gesamtbevölkerung von 7,9%. Dessen ungeachtet muß aber festgehalten werden, daß sich durch die Beschäftigungsinitiative ›MaßArbeit gGmbH‹ die Beschäftigungssituation der erwerbsfähigen Aussiedler zum Vorteil auch der regionalen Wirtschaft maßgeblich verbessert hat. Das bestätigt auch eine im November 2000 durchgeführte Evaluationsanalyse, bei der 57,3% aller Vermittlungsfälle erfaßt wurden. Dieser zufolge waren 35% von der Vermittlung bis zur Evaluierung durchgehend berufstätig, und weitere 37% übten eine Erwerbstätigkeit aus, nachdem sie anfänglich erwerbslos gewesen waren. Dagegen hat sich ›nur‹ für 16% nach Maßnahmenende keine Anschlußbeschäftigung ergeben, und weitere 12% fielen nach zwischenzeitlichen Erwerbstätigkeiten wieder in die Erwerbslosigkeit zurück. Im Vergleich zu einer ersten Evaluation 1997 ergab sich dabei eine positive Verschiebung der Vermittlungsquote zugunsten einer dauerhaften Erwerbstätigkeit.

Die positiven Effekte der Beschäftigungsinitiative ›MaßArbeit gGmbH‹ spiegeln sich auch im Schaubild 4 wider, welche den Anteil der erwerbslosen Aussiedler im Vergleich der Jahre 1994 und 2000 darstellt. In allen Gemeinden des Landkreises Osnabrück ging dieser in dem erfaßten Sechsjahreszeitraum stark zurück, und zwar gleichermaßen im strukturschwachen Nordkreis, wo sich die Gesamterwerbslosenzahlen nur geringfügig veränderten, wie im wirtschafts-

Schaubild 4: Erwerbslose Aussiedler in den Gemeinden des Landkreises Osnabrück 1994 und 2000

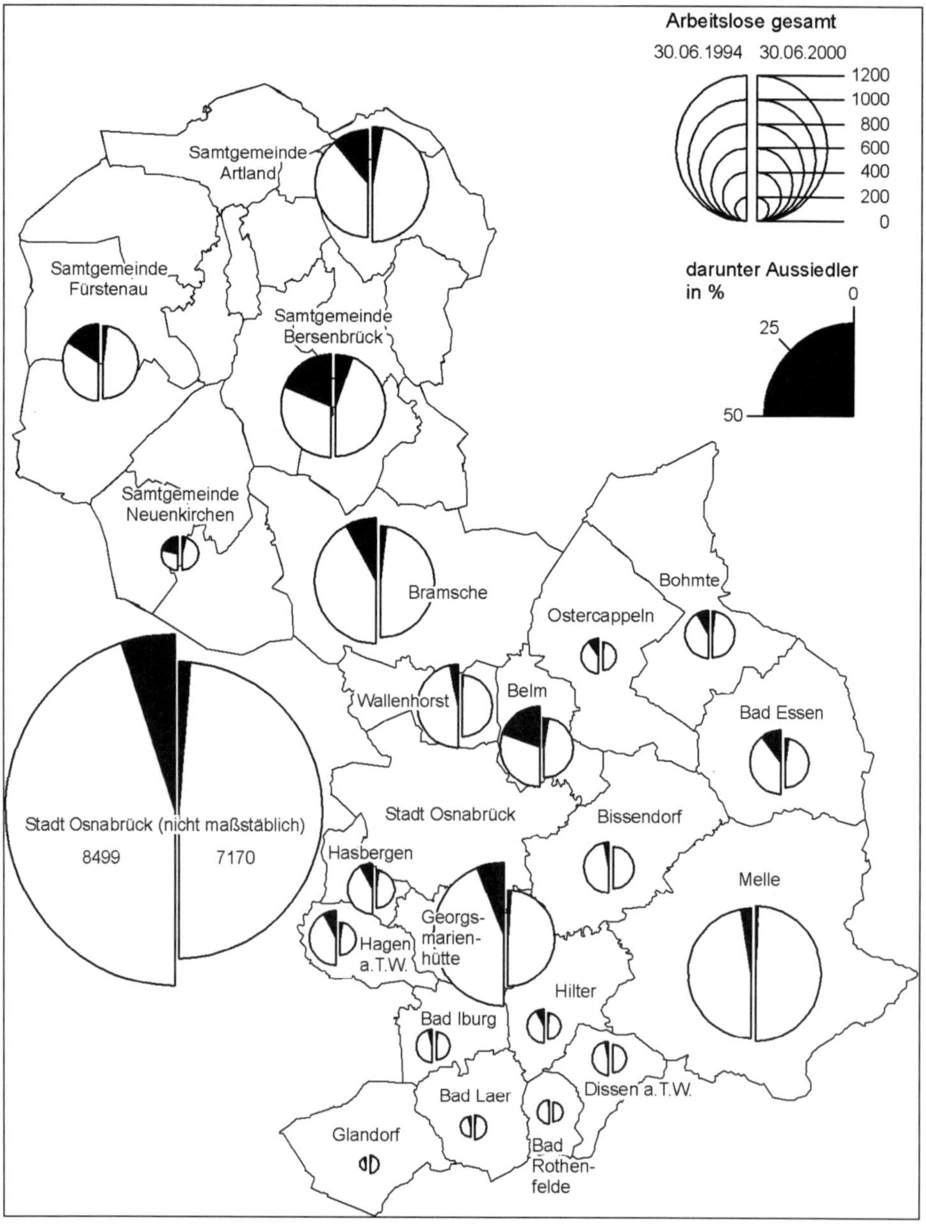

Quelle: Daten des Landkreises Osnabrück 2002.

Sprachbarrieren auf dem Weg zur Arbeit

Von der chinesischen Grenze ins Osnabrücker Land – Probleme bei der Integration von Aussiedlern

Osnabrück
„In Rußland waren wir die Deutschen, und in Deutschland sind wir die Russen", erzählt Jelena, die vor rund zwei Jahren nach Deutschland kam. Die knapp 50jährige ist Spätaussiedlerin und mit ihrer Familie aus dem asiatischen Tadschikistan in das Osnabrücker Land übergesiedelt.

„In Tadschikistan sind die Sommer mit 35 bis 40 Grad viel heißer als in Deutschland", erinnert sich Jelena an ihr altes Zuhause, das an der Grenze zu Afghanistan und China in einem abgeschiedenen Winkel des ehemaligen Sowjetreiches am Fuße des Pamir, dem Dach der Welt, liegt.

Zur Zeit über 20 000 Aussiedler

Das größte Problem für alle Aussiedler in Deutschland sei die Sprache, berichtet Jelena, die in Tadschikistan als Ingenieurin arbeitete. Während des inzwischen nur noch sechsmonatigen Sprachkurses, früher waren es 18 Monate, lernten die meisten Aussiedler nur soviel Deutsch, um sich gerade verständigen zu können. „Den Kindern fällt es natürlich leicht, sie sind jeden Tag mit einheimischen Kindern zusammen und lernen die neue Sprache sehr schnell. Bei den Älteren dauert es eben länger, und das ist oft mit Problemen verbunden", weiß die Ingenieurin aus eigener Erfahrung zu berichten.

„Nach einem Hochschulabschluß habe ich jahrelang als technische Ingenieurin gearbeitet und eine Menge Spezialwissen erworben", denkt Jelena an ihr Berufsleben in Tadschikistan zurück. In Deutschland sei es aber allein wegen der sprachlichen Probleme und fehlender Fachtermina fast ausgeschlossen, eine Anstellung im erlernten Beruf zu finden.

Ihr sei es genauso ergangen, berichtet Olga aus Kirgistan. Sie ist zur Zeit befristet bei der Kreisverwaltung beschäftigt. Sie gibt dort Daten in die EDV-Anlage ein. Diese Tätigkeit ist ihr im Rahmen des Projektes „Arbeit statt Sozialhilfe" des Landkreises Osnabrück vermittelt worden. Auch viele ihrer kirgisischen Bekannten, die früher als Ärzte, Professoren oder Ingenieure tätig waren, verdienen nun als Arbeiter ihr Geld. Besonders die älteren Spätaussiedler haben kaum eine Chance, in ihrem alten Beruf zurückzukehren.

Neben den sprachlichen Problemen kommt noch die bestehende Arbeitsmarktsituation in ihrer neuen Heimat hinzu: Seit 1987 sind über 15 000 Aussiedler direkt in den Landkreis Osnabrück gezogen, das ist landesweit der stärkste Zuzug in einen Landkreis. Zur Zeit leben im Landkreis Osnabrück über 20 000 Aussiedler, von denen viele eine Arbeit suchen. Schwierig ist diese Situation auch für die Städte und Gemeinden im Landkreis sowie die Kreisverwaltung: Zur schlechten Arbeitsmarktlage kommt hinzu, daß sich der Bund von vielen aussiedlerspezifischen Leistungen verabschiedet oder sie gekürzt hat, so daß die Sozialhilfezahlungen für Aussiedler von 0,7 Millionen DM (1992) auf rund 25 Millionen DM im Jahr 1994 gestiegen sind. Eine gleichmäßigere und damit gerechtere Verteilung der Aussiedler würde die Lage sowohl der Aussiedler als auch der Kommunen verbessern.

Fehlende Sprachkenntnisse führen nach Worten von Olga dazu, daß die Kontakte zwischen den Spätaussiedlern und den einheimischen Deutschen noch nicht so intensiv seien. Erfreulich sei es aber, daß gerade die älteren einheimischen Mitbürger immer hilfsbereit und kontaktfreudig seien, so Olga. „Ich wünsche mir, daß sich diese Probleme im Laufe der Jahre erledigen und wir in einem harmonischen Alltag leben werden", hofft sie auf eine schnelle Integration der Aussiedler.

Neue Osnabrücker Zeitung, 17.7.1995

starken Südkreis, wo ein höherer Rückgang der allgemeinen Erwerbslosenzahlen feststellbar ist. Allerdings ist in diesem Kontext zu berücksichtigen, daß die Abnahme der Erwerbslosenquote der Aussiedler durch eine spezifische Berechnungsart ›geschönt‹ wird: Erwerbslose Spätaussiedler werden nur fünf Jahre nach ihrer Einreise statistisch gesondert erfaßt. Danach wird von ihrer Integration in Gesellschaft und Wirtschaft der Bundesrepublik ausgegangen. Für das Schaubild 4 bedeutet dieses, daß alle Aussiedler, die vor 1995 eingereist und erwerbslos sind, der Erwerbslosenquote der ›einheimischen Deutschen‹ zugeschlagen werden.

Integration von Aussiedlern in Kirchengemeinden

An dieser Stelle soll kurz ein Beispiel für kommunale Integrationsangebote vorgestellt werden, das relativ selbständig organisiert wird und nur schwach mit anderen Initiativen vernetzt ist. Die Kirchengemeinden bieten hier ein entsprechendes Beispiel, sie unterstützen Integrationsformen sowie Verständigungs- und Abstimmungsprobleme in einem zentralen kulturellen Bereich. In vergleichbarer Weise könnte auch die freizeitorientierte Integrationsarbeit von Sportvereinen oder anderer Organisationen untersucht werden, um die Wirkungsweise und Qualität zusätzlicher, weitgehend unabhängiger Integrationsangebote zu verdeutlichen.

Auf unsere Befragung im Juli 1999 in 117 Kirchengemeinden des Landkreises Osnabrück zu Aktivitäten kirchlicher Integrationsmaßnahmen für Aussiedler und den dabei auftretenden Problemen und erzielten Erfolgen äußerten sich 63 (54%) – zu gleichen Teilen evangelische (45%) und katholische (45%) –, dazu zwei freikirchliche und eine Baptistengemeinde (vier ›Fälle‹ konnten wegen unvollständiger Angaben nicht zugeordnet werden). Die befragten Kirchengemeinden repräsentieren insgesamt ca. 150.000 Mitglieder, davon machten 48 (mit ca. 116.000 Mitgliedern) Angaben über aussiedlerbezogene Aktivitäten. Insgesamt kann man somit von einer repräsentativen Erhebung ausgehen.[20]

Nur wenige Kirchengemeinden organisieren aussiedlerspezifische Angebote, um die Zuwanderer auf diese Weise an die Kirche und die Kirchengemeinde heranzuführen. 18 Kirchengemeinden (29%) zeichnen verantwortlich für insgesamt 29 spezielle Angebote, wobei Bibelkreise und Glaubensunterweisungen bei weitem überwiegen. Im einzelnen ergeben sich folgende Angebote für Aussiedler:
- Bibelstunde/Bibelkreis/Glaubensunterweisung: 13
- Tauf- und Konfirmationsunterricht (auch für Erwachsene): 8
- Andacht/Gebetsstunde: 5
- Freizeitangebote (Tanzen, Basteln, Kochen): 3

Sehr viel häufiger gibt es Angebote, die von Aussiedlern und Einheimischen gemeinsam wahrgenommen werden. Allein 95 solcher Angebote werden von den befragten Kirchengemeinden benannt. Tabelle 3 faßt diese Angebote zusammen.

Bei einer Gesamtbewertung heben 26 Kirchengemeinden hervor, daß es Schwierigkeiten in der Arbeit mit Aussiedlern gebe, während 34 nur von positiven Erfahrungen berichten. Als Ursache für die sich ergebenden Schwierigkeiten werden vor allem die mangelnden Sprachkenntnisse, auch bei der Arbeit mit Kindern und Jugendlichen, genannt sowie psychosoziale Hemmschwellen bei der möglichen Mitarbeit und das relativ geringe Interesse an kirchlichen Aktivitäten allgemein. Als Schwierigkeit wird verschiedentlich auch die mangelnde Akzeptanz der Aussiedler durch die einheimische Bevölkerung angeführt. Insbesondere die Jugendlichen werden als Problemgruppe bezeichnet, die von kirchlichen Angeboten so gut wie überhaupt nicht erreicht wird. Demgegenüber wird älteren Aussiedlern bescheinigt, daß sie sich oft durch eine tiefe Frömmigkeit, Dankbarkeit und Bescheidenheit auszeichnen und daß der Kontakt zu Frauen leichter hergestellt werden kann und diese auch eher in die Beratungsstunden kommen. Frauen sind offensichtlich auch viel eher bereit zur Übernahme ehrenamtlicher Tätigkeiten. Auffallend hoch ist die Beteiligung von Aussiedlern in Gottesdiensten wohl auch deshalb, weil sie hier eher in einer rezeptiven, wenig fordernden Haltung verharren können. Auf der Basis vorliegender Angaben aus 26 Kirchengemeinden konnte übrigens hochgerechnet werden, daß über 20% der Aussiedler Gottesdienste besuchten.

Tabelle 3: Teilnahme von Aussiedlern an Angeboten der Kirchengemeinden

Angebote	Anzahl von Kirchengemeinden, in denen Aussiedler an dem betreffenden Angebot teilnehmen
Gottesdienst	37 (59%)
Seniorentreff	19 (30%)
Jugendtreff	13 (21%)
Bibelkreis	8 (13%)
Gesprächskreise	7 (11%)
Mutter-Kind-Gruppen	6 (10%)
Hausaufgabenhilfe	5 (8%)
	95

Erfolgreich scheint besonders die Ansprache mittels direkter Kontaktaufnahme und durch Hausbesuche zu sein. Positiv wird von den Kirchengemeinden ebenso hervorgehoben, daß die Aussiedlerbiographien den Gemeinden Anlaß geben, über den Tellerrand hinauszusehen und daß sich schließlich auch aufgrund des Wachstums der Kirchengemeinden durch den Aussiedlerzuzug die finanziellen Zuweisungen der Landeskirchen erhöht haben. Schließlich wird positiv vermerkt, daß sich viele benachbarte Kirchengemeinden über Integrationsprobleme mit Aussiedlern austauschen. Vergleichbar existiert ein Erfahrungsaustausch auf der Ebene von Pfarrgemeinderäten, Dekanatskonferenzen, Versammlungen von Seelsorgebezirken und auch zwischen Beauftragten der Kirchenkreise und ihrer Vorstände.

Viele Kirchengemeinden sind überzeugt, daß sich die kirchliche Integration nur durch viele und wiederkehrende Hausbesuche verbessern ließe und durch die Einrichtung von Gesprächskreisen, bei denen gefordert wird, Müttern mit Kindern besondere Aufmerksamkeit zuteil werden zu lassen. Ebenso sollte das Sprachtraining forciert und schwerpunktmäßig die Integration von Aussiedlerkindern/-jugendlichen mittels verschiedener Angebote und Projekte vorangetrieben werden. Schließlich wird auch angemahnt, daß bestehende Informationsdefizite bei der einheimischen Kirchengemeinde behoben werden sollten.

Als Fazit kann man festhalten, daß die Kirchen einen erheblichen Beitrag zur Integrationsarbeit vor allem bei alten Aussiedler(inne)n leisten und daß die Aussiedler vornehmlich durch persönliche Kontakte nicht nur zu den kirchlichen Würdenträgern, sondern auch zu den Gemeindemitgliedern an die Kirchengemeinden herangeführt werden können. Ein Generationsproblem kommt auch im Kontext der Angebote der Kirchengemeinden zum Ausdruck, weil Jugendliche mit den bisherigen Angeboten nur ganz peripher erreicht wurden. Insofern steht zu vermuten, daß auch bei den zugewanderten Aussiedlern die nachfolgende Generation nur als sehr schwache Minderheit in die Kirchengemeinden integriert sein werden.

Ausblick: Kommunale Integrationsmaßnahmen und die Probleme der Jugendlichen

Wie dieser Beitrag zeigt, gibt es im Landkreis Osnabrück viele funktionierende Netzwerke und Formen der Zusammenarbeit, die Integrationsprozesse von Aussiedlern in verschiedene gesellschaftliche Teilbereiche unterstützen. Es existieren gleichermaßen ausbildungsbezogene, berufliche, gemeinwesenorientierte, arbeitsmarkt- und wohn(umfeld)bezogene Maßnahmen. Die allermeisten Kommunen auch in strukturschwachen ländlichen Räumen kommen offensichtlich engagiert ihrer Verantwortung nach und bearbeiten vielfältige Folgen der Aussiedlerzuwanderung. Dabei stehen eindeutig sozioökonomische, bildungs-/ausbildungs- und arbeitsmarktspezifische Unterstützungen im Vordergrund, soziokulturelle Aspekte werden in der Regel nur randlich mit einbezogen. Auch ein interkultureller Dialog kommt auf allen Ebenen nur sehr schleppend in Gang. Weitgehend scheint es auch so, daß die Integrationsförderung stark betreuende bzw. paternalistische Züge aufweist, die vornehmlich die Defizite der Aussiedler und weniger deren Potentiale und Kompetenzen im Auge hat. Bisher konnten Eigeninitiativen vieler Aussiedlergruppen nur randlich stimuliert und genutzt werden. Dabei werden bisher offensichtlich auch zu wenig die unterschiedlichen sozialen Verhältnisse von Aussiedlern und Aussiedlerfamilien berücksichtigt, die bekanntlich weit differenziert sind. Je nach Alter, Herkunft, Geschlecht, Zeitpunkt der Einreise, Qualifikation, Erwerbstätigkeit/Erwerbslosigkeit oder Motivation bzw. religiöser Orientierung sind sicherlich unterschiedlich zu nutzende Potentiale vorhanden, die es stärker zu berücksichtigen gilt.

Zu bedenken ist bei allen Integrationsbemühungen sowie beim interkulturellen Umgang zwischen Minderheiten und Mehrheit der Faktor ›Zeit‹. Viele historische Erfahrungen weltweit zeigen, daß es schnelle und gleichzeitig dauerhafte Lösungen weder in der Vergangenheit gab noch sich solche in der Gegenwart oder in der näheren Zukunft abzeichnen.

In allen Integrationszusammenhängen treten zentral einige Hindernisse auf, die deshalb auch verstärkt Gegenstand von Unterstützungsmaßnahmen sind. Als solche werden zum einen immer wieder die mangelnden Kenntnisse der deutschen Sprache identifiziert und die in unserer Arbeitswelt nur sehr eingeschränkt verwendbaren beruflichen Qualifikationen der Aussiedler und zum anderen das fehlende soziokulturelle Handlungswissen in der bundesrepublikanischen Gesellschaft, das häufig Orientierungslosigkeit und subjektive Überforderungsgefühle zur Folge hat. In besonderer Weise ist davon die Problemgruppe der Jugendlichen betroffen, der auch auf der kommunalen Ebene die meisten Unterstützungsangebote gelten. Besonders in der kritischen Altersphase von 14 bis 18 Jahren entziehen sich viele Aussiedlerjugendliche dem verunsichernden Anpassungsdruck, indem sie sich in abgeschotteten Cliquen ihre Eigenwelt schaffen und in ihrem spezifischen Milieu leben. Hierin drückt sich ein Handlungsmuster aus, das auf der einen Seite individuelle Sicherheit verheißt, auf der anderen Seite aber als hinderlich für die Lebensbewältigung und die Lern- und Berufsfähigkeit in unserer Gesellschaft angesehen werden muß. Viele Gemeinden haben den Problemdruck im Bereich der Integration von Jugendlichen erkannt. Sie versuchen durch verschiedene Projekte und durch eine sinnvoll darauf abgestimmte Jugendsozialarbeit weitere Marginalisierungsprozesse zu verhindern, ohne daß man bisher in jedem Einzelfall von wirklichen Erfolgen dieser Maßnahmen sprechen kann.

Anmerkungen

1 Michael Bommes, Bundesrepublik Deutschland: Die Normalisierung der Migrationserfahrung, in: Klaus J. Bade (Hg.), Einwanderungskontinent Europa: Migration und Integration am Beginn des 21. Jahrhunderts, Osnabrück 2001, S. 49–60.
2 Z.B. nahmen die Ausgaben des Bundes für die Integration von Aussiedlern von 5,2 Milliarden DM (1991) über 2,4 Milliarden DM (1996) bis zum Sollwert von 1,21 Milliarden DM (2001) ab (Zusammenstellung des Bundesministeriums des Innern vom Dezember 2000).
3 Infodienst deutscher Aussiedler, Nr. 112, August 2001.
4 Bundesanstalt für Arbeit
5 Bundesvertriebenen- und Flüchtlingsgesetz
6 Michael Bommes, Migration, Nationalstaat und Wohlfahrtsstaat – kommunale Probleme in föderalen Systemen, in: Klaus J. Bade (Hg.), Migration – Ethnizität – Kon-

flikt: Systemfragen und Fallstudien (IMIS-Schriften, Bd. 1), Osnabrück 1996, S. 213–248, hier S. 239.

7 Im Landkreis Osnabrück bearbeiten die Kommunen z.B. die Sozialhilfefälle, der Landkreis muß dagegen die Mittel aufbringen – dieser erhält jedoch u.a. seine finanziellen Ressourcen durch die Kreisumlage der Gemeinden.

8 § 1, Abs. 1 des Gesetzes über die Festlegung eines vorläufigen Wohnortes für Spätaussiedler (WoZuG), 4. Änderung.

9 § 2, Abs. 2 WoZuG.

10 Gifhorner Erklärung zur Aussiedlerintegration der Verwaltungen der kreisfreien Städte Wolfsburg und Salzgitter, der Landkreise Gifhorn, Nienburg/Weser, Cloppenburg, Emsland und Osnabrück, 1995, S. 7.

11 In diesem Zusammenhang sollte darauf hingewiesen werden, daß neuerdings die privilegierte Stellung der Aussiedler im Vergleich zu anderen Zuwanderergruppen abgebaut und die bisherige Ungleichbehandlung abgeschwächt wird. Politisch ist bedeutsam, daß im neuen Zuwanderungsgesetz von einer Gesamtkonzeption für die Problemfelder Migration und Integration ausgegangen wird, die die bestehenden Unterschiede zwischen den verschiedenen Zuwanderergruppen weiter nivelliert.

12 Wichtige Detailergebnisse finden sich in Band 10 der ›Studienreihe Osnabrücker Land. Soziales‹ mit dem Titel: Integration der Spätaussiedler im Landkreis Osnabrück, Osnabrück 2000.

13 Zusammenstellung des Landkreises Osnabrück vom Juni 1999.

14 Zusammenstellung des Landkreises Osnabrück vom November 2001.

15 Es sollte noch einmal hervorgehoben werden, daß die Aussiedler sozioökonomisch und soziokulturell weit differenziert sind je nach Alter, Zeitpunkt der Einreise, Herkunft, Qualifikation, Wohnbedingungen oder Art der Erwerbstätigkeit bzw. Erwerbslosigkeit.

16 Landkreis Osnabrück: Perspektiven nach Maß II: Aktive Sozial- und Beschäftigungspolitik im Landkreis Osnabrück, Osnabrück 2000, S. 6.

17 Ebd., S. 7.

18 Übersicht des Landkreises Osnabrück 2002, Abb. 4.

19 Situationsbericht des Landkreises Osnabrück, 22.3.2002.

20 Nicht eingeschlossen in diese Befragung wurden allerdings einige Kirchengemeinden der Aussiedler wie Pfingstler, Mennoniten, Baptisten und freie Kirchengemeinden, die sich ausgrenzen und sich in ihrer Religionsausübung von alter Brauchtumspflege und Tradition leiten lassen.

Literatur

Bade, Klaus J./Oltmer, Jochen (Hg.): Aussiedler: deutsche Einwanderer aus Osteuropa (IMIS-Schriften, Bd. 8), Osnabrück 1999.

Bommes, Michael: Migration, Nationalstaat und Wohlfahrtsstaat – kommunale Probleme in föderalen Systemen, in: Klaus J. Bade (Hg.), Migration – Ethnizität – Konflikt: Systemfragen und Fallstudien (IMIS-Schriften, Bd. 1), Osnabrück 1996, S. 213–248.

Ders.: Bundesrepublik Deutschland: Die Normalisierung der Migrationserfahrung, in: Klaus J. Bade (Hg.), Einwanderungsland Europa: Migration und Integration am Beginn des 21. Jahrhunderts, Osnabrück 2001, S. 49–60.

Auf dem Weg zur Heimat. Aussiedler im Oldenburger Münsterland, hg.v. Heimatbund Oldenburger Münsterland, Cloppenburg 1998.

Hoftreter, Uwe: Zwischen Volkstum und Multi-kulti. Die Sozialarbeit mit Aussiedlern steht vor neuen Herausforderungen, in: Migration und Soziale Arbeit, 2. 2001, S. 16–19.

Integration der Spätaussiedler im Landkreis Osnabrück (Studienreihe Osnabrücker Land. Soziales, Bd. 10), hg.v. Landkreis Osnabrück und Hans-Joachim Wenzel, Osnabrück 2000.

Mies van Engelshoven, Brigitte: Partizipation und Chancengleichheit von jugendlichen Aussiedlerinnen und Aussiedlern in Deutschland, in: Migration und Soziale Arbeit, 2001, H. 2, S. 20–27.

Spätaussiedler in der Region Osnabrück. Auf der Suche nach Dialog, hg.v. Caritasverband für die Stadt und den Landkreis Osnabrück, Osnabrück 2001.

Thränhardt, Dietrich: Integration und Partizipation von Einwanderergruppen im lokalen Kontext, in: Bade/Oltmer (Hg.), Aussiedler: deutsche Einwanderer aus Osteuropa, S. 229–246.

Wenzel, Hans-Joachim: Aussiedlerzuwanderung als Strukturproblem in ländlichen Räumen, in: ebd., S. 265–281.

Ders./Hermeling, Astrid: Aussiedler im Emsland – Zuwanderung und Eingliederungsprobleme, in: Jahrbuch des Emsländischen Heimatbundes, 43. 1997, S. 107–119.

Winter, Oliver: Integrationsprobleme von Aussiedlern in den Arbeitsmarkt und das Beispiel von Gemeinden im Landkreis Osnabrück (Studienreihe Osnabrücker Land. Soziales, Bd. 6), hg.v. Landkreis Osnabrück, Osnabrück 1995.

Segregation und Integration von Aussiedlern in Braunschweig, Wolfsburg und Hannover

Von Hans-Jürgen Hofmann

Segregation, Integration, Ghettobildung: drei zentrale Begriffe zur Einwanderungssituation von Aussiedlern und Spätaussiedlern

Medienberichte rund um das Einwanderungsgeschehen von Spätaussiedlern geben in letzter Zeit recht oft und eindeutig Hinweise darauf, daß es nicht zum Besten bestellt ist mit der sozialen Eingliederung dieser Zuwanderer in ihr Wohnumfeld. Es ist häufig die Rede von ›sozialen Brennpunkten‹, in denen Probleme wie Drogenkonsum und gewalttätige Auseinandersetzungen, gelegentlich sogar in Verbindung mit Bandenbildung unter Jugendlichen, an der Tagesordnung sind. In den Wohnquartieren selbst kommt es in der Nachbarschaft durch die angesprochenen Probleme zu massiven Vorbehalten gegenüber den Spätaussiedlern. Allgemeine sozialpädagogische Gegenmaßnahmen bis hin zu ›Runden Tischen‹, an denen Betroffene eines Wohnviertels mit dem Ziel zusammengebracht werden, Lösungsansätze für die Konflikte zu finden, haben bisher keinen durchschlagenden Erfolg erzielt. Die genannten Probleme treten vorrangig in städtischen Regionen auf, dort nämlich, wo infolge der mittlerweile fast anderthalb Jahrzehnte andauernden relativ hohen Zuwanderung von Aussiedlern und Spätaussiedlern (seit 1993 der amtliche Begriff für Zuwanderungen von ›Deutschstämmigen‹ aus der ehemaligen Sowjetunion) in bestimmten Stadtvierteln recht hohe Anteile dieser Gruppen an der Gesamtbevölkerung auszumachen sind.

Die Stadtviertel, von denen hier die Rede ist, sehen landauf, landab ähnlich aus. Es sind überwiegend am Stadtrand gelegene, vielgeschossig bebaute Gebiete – sogenannte randstädtische Großsiedlungen –, die vor allem in den 1970er und 1980er Jahren entstanden und heute zur Heimat für viele Familien – inzwischen vorrangig – aus Rußland, Kasachstan oder anderen Nachfolgestaaten der Sowjetunion geworden sind. Bis weit in die 1980er Jahre hinein dominierten jedoch Aussiedler aus Polen das Zuwanderungsgeschehen in diesen Wohngebieten. Die nennenswerte Zuwanderung dieser Gruppe endete im Jahr

Paketdienst nach Polen in Braunschweig (Weststadt)

1991, weil der Gesetzgeber den für eine Aufnahme notwendigen Vertreibungsdruck von ›Deutschstämmigen‹ in Polen nicht mehr als gegeben ansah.

In großen Teilen der Öffentlichkeit, auch für Fachleute aus Politik und Verwaltung, die unmittelbar mit dem Geschehen zu tun haben, stehen Probleme, wie sie aktuell in den Spätaussiedler-Wohngebieten zum Ausdruck kommen, in einem sehr engen Zusammenhang zur konzentrierten Wohnsituation der Einwanderer, haben also zu tun mit ihrem engen Miteinander in den beschriebenen Wohnvierteln oder in einzelnen Baublöcken innerhalb dieser Viertel. Dementsprechend werden häufig sozialpolitische Lösungsvorschläge formuliert, die über ein aktuelles sozialpädagogisches Krisenmanagement hinausgehen. Sie konzentrieren sich darauf, die als soziale Brennpunkte definierten ›Ghettos‹ ursächlich für die Probleme in den Vordergrund zu stellen. Lösungsansätze beschäftigen sich dann häufig mit Überlegungen zum Abbau von Wohnkonzentrationen oder der Frage, wie diese von vornherein verhindert werden können.

Ab 1987 nahm die Zuwanderung von Aussiedlern aus Polen sehr deutlich zu, und es zeichnete sich schnell ab, daß die südlichen und südöstlichen Stadtregionen Niedersachsens die bevorzugten Zielgebiete der Migranten wurden. Legt man die landesweiten Trends zugrunde, dann dürften bis 1992/93 rund 10.000 Aussiedler aus Polen in Hannover und jeweils rund 5.000 in Braunschweig und Wolfsburg seßhaft geworden sein. Die Anteile an der Gesamtbevölkerung waren damit auf knapp 2% in Braunschweig und Hannover und knapp 4% in Wolfsburg angewachsen.

In den drei niedersächsischen Städten hatten sich in einigen Straßenzügen erkennbare Wohnschwerpunkte von Aussiedlern aus Polen entwickelt. Darüber hinaus konnte man beobachten, wie sich in einigen Wohnquartieren deutliche Anzeichen für das Entstehen lokaler Öffentlichkeiten unter den Aussiedlern entwickelten. Informelle Treffpunkte auf öffentlichen Plätzen fingen ebenso wie bestimmte Dienstleistungseinrichtungen (Paketdienste nach Polen, mobiler Handel mit schlesischen Wurstspezialitäten, Party-Service) an, die Präsenz dieser Einwanderergruppe sichtbar zu machen.

Die Stadtteile Weststadt (Braunschweig), Mühlenberg (Hannover) und Westhagen (Wolfsburg) bildeten sich als typische Zuwanderungsstadtteile heraus. Sie sind allesamt Beispiele für randstädtische Großsiedlungen mit geschoßflächenintensiver Bebauung und einem deutlichen Anteil an Sozialwohnungen. Für diese Wohnungen verfügen die Kommunen entweder über direkte Belegungsrechte oder sie haben die Möglichkeit, Zuweisungen in den öffentlich geförderten Bestand von Wohnungsbaugesellschaften vorzunehmen.

Mit den folgenden Beobachtungen sollen einige Hinweise auf den vermuteten Problemzusammenhang von Wohnsegregation und Integration gesammelt werden, die auf die aktuelle Situation übertragen werden können. Zugrundegelegt wurden Befragungen von rund 600 Aussiedlern aus Polen, die um den Jahreswechsel 1992/93 in den drei genannten Stadtteilen sowie in drei kleineren Kontrollgebieten gemacht wurden.[1]

Von Aussiedlern betriebener Party-Service in Braunschweig (Weststadt)

Die Lebensverhältnisse in den Aussiedler-Wohngebieten Anfang der 1990er Jahre

Ein hoher Bildungsstand ist keine Garantie für einen angemessenen Arbeitsplatz

Üblicherweise wird der Bildungsstand eines Menschen als eine der zentralen Voraussetzungen für seine berufliche Position angesehen. Es gibt allerdings auch Abweichungen von diesem Muster, und zwar ist insbesondere von Einwanderern bekannt, daß mit der Höhe ihres Bildungsstandes auch die Vermittlungsschwierigkeiten auf dem Arbeitsmarkt wachsen. Diese Probleme existieren, weil im Herkunftsland erworbene berufliche Qualifikationen nicht in ausreichendem Maße auf die Anforderungsprofile in der Aufnahmegesellschaft zugeschnitten sind; und je höher die Qualifikation, desto differenzierter im allgemeinen das Profil. Aufgrund dieser Zusammenhänge ist es auch zu erklären, warum Einwanderer eine Aufnahmegesellschaft ›unterschichten‹, d.h. sich nicht proportional zu den Einheimischen auf die verschiedenen sozialen Schichten verteilen, sondern häufiger in niedrigeren ökonomischen und sozialen Stellungen zu finden sind.

Diese Beobachtungen können auch bei den Aussiedlern aus Polen in Wolfsburg, Braunschweig und Hannover gemacht werden. So läßt sich bei ihnen ein im Vergleich zum bundesdeutschen Durchschnitt höherer Anteil an mittleren und hohen Bildungsabschlüssen feststellen. Allerdings muß hierbei berücksichtigt werden, daß ein solcher Vergleich auf rein formalen Kriterien beruht und unter Umständen nichts oder nur wenig über die den Abschlüssen zugrundeliegenden Bildungsinhalte aussagt.

Trotz dieser Tendenz zu relativ hohen Bildungsabschlüssen und ganz im Sinne der oben skizzierten Strukturierungsprozesse im Einwanderungsgeschehen nehmen die Aussiedler eher niedrige ökonomisch-soziale Stellungen ein. Besonders deutlich kann dies für Hochschulabsolventen aus Ingenieur- und Naturwissenschaftsstudiengängen nachgewiesen werden. Sie arbeiten in der Bundesrepublik überwiegend als einfache Angestellte und nur etwa zu 15% in ihrer eigentlichen Statusgruppe als höhere Angestellte.

Erwerbslosigkeit unter Aussiedlern steigt mit dem Grad der Qualifikation

In den eben beschriebenen Trend paßt sich auch das Problem der Erwerbslosigkeit unter Aussiedlern ein. Die Untersuchungen zeigen auf der einen Seite, daß von den im Herkunftsland erworbenen Abschlüssen am ehesten wenig qualifizierte Berufe im Fertigungsbereich dazu geeignet sind, die Eingliederung in den bundesdeutschen Arbeitsmarkt zu gewährleisten. In diesem Bereich sind nur geringe Erwerbslosenquoten zu beobachten. Auf der anderen Seite existiert eine vergleichsweise hohe Erwerbslosigkeit bei höher qualifizierten Arbeitskräften, insbesondere bei Hochschulabsolventen.

Die bei den Aussiedlern in den drei Städten festgestellte Erwerbslosigkeit bewegt sich insgesamt für Wolfsburg und Hannover mit 5,1 und 10,6% in Größenordnungen, die sogar unter dem zum Untersuchungszeitpunkt gültigen landesweiten Durchschnitt von rund 11% liegen. Dies überrascht besonders im Falle von Hannover, weil die Landeshauptstadt im Hinblick auf Erwerbslosigkeit in der Regel einige Prozentpunkte über dem Landesdurchschnitt aufzuweisen hat. In Wolfsburg dagegen ist die Erwerbslosigkeit meistens niedriger als im Landesdurchschnitt, so daß die lokalen Strukturen des Arbeitsmarktes in den Beschäftigungsquoten der Aussiedler durchaus wiederzufinden sind. Für

Braunschweig, das wie Hannover in der Regel ebenfalls über dem Landesdurchschnitt liegt, schlägt bei 15,7% Erwerbslosigkeit unter Aussiedlern ebenfalls ein entsprechender Trend durch. Sicherlich lassen sich diese Ergebnisse aufgrund der weniger differenzierten Erhebungsinstrumente nur unter Vorbehalt zu den offiziellen Arbeitslosenstatistiken in Beziehung setzen. Außerdem ist für die Einschätzung der Problematik auch die Berücksichtigung der Situation im Herkunftsland notwendig, was sich exemplarisch an einem geschlechtsspezifischen Problem verdeutlichen läßt: Frauen mit Berufsabschlüssen in der Textil- und Ernährungsindustrie, die in Polen zuletzt in diesen Berufen gearbeitet haben, fallen nach der Aussiedlung zu einem deutlichen Teil aus der Gruppe der Erwerbspersonen heraus und finden sich bei den Nichterwerbspersonen in der Kategorie ›Hausfrauen‹ wieder. Daran wird deutlich, daß insbesondere Frauen, die in Polen berufstätig waren, offensichtlich in der Bundesrepublik keine Arbeit mehr gefunden haben und/oder wegen familiärer Belastungen dem Arbeitsmarkt nicht mehr in der erforderlichen Weise zur Verfügung standen. Somit fielen sie nach einer gewissen Zeit aus dem Leistungsbezug der Bundesanstalt für Arbeit und damit aus der Kategorie ›arbeitslos‹ heraus.

Aussiedler leben zum größten Teil in Sozialwohnungen

Der Wohnungsmarkt ist wie jeder andere Markt geprägt durch das Verhältnis von Angebot und Nachfrage. Er zerfällt ebenso wie jeder andere Markt in Teilmärkte, die sich ihrerseits durch Mietzahlungsfähigkeit auf der Nachfrageseite und Miethöhe auf der Angebotsseite voneinander abgrenzen. Diese Teilmärkte, auch Segmente genannt, sind für Aussiedler nur wenig durchlässig, weil das Familieneinkommen besonders in den Anfangsjahren nach der Aussiedlung deutlich begrenzt ist. Aus diesem Grunde sind die Möglichkeiten im Hinblick auf die Wahl des Wohnstandortes und des Wohnstandards ebenfalls nur sehr begrenzt. In allen drei niedersächsischen Städten spielt der Sozialwohnungsteilmarkt für Aussiedler aus den genannten Gründen eine herausragende Rolle. In Hannover leben zum Untersuchungszeitpunkt rund 80%, in Wolfsburg rund 75% und in Braunschweig rund 60% der Aussiedler in Wohnungen des sozialen Wohnungsbaus.

Für die Lage dieser Wohnungen sind eingangs schon einige Charakteristika hervorgehoben worden. Es wäre aber falsch, sich die betreffenden Großsiedlungen als reine Stadtviertel der Hochhäuser vorzustellen, wie es ein landläufiges Klischee vielleicht nahe legt. Richtig ist vielmehr, daß diese Siedlungen in bezug auf Wohndichte und Geschoßflächenintensität recht heterogen in Erscheinung treten. Es handelt sich um baulich durchaus aufgelockerte Ensembles, in denen um ein Zentrum mit Einkaufs- und Dienstleistungsgelegenheiten sowohl Hochhäuser mit sechs und mehr Geschossen als auch kleinere Einheiten gruppiert worden sind. Diese Einheiten mit bis zu fünf Geschossen lassen sich nochmals in mittlere Größen für sechs bis zwölf Familien und kleinere mit Platz für drei bis fünf Familien differenzieren. Aber auch Einfamilienhauskomplexe sind in den Großsiedlungen zu finden. Sie liegen meistens am Rande dieser Stadtteile, stellen überwiegend Wohneigentum dar und werden nur höchst selten von Aussiedlern bewohnt. Diese wohnen vielmehr (zu rund 50%) in den mittleren und (zu rund 30%) in den kleineren Größen.

Die quantitative und qualitative Wohnraumversorgung entspricht weitgehend den Standards im sozialen Wohnungsbau

Die Wohnungsversorgung ist nach den eklatanten Engpässen, die sich gegen Ende der 1980er Jahre durch den sprunghaften Anstieg des Zuzugs von Aussiedlern infolge der Öffnung des Ostblocks und insbesondere der DDR (Zuzug von Übersiedlern) rasch eingestellt hatten, Anfang der 1990er Jahre allgemein als zufriedenstellend zu bezeichnen. Dies drückt sich neben den kurzfristigen, allenfalls noch wenige Monate dauernden Verweilzeiten in Übergangswohnheimen vor allem durch einen bundes- und landesweit vergleichbaren Versorgungsgrad mit den Standards des sozialen Wohnungsbaus aus. Ein Beispiel dafür ist die Größe der pro Person zur Verfügung stehenden Wohnfläche: So haben in Wolfsburg rund 85% und Hannover rund 70% der Aussiedler in den randstädtischen Großsiedlungen pro Person 20 qm und mehr Wohnraum zur Verfügung. In Braunschweig liegt der Anteil etwas niedriger; hier sind es etwa 60%. In den Jahren zuvor waren diese Größenordnungen bei der Wohnflächenversorgung deutlich unterschritten worden, weil in den meisten Aussiedler-Haushalten Personen untergekommen waren, die nicht zur engeren Familie gehörten und auf eine eigene Wohnung warten mußten.

Ebenso wie bei der Versorgung mit Wohnfläche gibt es auch im Hinblick auf die Versorgung mit Wohnräumen auf den ersten Blick keine gravierenden Defizite. Unterversorgte Haushalte, in denen die Anzahl der zur Verfügung stehenden Zimmer geringer ist als die Zahl der Haushaltsmitglieder, treten zwar auf, jedoch handelt es sich in der Regel um Fälle, in denen lediglich *ein* Zimmer zu wenig vorhanden ist, so daß die Situation je nach lebenszyklisch bedingten Umständen (z.B. bei Familien mit Kleinkindern) nicht in jedem Fall als Belastung empfunden werden muß. Der Grad der Unterversorgung steigt dabei mit der Haushaltsgröße, ist deutlich ausgeprägt aber nur im Hinblick auf die Wohnverhältnisse von vier- und mehrköpfigen Familien, die zu rund 60% in

Dreizimmerwohnungen leben. Daran ist gut erkennbar, wie unterschiedlich die demographischen Strukturen bei Einheimischen und Aussiedlern beschaffen sind, denn offensichtlich ist der Sozialwohnungsmarkt nicht in ausreichendem Maße auf größere Familien ausgerichtet.

Die Wohnsituation wird von den Aussiedlern tendenziell positiv beurteilt

Die grundsätzlich entspannte Situation bei der Wohnungsversorgung wird auch an dem Ausmaß der Zufriedenheit deutlich, das von den Aussiedlern geäußert wird. Die subjektiven Einschätzungen spiegeln zu rund 70% allgemeine Zufriedenheit wider. Richtig unzufrieden mit ihrer Wohnsituation sind lediglich etwa 5%; weitere 25% äußern sich mit moderaten Vorbehalten. Damit beurteilen die Aussiedler den Sozialwohnungsmarkt in Braunschweig, Wolfsburg und Hannover zu einem vergleichsweise hohen Anteil als positiv, denn aus der Wohnungsmarktforschung ist bekannt, daß die Betroffenen dieses Teilmarktes ansonsten zu deutlich größeren Teilen kritische Einschätzungen ihrer Wohnsituation vornehmen.[2]

Die Vorbehalte, die von den Aussiedlern in den drei niedersächsischen Städten geäußert werden, konzentrieren sich auf zwei Bereiche: auf die nicht ausreichende Größe ihrer Wohnungen und auf zu hohe Mieten. Zum ersten Aspekt wurde bereits weiter oben etwas gesagt; hier handelt es sich demnach vor allem um Familien mit Kindern, die ihren Platzmangel artikulieren. Im Hinblick auf den zweiten Aspekt lassen sich sehr deutliche lokale Unterschiede beobachten. Es sind vor allem die Bewohner aus Wolfsburg, die ihre Wohnungen als überteuert empfinden. In Braunschweig und Hannover spielt dieser Kritikpunkt lediglich eine untergeordnete Rolle. Die festgestellten Unterschiede korrespondieren erkennbar mit den Mietkostenstrukturen in den einzelnen Städten: In Wolfsburg dominieren Mietkosten mit vergleichsweise hohen Quadratmeterpreisen von 6 Euro und mehr; und es gibt so gut wie keine Wohnungen mit einem Quadratmeterpreis unter 5 Euro. In Braunschweig und Hannover hingegen herrschen niedrige Mieten von 5 Euro und weniger pro Quadratmeter vor.

Die Zusammensetzung der Aussiedler-Quartiere ist relativ stabil und durch ein gewisses Maß an Freiwilligkeit geprägt

Die Aussiedler in den drei niedersächsischen Städten sind zu über 90% vor mindestens drei Jahren aus Polen ausgesiedelt. Zwischen 40 und 50% leben sogar seit mindestens sechs Jahren in Deutschland. Gleichzeitig ist zu erkennen, daß Zuzüge aus anderen Gemeinden in allen drei Städten kaum eine Rolle spielen. Somit wird deutlich, daß die große Mehrheit der Aussiedler am Ort der ersten Wohnsitznahme verblieben ist. Etwas anders sieht es hingegen im Hinblick auf die kleinräumliche Mobilität aus. Weniger als die Hälfte der Aussiedler hat mindestens einen Umzug innerhalb des jeweiligen Stadtgebiets hinter sich, wobei es einen klaren Zusammenhang zwischen der Aufenthaltsdauer und der Tatsache eines Umzugs gibt: In den ersten drei Jahren des Aufenthaltes liegt der Anteil der mobilen Haushalte bei rund 30%, und nach sechs und mehr Jahren Aufenthalt ist dieser Anteil auf etwas mehr als 50% angestiegen.

An dem innerstädtischen Umzugsverhalten ist nun zweierlei abzulesen: Zum einen zeigt sich im Vergleich zu anderen Einwanderergruppen ein recht hoher Grad der Seßhaftigkeit, zum anderen ist aber durchaus auch der individuelle Druck erkennbar, durch einen Umzug die Wohnsituation verbessern zu wollen. Letzteres wird nochmals unterstrichen, wenn man berücksichtigt, daß rund ein Drittel der Befragten die Bereitschaft signalisiert, einen Wohnungswechsel vorzunehmen, falls sich eine sinnvolle Alternative für sie ergeben sollte. Interessanterweise nimmt diese Bereitschaft in der Gruppe derer, die bereits einen oder mehrere Wohnungswechsel vollzogen haben, nicht ab, sondern ist dort gleichermaßen vorhanden wie auch in der Gruppe derer, die bisher noch nicht umgezogen sind.

Zusammengefaßt ergibt sich hier in den Aussiedler-Wohngebieten eine Situation, die in der sozialwissenschaftlichen Literatur zum Wohnungsmarkt immer wieder als charakteristisch für Wohngebiete einkommensschwacher Gruppen beschrieben wird: Geringe Einkommen ziehen auf der einen Seite deutlich eingeschränkte Handlungsmöglichkeiten nach sich, was die Neigung zum Wohnungswechsel zwangsweise erhöht, weil positive Veränderungen nicht schnell und umfassend realisierbar sind, sondern nur mittel- und langfristig und mit bescheidenen Erfolgen. Aus diesem Grund kann man durchaus von einem schichtenspezifischen *Zwang zur Mobilität* sprechen. Auf der anderen Seite existiert eine Zwangssituation, die durch verhinderte Umzugsentscheidungen zum Ausdruck kommt, also eine wegen der fehlenden Handlungsmöglichkeiten unfreiwillige Seßhaftigkeit, bei der die Nachteile der aktuellen Wohnsituation notgedrungen in Kauf genommen werden müssen. Insofern kann man gleichzeitig auch von einem *Zwang zur Immobilität* sprechen.[3]

Insgesamt erscheinen die Aussiedler-Wohngebiete in den drei niedersächsischen Städten in ihrer Zusammensetzung also als vergleichsweise stabile Quartiere. Inwieweit diese Stabilität eine erzwungene oder eine freiwillige ist, bleibt nach den obigen Ausführungen nur der Tendenz nach einschätzbar. Grundsätzlich bedeutet die eingeschränkte Marktfähigkeit der Aussiedler automatisch auch ein gewisses Maß an Unfreiwilligkeit. Es ist aber auch deutlich geworden, daß ein großer Teil der Bewohner allgemeine Zustimmung und Zufriedenheit für die eigene Wohnsituation äußert und daß der Mobilitätsgrad vergleichsweise gering ausfällt. Da nicht davon auszugehen ist, daß Aussiedler als Einwanderergruppe ökonomisch weitaus schlechter gestellt sind als beispielsweise Arbeitsmigranten und somit einem stärkeren Zwang zur Seßhaftigkeit unterliegen würden, kann der Tendenz nach auf einen höheren Grad an Freiwilligkeit geschlossen werden. Diese Einschätzung wird durch einen anderen Zusammenhang unterstützt: Im Herkunftsland Polen galten Wohnungen in solchen Großsiedlungen im allgemeinen als Inbegriff von Modernität und waren sehr beliebt, weil sie über bestimmte Standards wie Zentralheizung oder angemessen integrierte Sanitäranlagen verfügten.

Kleinräumliche Wohnsegregation in den Aussiedler-Wohngebieten

Die Frage, wie eng Aussiedler in den drei niedersächsischen Städten beieinander wohnen, läßt sich mit Hilfe einer dreigliedrigen Skala messen, die den Anteil dieser Bevölkerungsgruppe an allen in einer Wohnungsnachbarschaft anzutreffenden Gruppen berücksichtigt. In unserem Fall wurde eine sehr kleinräumliche Bezugsebene, nämlich die Ebene des Wohnhauses gewählt. Die Skala umfaßt folgende Abstufungen bzw. Segregationsgrade:

- überwiegend Nachbarschaften von Aussiedlern (hoher Segregationsgrad)
- ausgeglichenes Verhältnis von Aussiedlern und Einheimischen (mittlerer Segregationsgrad)
- überwiegend Nachbarschaften von Einheimischen (niedriger Segregationsgrad).

Die Wohnsegregation der Aussiedler aus Polen nimmt tendenziell ab

Bezogen auf die angeführte Skala ergibt sich bei den Aussiedlern in Hannover, Braunschweig und Wolfsburg folgende Wohnsituation:

1. hoher Segregationsgrad: rund 28%
   (davon nur Aussiedler aus Polen: rund 14%)
2. mittlerer Segregationsgrad: rund 31%
3. niedriger Segregationsgrad: rund 41%

Damit präsentieren sich zunächst ähnliche Werte, wie sie in den 1970er und 1980er Jahren auch bei anderen Einwanderergruppen (vor allem bei Arbeitsmigranten aus den Mittelmeerländern) beobachtet werden konnten. Auch eine frühere Untersuchung zur Wohnsegregation von Aussiedlern aus Polen hatte für die Jahre 1988/89 vergleichbare Ergebnisse erbracht.[4]

Anfang der 1990er Jahre hat sich die Situation nun allerdings verändert: Die hoch segregierten Wohnstrukturen in den Aussiedler-Wohngebieten kommen nicht mehr ausschließlich durch Aussiedler aus Polen zustande, sondern werden etwa in der Hälfte aller Fälle (also zu rund 14%) durch Aussiedler aus der ehemaligen Sowjetunion mitbestimmt. Diese Gruppe dominiert seit den späten 1980er Jahren zahlenmäßig das Einwanderungsgeschehen, wohingegen die Zuwanderung von Aussiedlern aus Polen zu diesem Zeitpunkt durch veränderte gesetzliche Rahmenbedingungen mehr und mehr zurückgeht und gegen Ende des Jahres 1991 so gut wie zum Erliegen kommt.

Für die Dynamik im Bereich des Wohnungsmarktes hat dies Konsequenzen gehabt, denn auf der Wohnhausebene haben sich eindeutige Umstrukturierungen in der Bewohnerschaft ergeben. Allerdings bleibt unklar, in welchem Ausmaß die zuziehenden Aussiedler und Spätaussiedler aus den Nachfolgestaaten der Sowjetunion die neuen Strukturen mitbestimmen. Sie schließen offenbar auch nur zu einem geringen Teil Lücken, die durch fortziehende Aussiedler aus Polen hinterlassen werden. Diese Prozesse sind empirisch nicht konkret nachweisbar, jedoch deuten Beobachtungen und Gespräche mit Gewährsleuten in den Quartieren in diese Richtung. Ein großer Teil der zuziehenden Rußlanddeutschen ›verdrängt‹ diesen Hinweisen zufolge eher einheimische Bewohner. In jedem Fall reduzieren sie durch ihren Zuzug jedoch die Anzahl der Hausgemeinschaften, in denen zuvor mehrheitlich Aussiedler aus Polen lebten.

Die konkreten Orte (d.h.: die vorrangig betroffenen Gebäudetypen) dieser Umstrukturierungen, die durch die Veränderungen im allgemeinen Zuwanderungsgeschehen von Aussiedlern bzw. Spätaussiedlern ausgelöst wurden, sind hingegen recht klar bestimmbar und fördern ein interessantes Ergebnis zutage. So wird deutlich, daß sich Aussiedler und Spätaussiedler gemeinsam vorwiegend in den größten Wohneinheiten, d.h. in Hochhäusern konzentrieren, daß aber Aussiedler aus Polen schwerpunktmäßig in den mittleren Wohnhausgrößen (Mehrfamilienhäuser mit mehr als fünf Wohnungen und weniger als sechs Stockwerken) als hoch segregierte Mehrheit der Bewohner auftreten. Damit wird deutlich, daß der Bereich der hochgeschossigen Bauweise am ehesten von kleinräumlichen Mobilitätsprozessen betroffen ist, weil hier in den letzten Jahren vermehrt Spätaussiedler eingezogen sein müssen. In den mittleren Größen bleibt die Zusammensetzung der Hausgemeinschaft hingegen eher stabil.

Die Ursachen der kleinräumlichen Wohnsegregation: behördliche Steuerungsmechanismen

Auf dem Weg in die eigene Wohnung haben Aussiedler und andere Einwanderer prinzipiell weniger Gestaltungsmöglichkeiten als andere Bürger. Zwar sind auch für sie in den niedersächsischen Städten durchaus verschiedene Vermittlungswege erkennbar, jedoch bringt die Situation des in der Regel einkommensschwachen Haushalts es mit sich, daß nur begrenzte Spielräume auf dem Wohnungsmarkt existieren. Der ›normale‹ Weg über ein Zeitungsinserat auf dem privaten Wohnungsmarkt ist oftmals versperrt, wobei zu den finanziellen Grenzen häufig auch Vorbehalte auf seiten der Vermieter kommen. Diese Gesamtsituation führt dazu, daß Aussiedler in den meisten Fällen als Anspruchsberechtigte für Wohnungen auftreten, die mit Mitteln des sozialen Wohnungsbaus gefördert worden sind. Damit fallen sie in die Vermittlungsobhut des Wohnungsamtes oder von Wohnungsbaugesellschaften, die mit den Wohnungsämtern kooperieren.

Im Hinblick auf die Ursachen der Wohnsegregation bleibt nun freilich zu fragen, ob diese stärker geregelten Vermittlungswege des Wohnungsamtes eine besondere Bedeutung für die Beschaffenheit der Wohnstrukturen haben oder ob es keine oder nur geringe Unterschiede zu anderen Vermittlungswegen gibt. Dabei wird deutlich, daß die vermittelnde Tätigkeit der Wohnungsämter in deutlich höherem Maße zu mittleren und hohen Wohnkonzentrationen führen: Für rund ein Drittel aller durch das Wohnungsamt in eine Sozialwohnung eingewiesenen Aussiedler führt dieser Weg gleichzeitig in ein Wohnumfeld, das auf hohem Niveau segregiert ist. Demgegenüber spielen die üblichen Wege der Marktvermittlung (Zeitungsinserate, Makler) in diesem Bereich so gut wie keine Rolle. Als wesentliche Ursache für das Zustandekommen der kleinräumlichen Wohnsegregation von Aussiedlern zeichnet sich damit die behördliche Zuweisungspraxis in den Kommunen ab.

Segregation und Integration schließen sich nicht von vornherein aus

Die Frage, welche Rolle das gehäufte Auftreten von Einwanderern und anderen Minderheiten der Gesellschaft im Hinblick auf die Integration dieser Gruppen spielt, wird in der Öffentlichkeit kontrovers diskutiert. Zum Teil wird dabei die Meinung vertreten, daß eine übermäßige Wohnkonzentration von Fremden deren Eingliederung in die Gesellschaft nachhaltig behindert, wenn nicht gar verhindert. Einen etwas differenzierteren Standpunkt nehmen häufig kirchliche und karitative Organisationen ein. Sie sehen aufgrund von Praxiserfahrungen nicht nur Nachteile wie etwa das Zurückbleiben des deutschen Spracherwerbs, sondern betonen auch positive Effekte wie beispielsweise die Förderung der soziokulturellen Selbstvergewisserung, die durch das nahe Mit- und Beieinander der Gruppenmitglieder stärker gewährleistet ist.

Auch von wissenschaftlicher Seite werden verschiedene Standpunkte vertreten. So arbeiten traditionelle Auffassungen von Integrationsprozessen häufig mit der zuerst in der angloamerikanischen Forschung angewandten ›Kontakthypothese‹, die besagt, daß die Wahrscheinlichkeit, mit der Kontakte zwischen verschiedenen Bevölkerungsgruppen zustandekommen, abhängig ist von der Anzahl der Gelegenheiten zur Kontaktaufnahme. Bezogen auf die konkrete Situation im Wohnumfeld bedeutet dies, daß im Falle eines hohen Segregationsgrades aufgrund der verminderten Zahl von Gelegenheiten die Kontaktaufnahme zwischen Mitgliedern verschiedener Bevölkerungsgruppen erschwert oder gar verhindert wird.[5] Der mit dieser Auffassung verbundene Integrationsbegriff beinhaltet die Vorstellung, daß Zuwanderer sich ›assimilieren‹, d.h. den kulturellen und sozialen Normen einer Aufnahmegesellschaft weitgehend anpassen sollen.

Im Gegensatz dazu gibt es eine Forschungsrichtung, die den Blickwinkel nicht primär auf die Verhaltensorientierung von Einwanderern im Hinblick auf die Kultur der Aufnahmegesellschaft ausrichtet. Sie setzt vielmehr den Akzent zunächst auf die Beziehungsdynamik innerhalb der Einwanderergruppe selbst. Vertreter dieser Position lassen sich von der Überlegung leiten, daß Rückzugsmöglichkeiten in den Schutz der Eigengruppe zunächst für individuelle Stabilität sorgen und somit ein Zugehen auf die Normen der aufnehmenden Gesellschaft letztlich erleichtern. Diese individuelle Selbstvergewisserung in der Gemeinschaft von Menschen mit ähnlichem Erfahrungshintergrund und gemeinsamen soziokulturellen Orientierungen sorgt bei den durch die Einwanderungssituation nachhaltig irritierten Migranten erst für die Fähigkeit, zu anderen Bevölkerungsgruppen stabile Kontakte aufzunehmen. Der mit dieser Auffassung verbundene zentrale Gedanke einer »Binnenintegration«[6] beinhaltet dann eher die Vorstellung, daß sich im Laufe des Integrationsprozesses eine spezifische Einwandererkultur herstellt, die sowohl Elemente der Herkunftskultur als auch der Aufnahmekultur in sich trägt.

Welche Gelegenheiten bietet das soziale Umfeld der Aussiedler-Wohngebiete?

Im letzten Abschnitt wurde bereits angedeutet, daß eine der ganz zentralen Fragen, die immer wieder mit dem gehäuften Auftreten von Einwanderergruppen in Verbindung gebracht wird, mit den konkreten Auswirkungen auf das jeweilige Wohnumfeld zu tun hat. Um die Situation in den niedersächsischen Städten genauer beurteilen zu können, soll im folgenden auf zwei verschiedene Aspekte der sozialen Infrastruktur in den Aussiedler-Wohngebieten näher eingegangen werden, die geeignet sind, positive Entwicklungen zu befördern. Zum einen wird gefragt, welche ›Institutionen‹ (z.B. bestimmte Treffpunkte oder vorrangig von Aussiedlern genutzte Einrichtungen) durch die Zuwanderung aus Polen entstanden sind. Neben diesen organisierten Angeboten des sozialen Lebens sollen zum anderen die informellen und privaten Gelegenheiten, die mit der Wohnsegregation dieser Gruppe in Verbindung gebracht werden können, im Vordergrund stehen.

Treffpunkte, an denen sich vorrangig Aussiedler aus Polen aufhalten und die außerhalb von privaten Wohnungen liegen, hängen in allen drei Städten vorrangig mit den katholischen Kirchengemeinden zusammen. Sie bieten der Katholischen Polnischen Mission regelmäßig die Möglichkeit, Gottesdienste in polnischer Sprache abzuhalten. Diese finden mindestens einmal in der Woche, meistens jedoch noch häufiger (in Braunschweig sogar jeden Tag) statt. Am Rande sei an dieser Stelle bemerkt, daß dieses Angebot für Aussiedler in Braunschweig aus einer langen Tradition erwachsen ist. Polnischsprachige Gottesdienste gibt es dort bereits seit dem Ende des Zweiten Weltkriegs, als sie zuerst für in der Bundesrepublik verbliebene ehemalige polnische Zwangsarbeiter ins Leben gerufen wurden. Anfang der 1990er Jahre kommen nun anläßlich dieser Gottesdienste auf den Kirchplätzen Hunderte von Aussiedlern zusammen, die unverkennbar nicht nur wegen des Kirchganges dort sind, sondern auch und in großer Anzahl vor allem wegen der Möglichkeit, diesen Treffpunkt als allgemeine Informationsbörse zu nutzen.

Dabei müssen auch soziale Gelegenheiten eine große Rolle spielen, denn für über 20% der Aussiedler hat die Kirche neben ihrer religiösen Bedeutung eine zentrale soziale Funktion, indem sie es ermöglicht, andere Aussiedler aus Polen kennenzulernen. Die starke soziale Dynamik, die speziell durch diese Treffpunkte ausgelöst wird, kann man daran erkennen, daß rund 80% der Aussiedler mindestens einmal im Monat die polnischsprachigen Gottesdienste besuchen. Bei etwa 30% steigert sich die Häufigkeit auf wöchentliche und bei immerhin noch knapp 7% auf mehrmalige wöchentliche Besuche. Neben der katholischen Kirche gibt es keine weitere Institution mit einem vergleichbar hohen Bindungsgrad und ähnlich intensiven sozialen Funktionen. Eine gewisse Bedeutung besonders für Kinder und Jugendliche haben neben der Kirche Sportvereine. In diesem Bereich des Vereinswesens gibt es zahlreiche Abteilungen, in denen mehrheitlich Aussiedler-Jugendliche zu finden sind.

Aussiedler-Treffpunkt Kirchplatz in Braunschweig (Weststadt)

Die Frage nach den organisierten Möglichkeiten für Aussiedler in ihren Wohngebieten hängt nicht so sehr von der kleinräumlichen Wohnsegregation ab, sondern ist eher als Folge der Konzentration von Aussiedlern innerhalb eines Stadtviertels zu begreifen. Demgegenüber stehen die informellen und privaten Kontaktgelegenheiten innerhalb der Gruppe der Aussiedler im engeren Zusammenhang zu unmittelbaren Nachbarschaftsbeziehungen. Sie werden aber ebenfalls nicht nur wie bei der kleinräumlichen Wohnsegregation im engeren Sinne ausschließlich als direkte Wohnungsnachbarschaften, sondern auch als wohnhausübergreifende Nachbarschaften verstanden. In dieser Perspektive ergibt sich die Situation, daß für fast 94% der Aussiedler andere Aussiedler aus Polen in der Nachbarschaft präsent sind. Weiterhin befinden sich für 88% der Aussiedler Einheimische in der Nachbarschaft. Für einen ganz großen Teil der Gruppe sind somit Kontakte in beide Richtungen prinzipiell möglich.

Über die Beschaffenheit dieser Kontakte zu anderen Aussiedlern und Einheimischen gibt eine vierstufige Skala Auskunft:

1. keine Kontakte
2. geringe Kontakte (gehen über Grußkontakte nicht hinaus)
3. normale Kontakte (bedeuten gelegentliche Gespräche)
4. sehr gute Kontakte (umfassen gegenseitige Einladungen und Besuche).

Etwas deutlicher als bei den quantitativen Größenordnungen im Hinblick auf die Präsenz von Einheimischen und Aussiedlern als Nachbarn fällt ein Vergleich der Kontaktqualitäten zu Einheimischen (erste Ziffer) und anderen Aussiedlern aus Polen (zweite Ziffer) aus:

1. keine Kontakte: 5 und 6%
2. geringe Kontakte: 23 und 11%
3. normale Kontakte: 52 und 49%
4. sehr gute Kontakte: 20 und 34%

Der Anteil derer, die überhaupt ›keine‹ Kontakte unterhalten, ist im Vergleich der beiden Kontaktrichtungen relativ ausgeglichen und liegt sowohl im Hinblick auf Einheimische als auch im Hinblick auf die Eigengruppe sehr niedrig. Bei ›geringen‹ Kontakten besteht hingegen ein deutliches Schwergewicht in Richtung Einheimische. Während die ›normalen‹ Kontakte wieder relativ ausgeglichen auf beide Zielgruppen ausgerichtet sind, ist bei den ›sehr guten‹ Kontakten der Schwerpunkt nun auf die Eigengruppe ausgerichtet.

Somit ist zunächst deutlich geworden, daß für Aussiedler aus Polen Kontakte nicht nur in Richtung Eigengruppe existieren, sondern im durchaus nennenswerten Umfang auch in Richtung auf die einheimische Bevölkerung. Eine Isolierung der Aussiedler von der Aufnahmegesellschaft muß nach diesen Beobachtungen in den drei niedersächsischen Städten also keineswegs befürchtet werden. Allerdings zeigt sich im Vergleich der Kontaktrichtungen ein Unterschied: Das Kontaktprofil in bezug auf Einheimische ist stärker ausgeprägt im Bereich der weniger intensiven Kontakte, während das Kontaktprofil in bezug auf Aussiedler seine Schwerpunkte stärker im Bereich der intensiveren Kontakte hat. Damit wird die besondere Funktion der Eigengruppe im Einwanderungskontext unterstrichen. Es liegt nahe und ist im Vorhergehenden bereits erläutert worden, daß gerade diese Kontakte mit einem hohen Maß an Bedeutung für das Herstellen von persönlicher Stabilität für die Aussiedler in Verbindung zu bringen sind. Gleichzeitig wird aber auch erkennbar, daß diese intensivere soziale Nähe zu anderen Aussiedlern aus Polen nicht zum Aufbau von sozialer Distanz zu Einheimischen führt.

Welchen Einfluß hat die kleinräumliche Wohnsegregation auf das Kontaktverhalten?

Nach den bisherigen Ausführungen rückt fast zwangsläufig die Frage in den Mittelpunkt, welcher Zusammenhang zwischen den beobachteten Phänomenen des Kontaktverhaltens und der kleinräumlichen Wohnsegregation besteht. Folgt man der Kontakthypothese, dann müßten die verschiedenen Segregationsgrade mit dem Kontaktverhalten variieren, d.h. ein hohes Segregationsniveau unter Aussiedlern müßte dazu führen, daß weniger Einheimische in die Kontaktkreise mit einbezogen werden und umgekehrt.

Schaubild 1: Kleinräumliche Wohnsegregation und Binnenkontakte unter Aussiedlern aus Polen

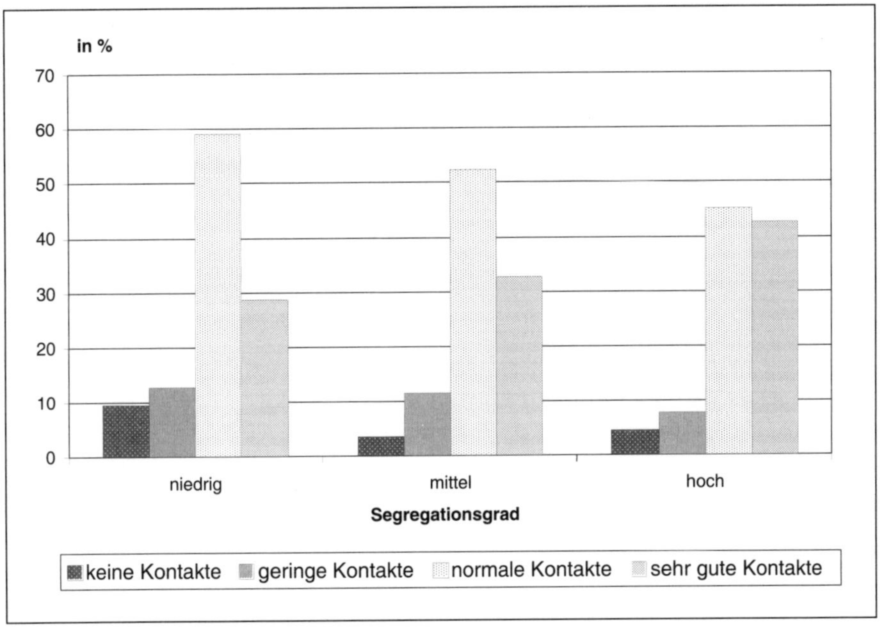

Quelle: Hans-Jürgen Hofmann, Aussiedler-Wohngebiete in niedersächsischen Städten. Eine Untersuchung zur Segregation von Aussiedlern aus Polen in Wolfsburg, Braunschweig und Hannover (Potsdamer Geographische Forschungen, Bd. 14), Potsdam 1998, S. 159.

Die Realität in den Aussiedler-Wohngebieten wird deutlich, wenn man die bereits vorgestellte Abstufung der Segregationsgrade (›niedrig‹, ›mittel‹, ›hoch‹) zu den qualitativen Abstufungen der Nachbarschaftskontakte (›keine‹, ›geringe‹, ›normale‹ und ›sehr gute‹ Kontakte) in Beziehung setzt und dabei die Kommunikation unter Aussiedlern mit der Kommunikation zwischen Aussiedlern und Einheimischen vergleicht.

Demgegenüber ist bei den Beziehungen von Aussiedlern zu einheimischen Wohnungsnachbarn kein statistisch signifikanter Zusammenhang nachweisbar, d.h. die Häufigkeiten der einen Kategorie ordnen sich zufällig den Häufigkeiten der anderen Kategorie zu. Die Zusammensetzung des Spektrums der Kontaktqualität zeigt ähnliche und damit völlig unspezifische Ausprägungen in allen drei Bereichen der unterschiedenen Segregationsniveaus. Dieser Aspekt wird in Schaubild 2 veranschaulicht.

Was bedeuten diese Beziehungen zwischen Segregation und wohnumfeldbezogener Kommunikation nun im Hinblick auf die soziale Integration der Aussiedler? Zunächst kann festgestellt werden, daß die generelle ›Kontakthypothese‹ für die Beziehung zwischen Aussiedlern und Einheimischen sich nicht bestätigen läßt, da der Anteil nicht vorhandener Kontakte in keinem Zusammenhang zu verschiedenen Segregationsgraden steht. Selbst eine um qualitative Aspekte erweiterte Spielart dieser Hypothese, bei der unterstellt wird, daß besonders die intensiven Kontakte zu Einheimischen durch das enge Neben- und Miteinander von Aussiedlern be- und verhindert werden und am Ende eher oberflächliche Kontakte zu Einheimischen übrig bleiben, muß verworfen werden. Dagegen spricht die Tatsache, daß sich das qualitative Kontaktprofil mit Bezug auf verschiedene Segregationsgrade kaum verändert.

Schaubild 2: Kleinräumliche Wohnsegregation und Kontakte von Aussiedlern aus Polen zu Einheimischen

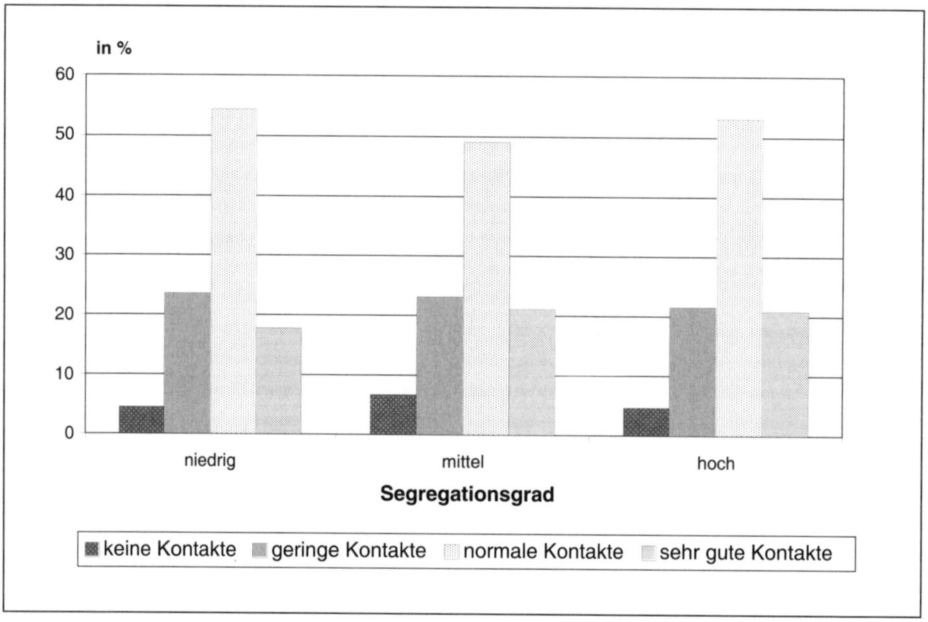

Quelle: Hofmann, Aussiedlerwohngebiete in niedersächsischen Städten, S. 159.

Anders sieht es hingegen mit Blick auf die Eigengruppe der Aussiedler aus Polen aus. In diesem Bereich sind schwach positive Effekte der kleinräumlichen Wohnsegregation auf die Intensität der Kontakte zwischen Aussiedlern festzustellen. Das bedeutet im Sinne der ›Binnenintegrationsthese‹, daß auch positive Effekte auf die Gesamtsituation der Einwanderer zu erwarten sind. Die Weitergabe von alltagsempirischem Wissen, die Unterstützung im Umgang mit Ämtern und Behörden, die Bewahrung und Pflege der Herkunftskultur im weitesten Sinne, die Beziehung zu Menschen mit dem gleichen oder einem ähnlichen Erfahrungshintergrund der Aus- und Einwanderung: All das sind Aspekte, die soziale und psychische Stabilität vermitteln können, und dies um so mehr, je weitreichender und intensiver die Kontakte zwischen Mitgliedern einer gesellschaftlichen Minderheit sind.

Bemerkenswert ist im Sinne der ›Binnenintegrationsthese‹ weiterhin, daß trotz dieser deutlichen Ausrichtung der intensiven Kontakte auf die Eigengruppe eine recht große soziale Nähe zu Einheimischen existiert. Diese relativ große Nähe zeigt sich, wenn man vergleichend die deutlich größere Zurückhaltung der Aussiedler aus Polen gegenüber Aussiedlern aus anderen Ländern und gegenüber Ausländern als Maßstab heranzieht. Damit wird deutlich, daß binnenintegrative Momente nicht im Widerspruch zur Öffnung gegenüber der Aufnahmegesellschaft stehen müssen.

Einschränkend zum bisher Gesagten muß allerdings auch hervorgehoben werden, daß der kleinräumlichen Wohnsegregation im gesamten Interaktionsgefüge von Aussiedlern nur ein mäßiger Einfluß beigemessen werden kann. Der nur schwach positive statistische Zusammenhang ist in diesem Fall auch nur als schwach positiver Effekt auf die konkrete Gestaltung des Lebensalltags als Einwandererminderheit zu interpretieren. Genauere statistische Analysen zeigen nämlich, daß die individuellen Möglichkeiten der Aussiedler in dieser Hinsicht stärker durch Individualmerkmale gesteuert werden und nur in geringerem Maße von sozialräumlichen Faktoren wie z.B. dem Segregationsgrad. So weisen die statistischen Messungen einem hohen sozioökonomischen Status und einem hohen Bildungsgrad bei Aussiedlern eine größere Bedeutung für die Gestaltung intensiver Beziehungen zu anderen Aussiedlern zu. Außerdem korrelieren die intensiven Kontakte stärker mit einem niedrigen Lebensalter und einer familienungebundenen Lebenssituation. Und schließlich wird die Relevanz des Faktors Segregation auch dadurch relativiert, daß sich die Verkehrskreise von Aussiedlern nicht auf den kleinräumlichen Bereich konzentrieren. Ähnlich wie bei den Verkehrskreisen, in die Einheimische einbezogen sind, kann ein Gestaltungsprinzip beobachtet werden, das weitgehend unabhängig von räumlichen Distanzen funktioniert. Jedenfalls gilt das für die Ebene der

Wohnorte. Hier spielen sogar Kontakte zu Menschen in direkten Nachbarschaften eine weniger große Rolle als Kontakte zu Menschen in angrenzenden Straßenzügen. Die Kontakte zu Menschen in anderen Stadtgebieten haben eine fast gleich große Bedeutung wie die der unmittelbaren Nachbarschaften. Eine räumliche Distanz wird hingegen erst auf der wohnortüberschreitenden Ebene eindeutig wirksam.

Schluß

Die Überlegungen zur Frage des Zusammenwirkens von Integration und Segregation bei Aussiedlern aus Polen in Wolfsburg, Braunschweig und Hannover sind in den vorangegangenen Ausführungen zunächst in einen größeren Zusammenhang der allgemeinen Lebensverhältnisse eingebunden worden. Dies ist geschehen, weil auch diese Lebensverhältnisse selbst einen wichtigen Integrationsaspekt widerspiegeln: Sie geben darüber Auskunft, ob und inwieweit grundlegende materielle Bedürfnisse von der Gesellschaft, welche die Aussiedler aufgenommen hat, angemessen befriedigt werden können. Darüber hinaus spielen diese ökonomisch-materiellen Fundamente als Voraussetzungen für soziale Integrationsprozesse eine zusätzliche Rolle, weil erst sie Gestaltungsspielräume des sozialen Lebens für die Betroffenen zur Verfügung stellen und begrenzen.

In den niedersächsischen Städten zeichnen sich 1992/93 für Aussiedler aus Polen auf der einen Seite relativ günstige Rahmenbedingungen ab. Als wesentlicher Faktor sind in diesem Zusammenhang zunächst Erwerbslosenquoten zu nennen, die etwa dem landesweiten Durchschnitt entsprechen. Darüber hinaus variieren die Quoten durchaus mit den lokalen Unterschieden in bezug auf Erwerbslosigkeit, so daß hier von einer Integration in die entsprechenden Strukturen ausgegangen werden kann. Zu beachten ist dabei allerdings die hohe durchschnittliche Aufenthaltsdauer der Aussiedler, so daß sich unter Umständen hinter dem aktuellen Stand der Dinge langwierige und schwierige Prozesse verbergen. Auf der anderen Seite ist dann aber das für die meisten Einwanderergruppen typische Unterschichtungsphänomen zu beobachten, d.h. daß auch Aussiedler überwiegend mit statusniedrigen beruflichen Positionen Vorlieb nehmen müssen und über entsprechend geringe Einkünfte verfügen.

Auch die Integration in den Wohnungsmarkt trägt doppeldeutige Züge. Im Gegensatz zu den vorhergehenden Jahren ist sie vergleichsweise entspannt, was vor allem damit zu tun hat, daß die große Zahl der innerdeutschen Ost-West-Wanderungen stark zurückgegangen ist. Die Aussiedler aus Polen, die größtenteils in den Jahren von 1987 bis 1991 in Wolfsburg, Braunschweig und Hannover seßhaft geworden sind, können im Hinblick auf Wohnfläche und andere Ausstattungsmerkmale mittlerweile über Standards verfügen, die auf dem Sozialwohnungsteilmarkt allgemein üblich sind. In den Jahren zuvor mußten aufgrund der starken Nachfrage in diesen Bereichen häufig Abstriche gemacht und Entbehrungen in Kauf genommen werden. Diesen positiven Entwicklungen steht nach wie vor die nur begrenzte Wohnungsmarktfähigkeit der Zuwanderer gegenüber. Deren überwiegende Beschränkung auf den Sozialwohnungsteilmarkt zeugt von einer fehlenden Integration in die allgemeinen Strukturen des Wohnungsmarktes.

Der zweite thematische Komplex beschäftigte sich mit dem Ausmaß der Wohnsegregation von Aussiedlern in den drei niedersächsischen Städten auf verschiedenen Ebenen. Als Folge der Konzentration von Aussiedlern in verschiedenen Stadtteilen konnte die Existenz von institutionalisierten Treffpunkten und Informationsbörsen, die im Zusammenhang mit polnischsprachigen Gottesdiensten in den katholischen Kirchengemeinden der betreffenden Stadtteile entstanden sind, aufgezeigt werden. Die katholische Kirche tritt insgesamt gesehen als bedeutendste Integrationsinstitution hervor, indem ein Großteil der nach der Aussiedlung hergestellten Neukontakte unter Aussiedlern direkt oder indirekt auf ihre Veranstaltungsangebote zurückzuführen ist.

Das Ausmaß der kleinräumlichen Wohnsegregation von Aussiedlern aus Polen auf der Ebene von Wohnhäusern und Straßenzügen ist Anfang der 1990er Jahre wegen der Umstrukturierungen im Spektrum der Hauptherkunftsländer der Aussiedlermigration rückläufig. Als Ursache für die nach wie vor aber existierenden Konzentrationen läßt sich die behördliche Steuerung der Wohnungsnahme durch Aussiedler in Sozialwohnungskontingenten einzelner Stadtviertel erkennen. Als wichtigster Aspekt im Zusammenhang mit der festgestellten kleinräumlichen Wohnsegregation von Aussiedlern wurden die Folgen für eine soziale Integration der Zuwanderer genauer betrachtet. Es zeigte sich, daß aus den segregierten Strukturen keinerlei negative Effekte für das Zugehen der Fremden auf die einheimische Bevölkerung folgen. Positive Effekte waren hingegen für die ›Binnenintegration‹ der Aussiedler erkennbar.

Die Beobachtungen zur Frage des Verhältnisses von Integration und Segregation lassen den Schluß zu, daß der Einfluß von kleinräumlichen Segregationsphänomenen auf Integrationsprozesse allgemein überschätzt wird. Zunächst kann festgehalten werden, daß vielfach geäußerte Befürchtungen im Hinblick auf eine Abkapselung der Einwanderergruppen von der aufnehmenden Gesellschaft nicht bestätigt werden können. Aber auch die positiven Effekte, die von einem räumlich engen Miteinander der Migranten ausgehen, sind offenbar nur begrenzt. Sicherlich spielt dabei die räumliche Distanz grundsätzlich eine wichtige Rolle, weil sie selbstverständlich eine begrenzende Funktion für das Zustandekommen von sozialen Gelegenheiten hat. Allerdings hat diese Funktion in kleinräumlichen Zusammenhängen auf der Ebene von Wohnhäusern und Straßenzügen für die Aussiedler in Wolfsburg, Braunschweig und Hannover keine herausragende Bedeutung. Sie wird erkennbar überlagert von *sozialen* Individualmerkmalen, die einen meßbar größeren Einfluß haben.

Welche Schlußfolgerungen lassen sich aus diesen Beobachtungen aus den Jahren 1992/93 zur Segregation und Integration von Aussiedlern aus Polen in Wolfsburg, Braunschweig und Hannover nun für die aktuellen Probleme der Eingliederungssituation in den Aussiedler-Stadtteilen ableiten?

Zunächst bleibt festzuhalten, daß den eingangs geschilderten typischen Problemen vergleichbare Situationen 1992/93 nicht bzw. nicht in dem Ausmaß existiert haben. Das Image der randstädtischen Großsiedlungen ist zwar traditionell schlecht, allerdings sind die für die heutige Zeit gängigen Konflikte in den Wohnungsnachbarschaften in der Vergangenheit allenfalls in Einzelfällen aufgetreten. Sicherlich kann den genannten Medienhinweisen einerseits mit einer gewissen Skepsis begegnet werden, denn es gibt durchaus empirische Hinweise darauf, daß die Wahrnehmungsprozesse in der Öffentlichkeit in letzter Zeit zunehmend stärker durch Deutungsmuster gekennzeichnet sind, die sich auf kulturelle oder ethnische Differenzen bei den Bewohnern von Unterschichtquartieren konzentrieren.[7]

Dieser Trend könnte darauf hinweisen, daß vergleichbare Konfliktphänomene schon seit längerer Zeit existieren, als solche bisher aber nicht in dem Maße im Blickpunkt der Öffentlichkeit standen. Andererseits lassen sich ebenso Argumente finden, die eine zunehmende Radikalisierung von Konfliktsituationen begründen können. So mehren sich vor allem aus den Reihen der Migrationssozialarbeit Hinweise auf ein häufiges Auftreten von rußlanddeutschen Jugendlichen, die ihre Einwanderungssituation ohne weitgehende innere Bindung an den Auswanderungsentschluß ihrer Eltern erleben und verarbeiten müssen. Der Rückzug dieser Migranten in ein Milieu, das vermehrt zu auffälligen Konflikterscheinungen bis hin zu gewalttätigen Auseinandersetzungen in den randstädtischen Großsiedlungen beiträgt, scheint demnach auf seiten der Spätaussiedler auch eine Folge der in den 1990er Jahren konsequent heruntergefahrenen sozialen Eingliederungsmaßnahmen und -leistungen des Staates (Verkürzung der Sprachkurse, Reduzierung der Leistungen nach dem Arbeitsförderungsgesetz etc.) zu sein. Gründe für Veränderungen der Situation seit 1992/93 sind daher auch darin zu suchen, daß sich mit der zeitlichen Differenz von zehn Jahren die individuellen Problemlagen bei den Spätaussiedlern gravierend verschärft haben.

Führt man diese Überlegungen nun mit den Beobachtungen zur Segregation und Integration von Aussiedlern aus Polen zusammen, dann erweist sich der eingangs erwähnte Problemlösungsansatz mit Bezug auf die (räumlichen) Segregationsphänomene als sehr oberflächlich und aus einer vordergründigen Problemwahrnehmung resultierend. Die relative Bedeutungslosigkeit des Faktors Segregation, die in den obigen Ausführungen deutlich geworden ist, legt es nahe, das Augenmerk nicht auf die *räumlichen*, sondern vielmehr auf die *sozialen* Begebenheiten in den Wohnquartieren von Spätaussiedlern zu lenken.

Auch unter umgekehrten Vorzeichen, d.h. mit Blick auf den mäßig positiven Einfluß der kleinräumlichen Wohnsegregation auf eine soziale (Binnen-)Integration bleibt die Frage, inwiefern z.B. bei neuen Integrationskonzepten für Spätaussiedler wie Ansiedlungsprojekten für Religionsgemeinschaften die Nachteile von den Vorteilen aufgewogen werden. Eine bisherige Beurteilung dieser Konzepte, die zuerst in Niedersachsen angewendet und inzwischen bereits auf die neuen Bundesländer übertragen worden sind, fällt jedenfalls ambivalent aus: Den positiven Ansätzen dieser Konzepte, die auf soziale und psychische Stabilität vermittelnde Funktionen ausgerichtet sind, werden Kostenprobleme und Probleme der negativen Wahrnehmung von außen entgegengehalten.[8] Der nur geringe positive Einfluß einer kleinräumlichen Wohnsegregation auf soziale Integrationsprozesse könnte ein weiterer Einwand gegen diese Konzepte sein.

Anmerkungen

1 Hans-Jürgen Hofmann, Aussiedler-Wohngebiete in niedersächsischen Städten. Eine Untersuchung zur Segregation von Aussiedlern aus Polen in Wolfsburg, Braunschweig und Hannover (Potsdamer Geographische Forschungen, Bd. 14), Potsdam 1998.

2 Ulrike Sailer-Fliege, Der Wohnungsmarkt der Sozialmietwohnungen. Dargestellt an Beispielen aus Nordrhein-Westfalen (Erdkundliches Wissen, Bd. 104), Stuttgart 1991, S. 236.

3 Detlev Ipsen, Wohnungsmarkt und Lebenszyklus, in: Lothar Bertels/Ulfert Herlyn (Hg.), Lebenslauf und Raumerfahrung (Biographie und Gesellschaft, Bd. 9), Opladen 1990, S. 145–159; Volker Kreibich, Zum Zwangscharakter räumlicher Mobilität, in: Peter Jüngst/Hansjörg Schulze-Göbel/Hans-Joachim Wenzel (Hg.), Stadt und Gesellschaft. Sozioökonomische Aspekte von Stadtentwicklung (Urbs et Regio, Sonderbd. 13), Kassel 1979, S. 153–211.

4 Hans-Jürgen Hofmann/Wilfried Heller/Hans-Joachim Bürkner, Aussiedler – eine neue Minorität. Forschungsergebnisse zum räumlichen Verhalten sowie zur ökono-

mischen und sozialen Integration (Praxis Kultur- und Sozialgeographie, Bd. 9), Göttingen 1992, S. 63.

5 Jürgen Friedrichs, Stadtanalyse. Soziale und räumliche Organisation der Gesellschaft (WV-Studium, Bd. 104), 3. Aufl. Opladen 1983.

6 Georg Elwert, Probleme der Ausländerintegration. Gesellschaftliche Integration durch Binnenintegration?, in: Kölner Zeitschrift für Soziologie und Sozialpsychologie, 34. 1982, S. 717–731.

7 Hans-Joachim Bürkner, ›Interethnische‹ Konflikte im Wohnquartier: Ethnisierung und Kulturalismus als Hintergründe der Interpretation von Konflikten zwischen Einheimischen und Migranten durch politische Akteure, in: Geographische Zeitschrift, 87. 1999, H. 1, S. 13–28.

8 Klaus J. Bade/Jochen Oltmer, Einführung: Aussiedlerzuwanderung und Aussiedlerintegration. Historische Entwicklung und aktuelle Probleme, in: dies. (Hg.), Aussiedler: deutsche Einwanderer aus Osteuropa (IMIS-Schriften, Bd. 8), Osnabrück 1999, S. 9–51, hier S. 36.

Literatur

Bade, Klaus J./Oltmer, Jochen (Hg.): Aussiedler: deutsche Einwanderer aus Osteuropa (IMIS-Schriften 8), Osnabrück 1999.

Bürkner, Hans-Joachim: ›Interethnische‹ Konflikte im Wohnquartier: Ethnisierung und Kulturalismus als Hintergründe der Interpretation von Konflikten zwischen Einheimischen und Migranten durch politische Akteure, in: Geographische Zeitschrift, 87. 1999, H. 1, S. 13–28.

Elwert, Georg: Probleme der Ausländerintegration. Gesellschaftliche Integration durch Binnenintegration?, in: Kölner Zeitschrift für Soziologie und Sozialpsychologie, 34. 1982, S. 717–731.

Friedrichs, Jürgen: Stadtanalyse. Soziale und räumliche Organisation der Gesellschaft, 3. Aufl. Opladen 1983.

Heckmann, Friedrich: Ethnische Minderheiten, Volk und Nation. Soziologie inter-ethnischer Beziehungen, Stuttgart 1992.

Herlyn, Ulfert u.a.: Stadt im Wandel. Eine Wiederholungsuntersuchung der Stadt Wolfsburg nach 20 Jahren, Frankfurt a.M./New York 1982.

Hoffmann-Nowotny, Hans-Joachim/Hondrich, Karl-Otto (Hg.): Segregation und Integration. Eine vergleichende Untersuchung, Frankfurt a.M. 1981.

Hofmann, Hans-Jürgen: Aussiedler-Wohngebiete in niedersächsischen Städten. Eine Untersuchung zur Segregation von Aussiedlern aus Polen in Wolfsburg, Braunschweig und Hannover (Potsdamer Geographische Forschungen, Bd. 14), Potsdam 1998.

Ders.: Soziale Binnenstrukturen von Aussiedlern aus Polen in niedersächsischen Städten – Ansätze zu Einwandererkolonien?, in: Paul Gans/Franz-Josef Kemper (Hg.), Mobilität und Migration in Deutschland. Beiträge zur Tagung des Arbeitskreises ›Bevölkerungsgeographie‹ des Verbandes der Geographen an Deutschen Hochschulen am 15. und 16. September 1994 in Erfurt (Erfurter Geographische Studien, Bd. 3), Erfurt 1995, S. 197–211.

Ders./Heller, Wilfried/Bürkner, Hans-Joachim: Aussiedler – eine neue Minorität. Forschungsergebnisse zum räumlichen Verhalten sowie zur ökonomischen und sozialen Integration, Göttingen 1992.

Ipsen, Detlev: Wohnungsmarkt und Lebenszyklus, in: Lothar Bertels/Ulfert Herlyn (Hg.), Lebenslauf und Raumerfahrung (Biographie und Gesellschaft, Bd. 9), Opladen 1990, S. 145–159.

Ders.: Segregation, Mobilität und die Chancen auf dem Wohnungsmarkt. Eine empirische Untersuchung., in: Zeitschrift für Soziologie 10. 1981, S. 256–272.

Kossolapow, Line: Aussiedler-Jugendliche. Ein Beitrag zur Integration Deutscher aus dem Osten, Weinheim 1987.

Kreibich, Volker: Zum Zwangscharakter räumlicher Mobilität, in: Peter Jüngst/Hansjörg Schulze-Göbel/Hans-Joachim Wenzel (Hg.), Stadt und Gesellschaft. Sozioökonomische Aspekte von Stadtentwicklung (Urbs et Regio, Sonderbd. 13), Kassel 1979, S. 153–211.

Sailer-Fliege, Ulrike: Der Wohnungsmarkt der Sozialmietwohnungen. Dargestellt an Beispielen aus Nordrhein-Westfalen, Stuttgart 1991.

›Stippvisiten‹ in der ›Autostadt‹: Volkswagen, Wolfsburg und die italienischen ›Gastarbeiter‹ 1962–1975

Von Anne von Oswald

Am 11. Dezember 1961 verkündete Heinrich Nordhoff, der Generaldirektor des Volkswagenwerkes, seiner Belegschaft, daß er sehr gegen seinen Wunsch und seine Hoffnung gezwungen sei, ausländische Arbeitskräfte anzuwerben: »Sie werden Mitte Januar kommen und uns helfen, unser Programm zu fahren, mit dem wir durch die Nachlässigkeit der Bummelanten sehr in Rückstand gekommen sind.«[1] Zu diesem Zeitpunkt waren bereits über eine halbe Million ausländische Arbeitnehmer in der deutschen Industrie und Landwirtschaft beschäftigt. Wie diese ›Mithilfe‹ aussah bzw. welche Beschäftigungskonzepte das Volkswagenwerk entwickelte und welche Konsequenzen sie für die Arbeitsmigranten hatten, wird im folgenden analysiert. Die Ausführungen konzentrieren sich auf die Zeitspanne vom Beginn der VW-Anwerbung im Januar 1962 über die Rezession der Jahre 1966/67 bis zum Sommer 1975, als die drastischen Reduzierungen der Zahl italienischer Arbeitnehmer beim Volkswagenwerk aufgrund der Auswirkungen der sogenannten Ölkrise ein Ende fanden.

Im Zentrum steht die Frage, wie tiefgreifend die VW-Beschäftigungspolitik die Wanderung der angeworbenen Italiener prägte. Der Blick auf diese Beschäftigungsstrategien gegenüber den angeworbenen, ausschließlich männlichen Hilfsarbeitern aus Italien und ihre Funktion im Produktionsprozeß bieten eine Grundlage für die Untersuchung subjektiver Aspekte von Migration und Integration. Sie führen zur Frage, welcher Handlungsspielraum für die Migranten offenstand und wie er von ihnen genutzt wurde.

Erste Entscheidungen: Unterkunft und Arbeit

Die organisatorischen Schritte, die im September 1961 zur Anwerbungsabwicklung und Unterbringung erfolgten, spiegeln die Haltung des Volkswagenwerkes gegenüber den Arbeitsmigranten wider: Die Vorstellung von der Anwerbung ausländischer Arbeitskräfte als provisorische Übergangs- bzw. Notlösung beeinflußte jegliche Entscheidung über die Unterbringung. Es ging von vornherein darum, die günstigsten Angebote über die Fertigstellung von

Holzhäusern für männliche Ausländer einzuholen. Schnell und billig sollten Schlafplätze für die in Kürze anreisenden Arbeiter aus Italien errichtet werden. Im Januar 1962 wurde mit der Fertigstellung der ersten drei zweigeschossigen Holzhäuser für die ersten einhundert Arbeiter begonnen. Schon im November desselben Jahres wohnten knapp 4.000 Italiener in 48 Holzhäusern, 1966 waren es über 6.000 italienische Arbeiter in 58 Häusern.

Ankunft italienischer ›Gastarbeiter‹ in Wolfsburg, Frühjahr 1962

Selbst VW-Generaldirektor Nordhoff sprach mit Blick auf die Unterkünfte in Wolfsburg von »Baracken« und einem »Lager«. Im Bewußtsein der historischen Belastung seiner Wortwahl ließ er aber alle Betriebsabteilungen bitten, »nicht von ›Baracken‹ und einem ›Lager‹ zu sprechen und zu schreiben. Bei der Unterkunft handelt es sich um zweigeschossige Holzhäuser in Leichtbauweise, die aus vorgefertigten Bauelementen konstruiert und auf Fundamente gesetzt sind. Das Wort ›Lager‹ könnte Assoziationen hervorrufen, die wir im allseitigen Interesse vermeiden möchten. Die Bezeichnung ›Unterkünfte Berliner Brücke‹ dürfte allen Erfordernissen gerecht werden.«[2] Die provisorischen Unterkünfte der Anfangsmonate waren ein Ausdruck für den enormen Zeitdruck, den

Unterkunft ›Berliner Brücke‹

Wohnraum bzw. Schlafplatz für die dringend benötigten Arbeitskräfte zu erstellen. Interessant ist aber, daß das Management und der Betriebsrat neun Jahre lang an diesen provisorischen Unterkünften festhielten und es in der gesamten Zeit keine konkreten Überlegungen gab, diese Art von Unterkunft durch feste Häuser zu ersetzen.

Beim zweiten Bauvorhaben für ausländische Arbeitnehmer im Jahr 1970 entschied sich die VW-Leitung für feste Gebäude, die außerhalb der damaligen Stadtgrenzen lagen. Sie boten Platz für 3.300 Personen. Erneut ging es vorrangig um die Unterbringung von »lediggehenden Männern« und nicht um die Wohnraumschaffung für ausländische Familien. Dennoch feierten die Italiener die neu errichtete Wohnheimanlage mit ihren »Junggesellenwohnungen« als »neue Heimat« und als »Ende des Provisoriums«.[3]

Alle Italiener wurden unabhängig von ihrer im Heimatland erworbenen Qualifikation als Hilfsarbeiter bzw. Ungelernte im Akkordbereich der Fertigung eingesetzt. Das geschah, obwohl bereits Anfang der 1960er Jahre ein Facharbeitermangel beklagt wurde. Die Rückkehrtendenz der Italiener war überdurchschnittlich hoch. Sogar in den konjunkturellen Hochzeiten beruhigte sich der Austausch von Ankommenden und Rückkehrern nicht. Vielmehr änderte sich wenig daran, wie Generaldirektor Nordhoff feststellte, daß »das Volkswagenwerk nur ein Problem hat, nämlich mehr Arbeitskräfte zu bekommen, um die bestehende Nachfrage zu decken, sonst geht alles aufs Beste. [...] Die Tatsache, daß die Zahl der verfügbaren Arbeitskräfte begrenzt ist, wird in ihrer ganz grundlegenden Bedeutung nicht immer voll gewertet. Gewiß helfen uns die Gastarbeiter mit bemerkenswertem Fleiß, die übernommenen Produktionsaufgaben zu lösen, aber an der Feststellung, daß hier eine Grenze der Entwicklungsmöglichkeiten sichtbar wird, ändert sich nichts.«[4]

Schon am Ende des ersten Anwerbejahres verzeichnete VW fast 5.000 neue Arbeitnehmer aus Italien. Ein Drittel der Angeworbenen verließ allerdings schon bald wieder die Stadt. Im zweiten Anwerbungsjahr 1963 wanderten 2.911 Italiener zu, parallel verließen 2.816 Personen das Werk; somit war eine Mobilität innerhalb der italienischen Belegschaft von 83,6% zu verzeichnen. Trotz anhaltenden akuten Arbeitskräftemangels hielten die zeitlich oft nur auf wenige Wochen oder Monate begrenzten Massenwanderungen bei VW über Jahre hinweg an: Nicht nur während der ersten konjunkturellen Krise der Nachkriegszeit 1966/67 und einer Absatzkrise im Jahr 1972, sondern auch während der Hochkonjunktur und intensiven Anwerbephase der Jahre 1969 bis 1971 sowie 1973 war eine auffällig hohe Mobilität zu verzeichnen. So schnellten ab 1968 die jährlichen Einstellungen wieder sprunghaft in die Höhe, doch verließ etwa die Hälfte der Zugewanderten schon bald wieder Werk und Stadt.

Im Jahre 1971 registrierte die Personalabteilung des Wolfsburger Werkes bei akutem Arbeitskräftebedarf 5.146 Einstellungen bei 6.461 Entlassungen, also eine Fluktuationsziffer von erstaunlichen 105,8%, die ein Jahr später während des kurzfristigen VW-Absatzeinbruchs immerhin noch 71,6% betrug. Zum Absatztief 1974/75 wiederholte sich die nun schon bekannte Form des Massenrückzuges aus Wolfsburg. Ohne die Heimkehrenden gezählt zu haben, beschrieb ein Wolfsburger Italiener die große Fluktuation seiner Landsleute plastisch mit den Worten: »Hundert kamen und hundert sind zur gleichen Zeit zurückgekehrt« und behielt damit für bestimmte Jahre der VW-Anwerbezeit Recht.[5]

In krassem Gegensatz dazu steht die Fluktuation der deutschen Lohnempfänger: Mit Ausnahme der Krisenjahre bei VW ist – auch im Vergleich zu anderen deutschen Automobilunternehmen – eine nur geringe Fluktuation zu verzeichnen. Auf deutscher Seite bewegte sie sich durchschnittlich bei ca. 5%, kontrastiert von einer Abwanderungsziffer der Italiener im Zeitraum 1962–1975 von durchschnittlich 56,2%. Bislang ermöglichen lediglich die Gesamtstatistiken über die bundesdeutsche Erfahrung der Ausländerbeschäftigung einen Vergleich mit der Entwicklung bei VW. Die durchschnittlichen Fluktuationsquoten der ausländischen Arbeitnehmerinnen und Arbeitnehmer, die im Jahre 1971 bei 14,9% und 1972 bei 16,1% lagen, lassen allerdings diesen frappierenden Unterschied deutlich zutage treten.[6]

Warum akzeptierte die Führung derart hohe Abwanderungstendenzen, obwohl ein akuter Arbeitskräftemangel bestand? Welche Gründe waren bestimmend für die Entscheidung, die Italiener nicht für die Vergrößerung der Stammbelegschaft im Wolfsburger Werk zu nutzen? Die ständigen Neuanwerbungen in Italien, die Kosten des Anlernens und das ununterbrochene Auffüllen von Arbeitsplätzen, an die die Italiener nach wenigen Tagen, Wochen oder Monaten nicht mehr zurückkehrten – um nur einige negative Punkte zu nennen – schlugen anscheinend für die betriebswirtschaftliche Kosten-Nutzen-Rechnung nicht derart negativ zu Buche, daß daraus Konsequenzen gezogen wurden.

Überlegungen, die hohe Fluktuation durch die Förderung des Familiennachzuges zu verringern und somit das Provisorium der ›Gastarbeit‹ aufzulockern, lassen sich erstmals zeitlich parallel zu den Diskussionen um die Aufhebung des Einstellungsstopps für verheiratete deutsche Frauen feststellen. Anfang 1965 beurteilte der Generaldirektor die Arbeitsmigration nach Wolfsburg erstmals als längerfristiges Phänomen, welches sich nicht mehr ausschließlich auf die Anwerbung von jungen Männern reduzieren lasse. »Es geht um die Vergrößerung der Belegschaft durch Fremdarbeiter. Ich erfuhr, daß das Fremdarbeiter-(Italien)-Problem ein ganz neues Gesicht bekommt, weil diese Leute mehr und mehr Gefallen an ihrem Gastland finden und dableiben wollen. Der Generalkonsul schätzt den Anteil unserer Italiener, die Wolfsburger werden wollen, auf 80%. Das bedeutet Frauen, Kinder, Familien, Wohnungen, Schulen usw. Dieser Realität haben wir entgegenzusehen und uns darauf vorzubereiten. Es wird keinen Ausweg geben, und es ist besser, die Tatsachen zu sehen und ihre Lenkung in die Hand zu nehmen – eine Abwehr gibt es nicht, da wir die arbeitenden Hände nicht entbehren können und nicht ersetzen können. [...] Wir werden in diesen sauren Apfel beißen müssen, und wir sollten es ohne Zögern tun.«[7]

Der Aufruf Nordhoffs aus dem Jahre 1965, ohne Zögern in den sauren Apfel zu beißen und die Italiener einzugliedern, verpuffte jedoch schon bald. Mit den ersten Krisenzeichen im Sommer 1966 kehrte das VW-Werk zum bewährten

Konzept zurück, ›Gastarbeiter‹ und verheiratete (deutsche) Frauen als Verschiebemasse zu nutzen. Dieses Konzept behielt es auch nach dem Abklingen der Krise bei.

Italienische Arbeitsmigranten im Volkswagenwerk in einer Arbeitspause, Frühjahr 1962

Aus der fehlenden Infrastruktur für ausländische Familien, dem bis 1978 gültigen Beschäftigungsverbot für ausländische Frauen sowie den nicht vorhandenen betriebseigenen Ausbildungsplätzen für Ausländer ist abzulesen, daß das Käferwerk den Weg der Ausländerintegration nicht beschritt, sondern sich eindeutig für eine ›Anti-Eingliederungspolitik‹, also gegen den ›Nachzug der Familien‹ entschied. Dahinter stand ein Beschäftigungskonzept, das ganz bewußt die Rotation von Männern innerhalb der Werkszäune sowie der Ausländerunterkunft ›Berliner Brücke‹ gegen Investitionen für ›Gastarbeiter‹-Familien favorisierte.

Der fehlende Nachzug der Familien in die Käferstadt belegt das: Bereits 1966 lebten in der Bundesrepublik durchschnittlich 50% der verheirateten Arbeitsmigranten mit ihren Ehefrauen zusammen, in Wolfsburg galt dies nur für einen verschwindend geringen Anteil. Noch im Jahre 1974 hatten nur ca. 15% der verheirateten Wolfsburger Ausländer ihre Familien nachgeholt. Der Grund dafür lag nach Einschätzung des im selben Jahr ins Leben gerufenen Ausländerreferats der Stadt »in der Tatsache, daß es in Wolfsburg keine Hinterhöfe und keine abbruchreifen Häuser gibt und in dem mangelnden Angebot an Arbeitsplätzen für Frauen«.[8] Die schrittweise erlangte Verfestigung der Wohnsituation für Migranten »vom Bett im Firmenwohnheim über das Abrißhaus im Sanierungsviertel zur Dauerwohnung im Einwanderer-Kiez«[9] in deutschen Großstädten war in der jungen VW-Stadt also nicht möglich.

Die Funktionen der Arbeitsmigranten im VW-Werk

Es bestätigte sich für die drei Wirtschaftskrisen der Jahre 1966/67, 1972 und 1974/75, daß die ausländischen Beschäftigten bei VW die Hauptlast an der Reduzierung der Belegschaft trugen: Für die erste Absatzkrise 1966/67 ist der Zustand des permanenten Provisoriums innerhalb der italienischen Belegschaft von der Personalleitung sofort genutzt worden. Ohne Massenentlassungen – d.h. mehr als 49 Entlassungen pro Monat – beim Arbeitsamt ankündigen zu müssen, konnte das Werk die sogenannte ›natürliche‹ Fluktuation in Verbindung mit einem Einstellungsstopp und der Nichtverlängerung der Arbeitsverträge nutzen. Der Abbau von Überstunden, die einsetzende Kurzarbeit und allgemein die Angst, den Arbeitsplatz zu verlieren, waren weitere Gründe für die Rückkehr der Italiener. Die Produktion konnte reduziert werden, ohne daß der Betriebsfrieden aufs Spiel gesetzt wurde. Die Personalleitung sprach von einer Atmosphäre der »gewissen Sicherheit« innerhalb der Arbeiterschaft.

Auffällig ist, daß sowohl der Betriebsrat als auch die IG-Metall es unterließen, die massenhafte Rückwanderung einzudämmen. Ohne die beschriebenen Entlassungsmethoden und die damit verbundenen Probleme zu analysieren, erklärte die IG-Metall Wolfsburg im März 1968, daß ausschließlich durch ihr Engagement und besonders die Initiative des italienischen Betriebsratsmitgliedes verhindert werden konnte, die Italiener in Massen zu entlassen. Was wirklich geschehen war, wurde nicht thematisiert bzw. analysiert.

Die bewußte Trennung der Arbeitnehmerschaft in eine ausländische und deutsche Belegschaft sowie die Strategie des Abbaus von Arbeitskräften durch die Reduzierung der Zahl ausländischer Beschäftigter sind auch für die VW-

Absatzkrisen in den Jahren 1972 sowie 1974/75 im Gefolge der ›Ölkrise‹ festzustellen. Neben die nun schon erprobten Methoden wie Nichtverlängerung der befristeten Arbeitsverträge von Italienern und nun auch Tunesiern sowie die Ausnutzung der ›natürlichen‹ Fluktuation trat eine Methode, die als Aufhebungsvertrag bekannt wurde. Es handelte sich um eine Abfindungssumme, die bei ›freiwilliger Kündigung‹ des Arbeitnehmers ausgezahlt wurde und damit nicht als Entlassung anzeigepflichtig war.

Der gemeinsame Plan des Betriebsrats und der Personalleitung vom Juni 1972, die Aufhebungsverträge besonders bei den im Werk beschäftigten Ausländern und deutschen mitverdienenden Ehefrauen erfolgreich anzuwenden, ging auf. Den beiden damaligen italienischen Betriebsratsmitgliedern wurde eindringlich nahegelegt, die italienischen Vertrauensleute und ihre Landsleute darüber zu informieren, daß die Werksleitung entlassen würde, wenn sie die Aufhebungsverträge nicht unterschrieben. Verunsicherung machte sich in der instabilen ausländischen Belegschaft breit, folglich wurden die Verträge massenweise unterschrieben. Auch für die Krisenjahre 1974/75 verhinderte die Personalleitung auf diese Weise die Bekanntgabe von Massenentlassungen, obwohl innerhalb dieser Jahre mehr als 3.000 Italiener und 1.531 Tunesier das Werk verlassen mußten.

Es kann damit festgehalten werden, daß das Konzept der Verhinderung der Entwicklung einer soliden italienischen Stammbelegschaft in Rezessionszeiten als wichtiger Faktor für das Krisenmanagement und für die Bewahrung des Betriebsfriedens genutzt wurde. In den konjunkturellen Aufschwungperioden gelang es, in kürzester Zeit Tausende von italienischen und später tunesischen Arbeitskräften nach Wolfsburg zu holen. Die schon damals aufgestellte These, daß die deutsche Industrie, insbesondere die Automobilbranche, aufgrund der unterschiedlichen Struktur der ausländischen und deutschen Arbeitnehmerschaft die ›Gastarbeiter‹ für die un- und angelernten Arbeiten dringend benötigte und damit langfristig integrieren müsse, trifft für VW anscheinend nicht zu.

Die betriebliche Integration der Ausländer im Volkswagenwerk bedeutete in der Regel für die Arbeitsmigranten eine kurzfristig angelegte Hilfsarbeiterbeschäftigung. Die Arbeitsverträge wurden auf ein Jahr festgelegt und danach nicht verlängert. Seit 1963 setzte die Personalleitung immer häufiger Verträge auf nur sechs Monate fest, um so vorhersehbare, kurzfristige konjunkturelle Schwankungen (wie beispielsweise den regulären winterlichen Absatzeinbruch) auszugleichen. Nach über einem Jahrzehnt Ausländerbeschäftigung im Volkswagenwerk besetzten 90% der Italiener die ungelernten bzw. niedriger bezahlten angelernten Arbeitsplätze der Lohngruppen 2 bis 4. Hingegen nahmen 62,5% der deutschen Lohnempfänger die Arbeitsplätze mit den drei höch-

LAA Niedersachsen
AA Wolfsburg
369 D /18

525

Arbeitsvertrag
Contratto di lavoro

für die Beschäftigung eines italienischen gewerblichen Arbeitnehmers
per l'occupazione di un lavoratore industriale italiano

(Deutsch-italienische Vereinbarung über die Anwerbung und Vermittlung von italienischen Arbeitskräften nach der Bundesrepublik Deutschland vom 20. 12. 1955)
(Accordo italo-tedesco del 20 dicembre 1955 per il reclutamento ed il collocamento di mano d'opera italiana nella Repubblica Federale di Germania)

Zwischen dem / der / Tra il / la: Volkswagenwerk Aktiengesellschaft Wolfsburg / Volkswagenwerk S.p.A. Wolfsburg (Arbeitgeber) (datore di lavoro)

vertreten durch / rappresentato da: den Vorstand / Consiglio di Amministrazione

und dem / der / e il / la: C F (Arbeitnehmer) (lavoratore)

geb. am / nato il: 17.11.36 wohnhaft in / abitante a: Genzano di Roma - Via F.lli Corabona 24 (Roma)

Familienstand: / stato civile: ledig / verheiratet / verwitwet *) / celibe / coniugato / vedovo *)

wird folgender Arbeitsvertrag geschlossen:
viene stipulato il seguente contratto:

§ 1

Der Arbeitgeber verpflichtet sich, den Arbeitnehmer
Il datore di lavoro si impegna ad occupare il lavoratore

als / in qualità di: Metall-Hilfsarbeiter / Aiutante operaio (Metallmeccanica) (Bezeichnung der Tätigkeit) (specificazione dell' attività)

in / a: Wolfsburg / Wolfsburg (Ort der Beschäftigung) (indicazione del luogo di lavoro)

vom / dal: 30. 7. 62

frühestens vom Tage des Eintreffens des Arbeitnehmers am Beschäftigungsort ab,
non prima del giorno d'arrivo del lavoratore al luogo di lavoro,

bis zum / fino al: Ablauf eines Jahres / decorrenza di un anno zu beschäftigen.

Der Arbeitnehmer verpflichtet sich, während der genannten Zeit bei dem Arbeitgeber eine Tätigkeit dieser Art auszuüben.
Il lavoratore si impegna a prestare la predetta attività presso il datore di lavoro durante il tempo sopraindicato.

§ 2

Der Arbeitnehmer erhält hinsichtlich des Arbeitsentgelts,
Il lavoratore ha diritto ad un trattamento, per quanto riguarda la retribuzione, tutte le altre condizioni di lavoro e la der sonstigen Arbeitsbedingungen und des Arbeitsschutzes keinesfalls eine ungünstigere Behandlung als die vergleich- protezione del lavoro, che non può essere in alcun modo meno favorevole di quello dei lavoratori tedeschi dell' azienda ai baren deutschen Arbeitnehmer des Betriebes.
quali è paragonabile come grado di qualifica.

*) Es sind die jeweils zutreffenden Angaben zu machen; Nichtzutreffendes ist zu streichen.
*) E'da integrare con le relative eventuali indicazioni complementari; sono da cancellare le proposizioni che non riguardano.

ARBEITNEHMEREXEMPLAR, **darf vom Arbeitgeber nicht einbehalten werden.**
COPIA DEL LAVORATORE che non può essere trattenuta dal datore di lavoro.

sten Lohngruppen ein, hier fanden sich nur 0,12% der Italiener. Auch die mittleren Lohngruppen 5 und 6 konnten nur von insgesamt 10% der Italiener besetzt werden.

Für Italiener war ein Aufstieg über die angelernte Tätigkeit hinaus in der Regel nicht erreichbar. Wenige Beispiele reichen aus, um mögliche signifikante Unterschiede zwischen den Karrieren eines deutschen Arbeiters und dem typischen Verlauf einer italienischen Karriere bei VW aufzuzeigen: Es ist nicht davon auszugehen, daß alle jungen ungelernten Deutschen einen sozialen Aufstieg erlebten; viele pendelten ähnlich den Italienern je nach Produktionsbedarf zwischen den Lohngruppen 2 bis 4 hin und her. Andere jedoch wurden berufsfremd als Maschinen- oder Bandarbeiter eingesetzt und kamen innerhalb weniger Jahre über die Hilfsarbeiterposition hinaus: Der Aufstieg zum Gruppenführer und damit zu der Lohngruppe 6 war durch eine betriebsinterne Lehre oder Weiterbildung möglich. Indessen blieben italienische Gruppenführer eine unerfüllte Forderung. Der erste Vorarbeiter aus Italien wurde erst nach siebzehn Jahren Italienerbeschäftigung im Jahre 1978 eingesetzt.

Tabelle 1: Durchschnittlicher Stundenakkordlohn deutscher und italienischer Arbeiter, ledig und über 18 Jahre

Jahre	Lohn der deutschen Arbeitnehmer	Lohn der italienischen Arbeitnehmer
1963	ca. 3,95 DM	ca. 3,35 DM
1966	ca. 4,30 DM	ca. 3,67 DM
1970	ca. 4,63 DM	ca. 3,98 DM
1973	ca. 5,40 DM	ca. 4,68 DM

Quelle: Eigene Berechnungen nach den Lohntafeln; Günther Koch, Arbeitnehmer steuern mit: Belegschaftsvertretung bei VW ab 1945, Köln 1987, S. 121; Lohntafeln der Jahrgänge 1963, 1967, 1970 und 1973, VW-Werk, Personalabteilung.

Die fehlenden Führungspositionen der Arbeitsmigranten erklärten Gewerkschafter sowie Personalleiter mit den gleichen Argumenten: hohe Rückkehrtendenz und mangelnde Sprachkenntnisse. Die Teilnahme der Arbeitsmigranten an unternehmensinternen Qualifizierungsprogrammen wurde als Fehlinvestition angesehen, da sie über kurz oder lang die erlernten Fähigkeiten nicht für VW, sondern im Heimatland nutzen würden. Tabelle 1 verdeutlicht nochmals mit Hilfe eines Vergleichs der durchschnittlichen Monatslöhne der deutschen und italienischen Arbeiter die Unterschiede.

Zunehmend stärker bildete sich im VW-Werk eine klare Trennung von Kernbelegschaft und Randbelegschaft aus. Die Randbelegschaft bestand zu großen Teilen aus Arbeitsmigranten und deutschen Arbeiterinnen mit einer fortdauernden Instabilität der Beschäftigungsverhältnisse bei den Arbeitsmigranten. Die Kernbelegschaft war hingegen durch eine wachsende Stabilisierung der deutschen Arbeiterschaft gekennzeichnet. Im Vergleich zur Entwicklung der 1950er Jahre konnte die durchschnittliche Abgangsquote der deutschen VW-Arbeiter zur Zeit der ›Gastarbeiter‹-Anwerbung um ca. 3% verringert werden.

»…mit einem Fuß noch in Italien«

Staatliche Anwerbung und Vermittlung nach Deutschland, bei der die Reisekosten bereits bezahlt und ein Arbeitsvertrag sowie eine Wohnmöglichkeit garantiert waren, erleichterten für die italienischen Arbeitsmigranten den Schritt zur Abwanderung. Sie hatten nur ein Ziel: intensiv zu arbeiten, so viel Geld wie möglich zu verdienen und mit dem Gesparten dann schnell »reich und erfolgreich in das eigene Dorf zurückzukehren«.[10] Und die Käferstadt bot für die Arbeitsmigranten optimale Sparvorteile: Vergleichsweise hohe Löhne, billiges Leben in den VW-Unterkünften, preiswertes Essen in der Kantine und so gut wie keine teuren Freizeitvergnügungen in direkter Nähe. »Die Löhne sind zwar nicht phantastisch, […] aber infolge der guten Organisation von VW konnten die Kosten für den Lebensunterhalt und Unterbringung klein gehalten werden. Ein beträchtlicher Teil bleibt in der Lohntüte. Wer bis zum äußersten zu sparen versteht, kann ein ganz hübsches Sümmchen ansammeln. […] Einem VW-Arbeiter wird es nach einem Jahr – und im allgemeinen werden die Verträge auf ein Jahr abgeschlossen – gelungen sein, bequem eine halbe Million Lire [ca. 3.185 DM] zu sparen, und das bei 40 Stunden Arbeit pro Woche (Sonnabends und Sonntags frei), ohne jede Überstunde«.[11]

Zur Verbreitung der Information, daß das Volkswagenwerk Arbeiter suchte und gute Verdienstmöglichkeiten bot, trug nicht nur die Zusammenarbeit zwischen den Anwerbebüros der Bundesanstalt für Arbeit in Verona und Neapel und den italienischen Arbeitsämtern bei. Auch der Vatikan unterstützte, dank der persönlichen Kontakte Heinrich Nordhoffs zu Papst Pius XII., VW bei der Rekrutierung von Arbeitskräften in Italien. In einem Schriftwechsel vom Oktober 1961 zwischen Nordhoff und zwei deutschen katholischen Funktionsträgern im Vatikan fragte der Generaldirektor von VW an, ob es mit Hilfe der katholischen Kirche möglich sei, 3.000 italienische Arbeiter zu erhalten. Die positive Stellungnahme des Vatikans kam prompt. Damit ergaben sich für VW Möglichkeiten, wesentlich schneller eine größere Anzahl von Italienern für

Italienische Arbeitsmigranten des Volkswagenwerkes überweisen im Frühjahr 1962 einen Teil ihres Lohns an ihre Familien in Italien

Wolfsburg zu gewinnen als auf dem üblichen Weg. Als ein deutsches Unternehmen unter vielen hätte die VW-Personalleitung bei den Anwerbekommissionen in Verona und Neapel nach Arbeitskräften anfragen und je nach ›Angebot‹ auch länger auf die angeforderten Arbeitskräfte warten müssen. Und letztlich waren es die italienischen VW-Arbeiter selbst, die VW die meisten Arbeitsmigranten verschafften, wie der Betriebratsvorsitzende feststellte: »Es geht den italienischen Kollegen wie den Zugvögeln, immer wenn sie aus dem Urlaub zurückkehren, bringen sie neue mit. Das ist auch in diesem Jahr der Fall gewesen.«[12]

Tabelle 2 über die Aufenthaltsdauer der Italiener weist aus, daß eine zweckrational geplante Perspektive mit Rückkehroption fehlte oder nicht realisiert werden konnte: Bei mindestens 36% der insgesamt nach Wolfsburg bis 1974 zugewanderten Italiener ist wegen ihres zu kurzen Arbeitsaufenthaltes von einem Tag bis höchstens sechs Monate das Sparziel geplatzt. Sie zogen eine erfolglose Rückkehr einer längeren Zeit als ›Gastarbeiter‹ vor. Obwohl die Regionen, aus denen sie kamen – Sizilien, Sardinien, Kalabrien, Kampanien, Abbruzzen, Molise, Apulien –, kaum eine ökonomische Alternative boten, bewahrten sie für die italienischen VW-Migranten einen Anlaufpunkt und Ruhepol, von dem aus erneut Arbeit gesucht werden konnte: innerhalb der eigenen Region, in den Städten, italienischen Industriezentren oder erneut im Ausland.

Tabelle 2: Dauer des Arbeitsaufenthaltes der Italiener bei VW bei der Ersteinstellung 1962–1974

Monate/Jahre des Wolfsburgaufenthalts	in Prozent
0–3 Monate	18,3
4–6 Monate	17,4
7–11 Monate	15,5
zusammen	*51,2*
12–24 Monate	16,5
25–36 Monate	9,6
37–48 Monate	10,9
zusammen	*37,0*
5. Jahr bis Ende des 9. Jahres	7,0
10. Jahr bis Ende des 19. Jahres	2,7
20 Jahre bis heute	2,1
zusammen	*11,8*
insgesamt	*100,0*

Quelle: Zusammenstellung aus dem Italiener-Sample.

Es ist festzuhalten, daß entgegen der geläufigen These der stufenweisen Entwicklung von der kurzfristigen Zuwanderung zur dauerhaften Einwanderung auch in der zweiten Phase der Anwerbung der Anteil der kurzfristig in Wolfsburg arbeitenden Migranten keinesfalls ab-, sondern erheblich zunahm. Gleichzeitig war bereits in der ersten Phase der Anwerbung der Migrantentyp auszumachen, der dann lange Zeit oder sogar für immer in Wolfsburg blieb (s. Tab. 3).

Die Gründe für die auffallend kurze Arbeitszeit im VW-Werk sind bereits bei der Analyse der VW-Beschäftigungspolitik gezeigt worden. Aus der Perspektive der Italiener sind zunächst die hohen Erwartungen, die besonders durch die schönfärberischen Erzählungen der eigenen Landsleute geschürt wurden, zu nennen. »Erzählt ruhig, daß es einem in Deutschland gut geht, aber fügt auch hinzu, daß fast alle Italiener hoffen, so früh wie möglich zurückzukehren. In

Italienische ›Gastarbeiter‹ bei der Bandmontage des VW-Käfer

Tabelle 3: Dauer des Arbeitsaufenthaltes der Italiener, unterteilt nach den VW-Einstellungsphasen

Dauer des Aufenthaltes	1. Einstellungsphase: 1962 bis Mitte 1966	2. Einstellungsphase: 1967 bis Ende 1973
1 Tag bis unter 1 Jahr	49,0%	55,0%
1 Jahr bis unter 2 Jahre	13,0%	21,0%
2 Jahre bis unter 5 Jahre	9,8%	9,9%
5 Jahre bis unter 10 Jahre	10,2%	1,3%
10 Jahre bis heute	7,5%	2,6%

Quelle: Zusammenstellung aus dem Italiener-Sample.

Deutschland gibt es Arbeit und die Möglichkeit zu verdienen, aber [...] die Ausländer genießen nicht die gleichen Rechte wie die Deutschen in der Fabrik und in der Gesellschaft. Es ist richtig, zu betonen, daß Volkswagen in Wolfsburg gut bezahlt und daß die Unterkünfte freundlich sind, aber fügt auch hinzu, daß in den Unterkünften von Kästorf und Berliner Brücke mindestens 3.000 Italiener zu zweit, dritt oder viert in einem Zimmer schlafen, daß der Lebensunterhalt hoch ist und daß eine Lohntüte des Familienoberhaupts nicht ausreicht, daß die Arbeitsstellen mit Verantwortung praktisch für die Italiener unerreichbar sind und daß von ca. 5.000 neueingestellten Personen in den ersten acht Monaten 2.226 die Fabrik wieder verlassen haben.«[13] Dieser öffentliche Aufruf in einer Wolfsburger Italiener-Zeitung fußt auf den Erfahrungen vieler Neuankömmlinge, die enttäuscht der Stadt schnell den Rücken kehrten. Und sie verließen sie mehrheitlich nicht aus betriebsbedingten, sondern aus persönlichen Gründen, wie Tabelle 4 zeigt.

Tabelle 4: Entlassungsgründe von Italienern für die Anwerbezeit (in %)

	Italiener
eigener Wunsch	33,2%
Arbeitsvertragsbruch/Leistungsverzug	28,9%
betriebsbedingt: Übergangsvertrag, Aufhebungsvertrag, vorfristige Kündigung, Nichtverlängerung des Arbeitsvertrags	22,1%
im beiderseitigem Einvernehmen	12,8%
gesundheitliche Gründe, verstorben, Frühinvalidität	2,4%

Quelle: Zusammenstellung aus dem Italiener-Sample.

Neben der Kündigung auf ›eigenen Wunsch‹ war die häufigste Ausdrucksform des individuellen Protests ›Arbeitsvertragsbruch‹ und ›Leistungsverzug‹: Oft kamen die Wolfsburger Arbeiter nicht aus den Ferien in Italien zurück oder sie verließen frühzeitig das Werk, ohne den Vertrag zu kündigen. 1962, im ersten Anwerbejahr, waren insgesamt 92,1% der italienischen Entlassungen frühzeitige Arbeitsvertragsbrüche bzw. -lösungen. 1963 waren es immerhin noch 69,6%. Eine ähnliche Entwicklung ist nach den ersten beiden Anwerbejahren festzustellen. Bis Mitte der 1970er Jahre stabilisierte sich die Abgangsneigung innerhalb der italienischen Arbeiterschaft bei jährlich ca. 60%. Die Hälfte davon verließ das Werk auf eigenen Wunsch, weitere 30% begingen Arbeitsvertragsbruch.

Neben solchen eher defensiven individuellen Protestformen gab es jedoch auch den kollektiven Protest: So kam es in Wolfsburg am 5. November 1962, nachdem die Einlieferung eines erkrankten Italieners in ein Krankenhaus verzögert worden war, zu einem großen ›wilden‹ Streik auf dem Unterkunftsgelände. Die Werksleitung reagierte mit massivem Polizeiaufgebot und fristlosen Entlassungen; insgesamt verließen infolge des Streiks über 400 Italiener mehr oder weniger freiwillig das Werk. Bezeichnend ist, daß es nach den Vorfällen zwar in beiden Orten tatsächlich Verbesserungen in der ärztlichen Versorgung in den Unterkünften gab, der vorangegangene Protest der Migranten aber von der deutschen Presse, der Betriebsleitung wie auch von den Gewerkschaften als ungerechtfertigt dargestellt wurde.

Undankbarkeit, unkontrollierte Emotionalität und von außen gelenkte Aufhetzung waren die Erklärungsansätze für den kollektiven Protest, wie sie auch Generaldirektor Nordhoff in einer Rede auf einer Betriebsversammlung verwendete: »Daß es vor ein paar Wochen Auftritte gab, die wir in Wolfsburg nicht kennen, zu denen kein Anlaß bestand und die unverkennbar politisch gesteuert waren, gehört der Vergangenheit an. [...] Die Krakeeler sind sämtlich nicht mehr hier, und wir werden sie nie mehr sehen. Ich bin ganz davon überzeugt, daß die, die nun mit uns zusammenarbeiten, es ehrlich meinen, und sie sind uns willkommen. Es geht ihnen ja nicht schlecht, es ist ihnen vielmehr wohl noch nie so gut gegangen. Natürlich können wir nicht jedem ein Einfamilienhaus bauen, und wärmer, als es nun mal hier ist, können wir es beim besten Willen nicht machen.«[14]

Leben im Provisorium

Am häufigsten nannten die Italiener ›familiäre Gründe‹ (26,1%) als Kündigungsgrund, die sich in der Regel auf Italien bezogen und eine Rückkehr in den Herkunftsort zur Folge hatten. Das Spektrum der familiären Verbundenheit reichte von der Mithilfe in der Landwirtschaft des Vaters, der Heirat in Italien oder der erkrankten Ehefrau über die Versorgung der Kinder bis zu Erbschaftsangelegenheiten und der Fertigstellung des geplanten Hauses. Der ausgesprochen provisorische und temporäre Charakter der Migration als ›Gastarbeiter‹ in Westeuropa ermöglichte enge Beziehungen zur Familie und zu den Heimatorten. Wenn die genannten familiären Pflichten oder die Probleme beim Einleben nicht zu Pendelwanderungen zwischen Heimat und ›Arbeitsland‹ führten, dann doch leicht zu kurzfristigen Entschlüssen des Aufbruchs für eine begrenzte Zeit in westeuropäische oder auch norditalienische Industriezentren wie auch andererseits zur spontanen Rückkehr. Die zeitlich begrenzte Abwesenheit vieler meist männlicher Familienmitglieder in den Dörfern Süd- und Inselitaliens war schon eine langandauernde historische Erfahrung, die durch die Tradition der wochenlangen saisonbedingten Abwesenheit von Arbeitswanderern in den Erntezeiten verstärkt wurde. Auch diejenigen, die sich nicht einleben konnten (21%), nannten Heimweh, Schlafstörungen oder die Nichtverträglichkeit des Essens und des Klimas als Grund für die Rückkehr.

Das Alter der Italiener in Wolfsburg entsprach nicht dem Bild vom jungen ›Gastarbeiter‹ zwischen 18 und 29 Jahren, das weiterhin die Vorstellung von den angeworbenen Arbeitsmigranten der 1960er Jahre dominiert. Der älteste Italiener zur Zeit seiner Einstellung hatte bereits 56 Jahre erreicht. 15,4% waren über 40 Jahre, 13,6% zwischen 35 und 40 Jahre alt. 22% waren zwischen 30 und 35 Jahre alt, und knapp 50% entsprachen dem ›klassischen‹ jungen Arbeitsmigranten zwischen 18 und 29 Jahren. In der ersten Phase bis 1966 wurden vermehrt ledige Italiener (55,6%) eingestellt, 44,4% waren verheiratet. Mit den erneuten Anwerbungen nach dem ersten konjunkturellen Einbruch 1966/67 bis zur Krise 1974 blieb die Verteilung annähernd dieselbe, die Zahl der Verheirateten wuchs nicht an. Im Durchschnitt waren 57% ledig und 43% verheiratet. Nach den Sample-Ergebnissen hatten 38% der Männer Kinder in Italien.

Die bei vielen Arbeitsmigranten fehlende Grundschulbildung verstärkte die Bindungen an den Heimatort und erschwerte gleichzeitig die Integrationsmöglichkeiten in Wolfsburg. Besonders in der ersten Einstellungsphase bis zum Frühjahr 1966 überwogen eindeutig jene Italiener, die wenige Jahre Schulerfahrung und nicht einmal einen Grundschulabschluß aufweisen konnten (58,3%). In der zweiten Phase der VW-Anwerbung war jedoch ein klarer Bildungsschub innerhalb der Gruppe der italienischen Arbeitsmigranten zu erkennen. Mehrheitlich hatten sie mindestens die fünfjährige italienische Grundschule abgeschlossen, fast 10% verließen drei Jahre später mit dem Abschluß der Scuola Media ihre Schule, 12,9% konnten eine handwerkliche Ausbildung als Mechaniker, Elektriker oder Maurer vorweisen, und einige wenige hatten einige Jahre auf den höheren Schulen (liceo) verbracht.

»Die Mehrzahl der Italiener kommt nach Deutschland aus einem ganz spezifischen Grund: um Geld zu machen. Man beginnt sofort mit dem Sparen am Essen, an der Kleidung und an der Freizeit. Man bleibt zu Haus [...] aus dem alleinigen Grund, weil man nicht Geld ausgeben will. Mit der Lohntüte in der Hand wird sofort die Überweisung nach Italien gemacht«, berichtete die Wolfsburger Italiener-Zeitung 1973.[15]

Viele Migranten nahmen eine Arbeit als Akkordarbeiter und ein Leben in den firmeneigenen Unterkünften auf sich. Sie übten freiwilligen Verzicht für ein späteres besseres Leben. Nicht nur Mangel an Raum, sondern zwangsläufig auch Entbehrung an Ruhe, Rückzugsmöglichkeiten und Intimität kennzeichnete das Leben der Italiener in der VW-Unterkunft, das bald als das größte italienische Dorf jenseits der Alpen bezeichnet wurde. Nach einer anfänglichen Belegung von vier Personen in einem Zimmer wurde die Drei-Personen-Belegung in einem 13,2 qm großen Zimmer die Regel. Die Ausstattung der einzelnen Zimmer bestand aus zwei Doppelbetten, einem kleinen kunststoffbezogenen Tisch, vier Stühlen, für jeden Bewohner einen kombinierten Kleiderwäscheschrank, in dem ein besonderes Fach zur Unterbringung von Eßwaren vorgesehen war, sowie einer Neon-Kunststoffröhre als Zimmerbeleuchtung.

Auf jeder Etage lebten 68 Personen, aufgeteilt in 17 Zimmern, miteinander. Ein Kochraum mit 18 elektrischen Kochplatten, ein Waschraum mit 13 Waschbecken und vier Toiletten waren – so argumentierte die VW-Leitung – ausreichend, da die Hälfte der Bewohner eines Stockwerks jeweils in der Früh- bzw. in der Spätschicht arbeitete. Das Schlangestehen vor den sanitären Einrichtungen und in der einzigen Küche waren insbesondere nach Schichtende und am Wochenende damit vorprogrammiert.

Unterkunft ›Berliner Brücke‹: Kochraum mit elektrischen Kochplatten

Unterkunft ›Berliner Brücke‹: Werkschutz

In Wolfsburg lebten drei Viertel der Arbeitsmigranten in den Massenunterkünften räumlich getrennt von den Einheimischen. Der räumlichen Abgrenzung entsprach die soziale Grenzziehung: 1971 charakterisierte ein italienischer Dolmetscher die »unsichtbare Barriere zur Stadt, zu den Deutschen« wie folgt: »Die Deutschen sehen uns als Fremdkörper, sie wollen nichts mit uns zu tun haben.« Tatsächlich waren die Arbeitsmigranten für viele Einheimische nur als Arbeitskollegen am Fließband oder als Konsumenten in der Stadt sichtbar, »denn nach Schichtende sind sie immer in ihr Lager zurückgekehrt«.[16]

Die räumliche Trennung fand auch für Einheimische und Migranten ein deutlich sichtbares Zeichen. Für die Unterkunft ›Berliner Brücke‹ waren eine zwei Meter hohe Umzäunung und ein bewachter Eingang mit Schlagbaum, kontrolliert vom Werkschutz, errichtet worden. Angesichts der Einwände, die italienische Bewohner im Laufe der 1960er Jahre gegen den Zaun und den bewachten Eingang formulierten, hob das VW-Werk noch 1970 explizit hervor: »Wegen der Art der Anlage und der architektonischen Gegebenheiten war nur diese Maßnahme geeignet, das besonders hohe Risiko von Diebstählen herabzusetzen und einem Händler- und Prostitutionsunwesen entgegenzuwirken. Die persönliche Freiheit der Bewohner wird dadurch in keiner Weise beeinträchtigt, da sie die Unterkünfte zu jeder gewünschten Zeit betreten und verlassen können.«[17]

Das Zusammenleben zu dritt oder zu viert auf einem Zimmer brachte es mit sich, daß es für den einzelnen fast unmöglich war, etwas ohne die ›Auf-Sicht‹ eines anderen, meist zunächst fremden Zimmernachbarn zu tun. Zu diesem Mangel an Privatsphäre gehörte auch die Einschränkung des Sexuallebens, die sich aus der Geschlechtertrennung, der fehlenden Rückzugsmöglichkeit und den restriktiven Besuchsregelungen in den Unterkünften ergab. Das Leben in einer reinen Männergesellschaft und die Beschränkung des Sexuallebens durch die Gemeinschaftssituation war eine prägende Erfahrung der Migranten. Das strikte Frauenverbot auf dem Unterkunftsgelände von VW veranlaßte viele Italiener, in Fahrgemeinschaften in das nächstgelegene Rotlichtviertel von Braunschweig zu fahren. Die Ängste und Projektionen auf seiten der deutschen Bevölkerung mit Blick auf das Sexualleben der Migranten schlugen sich auch in der Außenwahrnehmung der Gemeinschaftsunterkünfte nieder. In Wolfsburg prognostizierte die Presse einen »Sex-Stau« bei fast 6.000 »quasi kasernierten, heißblütigen Italienern« in der ›Berliner Brücke‹.

Als die Beschäftigung in den Jahren 1970/71 ihren Höchststand erreicht hatte und damit bis zu 10.000 ausländische Männer in Wolfsburg unterwegs waren, forderte eine Gruppe von deutschen Frauen öffentlich, ein Bordell für die vielen ›Gastarbeiter‹ zu errichten, denn die Braunschweiger ›Alternative‹ reiche nicht mehr aus und die »Schönen der Bruchstraße« lehnten die Italiener immer häufiger ab, »denn es kämen zu viele«.[18] In einem Brief an die Stadtverwaltung hieß es: »Es ist nicht mehr möglich, im Zentrum der Stadt spazierenzugehen, weil wir ständig von den ausländischen Arbeitern belästigt werden. Mit der Zeit ist diese Situation untragbar geworden. Die ausländischen Arbeitnehmer in Wolfsburg werden immer mehr, während die Stadtverwaltung weiterhin das sich ausbreitende Problem der unterdrückten Sexualität von 10.000 feurigen Südländern ignoriert. Allein in den letzten beiden Wochen sind drei Frauen aus Wolfsburg von unseren ›Gastarbeitern‹ angefallen worden. Man sollte anfangen, den Tatbestand zu berücksichtigen, daß diese Arbeiter auch aus Fleisch und Blut gemacht sind und daß sie nicht ausschließlich von Arbeit und Essen leben können. Inzwischen denken wir, daß es sinnvoll von städtischer Seite wäre, die Möglichkeit eines Freudenhauses für die 10.000 ausländischen Arbeiter in Wolfsburg zu untersuchen.«[19]

Unterkunft ›Berliner Brücke‹

Ebenfalls ausgeprägt waren die Konkurrenzängste deutscher Männer. Die plötzliche und zahlreiche Anwesenheit von Italienern brachte das Gleichgewicht zwischen Männern und Frauen in der Autostadt aus dem Lot. Die Ausstrahlung der Italiener wurde als allzu sinnlich empfunden, ihr ›Lebensstil‹ für die Frauen attraktiv, für die Männer bedrohlich: »Sie mußten nicht viel Geld für Miete oder die Familie aufbringen, darum hatten sie die Möglichkeit schneller zu einem Fahrzeug zu kommen als die Deutschen, um dann ein Mädchen mitzunehmen. […] Die Warnungen der Eltern haben nicht viel geholfen, die Mädchen gingen mit.«[20] Kneipen und Tanzlokale verhängten Einlaßverbote für ›Gastarbeiter‹. Prügeleien zwischen deutschen und ausländischen Männern, die Kontakt zu deutschen Frauen hatten, waren keine Seltenheit.

Ein Teil der nach der Arbeit verbleibenden Zeit war durch das Kochen in Anspruch genommen. Zwar aßen viele Arbeitsmigranten auch in der Kantine, aber nach Schichtende wurde das Kochen, neben dem Anschauen von italienischen Kinofilmen oder dem Lesen von italienischen Zeitungen, als eine der wenigen Möglichkeiten empfunden, sich der Heimat nah zu fühlen. So wurde in der Unterkunftsküche nach der Arbeit viel Zeit für die typisch italienische Tomatensoße aufgebracht. Erzählungen über die Aufzucht von kleinen Ferkeln oder Lämmern im eigenen Unterkunftszimmer bis hin zur einmaligen Geschichte von einigen Sarden, die aus ›nostalgia‹ glaubten, auf ihr heimatliches Sonntagsgericht, die ›porchetta‹, nicht mehr verzichten zu können, illustrieren ein starkes Heimatgefühl. Stühle oder andere Möbelstücke wurden für die Vorbereitung der porchetta auseinandergehackt, die Scheite im Schlafzimmer zusammengeschichtet und angezündet, um dort das Ferkel auf sardische Art zu braten.

In Wolfsburg waren spezielle Lebensmittelgeschäfte für die Italiener, so berichtete der VW-Generaldirektor, wenig gefragt. »Die Italiener gewöhnten sich – wie wir bald beobachten konnten – schnell an deutsche Gerichte und verzehrten selbst Sauerkraut und andere Spezialitäten. Auch in den Unterkunftskantinen haben wir zunächst Nahrungsmittel italienischen Ursprungs angeboten, z.B. italienische Makkaroni. Auch hier mußten wir bald feststellen, daß deutsche Waren bevorzugt wurden. […] Das zeigt, daß jedes Klima und jede Landschaft ihre eigene Ernährungsart bedingen.«[21] Aus Sicht der Italiener hatten ihre veränderten Eßgewohnheiten jedoch einen anderen Ursprung als von deutscher Seite angenommen: »Die Kommission, die Italien besucht hat, hat festgestellt, daß man bei uns Wein trinkt und Spaghetti und Panettone ißt. Schlußfolgerung: Wieviel Italiener, soviel Wein, Spaghetti und Panettone pro Kopf, soviel Doppelzentner Lebensmittel sind zum allgemeinen Glück einzuführen. Dann kommen die Überraschungen. Hier in Deutschland trinken die Italiener Bier (billiger), rümpfen die Nase vor den Spaghetti der Kantine (zu weich gekocht) und weisen entschieden Panettone zurück, da sie keine Mailänder sind.«[22]

Die Kontakte in der Freizeit waren häufig auf Mitbewohner, die Freizeitgestaltung auf das Unterkunftsgelände beschränkt. Dabei spielte die isolierte Wohnsituation, aber auch andere Faktoren eine Rolle: Sprachbarrieren, das Ge-

Unterkunft ›Berliner Brücke‹: Kantine

fühl der Fremde, Unsicherheit oder auch die ausgeprägte Sparhaltung führten dazu, daß manche Unterkunftsbewohner nur selten aus den Unterkünften heraus in die Stadt gingen, und wenn es geschah, dann nur, um sich mit dem Lebensnotwendigsten zu versorgen. Was aus deutscher Sicht gern mit »fehlendem Integrationswillen« oder auch mit mangelnder Intelligenz[23] erklärt wurde, begründeten viele Arbeitsmigranten selbst mit ihrem Arbeitsalltag. »Wenn die Leute acht Stunden gearbeitet hatten, mußten sie einkaufen, kochen, waschen, bügeln, essen und irgendwann mal auch ein bißchen Freizeit und da gab es nicht viele die noch Interesse hatten, weiterzumachen. Es war schwer Deutsch zu lernen, alle lebten zusammen in der Berliner Brücke und es war damals nicht möglich, nach 6 Monaten aus der Berliner Brücke raus und sich irgendwo in Wolfsburg eine Wohnung zu suchen. Die haben das nicht geschafft, für die italienischen Familien Wohnungen zu bauen.«[24] Andere Bewohner nutzten die Spiel- und Sportmöglichkeiten auf dem Gelände der Unterkunft zum Boccia-, Tischtennis- oder Fußballspielen.

Unterkunft ›Berliner Brücke‹

Hinzu kamen in der ›Berliner Brücke‹ die Angebote der Unterkunftsleitung – eher gegen die Absicht des VW-Generaldirektors, der wegen der Erfahrungen im Nationalsozialismus jegliche Einmischung des Unternehmens in die Freizeit der Arbeitnehmer ablehnte. Nach Erfahrung der Unterkunftsleitung ließ sich jedoch mit Sophia Loren auf der Leinwand und einem Fußballplatz vor der Tür das Heimweh besser überwinden als mit Trübsal im Herzen und mit Alkohol im Magen.

Auch die Beteiligung an Deutschkursen war nicht sehr hoch. Schichtarbeit, das Interesse an möglichst vielen Überstunden und besonders die Vorstellung, bald wieder zurückzukehren, ließen dafür keine Energiereserven übrig. Andere Migranten hingegen verbrachten einen Teil ihrer Freizeit außerhalb der Unterkünfte. Beliebter Treffpunkt war das Centro Italiano oder das Kaufhaus Hertie. Mancher nutzte sogar seine Freizeit für Nebenjobs, um den Lohn aufzubessern. So berichtete ein Italiener: »Damals bin ich viel herumgekommen, ich habe neben meiner Schicht noch so allerlei Arbeiten gemacht, ich habe Brot und Backwaren ausgefahren, da habe ich viele Frauen kennengelernt, ich habe eine Zeitlang Lastwagen gefahren, an Wochenenden bin ich manchmal Taxi für einen deutschen Kollegen gefahren, was soll man schon in einem Wohnheim, vier Männer auf einem Zimmer.«[25]

Schluß

Die Analyse der VW-Betriebspolitik einerseits sowie der Perspektive der Italiener andererseits ermöglicht es, beide Seiten der Medaille zu beleuchten. Es überrascht wenig, daß die Erfahrung als ›Gastarbeiter‹ in der legendären Käferstadt nicht im Einklang zu der bundesweiten Entwicklung einer Einwanderungs- bzw. Niederlassungstendenz seit Mitte der 1960er Jahre stand. Möglichkeiten für alternative Arbeits-, Aufstiegs- sowie Wohn- bzw. Lebensprojekte konnten in Wolfsburg mit seiner einseitigen, überragenden Abhängigkeit von einem einzigen Industrieunternehmen als ›Lebensader‹ der jungen Stadt nur unzureichend gefunden oder entwickelt werden. Entgegen der fortschreitenden Verfestigung des Aufenthaltes eines Teils der Migranten im Bundesgebiet blieb in Wolfsburg das Phänomen der ›Arbeitsstippvisite‹ über die gesamte Anwerbungszeit für die Mehrzahl der Italiener beständig. Schwerwiegende Probleme der Beschaffung von Arbeitern für das Käfer-Werk, hervorgerufen durch die konstant hohe Fluktuation, kamen nicht auf, schließlich war die ›frische Nachfuhr‹ an jungen Männern aus Italien, auch dank der kooperativen Hilfe des Vatikans, abgesichert.

Die atypische Entwicklung der Wolfsburger Arbeiterzuwanderung verdeutlicht für die Bundesrepublik, daß keine einheitliche ›Gastarbeiter‹-Politik sowie keine einheitlichen Handlungsmuster auf seiten der ausländischen Arbeitssuchenden auszumachen sind. Bereits seit Beginn der Massenanwerbung Anfang der 1960er Jahre hatten sich unterschiedlichste, auch gegensätzliche betriebliche Konzeptionen entwickelt: Von eindeutig rotationsgeleiteten, kurzfristig angelegten Planungen à la VW über langfristige oder unbefristete Bindungsverträge, Fortbildungsprogramme für ausländische Mitarbeiter, forcierten Familiennachzug mit dem Bau von Familienwohnungen bis zur Ausbildung der ›Gastarbeiter‹-Kinder für die Sicherung des Facharbeiterstammes reichten die Variablen der Beschäftigungskonzepte für Ausländer, deren Einfluß auf die Lebensprojekte der Arbeitsmigranten außer Zweifel steht. Die Form der Wanderung mit Arbeitsvertrag und garantierter Unterkunft ließ für den arbeitsuchenden Italiener ein breites Spektrum an Lebensalternativen unter Beibehaltung enger Herkunftsbeziehungen zu.

Die Analyse eines Mikrokosmos ermöglicht am Fallbeipiel des Volkswagenwerkes, beide Seiten – die Perspektive der ›Gastarbeiter‹- und die der Aufnahmegesellschaft – in ihrem Zusammenwirken zu untersuchen. Festgestellt werden kann, daß von einer gegenseitigen Verstärkung des provisorischen Konzepts der ›Gastarbeit‹ auszugehen ist: Auf seiten der ›Autostadt‹ und seines Werkes beeinflußten die fehlenden Möglichkeiten (inoffizielle Aufstiegssperren für die Italiener im Werk, fehlender Wohnraum für Ausländer, kaum Frauenarbeitsplätze für Ausländerinnen in Wolfsburg etc.) und ein kurzfristig angelegtes Beschäftigungskonzept für Ausländer – im starken Kontrast zum Volkswagen-Motto einer betrieblichen (deutschen) ›VW-Familie‹ – den Migrationsverlauf.

Auf seiten der ›Gastarbeiter‹ taten fehlende ›Basisbildung‹, starke Familienbindungen im Heimatland, häufige landwirtschaftliche Mitarbeitsverpflichtung, das verbreitete mittlere Alter vieler Italiener ein übriges, um die Rückkehrorientierung zu intensivieren und einen möglichen Eingliederungsprozeß zu erschweren. Deshalb blieb es für viele italienischen Arbeitsmigranten bei einer kurzen Stippvisite in Wolfsburg.

Anmerkungen

Einen herzlichen Dank an Jochen Oltmer, der diesen Aufsatz gekürzt und bearbeitet hat. Eine längere Fassung erscheint als: Volkswagen, Wolfsburg und die italienischen ›Gastarbeiter‹. Die gegenseitige Verstärkung des Provisorium, in: Archiv für Sozialgeschichte, 42. 2002.

1 Ansprache in der Betriebsversammlung, 11.12.1961, S. 5, Archiv VW-Werk, Nordhoff-Reden.
2 Interne Mitteilung der Sozialabteilung, 5.1.1962, Sozialabteilung, 13/3, Archiv VW-Werk.
3 Neue Heimat für ausländische Arbeitnehmer, März 1971, Personalabteilung, VW-Werk Wolfsburg sowie Brief Stadt Wolfsburg an Ausschuß für Ausländerangelegenheiten u.a., 20.6.1974, Stadtarchiv Wolfsburg, HA 6664, Bd. 1.
4 Rede Nordhoffs auf einer Pressekonferenz zur IAA in Frankfurt a.M., 11.9.1963, Archiv VW-Werke, Pe-re 208, S. 4.
5 Interview mit Paolo S., Viterbo (Italien), 10.7.1995.
6 Ausländische Arbeitnehmer. Beschäftigung, Anwerbung, Vermittlung – Erfahrungsbericht 1972/73, hg.v.d. Bundesanstalt für Arbeit, Nürnberg 1974, S. 4.
7 Korrespondenz Nordhoffs mit dem Vorstandsmitglied der Personalleitung Dr. Haaf, 19.2.1965, Archiv VW-Werk, Elba 13/1, Korrespondenz Nordhoff-Personalleitung.
8 Ausländerreferat, Prinzipielle Überlegungen über die Stelle für Ausländerbetreuung, 14.2.1974, S. 3, Stadtarchiv Wolfsburg, HA 6658.
9 Cord Pagenstecher, Die Illusion der ›Rückkehr‹. Zur Mentalitätsgeschichte von ›Gastarbeit‹ und Einwanderung, in: Soziale Welt, 47. 1996, H. 2, S. 149–179, Zitat S. 153.
10 Teodor Shanin, Die Bauern kommen: Migranten, die arbeiten, Bauern, die reisen, und Marxisten, die schreiben, in: Jochen Blaschke/Kurt Greussing (Hg.), ›Dritte Welt‹ in Europa. Probleme der Arbeitsimmigration, Frankfurt a.M. 1980, S. 72–85, Zitat S. 81.
11 Italienische Zeitung Quattrosoldi (Übersetzung von der VW-Personalabteilung), 1962, Nr. 6, Zitat S. 26f.
12 Betriebsversammlungsrede des Betriebsratsvorsitzenden Hugo Bork, der fast regelmäßig monatlich die neuen italienischen Arbeitskollegen im Werk begrüßte, Zitat April 1969, Betriebsratsarchiv, Betriebsversammlung 1969.
13 ›Raccontate il, vero!‹, in: Italiani a Wolfsburg, 1973, Nr. 11 (Dez.), Zitat S. 4.
14 Rede Nordhoffs auf der Betriebsversammlung, 4.2.1963, Betriebsversammlung, Betriebsratsarchiv, VW-Werk.
15 Wolfsburger Italiener-Zeitung: Italiani a Wolfsburg, 1973, Nr. 9, Zitat S. 4.
16 Interview mit G.Ko., Wolfsburg, 28.10.1998.
17 VW-Schrift ›Unterkünfte der Volkswagenwerk AG für ausländische Arbeitnehmer‹, Dezember 1970, Sozialabteilung, VW-Werk Wolfsburg.
18 ›Arbeiten ohne Aufstieg – Wohnen mit Aufzug‹, Wolfsburger Allgemeine Zeitung, 18.2.1971.
19 Brief an die Stadt Wolfsburg, Niedersächsisches Hauptstaatsarchiv Hannover, Zweigstelle Pattensen, NDS 1310, Acc 136/82, Nr. 510.
20 Interview mit M.d.C., Wolfsburg, 2.9.1997.
21 VW-Stellungnahme auf einer Konferenz zum Thema ›Arbeitgeber und Gastarbeiter‹, 12.6.1964, VW-Werk, Personalabteilung, Zitat S. 7.
22 Von der Autorin übersetzter Zeitungsausschnitt aus: Unitá, 9.3.1963.
23 VW-Stellungnahme auf einer Konferenz zum Thema ›Arbeitgeber und Gastarbeiter‹, 12.6.1964, VW-Werk, Personalabteilung.
24 Interview mit einem italienischen Angestellten der Sozialabteilung, Wolfsburg, 2.9.1997.
25 Max von der Grün, Ausländer in Deutschland, München 1994, Zitat S. 112f.

Literatur

Bade, Klaus J. (Hg.): Fremde im Land. Zuwanderung und Eingliederung im Raum Niedersachsen seit dem Zweiten Weltkrieg (IMIS-Schriften, Bd. 3), Osnabrück 1997.

Eryilmaz, Aytaç/Jamin, Mathilde (Hg.): Fremde Heimat. Eine Geschichte der Einwanderung aus der Türkei, Essen 1998.

Herbert, Ulrich: Geschichte der Ausländerpolitik in Deutschland. Saisonarbeiter, Zwangsarbeiter, Gastarbeiter, Flüchtlinge, München 2001.

Hunn, Karin/Herbert, Ulrich: Gastarbeiter und Gastarbeiterpolitik in der Bundesrepublik. Vom Beginn der offiziellen Anwerbung bis zum Anwerbestopp (1955–1973), in: Axel Schildt/Detlef Siegfried/Karl Christian Lammers (Hg.), Dynamische Zeiten. Die 60er Jahre in den beiden deutschen Gesellschaften, Hamburg 2000, S. 273–310.

Motte, Jan/Ohliger, Rainer/Oswald, Anne von (Hg.): 50 Jahre Bundesrepublik – 50 Jahre Einwanderung. Nachkriegsgeschichte als Migrationsgeschichte, Frankfurt a.M./ New York 1999.

Münz, Rainer/Seifert, Wolfgang/Ulrich, Ralf: Zuwanderung nach Deutschland, Frankfurt a.M./New York 1997.

Novi, Livia: Die italienisch-deutsche Anwerbevereinbarung von 1955 im Rahmen der italienischen Wanderungspolitik der fünfziger Jahre, Magisterarbeit Univ. Osnabrück 1994.

Philipper, Ingeborg: Biographische Dimensionen der Migration. Zur Lebensgeschichte von Italienerinnen der ersten Generation, Weinheim 1997.

Rieker, Yvonne: Südländer, Ostagenten oder Westeuropäer? Die Politik der Bundesregierung und das Bild der italienischen Gastarbeiter 1955–1970, in: Archiv für Sozialgeschichte, 40. 2000, S. 231–258.

Schönwälder, Karen: Einwanderung und ethnische Pluralität. Politische Entscheidungen und öffentliche Debatten in Großbritannien und der Bundesrepublik Deutschland von den 1950er bis zu den 1970er Jahren, Essen 2001.

Sonnenberger, Barbara: Die Anfänge der Arbeitsmigration in die Bundesrepublik. Nationale Politik und regionale Erfahrung in Südhessen (1955–1967), Diss. Marburg 2000.

Steinert, Johannes-Dieter: Migration und Politik. Westdeutschland – Europa – Übersee 1945–1961, Osnabrück 1995.

Vom ›Wirtschaftswunder‹ bis zur Stahlkrise. Die Beschäftigung von Arbeitern aus der Türkei im Hüttenwerk Salzgitter 1963–1984

Von Jan Motte

Zwischen dem Gießhelfer Murat Özdel[1] und den Stahlwerken Peine-Salzgitter wurde im Frühjahr 1984 ein Aufhebungsvertrag »aus Anlaß der derzeitigen wirtschaftlichen Situation unseres Unternehmens und der dadurch notwendig werdenden Personalanpassungsmaßnahmen« vereinbart.[2] Für die »mit der Auflösung des Dienstverhältnisses verbundenen Nachteile« erhielt Özdel eine betriebliche Abfindung. Die von ihm geleisteten gesetzlichen Renten- und Werksrentenbeiträge wurden kapitalisiert. Hinzu kam noch die staatliche Prämie nach dem sogenannten Rückkehrhilfegesetz des Bundes von 1993. Mit insgesamt 54.566 DM verließen der 38jährige Özdel und seine Frau mit ihren drei Kindern im September 1984 die Bundesrepublik und zogen nach Izmir in die Türkei. Für Özdel und seine Familie endeten damit elf Jahre Arbeitsaufenthalt in Salzgitter.

Ebenso wie Özdel entschieden sich 1984 im Werk Salzgitter 483 von etwa 1.150 Arbeitern aus der Türkei für die Rückkehr. Insgesamt verließen in diesem Jahr 300.000 Ausländer die Bundesrepublik. 240.000 von ihnen waren türkische Staatsbürgerinnen und Staatsbürger. Im Verhältnis zur Gesamtzahl von 4,53 Millionen im Jahr 1984 in der Bundesrepublik lebenden Ausländern ist die Zahl von 300.000 Personen auf den ersten Blick gering. Dennoch darf die enorme sektorale Wirkung der Rückkehrförderung für die Stahlbranche nicht übersehen werden. Hier bewirkte die Rückkehrförderungspolitik in den großen Werken die massenhafte Rückwanderung von Arbeitern in die Türkei. So verließen z.B. 42% der dort arbeitenden Migranten das Werk in Salzgitter.

Im folgenden soll zunächst die quantitative Entwicklung der Arbeitskräftemigration aus der Türkei in das Hüttenwerk Salzgitter vom Beginn der Anwerbung 1963 bis 1984 untersucht werden. Besondere Aufmerksamkeit gilt sodann den sich verändernden innerbetrieblichen Produktions- und Beschäftigungsstrukturen. Erkennbar wird die zunehmende Bedeutung von beruflicher Qualifikation seit den späten 1960er Jahren, die die unqualifizierten Migranten aus Sicht der Personalplanung zunehmend zum ›Problem‹ werden ließ – ein ›Problem‹, das mit Hilfe der Politik der Rückkehrförderung ›erfolgreich‹ gelöst wurde. Dieser ›Erfolg‹ läßt sich aus der speziellen Situation der Stahlindustrie Anfang der 1980er Jahre heraus erklären sowie aus der Politik von Vorstand und Betriebsrat des Salzgitterwerkes. Rahmenbedingungen wurden in den Betrieben der Stahlindustrie geschaffen, die zu einer deutlich stärkeren ›freiwilligen Rückkehr‹ der Arbeiter aus der Türkei als in anderen Branchen führten. Erst die Kombination aus allgemeiner Rückkehrförderungspolitik und konkreter Betriebspolitik brachten die ausgeprägte sektorale Wirkung hervor.

Arbeitsmigration im Hüttenwerk Salzgitter 1963–1984

Im Großraum Salzgitter entstand seit 1937 im Kontext der nationalsozialistischen Autarkie- und Aufrüstungspolitik ein schwerindustrieller Komplex. Die ›Reichswerke-Hermann-Göring‹ und später die Salzgitter Hüttenwerke AG des Salzgitter-Konzerns verhütteten die in der Umgebung lagernden und geförderten Erze. Salzgitter entwickelte sich zu einer der wenigen Industrieinseln mit entsprechender Arbeiterschaft im ansonsten agrarisch dominierten Niedersachsen.

Nach dem Ende der britischen Demontagepolitik Anfang der 1950er Jahre setzte bei der Hüttenwerke AG ein kontinuierliches Unternehmenswachstum ein. Seit Anfang der 1960er Jahre trafen die prosperierende Unternehmensentwicklung und die damit verbundenen Erweiterungsplanungen jedoch auf Grenzen des regionalen und überregionalen Arbeitsmarktes. Selbst mit kostenaufwendigen Werbeaktionen im südniedersächsischen Raum, vom ›Zonenrandgebiet‹ bis nach Ostfriesland hinein konnten so gut wie keine Arbeitskräfte mehr auf dem bundesdeutschen Arbeitsmarkt angeworben werden.

Die Inbetriebnahme neuer Walzwerke im integrierten Hüttenwerk 1963/64 führte schließlich zu der Entscheidung, Arbeitskräfte im Ausland anzuwerben. Die Salzgitter Hüttenwerke AG stand in direkter Konkurrenz zum Volkswagenwerk im nahen Wolfsburg, das seit Anfang 1962 Italiener beschäftigte. Aus dem Wunsch heraus, lediglich Arbeiter aus einer ›Nation‹ anzuwerben, erschien der Personalplanung allein die Anwerbung von Arbeitern aus der Türkei geeignet, den »unbegrenzten Nachschub« über einen längeren Zeitraum sicherzustellen.[3]

Gemessen an der quantitativen Entwicklung lassen sich vier Phasen der Beschäftigung von Arbeitern aus der Türkei im Hüttenwerk in Salzgitter identifizieren (s. Schaubild). Die erste Phase begann am 30. September 1963 mit der Arbeitsaufnahme der ersten sechs Hüttenarbeiter aus der Türkei und endete im

Registrierung und ärztliche Überprüfung bei der Anwerbekommission in Istanbul

August 1966. Zu diesem Zeitpunkt waren 631 Arbeiter aus der Türkei im Hüttenwerk beschäftigt. 1966 führte die erste Nachkriegsrezession auch zu einem Einbruch auf dem Stahlmarkt. Die Entscheidung des Vorstandes der Salzgitter Hüttenwerke AG, aufgrund dieser Entwicklung 500 Beschäftigte zu entlassen, markierte und begründete den Beginn der zweiten Phase.

Dieser erste umfangreiche Personalabbau seit dem Ende der alliierten Demontagepolitik wurde durch die Nichtwiederbesetzung freiwerdender Stellen und das ›Abstoßen‹ von als wenig motiviert eingestuften – vor allem unqualifizierten – Arbeitern bewerkstelligt. Dabei wurden überproportional viele Arbeitsmigranten entlassen: »Von den 155 [Kündigungen, J.M.] waren die Hälfte Türken, ja. Das heißt, ich sage das ganz offen, wir haben verschiedene Maßstäbe angelegt, wir haben strengere Maßstäbe bei den Türken angelegt«.[4] Innerhalb einiger Monate verringerte sich die Zahl der Arbeiter aus der Türkei von 631 auf 278 und somit auf weniger als die Hälfte des Standes von August 1966. Die überproportional starken Entlassungen wurden ermöglicht durch die Kombination von schwachem ausländerrechtlichen Aufenthaltsstatus, auf ein Jahr begrenzte Arbeitsverträge und einer fehlenden innerbetrieblichen Interes-

Schaubild: Zahl der beschäftigten Arbeiter aus der Türkei im Hüttenwerk in Salzgitter 1963–1984

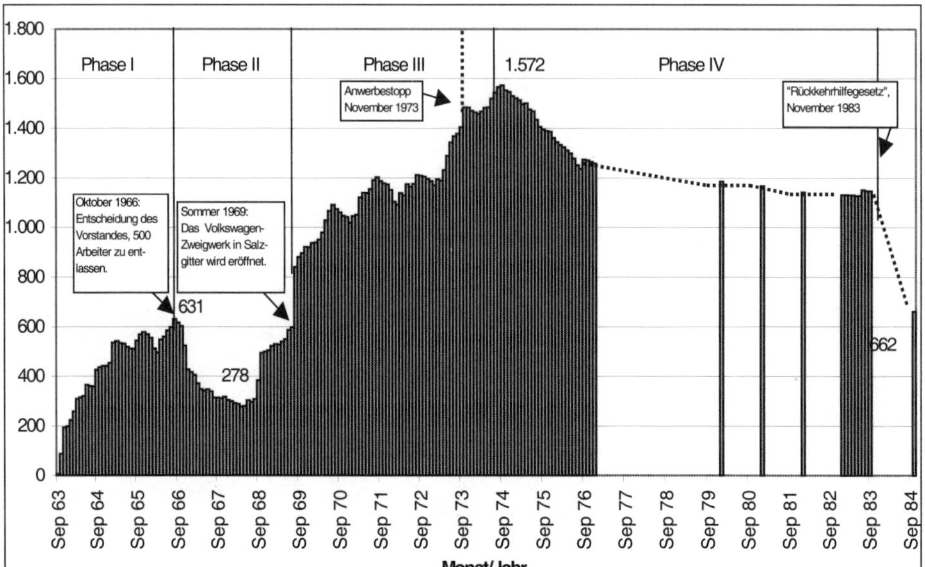

Quelle: Betriebsstatistiken, Werk Salzgitter der Salzgitter AG, Archiv Salzgitter Stahl und Technologie AG.

senvertretung für die Arbeiter aus der Türkei.[5] Demzufolge wies die Politik des Vorstandes und das Schweigen des Betriebsrates in der Rezession 1966 den Arbeitsmigranten in der zweiten Phase die klassische Funktion eines ›Konjunkturpuffers‹ zu.

Der Beginn der dritten Phase war weniger der allgemeinen konjunkturellen Erholung als vielmehr der Eröffnung des Zweigwerkes der Volkswagen AG in Salzgitter geschuldet. Da die Stundenlöhne bei diesem lokalen Konkurrenten bereits bei den Einstiegslöhnen um zwei DM höher lagen als im Hüttenwerk, wanderten viele deutsche Arbeiter zum Volkswagenwerk ab. Diese Entwicklung wurde durch eine deutlich verstärkte Anwerbeaktivität der Hütte auf dem türkischen Arbeitsmarkt kompensiert. Bis 1969 waren die Anforderungen anonym über die deutsche Verbindungsstelle der Bundesanstalt für Arbeitsvermittlung und Arbeitslosenversicherung in Istanbul erfolgt. Seit dem Auftreten der lokalen Konkurrenz um Arbeitskräfte kümmerte sich der Leiter der Personalabteilung für Lohnempfänger persönlich und direkt um die Anwerbung von Arbeitskräften. Der Betriebsrat war in diesen Prozeß der Arbeitskräfteanwerbung eingebunden. Bei mindestens einer Anwerbeaktion in Istanbul war der Betriebsrat sogar durch einen mitreisenden Vertreter beteiligt.

Die Jahre zwischen 1969 und 1974 kennzeichneten die Kernzeit der Zuwanderung von Migranten aus der Türkei nach Salzgitter. Nachdem die letzten Arbeitskräfte in Salzgitter eingetroffen waren, wurde im September 1974 mit 1.572 Arbeitern aus der Türkei (16,7% der Lohnempfänger) der Höchststand der Zahl der Arbeitsmigranten im Hüttenwerk erreicht. Mit diesem historischen Höchststand begann Anfang 1975 die vierte Phase, die bis September 1984 andauerte. Zunächst nahm die Zahl der Arbeiter aus der Türkei zwar leicht ab, sie stabilisierte sich jedoch nach kurzer Zeit auf einem Niveau von über 1.150 Beschäftigten. Damit stellten die Arbeiter aus der Türkei zehn Jahre lang über 14% der Lohnempfängerschaft des Hüttenwerkes. Die Phase einer relativen Stabilisierung der Belegschaftszahlen der Arbeiter aus der Türkei wurde durch die Folgen der Rückkehrförderungs- und Betriebspolitik 1984 abrupt beendet.

Personalplanung und Belegschaftsentwicklung im Hüttenwerk

Die quantitative Entwicklung bei der Beschäftigung von Arbeitsmigranten im Hüttenwerk zwischen 1963 und 1984 wurde von langfristigen Personalplanungen und ihrer realen Umsetzung maßgeblich beeinflußt. Die Anwerbung und Beschäftigung der Arbeitsmigranten aus der Türkei erfolgte 1963 unmittelbar vor dem Beginn einer Phase verstärkter innerbetrieblicher Umstrukturierungen.

Bitte vor Ausfüllung **MERKBLATT** zum Vermittlungsauftrag für ausländische Arbeitnehmer beachten!

Vermittlungsgebühr für .... Arbeitskräfte
In Höhe von insges. .... DM
vereinnahmt am: ....
Gebucht (Lfd. Nr. d. Monatsliste): ....

Kasse des AA 2 Unterschriften

BKZ: ....

Zielbahnhof

(Stempel des Arbeitsamtes)

Auftrags-Nr.: ....

Anlagen: .... Arbeitsverträge

....

Vermittlungsauftrag - Türkische Arbeitskräfte

(Vereinbarung zwischen der Regierung der Bundesrepublik Deutschland und der Regierung der Republik Türkei zur Regelung der Vermittlung türkischer Arbeitnehmer nach der Bundesrepublik Deutschland vom 30. Oktober 1961)

I. Auftraggeber

Firma: .... Betriebsart: ....

Anschrift: .... Fernruf: ....

Kto.-Nr.: .... bei: ....

LZB-Nr.: ....

II. Anforderung

Benötigt werden: ....
(Zahl und Art der Arbeitskräfte)

....

Angaben über die Art der zu verrichtenden Arbeiten (z. B. Besonderheiten der Arbeitsweise, bei Steinbrüchen Angabe der Gesteinsart): ....

....

....

Erforderliche besondere Kenntnisse (wird bei namentlicher Anforderung nicht geprüft): ....

....

....

Arbeitsort: ....

Beschäftigungsdauer vom .... bis ....

Unterliegt der Betrieb der Verordnung zum Schutze gegen Staublungenerkrankungen (Silikose) in der keramischen Industrie vom 1. 9. 1951? ....

Welcher Berufsgenossenschaft gehört der Betrieb an? ....

....

III. Rückreisekosten

bis türkische Grenze — Heimatort des Arbeitnehmers*) — werden übernommen — werden nicht übernommen*).

*) Nichtzutreffendes streichen

1. 73 - H'Stelle
8 5 d — 80 Din 6731

Dies verdeutlicht eine umfassende betriebsinterne Studie, die der Arbeitsdirektor 1965 bei einer Planungsgruppe der Hütte in Auftrag gegeben hatte.[6] Während die Hütte aufgrund der guten konjunkturellen Lage Ende der 1960er bis Mitte der 1970er Jahre zunächst noch ungelernte Arbeiter benötigte, war mittelfristig eine Umstrukturierung beabsichtigt, die die verstärkte Beschäftigung qualifizierter Arbeiter im Hüttenwerk erforderlich machte. Rationalisierungen und Veränderungen der Produktionstechnik sollten eine erhöhte Stahlproduktion bei verminderter, aber besser qualifizierter Belegschaft ermöglichen. Damit war für die Personalplanung bereits zu Beginn der Arbeitskräfteanwerbung absehbar, daß die Hütte die in großem Umfang angeworbenen ungelernten Beschäftigten aus der Türkei mittelfristig nicht mehr benötigen würde. Es sei denn, die Arbeitsmigranten wären durch intensive betriebsinterne Weiterbildungsmaßnahmen besser qualifiziert worden.

Einweisung von Arbeitsmigranten bei der Salzgitter AG

Die in der Studie der Planungsgruppe formulierten Erwartungen deckten sich weitgehend mit der realen Entwicklung im Hüttenwerk. Ab Mitte der 1970er Jahre dominierten die Arbeiter mit Fachausbildungen deutlich. Über diesen strukturellen Abbau unqualifizierter Arbeiter hinaus fand zusätzlich eine konzerninterne Zuwanderung qualifizierter Arbeiter statt, die in Betriebsverkleinerungen oder Schließungen zahlreicher Konzernbetriebe der Salzgitter AG begründet war. Die Arbeitsmigranten gerieten somit in doppelter Hinsicht unter Druck.

Von Mitte der 1970er Jahre bis Anfang der 1980er Jahre entwickelte sich der Einsatzbetrieb, der ursprünglich eine Anlernfunktion für neu in der Hütte beschäftigte Arbeiter hatte, zu einem Auffangbecken für eine feste Belegschaft von Migranten, die durch (Teil-)Betriebsstillegungen ihren ursprünglichen Arbeitsplatz verloren hatten. Unterhalb der deutschen Stammbelegschaft entwikkelte sich somit ein ›national homogener‹ Betrieb. Dieser Teil des Betriebes wurde, nicht nur im Stahlwerk in Salzgitter, immer mehr zu einer betrieblichen ›Feuerwehr‹ zur Erfüllung kurzfristiger und unqualifizierter Tätigkeiten und verkörperte so das ›System der Gastarbeit‹ in seiner konkreten betrieblichen Ausprägung. ›Gastarbeit‹ war demnach schlechter bezahlt, unterschichtend, sozial-räumlich segregiert und temporär.

Die Stahlkrise Anfang der 1980er Jahre

1983/84 endete die vergleichsweise lange vierte Phase der Stabilisierung der Beschäftigung von Migranten im Hüttenwerk. 484 Arbeiter aus der Türkei schieden im Rahmen staatlicher Rückkehrförderung und betrieblicher Aufhebungsverträge aus dem Betrieb aus. Nach diesem Exodus arbeiteten nur noch 662 Arbeitsmigranten aus der Türkei im Hüttenwerk. Damit war die Zahl auf einen annähernd so niedrigen Stand wie im Jahr 1966 gesunken, also auf ein Niveau von vor der starken Zuwanderung der späten 1960er Jahre. Gegenüber ihrem Höchststand von 1974 hatte der Anteil der Arbeiter aus der Türkei im Hüttenwerk damit um 58% abgenommen.

Wie erklärt sich dieser radikale Einbruch im Jahr 1984? Die Personalabteilung der Stahlwerke Peine-Salzgitter begründete die Lösung des Arbeitsverhältnisses gegenüber den Arbeitern aus der Türkei mit dem Absatzrückgang des Unternehmens: Nach einem längeren, konjunkturellen Aufschwung erreichte die bundesdeutsche Stahlproduktion im Jahr 1974 mit 53,2 Millionen Tonnen ihren Höchststand. Bis 1983 ging die Rohstahlerzeugung jedoch um 17 Millionen Tonnen, also fast um ein Drittel, zurück. Die Beschäftigtenzahl sank von 325.000 (1975) auf 245.000 im Jahr 1983. Überkapazitäten, starker Preisverfall bei Stahlprodukten, ein rasanter Rationalisierungsprozeß und ein kompliziertes System von Produktionsquoten auf der Ebene der Europäischen Gemeinschaft kennzeichneten die Situation der Stahlindustrie Anfang der 1980er Jahre. Die Branche befand sich in einer strukturellen Krise, die im Verlaufe des Jahres 1983 in einer bislang unbekannten Weise eskalierte.

Betriebspolitik und ›Rückkehrförderung‹

Für das Geschäftsjahr 1983/84 rechnete die Unternehmensleitung der Stahlwerke mit Verlusten in Höhe von 150 Millionen DM. Im Vergleich zu 1981/82 (3,8 Millionen Jahrestonnen) ergab sich 1982/83 ein Produktionsrückgang auf 3 Millionen Jahrestonnen. In Kombination mit dem durch technische Rationalisierungen begründeten Stellenabbau kam der Vorstand der Stahlwerke Peine-Salzgitter zu der Überzeugung, daß diese Entwicklung nicht mehr allein durch Kurzarbeit, nicht ersetzte Abgänge und Sozialpläne zu bewältigen sei. Ein Umstrukturierungskonzept des Vorstandes sah bis 1985, also in einem Zeitraum von nur zwei Jahren, für die Werke Peine und Salzgitter einen Abbau von insgesamt 3.250 Stellen vor. Das Hüttenwerk Salzgitter sollte entsprechend diesen Planungen etwa 1.500 Stellen einsparen. Allein 1984 sollten 962 Arbeitsplätze der Lohnempfänger (von etwa 7.200 im Werk Salzgitter) abgebaut werden. Einen Stellenabbau in dieser Größenordnung hatte es bis zu diesem Zeitpunkt bei den Stahlwerken Peine-Salzgitter noch nicht gegeben. Das Umstrukturierungskonzept des Vorstandes sah neben der Anpassung an den geringeren Beschäftigungsumfang – wie z.B. die teilweise Umstellung vom Vierschicht- auf Dreischichtbetrieb – auch eine radikale Veränderung der Arbeitsorganisation vor, die zur ›Freisetzung‹ von Arbeitsplätzen in den Stellenplänen führte.

Bei einem Modellversuch im Kaltbreitbandwalzwerk wurde die traditionelle Arbeitsaufteilung zwischen Produktion und Instandhaltung aufgegeben. Mit Verweis auf das gestiegene Qualifikationsniveau der gelernten Hüttenfacharbeiter an den Produktionsanlagen sollten Instandhaltungsarbeiten an Produktionsarbeiter übertragen werden. Diese Arbeiten waren bislang von Schlossern und Anlagetechnikern der Instandhaltungsbetriebe erledigt wurden. Unabhängig von saisonalen Schwankungen, neuen Techniken bei den Produktionsanlagen oder einer verminderten Produktion führte diese Umorganisation zu einem erhöhten Risiko der Entlassung bei weiten Teilen der gesamten Hüttenarbeiterschaft – nicht nur bei den Unqualifizierten.

Während sich die Beschäftigten in Betrieben der Stahlindustrie bis dahin lediglich mit Kurzarbeit und Frühruhestandsregelungen, nicht jedoch mit der Gefahr betriebsbedingter Massenentlassungen auseinandersetzen mußten, ging es nun um die Zukunft des eigenen Arbeitsplatzes und des ganzen Betriebes, »letztendlich geht es um alles [...] nämlich um die weitere Existenz der Stahlindustrie«. In den Betrieben herrschte ein Klima von Verunsicherung, verbreiteter Angst und teilweise »tiefe[r] Resignation«.[7]

In dieser Situation bemühte sich der Vorstand der Stahlwerke, insbesondere der Arbeitsdirektor, darum, sein Umstrukturierungskonzept umzusetzen. Seit

Freizeit türkischer Arbeiter der Salzgitter AG im Wohnheim

Oktober 1983 versuchte er, die Unterstützung des Betriebsrates für Aufhebungsverträge, die zunächst unter dem irreführenden Titel ›Sozialplan 2‹ firmierten, zu gewinnen. Innerhalb des Betriebsrates wurde bereits frühzeitig darüber diskutiert, ob dieser Plan eine »Türkenregelung« sei. Dies wies der Arbeitsdirektor zurück. Es handle sich um einen »reine[n] Präventivplan für rückkehrwillige Ausländer«.[8] Die Ziele, die er mit diesem ›Präventivplan‹ erreichen wollte, legte der Arbeitsdirektor seinen Vorstandskollegen bereits im August 1983 dar: Es sei seine Absicht, »über Aufhebungsverträge vorwiegend ausländische Mitarbeiter zur Lösung des Arbeitsvertrages zu bewegen, da für diesen Personenkreis bei Stillegungsmaßnahmen qualifikationsbedingt größere Schwierigkeiten bei der Disposition auftreten.«[9]

Während der Arbeitsdirektor bei einem allgemeinen Stellenabbau massive Konflikte auf der Seite der deutschen Arbeitnehmer befürchten mußte, rechnete er mit dem konfliktfreieren Ausscheiden der Arbeitsmigranten aus der Türkei. Auf diese für den Betriebsfrieden wichtige Funktion der Aufhebungsverträge wies er seine Vorstandskollegen explizit hin; denn bei der Entscheidung über den Abschluß von betrieblich vereinbarten Aufhebungsverträgen sei auch zu berücksichtigen, »daß die vorhandene Altersstruktur [...] ohne vorherige Aufhebungsaktion nicht ausreicht, kurzfristige Personalmaßnahmen konfliktfrei zu bewältigen«.[10] Der Arbeitsdirektor versuchte die Unterstützung des Betriebsrates für das ›neue‹ Instrument des zielgruppenorientierten Aufhebungsvertrages zu gewinnen: »Wenn nicht gewollt werde, daß saarländische Verhältnisse« im Bereich der Sozialpläne eingeführt würden, dann sollte der Betriebsrat seiner Bitte, den angestrebten Aufhebungsverträge zuzustimmen, entsprechen, »zumal härtere Entscheidungen zu erwarten sind«.[11]

Die Wirkung, die dieses Zukunftsszenario für die Stahlwerke Peine-Salzgitter beim Betriebsrat erreichte, ist nur unter Berücksichtigung der zu diesem Zeitpunkt bereits eingetretenen Entwicklung bei ARBED Saarstahl verständlich. Der dort praktizierte radikale Personalabbau, der drohende Konkurs und die Aufkündigung eines bestehenden Sozialplans waren das Negativbeispiel, das die Sichtweisen und das Handeln der Betriebsratsmitglieder in Salzgitter, wie der Arbeitnehmervertreter in der gesamten Stahlindustrie, beeinflußte. Der Verweis auf ›saarländische Verhältnisse‹ diente fortan als strategisches Argument innerhalb der Betriebspolitik. Betriebsräte und Gewerkschaft waren 1983 plötzlich in einer Situation, die sie mit dem eingeübten alten Instrumentarium und der Rolle eines durch die Montanmitbestimmung gestärkten Sozialpartners nicht mehr bewältigen konnten.

Die konkrete Gefahr des Verlustes von sozialen Standards im Betrieb sollte mit der Politik der Abfindungsverträge für ›rückkehrwillige‹ Ausländer verhindert werden, wobei die Stahlwerke Peine-Salzgitter nach Einschätzung des Arbeitsdirektors lediglich den gleichen Zwängen folge wie andere Werke der deutschen Eisen- und Stahlindustrie auch.[12] Darüber hinaus sollten die Abfindungsverträge für rückkehrwillige Ausländer die Ausweitung des Frühruhestandes auf die 55jährigen Mitarbeiter verhindern, da andernfalls »mit der vorzeitigen Pensionierung noch voll einsatzfähiger Mitarbeiter ein erhebliches Qualitäts- bzw. Erfahrungspotential« verlorengehe.[13] Die Politik der Aufhebungsverträge gegenüber Ausländern sollte nicht nur durch die Rückkehrförderungspolitik des Bundes und die Kooperation der Bundesanstalt für Arbeit, sondern auch durch die Arbeitnehmervertreter selbst unterstützt werden.

Rückkehrentscheidung und betrieblicher Druck

Oberstes Ziel der Betriebsratspolitik in dieser Krise war die eigenständige Erhaltung der Stahlstandorte Peine und Salzgitter im Konzernverbund der bundeseigenen Salzgitter AG.[14] Das Umstrukturierungskonzept des Vorstandes der Stahlwerke Peine-Salzgitter und der damit zusammenhängende Arbeitsplatzabbau wurde zwar vehement abgelehnt, jedoch strebte auch der Betriebsrat eine Einigung bei der Frage der Aufhebungsverträge an. Innerhalb der Verhandlungen sollte allerdings versucht werden, eine materiell bessere Ausstattung der Abfindungsverträge zu erreichen. Einen Kernpunkt der Verhandlungsstrategie des Betriebsrates stellte die Verknüpfung des »Ausscheiden[s] der ausländischen Arbeitnehmer« mit der Forderung nach der »anteiligen Übernahme von Auslernenden« dar.[15] Für den Betriebsrat gab es einen offensichtlichen und häufig diskutierten ›Begründungszusammenhang‹ zwischen dem Ausscheiden der ausländischen Arbeitnehmer infolge der angestrebten Aufhebungsverträge und daraus resultierenden Besetzungsproblemen, die durch die Übernahme von Auszubildenden gelöst werden sollten. Obwohl der Betriebsrat Ende November 1983 offiziell beschloß, die »erwogene Forderung nach Übernahme von Auszulernenden« zu unterlassen, da »dies zu falschen Auffassungen gegenüber den ausländischen Arbeitnehmern führen könnte«[16], formulierte er Anfang Dezember 1983, wohl als interne Verhandlungsstrategie gegenüber dem Vorstand, daß die Übernahme von Auslernenden für den Gesamtbetriebsrat die Voraussetzung sei, um »über eine Betriebsvereinbarung ›Abfindungsverträge‹ zu verhandeln«.[17] Der Zusammenhang zwischen der angestrebten Übernahme von Auszubildenden und dem Ausscheiden von Arbeitsmigranten war stets präsent und ein relevanter Faktor der Betriebs(rats)politik, obwohl schnell deutlich wurde, daß sich der Vorstand nicht auf eine Übernahme der Auszubildenden festlegen lassen würde. Nach gescheiterten Verhandlungen zwischen Vorstand und Betriebsrat verabschiedete der Vorstand am 19. Dezember 1983 eine Richtlinie, die die Konditionen der angebotenen Aufhebungsverträge regelte, ohne die Zustimmung des Betriebsrates für eine gemeinsame Betriebsvereinbarung einzuholen.

Im Betriebsrat kam es daraufhin am 20. Dezember 1983 zu einer streckenweise heftigen Auseinandersetzung über die Gründe und die Auswirkungen des Scheiterns der Verhandlungen mit dem Vorstand. Eine Fraktion innerhalb des Betriebsrates bedauerte, daß es nicht zum Abschluß einer Vereinbarung gekommen sei, zumal »eine beachtliche Zahl der türkischen Belegschaftsmitglieder [von den Aufhebungsverträgen, J.M.] Gebrauch machen werde« und sie diese »Entscheidung nach rein persönlichen Gesichtspunkten« träfen. Mitglieder dieser Fraktion regten die Übersetzung der Vorstandsrichtlinie in die türkische Sprache an, um deren Inhalt zusätzlich über den Betriebsrat veröffentlichen zu lassen, zumal »der angebotene Abfindungsvertrag kein Rausschmißplan« sei. Durch das Scheitern der Verhandlungen sei der Betriebsrat nun vielmehr in einer »prekären Situation«, da »die deutschen Belegschaftsmitglieder die Abkehr türkischer Belegschaftsmitglieder gerne sehen würden«, es aber zu keiner Vereinbarung gekommen sei. Vertreter der kleineren Fraktion innerhalb des Betriebsrates, der unter anderem auch der Gesamtbetriebsratsvorsitzende der Stahlwerke Peine-Salzgitter angehörte, betonten, daß der Betriebsrat »froh sein [solle], wegen der unzureichenden Abfindungsverträge so gehandelt« und keine Vereinbarung unterschrieben zu haben.[18]

Die unterschiedlichen Einstellungen gegenüber den Aufhebungsverträgen führten zu einer passiven Position des Betriebsrates. Weder die Fraktion, die eine Unterstützung der Vorstandspläne bezüglich der Aufhebungsverträge favorisierte, noch die Fraktion, die in den Aufhebungsverträgen eine ›Abschiebung‹ zu schlechten Konditionen für die Betroffenen sah, konnte sich politisch durchsetzen. Der Gesamtbetriebsratsvorsitzende vertrat die Position, daß er »jedem Türken abraten würde, nach diesen Bedingungen auszuscheiden«. Die fehlende Unterstützung im Betriebsrat führte jedoch dazu, daß er seinen Protest gegen die Politik der Abfindungsangebote nur noch als Gewerkschafter in entsprechenden Flugblättern der IG-Metall formulieren konnte, nicht hingegen offen und offiziell in seiner Funktion als Vorsitzender des Gesamtbetriebsrates.[19]

Letztendlich entwickelte der Betriebsrat als offizielles Organ der Arbeitnehmerinteressen keine politische Position zu den Aufhebungsverträgen, die auf die Gruppe der Arbeitsmigranten zielten. Das Fehlen einer dezidierten Position, wie sie der Betriebsrat bei zahlreichen anderen betriebspolitischen und sozialen Fragen einnahm, wirkte sich in der Konsequenz als eine fehlende Wahrnehmung der Interessen der Migranten und eine innerbetriebliche Entsolidarisierung aus.

Gedrängte Freiwilligkeit

Der Einschätzung, daß die Arbeiter aus der Türkei für ein Ausscheiden unter Druck gesetzt würden, widersprach der Betriebsrat entschieden. Die Diskussionen in diesem Gremium und die dort wiedergegebenen Stimmungen in den Betrieben legen jedoch nahe, daß 1983/84 im Hüttenwerk, wie bereits zuvor in anderen Betrieben, oftmals »auch und gerade hinter den ›freiwilligen‹ Abfindungen [...] ein massiver Kündigungsdruck« steckte.[20]

Die konkreten Umstrukturierungen wurden als ein »Angriff auf das Rückgrat dieser Hütte, nämlich auf den Facharbeiter-Bereich« wahrgenommen.[21] Trotz dieser Bedrängnis war »die Belegschaft nicht zum Kämpfen zu gewinnen«, und selbst bei Funktionären war »kein Widerstand zu spüren«.[22] Der Betriebsrat sah seine Aufgabe darin, das ›Rückgrat‹ des Betriebes, den deutschen Facharbeiter als Vertreter der Stammbelegschaft, zu vertreten und seine Position innerbetrieblich abzusichern, auch wenn dies auf Kosten der ausländischen ›Randbelegschaft‹ geschah. Diese Form der Kollegendiskriminierung war nicht auf das Hüttenwerk in Salzgitter und auf die Jahre 1983/84 beschränkt. Auch in anderen Fällen der drohenden Schließung von Betrieben wurde »die Ausländerverdrängung von den Kollegen durchaus mit Erleichterung aufgenommen«. Deutlich wird, daß Betriebsräte, nicht nur in Salzgitter, oftmals »die besondere Benachteiligung von ausländischen Arbeitern billigend in Kauf nahmen«.[23]

In der Kritik der arbeitnehmernahen Publikationen über den Arbeitsplatzabbau in der bundesdeutschen Stahlindustrie stellt die Politik der Aufhebungsverträge gegenüber nicht-deutschen Arbeitern 1983/84 eine bemerkenswerte Blindstelle dar. In einer einzelnen Stellungnahme, die dieses Vakuum durchbricht, heißt es: Der Vorstand »versucht, über sog. Abfindungsverträge speziell für die Zielgruppe der türkischen Kollegen die Kosten für die Anwendung des bestehenden Sozialplanes zu reduzieren und gleichzeitig die Spaltung zwischen den abhängig Beschäftigten zu betreiben. Wir wirken diesen Spaltungstendenzen, die sich ähnlich bei Klöckner, Hoesch, Krupp und Thyssen zeigen, massiv entgegen.«[24]

Was die Kostenreduzierung, die politische Zielrichtung der Arbeitgeberseite und die erzielte Breitenwirkung dieser Politik betrifft, kann dieser Analyse nur zugestimmt werden. Doch die konkrete Politik in den Werkshallen und im Betriebsrat folgte nicht den vermeintlich gemeinsamen Interessen aller Arbeiter im Hüttenwerk. Auch in den Jahren 1983/84 galt Differenz als der Ordnungsfaktor der Betriebspolitik. Dies war eine auf Interpretationen und Zuschreibungen beruhende Differenz, die im alltäglichen Gebrauch artikuliert wurde und die die identifizierten ›Unterschiede‹ zwischen Arbeitern festschrieb. Zwischen

›den deutschen Kollegen‹ und ›den Türken‹ wurde im Gegensatz zu der oben zitierten öffentlichen Äußerung stets deutlich unterschieden.

Die Kategorie, die die ›kleine‹ wie die ›große‹ Politik der Arbeitnehmer bestimmt und geleitet hat, ist nicht allein auf eine ›Spaltung‹ der Beschäftigten ›von oben‹ zurückzuführen, sondern sie dokumentiert deutlich die Aneignungen einer bestimmten Politik und Kultur ›von unten‹. Die deutsche Belegschaft versuchte ›ihre‹ Arbeitsplätze zu erhalten. Sie strebte trotz Stillegungen ›ihrer‹ Betriebe konzerninterne und mit Lohnsicherungen versehene Umsetzungen an, um der Erwerbslosigkeit zu entgehen. Die deutschen Arbeiter wollten auch weiterhin über Sozialpläne und dadurch garantierte Standards ausscheiden. Sie hatten auch ein Interesse an der Übernahme der (deutschen) Auszubildenden, die oftmals ihre Kinder waren. Der deutschen Stammbelegschaft war in dieser und anderen Situationen »das Hemd [...] eben näher als die Jacke [sic]«.[25] Die politische Handlungsstrategie, die dem Betriebsrat zur Wahrnehmung ihrer Interessen im Betrieb damals zur Verfügung stand und die sie nutzte, faßt der ehemalige Gesamtbetriebsratsvorsitzende heute so zusammen: »Das, was wir damals gemacht haben, das war Rassismus.«[26]

Schluß

Über die Situation in Salzgitter hinaus läßt sich feststellen, daß in der gesamten Stahlindustrie »ausländische Arbeitnehmer [...] überproportional an den personellen Auswirkungen der Umstrukturierung beteiligt« waren. Dies führte dazu, daß sie 1984 »von dem Rückkehrhilfegesetz in sehr starkem Ausmaß Gebrauch gemacht« haben. 90% der Antragsteller waren dabei Arbeiter aus der Türkei. Bundesweit kam jeder fünfte Antrag auf Rückkehrhilfe von einem Arbeiter aus der Stahlindustrie, in Nordrhein-Westfalen war es jeder Dritte. 1983/84 verließen insgesamt 8.661 Ausländer Betriebe dieser Branche. Der Anteil der Ausländer an den Arbeitern verminderte sich insgesamt von 17,6% (1982) um 3,4 Prozentpunkte auf 14,2% (1984). Ihr Anteil sank dabei besonders stark in Großbetrieben (in Salzgitter minus 5,8 Prozentpunkte), die Aufhebungsverträge anboten.

In diesem Sinne erleichterte die Rückkehrförderung strukturelle Anpassungsprozesse: »Zum überwiegenden Teil wurde Rückkehrhilfe aus Anlaß von Teilstillegungen in den Betrieben des Bergbaus, der Eisen- und Stahlerzeugung und des Schiffsbaus in den Landesarbeitsbezirken Nordrhein-Westfalen und Niedersachsen-Bremen geleistet, was den Abbau überschüssiger Arbeitskräfte in diesen schrumpfenden Branchen zweifellos begünstigt hat.«[27] Die durch betriebliche Abfindungsverträge ergänzte Rückkehrförderungspolitik war ein wirkungsvolles Instrument, das den Strukturwandel in der Stahlindustrie einleitete und unterstützte, ohne dabei den Betriebsfrieden zu gefährden und die deutsche Stammbelegschaft einschneidenden Maßnahmen auszusetzen. Diese Politik war alles andere als »symbolisch« oder durch »Konzeptionslosigkeit« gekennzeichnet.[28] Durch die Interessenkongruenz der beteiligten Akteure wurde die Rückkehrförderung im Rahmen einer konzertierten Aktion politisch und administrativ umgesetzt. Während 1966/67 auf die Arbeiter aus der Türkei ›nur‹ die Hälfte aller Kündigungen entfiel, führte diese Politik in Salzgitter dazu, daß der gesamte geplante Arbeitskräfteabbau für 1984 allein durch ›freiwillig‹ ausscheidende Migranten, trotz deren verbesserten Aufenthaltstatus und längerer Betriebszugehörigkeiten, bewerkstelligt werden konnte. Aus dieser Perspektive erscheint die Einschätzung des zuständigen Staatssekretärs des Bundesarbeitsministeriums, Wolfgang Vogt, »daß das Gesetz zur Förderung der Rückkehrbereitschaft, die Erwartungen der Bundesregierung voll erfüllt habe«, außerordentlich plausibel.[29]

Der Vergleich mit den Ergebnissen anderer Studien zeigt, daß Murat Özdel den typischen Remigranten im Rahmen der Rückkehrförderung 1984 verkörperte. Mit insgesamt 54.566 DM verließ er die Bundesrepublik Deutschland. 6.600 DM (12,1%) dieser Summe entfielen auf die Abfindung der Stahlwerke Peine-Salzgitter, insgesamt 13.500 DM (24,7%) zahlte die Bundesrepublik Deutschland an Rückkehrprämien, der Restbetrag in Höhe von 34.466 DM (63,2%) waren Ansprüche Özdels auf durch ihn als Arbeitnehmer eingezahlte Beiträge zur Rentenversicherung, seine Werksrente und seine (lediglich anteilige) Beteiligung an der Jahresabschlußvergütung des Betriebes für das Jahr 1984. Der fünfzigprozentige Arbeitgeberanteil zur Rentenversicherung des Arbeitnehmers in Höhe von 26.000 DM, also 5.900 DM mehr als die Summe der staatlichen und betrieblichen Abfindungsprämien, verblieben in den Kassen der bundesdeutschen Rentenversicherungen.

Die Einsparungen durch die Rückkehrförderung beliefen sich in den Bereichen Arbeitslosengeld, Kurzarbeitergeld und Kindergeld auf 330 Millionen DM und im Bereich der Rentenversicherung auf 4 Milliarden DM. Die Einsparungen in Höhe von schätzungsweise mehreren Millionen DM, die vor allem die Unternehmen in der Stahlbranche – und über Strukturanpassungsbeihilfen in der Stahlindustrie damit auch die Bundeskasse – dadurch erzielen konnten, daß die Arbeitsmigranten nicht im üblichen Rahmen über Sozialpläne ausschieden, wurden bislang nicht thematisiert. Die Einschätzung des Bundesarbeitsministeriums, daß die Rückkehrförderung kein »Zuschußgeschäft« gewesen sei[30], ist somit eine Untertreibung.

Anmerkungen

1 Alle Namen und Namensabkürzungen in diesem Artikel wurden verändert.
2 Archiv Salzgitter Stahl und Technologie AG, Akte RückHG.
3 Interview mit V. (Juni 1998), Leiter der Abteilung Lohnempfänger des Hüttenwerkes der Salzgitter AG 1966–1978.
4 Ebd.
5 Protokolle der Betriebsratssitzungen 1966, Archiv Betriebsrat Salzgitter Stahl und Technologie AG, Tageskopien Januar–Dezember 1966.
6 Abteilung Belegschaftswesen des Hüttenwerkes Salzgitter, Personalbedarf Salzgitter Hütte 1965/75, Salzgitter 1965, Archiv Salzgitter Stahl und Technologie AG.
7 IG-Metall, Zur Situation bei Eisen und Stahl, Düsseldorf 1983, S. 42.
8 Protokoll über die 43./83 Sitzung des Betriebsrates der Stahlwerke Peine-Salzgitter AG, Werk 1, am 25.10.1983, Archiv Betriebsrat Salzgitter Stahl und Technologie AG, Akte BR-Protokolle 8/83–1/84.
9 Betriebsvereinbarung ›Aufhebungsverträge‹, Schreiben des Arbeitsdirektors an seine Vorstandskollegen, 12.8.1983, Archiv Salzgitter Stahl und Technologie AG, Akte RückHG.
10 Ebd.
11 Protokoll über die 46./83 Sitzung des Betriebsrates der Stahlwerke Peine-Salzgitter AG, Werk 1, am 15.11.1983, Archiv Betriebsrat Salzgitter Stahl und Technologie AG, Akte BR-Protokolle 8/83–1/84.
12 Aufhebungsverträge, Schreiben des Arbeitsdirektors an den Gesamtbetriebsrat der Stahlwerke Peine-Salzgitter AG, 25.10.1983, Archiv Salzgitter Stahl und Technologie AG, Akte RückHG; Auswertung Abfindungsregelungen 20.7.1983 (Thyssen, Krupp, etc.), ebd.
13 Betriebsvereinbarung ›Aufhebungsverträge‹, Schreiben des Arbeitsdirektors an seine Vorstandskollegen, 12.8.1983, Archiv Salzgitter Stahl und Technologie AG, Akte RückHG.
14 Thesenhafte Zusammenfassung der zukünftigen Politik des Betriebsrates, o.O. o.J., Archiv Betriebsrat Salzgitter Stahl und Technologie AG, Akte BR-Protokolle 8/83–1/84.
15 Protokoll über die 46./83 Sitzung des Betriebsrates der Stahlwerke Peine-Salzgitter AG, Werk 1, am 15.11.1983, ebd.
16 Protokoll über die 48./83 Sitzung des Betriebsrates der Stahlwerke Peine-Salzgitter AG, Werk 1, am 29.11.1983, ebd.
17 Protokoll über die 49./83 Sitzung des Betriebsrates der Stahlwerke Peine-Salzgitter AG, Werk 1, am 6.12.1983, ebd.
18 Protokoll über die 51./83 Sitzung des Betriebsrates der Stahlwerke Peine-Salzgitter AG, Werk 1, am 20.12.1983, ebd.
19 Bericht aus der Gesamtbetriebsrats-Sitzung am 19.12.1983, ebd.
20 Knut Dohse, Ausländerpolitik und betriebliche Ausländerdiskriminierung, Berlin 1981, S. 48.
21 Bericht aus der Wirtschaftsausschußsitzung am 15.11.1983 – Zusammenfassung, Archiv Betriebsrat Salzgitter Stahl und Technologie AG, Akte BR-Protokolle 8/83–1/84.
22 Protokoll über die außerordentliche Sitzung des Betriebsrates der Stahlwerke Peine-Salzgitter AG, Werk 1, am 13.1.1984, ebd.

23 Dohse, Ausländerpolitik und betriebliche Ausländerdiskriminierung, S. 50.
24 Herbert Wittek/Rainer Barcikowski, Mobilisierung zur Gegenwehr, in: Walter Gruber/Peter Sörgel (Hg.), Stahl ohne Zukunft? Der Überlebenskampf in den Revieren, Hamburg 1984, S. 139–150, hier S. 150.
25 IG-Metall, Zur Situation bei Eisen und Stahl, Düsseldorf 1983, S. 41.
26 Interview mit Z. (April 1999), Betriebsratsvorsitzender des Werkes 1 in Salzgitter und Vorsitzender des Gesamtbetriebsrates der Stahlwerke Peine+Salzgitter AG, Anfang der 1980er Jahre.
27 Heiko Körner, Das Gesetz zur Förderung der Rückkehrbereitschaft von Ausländern vom 28. November 1983. Eine kritische Bilanz, in: ders./Ursula Mehrländer (Hg.), Die ›neue‹ Ausländerpolitik in Europa. Erfahrungen in den Aufnahme- und Entsendeländern, Bonn 1986, S. 65–72, hier S. 69.
28 Martin Frey, Direkte und indirekte Rückkehrförderung seitens der Aufnahmeländer, in: ebd., S. 15–63, hier S. 57.
29 Ebd., S. 40.
30 Körner, Das Gesetz zur Förderung der Rückkehrbereitschaft von Ausländern, S. 69.

Literatur

Bierwirth, Waltraud/König, Otto (Hg.): Schmelzpunkte. Stahl. Krise und Widerstand im Revier, Essen 1988.

Bommes, Michael: Von ›Gastarbeitern‹ zu Einwanderern. Arbeitsmigration in Niedersachsen, in: Klaus J. Bade (Hg.), Fremde im Land. Zuwanderung und Eingliederung im Raum Niedersachsen seit dem Zweiten Weltkrieg (IMIS-Schriften, Bd. 3), Osnabrück 1997, S. 249–322.

Dohse, Knut: Ausländerpolitik und betriebliche Ausländerdiskriminierung, Berlin 1981.

Frey, Martin: Direkte und indirekte Rückkehrförderung seitens der Aufnahmeländer, in: Körner/Mehrländer (Hg.), Die ›neue‹ Ausländerpolitik in Europa, S. 15–63.

Gruber, Walter/Sörgel, Peter (Hg.): Stahl ohne Zukunft? Der Überlebenskampf in den Revieren, Hamburg 1984.

Jungbluth, Adolf: Arbeitsdirektor und Betrieb. Erfahrungsbericht aus einem Hüttenwerk, München 1958.

Körner, Heiko/Mehrländer, Ursula (Hg.): Die ›neue‹ Ausländerpolitik in Europa. Erfahrungen in den Aufnahme- und Entsendeländern, Bonn 1986.

Ders.: Das Gesetz zur Förderung der Rückkehrbereitschaft von Ausländern vom 28. November 1983. Eine kritische Bilanz, in: ebd., S. 65–72.

Lauschke, Karl: Mobilität und Aufstieg in der Eisen- und Stahlindustrie nach dem Zweiten Weltkrieg, in: ders./ThomasWelskopp (Hg.), Mikropolitik im Unternehmen. Arbeitsbeziehungen und Machtstrukturen in industriellen Großbetrieben des 20. Jahrhunderts, Essen 1994, S. 186–213.

Maturi, Giacomo: Arbeitsplatz Deutschland. Wie man südländische Gastarbeiter verstehen lernt, Mainz 1964.

Mooser, Josef: Regionalisierung und Kontraste in der Arbeitergeschichte der fünfziger Jahre. Niedersachsen in bundesrepublikanischer Perspektive, in: Bernd Weisbrod (Hg.), Von der Währungsreform zum Wirtschaftswunder. Wiederaufbau in Niedersachsen, Hannover 1998.

Motte, Jan: Gedrängte Freiwilligkeit. Arbeitsmigration, Betriebspolitik und Rückkehrförderung 1983/84, in: ders./Rainer Ohliger/Anne von Oswald (Hg.), 50 Jahre Bundesrepublik – 50 Jahre Einwanderung. Nachkriegsgeschichte als Migrationsgeschichte, Frankfurt a.M./New York 1999, S. 165–183.

Nikolinakos, Marios: Politische Ökonomie der Gastarbeiterfrage. Migration und Kapitalismus, Reinbek bei Hamburg 1973.

Oswald, Anne von: Arbeitseinsatz der ›Gastarbeiter‹ im Volkswagenwerk (1962–1974/75), in: Katja Dominik/Marc Jünemann/Jan Motte/Astrid Reineke (Hg.), Angeworben – eingewandert – abgeschoben. Ein anderer Blick auf die Einwanderungsgesellschaft Bundesrepublik Deutschland, Münster 1999, S. 83–100.

Pöschl, Angelika/Schmuck, Peter: Die Rückkehr – Ende einer Illusion. Türkische Gastarbeiterfamilien in der Bundesrepublik Deutschland und die Probleme ihrer Rückkehr in die Türkei, München 1984.

Wallraff, Günter: Ganz unten, Köln 1985.

Wuppermann, Theodor G.: Strukturmaßnahmen und technische Konzepte in Unternehmen der deutschen Stahlindustrie, in: Stahl und Eisen, 105. 1985, S. 25–28.

Asylsuchende und Bürgerkriegsflüchtlinge in Niedersachsen

Von Rolf Meinhardt

Das gesamte 20. Jahrhundert war von so umfangreichen weltweiten Flüchtlingsbewegungen gekennzeichnet, daß die Migrationsforschung von einem ›Jahrhundert der Flüchtlinge‹ spricht. Der Hohe Flüchtlingskommissar der Vereinten Nationen (United Nations High Commissioner for Refugees, UNHCR) zählte Ende 1999 weltweit insgesamt 22,3 Millionen Flüchtlinge – und dies waren nur jene, die der UNHCR registriert hatte. Hinzuzurechnen sind noch ca. 26 Millionen Menschen, die innerhalb der Grenzen ihres Landes vertrieben worden sind.

Weltweit sind Menschen auf der Flucht, weil sie wegen ihrer Religion, Nationalität, als Angehörige bestimmter ethnischer oder sozialer Gruppen oder aufgrund ihrer politischen Überzeugungen diskriminiert und verfolgt werden. Eine zunehmend größere Zahl von Menschen verläßt ihre Herkunftsregionen, um Kriegen, Mißernten, Umweltzerstörungen und damit einhergehenden Hungersnöten und Armut zu entkommen. Dabei ›bleibt das Elend in der Dritten Welt‹; denn rund 90% der Menschen flüchten innerhalb ihrer Herkunftsregionen. Viele Fluchtursachen bedingen einander, wie Schaubild 1 zeigt.

Bevor wir uns der Frage zuwenden, wie die Zuwanderung von Flüchtlingen nach Niedersachsen verlief, soll zunächst geklärt werden, wer nach den bundesweit einheitlichen rechtlichen Bestimmungen überhaupt zu der Gruppe der Flüchtlinge zu zählen ist.

Wer ist ein Flüchtling?

Nach dem ›Abkommen über die Rechtsstellung der Flüchtlinge‹ (Genfer Flüchtlingskonvention) vom 28. Juli 1951 findet der Begriff ›Flüchtling‹ auf jede Person Anwendung, die aus Furcht vor Verfolgung »wegen ihrer Rasse, Religion, Nationalität, Zugehörigkeit zu einer bestimmten sozialen Gruppe oder wegen ihrer politischen Überzeugung« aus ihrem Herkunftsland geflohen ist und nicht dorthin zurückkehren kann. Die Genfer Flüchtlingskonvention ist als völkerrechtliche Vereinbarung verbindlich für die Unterzeichnerstaaten, zu denen auch die Bundesrepublik Deutschland gehört. Sie ist somit unmittelbar als nationales Recht anzuwenden.

Dramatische Rettungsaktion: Vietnamesisches Kind wird bei Windstärke 8 im Südchinesischen Meer an Bord der ›Cap Anamur‹ gebracht

Allerdings gibt es zwischen dem UNHCR als ›Hüter‹ der Genfer Flüchtlingskonvention und den deutschen Gerichten unterschiedliche Auffassungen über die Auslegung der Genfer Flüchtlingskonvention. Übereinstimmung besteht zwar insofern, als für die Flüchtlingseigenschaft immer entscheidend ist, daß eine Verfolgungsgefahr *wegen* eines der in der Genfer Flüchtlingskonvention genannten fünf Kriterien bestehen muß: Rasse, Religion, Nationalität, Zugehörigkeit zu einer bestimmten sozialen Gruppe oder politische Überzeugung. Ein gravierender Unterschied bei der Feststellung der Flüchtlingseigenschaft besteht jedoch hinsichtlich der Frage der Verantwortlichkeit für Verfolgungshandlungen. Während der UNHCR der Auffassung ist, daß es für die Flüchtlingsanerkennung keine Rolle spielt, ob der Flüchtling durch staatliche bzw. quasi-staatliche Organe oder nicht-staatliche Gruppen bedroht wird, ist es nach herrschender Rechtsprechung deutscher Gerichte für eine Flüchtlingsanerkennung zwingende Voraussetzung, daß die Verfolgungsgefahr von staatlichen oder quasi-staatlichen Organen ausgeht oder zu verantworten ist.

Die Unterscheidung in staatliche und nicht-staatliche Verfolgung hat in der Vergangenheit zu Schutzlücken im Flüchtlingsrecht geführt, etwa bei afghanischen Flüchtlingen, deren Asylantrag abgelehnt wurde, weil die früher in Af-

Schaubild 1: Die häufigsten Fluchtursachen

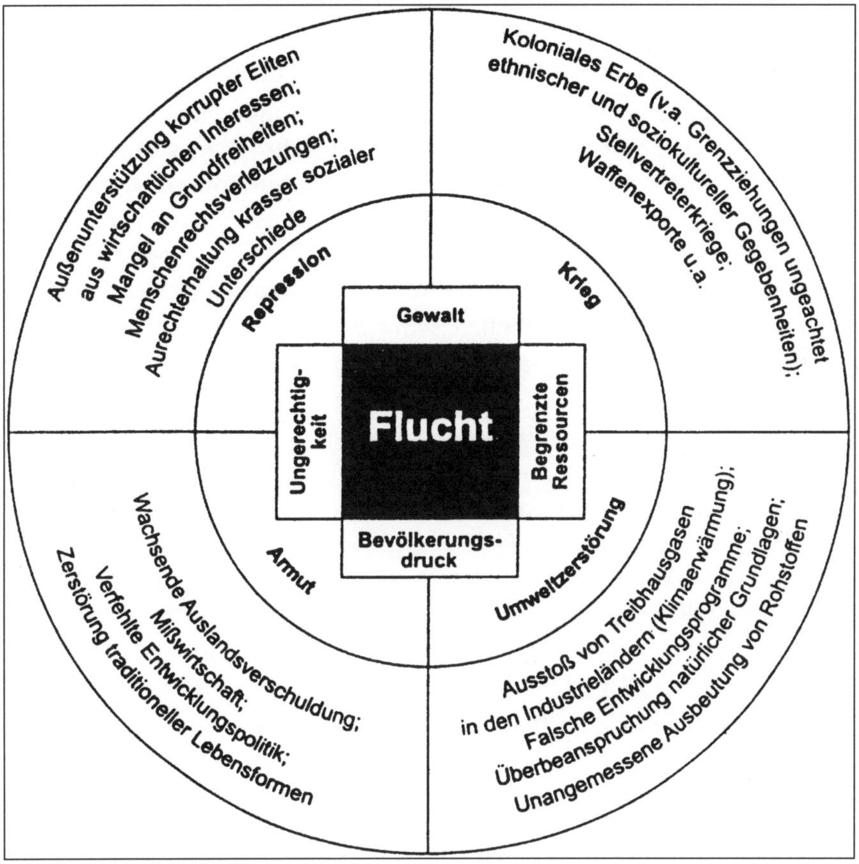

Quelle: Wolfgang Schoop, Fluchtgründe. Misereor – Werkheft ›Flüchtlinge – Prüfstein weltweiter Solidarität‹, Aachen 1994, S. 4.

ghanistan herrschenden Taliban nicht als staatliche Macht, sondern als Bürgerkriegspartei eingestuft wurde. Die Verweigerung des Flüchtlingsstatus hatte für diese Flüchtlinge zwar nicht zur Folge, daß sie in ihr Herkunftsland abgeschoben wurden. Ihnen blieben allerdings die mit dem Flüchtlingsstatus verbundenen Rechte vorenthalten. Die seit Jahren und zuletzt im Zusammenhang mit dem Zuwanderungsgesetz geführte Diskussion um die Anerkennung nichtstaatlicher Verfolgung hat in dieser Unterscheidung seinen Ausgangspunkt.

Der Schutz von Flüchtlingen ist sowohl im Grundgesetz als auch im Ausländergesetz geregelt. Darin sind unterschiedliche Schutzmöglichkeiten vorgesehen, die sowohl einen dauerhaften als auch vorübergehenden Schutz ermöglichen:

- Asylrecht nach Art. 16a Abs. 1 des Grundgesetzes (GG)
- Abschiebungsverbot wegen drohender politischer Verfolgung nach § 51 Abs. 1 des Ausländergesetzes (AuslG) und
- asylunabhängige Abschiebungshindernisse nach § 53 AuslG.

Die Feststellung dieser Schutznormen obliegt dem ›Bundesamt für die Anerkennung ausländischer Flüchtlinge‹ sowie im Falle des Klageverfahrens der Verwaltungsgerichtsbarkeit. Darüber hinaus sieht das Ausländergesetz in § 32a die Möglichkeit vor, Kriegs- und Bürgerkriegsflüchtlingen vorübergehenden Schutz zu gewähren.

In Art. 16a Abs. 1 GG heißt es kurz: »Politisch Verfolgte genießen Asylrecht.« Das Asylrecht steht damit grundsätzlich demjenigen zu, der wegen politischer Verfolgung sein Herkunftsland verlassen hat und dorthin aus diesem Grund nicht zurückkehren kann. Jedoch wird nach Art. 16a Abs. 2 GG derjenige Flüchtling vom Asylrecht ausgeschlossen, der auf der Flucht nach Deutschland durch einen Staat gekommen ist, in dem die Genfer Flüchtlingskonvention und die Europäische Menschenrechtskonvention Anwendung finden. Dies nimmt der Gesetzgeber für alle EU-Mitgliedstaaten und die übrigen Nachbarländer Deutschlands an. Eine Einreise auf dem Landweg hat somit zwingend den Ausschluß vom Asylverfahren zur Folge.

Diese sogenannte Drittstaatenregelung geht davon aus, daß der betreffende Flüchtling bereits in dem Durchreiseland einen Asylantrag hätte stellen können und deshalb kein Asyl in Deutschland benötigt. Ziel der Regelung ist die Rückschiebung des Flüchtlings in den Drittstaat. Die Drittstaatenregelung war einer der Kernpunkte der Änderung des Asylgrundrechts im Mai 1993. Kann ein Flüchtling, der über einen sogenannten sicheren Drittstaat eingereist ist, nicht dorthin zurückgeschoben werden (z.B. weil dieser nicht zur Rücknahme bereit ist oder der betreffende Drittstaat nicht ermittelt werden kann), so kann ihm dann der Abschiebungsschutz des § 51 Abs. 1 AuslG (das ›kleine Asyl‹) gewährt werden, unter der Voraussetzung, daß auch eine Abschiebung in das Herkunftsland nicht zulässig ist, weil dem Flüchtling dort politische Verfolgung droht.

§51 Abs. 1 AuslG lautet: »Ein Ausländer darf nicht in einen Staat abgeschoben werden, in dem sein Leben oder seine Freiheit wegen seiner Rasse, Religion, Staatsangehörigkeit, seiner Zugehörigkeit zu einer bestimmten sozialen Gruppe oder wegen seiner politischen Überzeugung bedroht ist.« Dieses Abschiebungsverbot entspricht fast wortgleich der Flüchtlingsdefinition der Genfer Flüchtlingskonvention. Neben den obengenannten Flüchtlingen, die wegen der Drittstaatenregelung vom Asylrecht ausgeschlossen sind, aber dennoch als politisch Verfolgte anerkannt werden, kommen für die Anwendung des §51 Abs. 1 AuslG

Eine pakistanische Flüchtlingsfrau mit ihrem Kind

auch diejenigen Flüchtlinge in Frage, die z.B. nach ihrer Flucht wegen anschließender exilpolitischer Aktivitäten, Heirat mit einem politisch Verfolgten u.ä. (sogenannte Nachfluchtgründe) mit politischer Verfolgung im Falle ihrer Rückkehr ins Herkunftsland rechnen müssen.

Politische Verfolgung ist nach der Rechtsprechung der deutschen Gerichtsbarkeit grundsätzlich staatliche Verfolgung. Eine solche Verfolgung kann auch von Organisationen mit staatsähnlicher Herrschaftsgewalt ausgehen, die den jeweiligen Staat verdrängt haben oder denen dieser das Feld überlassen hat (quasi-staatliche Verfolgung). Die Verfolgung muß landesweit stattfinden und den Verfolgten in eine ausweglose Lage bringen. Eine nur regional begrenzte politische Verfolgung schließt die Asylanerkennung aus, wenn der Verfolgte in anderen Landesteilen Schutz finden kann (sogenannte inländische Fluchtalternative). Politische Verfolgung muß gezielt an asylerheblichen Merkmalen anknüpfen. Asylerhebliche Merkmale sind z.B. politische Überzeugung, Religionszugehörigkeit, ethnische Zugehörigkeit, Zugehörigkeit zu einer bestimmten sozialen Gruppe.

Das gilt auch für die Asylrelevanz von schwerwiegenden Verfolgungshandlungen wie der Folter. Dazu das Bundesverfassungsgericht in einem Beschluß vom 20. Dezember 1989 (2 BvR 958/86): »Folter ist nur asylerheblich,

Eine der Zentralen Anlaufstellen, bei denen sich Flüchtlinge nach ihrer Ankunft melden müssen

wenn sie wegen asylrelevanter Merkmale eingesetzt oder im Blick auf diese Merkmale in verschärfter Form angewendet wird.« Kommt das Bundesamt oder das Gericht jedoch zu dem Ergebnis, die Folter sei z.B. ›nur‹ zur Erzwingung von Aussagen eingesetzt worden, kann die Asylrelevanz verneint werden.

Neben der Asylgewährung nach Art. 16a Abs. 1 GG und dem Abschiebungsverbot nach § 51 Abs. 1 AuslG besteht darüber hinaus die Schutzmöglichkeit wegen sogenannter verfolgungsunabhängiger Abschiebungshindernisse, die in § 53 AuslG erfaßt sind und nicht die Kriterien der Asylerheblichkeit erfüllen müssen. Solche Abschiebungshindernisse sind z.B. die konkrete Gefahr der Folter, der Vollstreckung einer Todesstrafe, der unmenschlichen Behandlung oder Strafe sowie Gefahren für Leib und Leben. § 53 AuslG kommt für den Schutz von Flüchtlingen große Bedeutung zu, da viele Fluchtgründe und Gefährdungslagen wegen des enggefaßten Flüchtlingsbegriffs von Art. 16a Abs. 1 GG und § 51 Abs. 1 AuslG nicht erfaßt werden. Auch wenn die Gründe eines Flüchtlings aus asylrechtlicher Sicht abgelehnt werden, können sie unter dem Gesichtspunkt der verfolgungsunabhängigen Abschiebungshindernisse gleichwohl beachtlich sein und einen Abschiebungsschutz erfordern.

Der Schutz für Kriegs- und Bürgerkriegsflüchtlinge ist vom Asylrecht nicht erfaßt. Im Gegenteil: Der Gesetzgeber definiert den Asylantrag eines Flüchtlings, der nach Deutschland geflohen ist, um einer kriegerischen Auseinandersetzung zu entgehen, in § 30 Abs. 2 des Asylverfahrensgesetzes als »offensichtlich unbegründet«. Dies ist nur vor dem Hintergrund der Definition von politischer Verfolgung zu verstehen. Diesem Rechtsverständnis zufolge findet durch Kriegshandlungen in der Regel keine gegen ein Individuum zielgerichtete und an asylerhebliche Merkmale anknüpfende politische Verfolgung statt. In zahlreichen Asylbescheiden des Bundesamtes für die Anerkennung ausländischer Flüchtlinge von Flüchtlingen aus Bosnien-Herzegowina hieß es dazu: »So fürchterlich die Auswirkungen des Bürgerkriegs auf die Zivilbevölkerung auch sind, in einer mit einem Bürgerkrieg […] im Zusammenhang stehenden allgemeinen Gefährdung kann keine politische Verfolgung gesehen werden. Wechselseitige Kampfhandlungen einschließlich gezielter Straf- und Vergeltungsakte treffen den Einzelnen regelmäßig nicht als Träger bestimmter persönlicher Eigenschaften.«

Gleichwohl werden Flüchtlinge, die aus Kriegsgebieten fliehen, zumindest bis zum Ende des Krieges nicht dorthin zurückgeschickt; ihr Aufenthalt wird geduldet. Die Innenminister von Bund und Ländern können durch gemeinsame Beschlüsse vorübergehende Abschiebestopps für solche Flüchtlingsgruppen erlassen oder auch weitergehende aufenthaltsrechtliche Regelungen schaffen (wie in der Vergangenheit z.B. für traumatisierte Flüchtlinge).

Aus der Erfahrung mit der Aufnahme von Kriegsflüchtlingen aus Bosnien-Herzegowina hat der Gesetzgeber mit § 32a AuslG zudem die Möglichkeit geschaffen, Kriegs- und Bürgerkriegsflüchtlinge in Deutschland aufzunehmen und durch Erteilung einer befristeten Aufenthaltsbefugnis einen vorübergehenden Schutz zu gewähren. Voraussetzung dafür ist, daß sich die Innenminister auf Aufnahmekontingente und Kostenverteilung für die einzelnen Bundesländer einigen. Diese Regelung fand erstmals Anwendung, als die serbische Armee und Paramilitärs die albanischstämmige Bevölkerung im Frühjahr 1999 aus dem Kosovo vertrieben und Hunderttausende Menschen Zuflucht in Mazedonien, Albanien und Montenegro suchten. Nach einem Beschluß der Innenministerkonferenz wurden damals ca. 10.000 Kosovaren im Rahmen dieser Regelung aufgenommen. Ein Großteil dieser Flüchtlinge ist mittlerweile wieder in den Kosovo zurückgekehrt.

Eine erhebliche Zahl der in Deutschland lebenden Flüchtlinge wird nach dem Ausländergesetz ›geduldet‹. Eine Duldung wird erteilt, wenn ein Flüchtling, der keinen rechtmäßigen Aufenthaltsstatus erhalten hat oder dessen Asylantrag rechtskräftig abgelehnt wurde, nicht abgeschoben werden kann oder soll. Duldungsgründe können z.B. sein: Verzicht auf Abschiebung wegen kriegerischer Auseinandersetzungen oder anderer Gefahren für die Sicherheit im Herkunftsland, schwere Erkrankungen, Reiseunfähigkeit, dringende humanitäre Gründe, ungeklärte Identität des Flüchtlings, fehlende Reisedokumente, versperrte Reisewege, ein anhängiges Verfahren. Die größten Gruppen der geduldeten Flüchtlinge waren in den 1990er Jahren die Flüchtlinge aus Bosnien-Herzegowina und dem Kosovo, die wegen des Krieges und der instabilen Sicherheitslage nach Beendigung des Krieges nicht in ihre Heimat zurückkehren konnten und von aufenthaltsrechtlichen Beschlüssen der Innenministerkonferenz nicht erfaßt wurden.

Zur Geschichte der Zuwanderung von Flüchtlingen nach Niedersachsen seit 1945

Ausländische Flüchtlinge kamen seit Mitte der 1950er Jahre nach Deutschland. Es handelte sich zunächst in erster Linie um Menschen aus Ostmitteleuropa, die vor politischer Repression in die Bundesrepublik flohen. Ein Blick auf die jeweiligen politischen Ereignisse zeigt, welche Faktoren die Flucht ausgelöst haben. So flüchteten 1956/57 nach dem sogenannten Ungarn-Aufstand, in dem sich die Unzufriedenheit der Bevölkerung mit dem stalinistischen Regime entlud, rund 180.000 Ungarn nach Deutschland. 1968/69 kam es nach der jähen

Beendigung des ›Prager Frühlings‹ durch den Überfall und die Besetzung der Tschechoslowakei durch die Truppen des Warschauer Paktes zur Flucht von ca. 200.000 Tschechen und Slowaken, und 1980/81 flohen ca. 250.000 Polen vor Kriegsrecht und politischer Unterdrückung.

Mit Beginn der 1970er Jahre kamen Flüchtlinge und Asylsuchende mehr und mehr aus außereuropäischen Staaten. Vor allem Anträge auf Asyl von Menschen aus Ländern der ›Dritten Welt‹ nahmen stark zu. 1980 setzte ein starker Strom von Flüchtlingen aus der Türkei ein, nachdem es dort zu einem Militärputsch durch General Evren gekommen war. 1986 stammte nur noch rund ein Viertel der Flüchtlinge aus europäischen Ländern, dagegen drei Viertel aus Afrika und Asien. Dieses Verhältnis kehrte sich Ende der 1980er Jahre durch die Politik der Umstrukturierung (›Perestrojka‹) und Offenheit (›Glasnost‹) in der Sowjetunion und durch die Auflösung der sozialistischen Staaten in Osteuropa um; von nun an kamen wieder mehr Flüchtlinge aus Europa als von den anderen Kontinenten. 1991 begann der von heftiger Gewalt begleitete Zerfall Jugoslawiens. Er führte zum größten Flüchtlingsstrom in Europa nach dem Zweiten Weltkrieg. 1995, nach vier Jahren Krieg, befand sich ein Fünftel der Bevölkerung Ex-Jugoslawiens auf der Flucht.

Flüchtlinge in Deutschland haben kein Freizügigkeitsrecht. Sie werden nach einem festen Schlüssel auf die verschiedenen Bundesländer verteilt. Nach einer zwischen Bund und Ländern vereinbarten Regelung hatte sich Niedersachsen verpflichtet, knapp 10% aller Flüchtlinge in der Bundesrepublik aufzunehmen. Das Asylverfahrensgesetz von 1993 legte dann die Quote der von Niedersachsen aufzunehmenden Asylbewerberinnen und Asylbewerber auf 9,3% fest.

In der Zeit unmittelbar nach dem Zweiten Weltkrieg war die Zahl der Asylsuchenden in der Bundesrepublik gering. Von den 1950er bis in die 1970er Jahren bewegte sich ihre Zahl zwischen knapp 2.000 (1953) und rund 51.000 (1979). Aufgrund ihrer geringen Zahl haben in dieser Zeit Flüchtlinge in der Politik des Bundes und der Länder eine nur marginale Bedeutung gehabt. Asylpolitik war weder Gegenstand der politischen noch der öffentlichen Debatten. Dies änderte sich schlagartig, als 1980 die Zahl der Asylsuchenden die magische Grenze von 100.000 übersprang. Heftige Auseinandersetzungen über den ›Mißbrauch des Asylrechts‹ und am Ende eine Reihe restriktiver Maßnahmen waren die Folge. Auch die Zuwanderungen nach Niedersachsen lagen zunächst auf niedrigem Niveau. Von 1974–1977 wurden insgesamt weniger als 2.000 Asylsuchende registriert. Wie Tabelle 1 zeigt, stieg erst ab 1977 die Zahl über 2.500 und erreichte ihren höchsten Stand 1992, als im Gefolge des Sturzes des Ceausescu-Regimes in Rumänien 16.180 und nach Kriegsbeginn in Jugoslawien 13.440 Menschen nach Niedersachsen kamen.

Tabelle 1: Nach Niedersachsen verteilte Asylsuchende 1974–1992

Jahr	Anzahl	Jahr	Anzahl
1974	14	1984	4.236
1975	283	1985	8.358
1976	611	1986	11.513
1977	861	1987	5.888
1978	2.543	1988	11.853
1979	3.445	1989	13.708
1980	8.938	1990	21.434
1981	5.533	1991	22.655
1982	2.729	1992	42.659
1983	2.064		

Quelle: Susanne Benzler, Migranten in Wartestellung: Asylsuchende und Flüchtlinge in Niedersachsen, in: Klaus J. Bade (Hg.), Fremde im Land: Zuwanderung und Eingliederung im Raum Niedersachsen seit dem Zweiten Weltkrieg (IMIS-Schriften, Bd. 3), S. 213–248, hier S. 217.

Je nach fluchtauslösenden Ereignissen in den Herkunftsregionen hat sich die Zusammensetzung der Asylsuchenden auch in Niedersachsen geändert. War bis 1986 Gambia das einzige afrikanische Land, aus dem Flüchtlinge stammten, so kamen ab den 1990er Jahren weitere afrikanische Staaten als Herkunftsländer hinzu, ab 1992 verstärkt auch Länder der ehemaligen Sowjetunion. Erstmalig 1999 taucht Afghanistan in der Liste der zehn stärksten Herkunftsländer auf, nachdem der Bürgerkrieg zwischen den regierenden Taliban und der in der Nordallianz zusammengeschlossenen ethnischen und religiösen Minderheiten begonnen hatte (s. Tabelle 2). Die gegenwärtige Zahl der in Niedersachsen lebenden Flüchtlinge und ihr Rechtsstatus ergibt sich aus Tabelle 3.

Eine Besonderheit zeichnet Niedersachsen aus: die Aufnahme von vietnamesischen Flüchtlingen. Als es nach einer Großoffensive der kommunistischen Truppen in der zweiten Hälfte der 1970er Jahre zur Eroberung und Kapitulation von Süd-Vietnam gekommen war, setzte eine Massenflucht ein. Zehntausende dieser Menschen flohen über das Südchinesische Meer in Booten und werden daher ›boat people‹ genannt. Der damalige niedersächsische Ministerpräsident Ernst Albrecht erklärte im Dezember 1978 die Bereitschaft Niedersachsens, 1.000 Vietnamesinnen und Vietnamesen als ›Kontingentflüchtlinge‹ aufzunehmen. Kurz zuvor hatten sich auf der internationalen Indochina-Konferenz in Genf die westlichen Industrienationen verpflichtet, bestimmte Kontingente von Flüchtlingen im Rahmen eines humanitären Hilfsprogramms in ihren Ländern aufzunehmen. Hieraus erklärt sich der Begriff ›Kontingentflüchtling‹. Diese Gruppe der Flüchtlinge erhält Eingliederungshilfen und kann

Maßnahmen zur Sprachförderung und Hilfe bei der Ausbildung sowie Leistungen nach dem Bundessozialhilfegesetz in Anspruch nehmen.

Albrecht nahm am 3. Dezember 1979 die ersten 163 Flüchtlinge auf dem Flughafen Hannover-Langenhagen in Empfang. Diese Flüchtlinge stammten von dem völlig überladenen Schiff ›Hai Hong‹, das vorher monatelang vor der malaysischen Küste gelegen und keine Erlaubnis zum Anlegen erhalten hatte. Niedersachsen gab mit dieser Zusage den Startschuß für die Aufnahme größerer Zahlen von Indochina-Flüchtlingen in der Bundesrepublik und veranlaßte damit auch andere Bundesländer, sich generöser gegenüber den Vietnam-Flüchtlingen zu zeigen.

Im Oktober 1980 hatte Rupert Neudeck, der Gründer des Komitees Deutscher Notärzte, mit Albrecht ein Gespräch über die weitere Aufnahme von vietnamesischen Flüchtlingen. Neudeck hatte damals damit begonnen, Flüchtlinge mit seinem Schiff ›Cap Anamur‹ aus dem Südchinesischen Meer zu retten. Albrecht sagte ihm zu, daß 200 ›boat people‹ ohne weitere Bedingungen von Niedersachsen übernommen würden. Gegen alle bürokratischen Hemmnisse unterstützte der Ministerpräsident die Hilfsaktionen der Cap Anamur und stellte 1982 weitere 350 Aufnahmeplätze zur Verfügung. Mit dieser Zusage setzte

Ministerpräsident Ernst Albrecht besucht in Niedersachsen aufgenommene vietnamesische ›boat people‹ im Haus Nazareth in Norden-Norddeich

Tabelle 2: Asylerstanträge und stärkste Herkunftsländer (HKL) der Flüchtlinge in Niedersachsen 1991–2001

	1991		**1992**		**1993**		**1994**	
	HKL	*Pers.*	*HKL*	*Pers.*	*HKL*	*Pers.*	*HKL*	*Pers.*
	Gesamt	23.074	Gesamt	47.359	Gesamt	33.882	Gesamt	14.241
1.	Jugoslaw.	6.194	Rumänien	16.180	Rumänien	8.776	Jugoslaw.	4.576
2.	Rumänien	4.020	Jugoslaw.	13.440	Jugoslawien	7.526	Türkei	4.132
3.	Vietnam	3.466	Türkei	3.141	Bulgarien	4.882	Rumänien	767
4.	Türkei	1.655	Bulgarien	2.352	Türkei	2.756	Afghanistan	590
5.	Bulgarien	1.030	Vietnam	1.582	GUS	2.174	Vietnam	305
6.	Nigeria	876	Nigeria	1.012	Vietnam	930	Armenien	287
7.	Libanon	794	GUS	919	Afghanistan	489	Russ. Föd.	244
8.	Polen	454	Afghanistan	390	Algerien	484	Bulgarien	225
9.	Iran	424	Sri Lanka	342	Albanien	411	Bosn.-Herz.	217
10.	Staatenlos	328	Iran	231	Zaire	277	Ukraine	208

	1995		**1996**		**1997**		**1998**	
	HKL	*Pers.*	*HKL*	*Pers.*	*HKL*	*Pers.*	*HKL*	*Pers.*
	Gesamt	13.265	Gesamt	11.994	Gesamt	10.240	Gesamt	9.483
1.	Türkei	3.669	Türkei	3.014	Türkei	2.103	BR Jugosl.	2.737
2.	Jugoslaw.	2.840	Irak	1.656	Irak	1.504	Türkei	1.453
3.	Sri Lanka	853	Jugoslaw.	1.564	BR Jugosl.	1.322	Irak	809
4.	Irak	849	Sri Lanka	505	Iran	522	Syrien	496
5.	Afghanistan	715	Iran	479	Syrien	399	Iran	409
6.	Armenien	467	Syrien	399	Georgien	375	Ungeklärt	353
7.	Iran	315	Afghanistan	394	Sri Lanka	272	Vietnam	247
8.	Georgien	273	Armenien	250	Afghanistan	251	Georgien	239
9.	Syrien	271	Georgien	207	Ukraine	251	Armenien	235
10.	Russ. Föd.	260	Libanon	175	Armenien	225	Sierra Leone	229

	1999		**2000**		**2001**	
	HKL	*Pers.*	*HKL*	*Pers.*	*HKL*	*Pers.*
	Gesamt	8.588	Gesamt	7.015	Gesamt	8.248
1.	BR Jugosl.	2.792	BR Jugosl.	1.195	Irak	1.278
2.	Türkei	858	Türkei	920	Türkei	912
3.	Irak	789	Irak	838	Russ. Föd.	827
4.	Syrien	623	Iran	596	BR Jugosl.	764
5.	Ungeklärt	553	Syrien	581	Syrien	610
6.	Iran	399	Russ. Föd.	381	Iran	461
7.	Aserbaid.	307	Ungeklärt	334	Afghanistan	306
8.	Russ. Föd.	285	Afghanistan	315	Aserbaid.	253
9.	Armenien	266	Aserbaid.	153	Vietnam	229
10.	Afghanistan	214	Sierra Leone	153	Indien	200

Quelle: Zusammenstellung nach Unterlagen des Bundesamtes für die Anerkennung ausländischer Flüchtlinge, des Nds. Innenministeriums und des Nds. Ministeriums für Frauen, Arbeit und Soziales (Ausländerbeauftragte). Die Zahlen für 1993 beziehen sich bis zum 30.6.1993 auf zugewiesene Asylbegehren, ab 1.7.1993 auf Antragsteller laut Statistik des Bundesinnenministeriums. Die Gründe der Abweichungen in Tabelle 1 für die Jahre 1990–1992 konnten nicht eindeutig ermittelt werden.

Tabelle 3: Flüchtlinge in Niedersachsen (Stand: 31. Dezember 2001)

Rechtlicher Status	Niedersachsen insgesamt
Asylberechtigung anerkannt	23.335
im Ausland anerkannte Flüchtlinge	91
Aufenthaltsbefugnis ohne Asylantrag	30.596
darunter	
Kontingentflüchtlinge	13.716
Flüchtlinge nach § 51 Abs. 1 AuslG	7.434
Aufenthaltsbefugnis nach negativem Asylverfahren	15.277
Duldung	26.288
darunter	
Duldung nach negativem Asylverfahren	13.178
Asylantrag gestellt	11.868
Asylfolgeantrag	7.009
Asylantrag vor Einreise gestellt	66
Gesamt	114.530

Quelle: Ausländerzentralregister (AZR), zur Verfügung gestellt vom Niedersächsischen Ministerium für Frauen, Arbeit und Soziales – Büro der Ausländerbeauftragten.

Albrecht die Bundesregierung erheblich unter Druck, die eine restriktivere Politik verfolgte. Sie sprach daher distanzierend von einer »Privatvereinbarung zwischen Niedersachsen und dem Komitee Notärzte«.[1]

Bis August 1990 kamen 5.299 vietnamesische Flüchtlinge nach Niedersachsen. Niedersachsen hat damit über die Verteilerquoten hinaus mehr von diesen Flüchtlingen aufgenommen als andere größere und leistungsfähigere Bundesländer. Weit mehr als die Hälfte dieser ›boat people‹ fand Aufnahme im Haus Nazareth in Norddeich bei Norden, wo sie – u.a. im Rahmen des Modellprojekts ›Zentrale Beratungsstelle für psycho-soziale Betreuung, Beratung und Begleitung von Vietnamflüchtlingen‹ – vorbildlich versorgt wurden.

Flüchtlingspolitik in Niedersachsen

Die politischen Handlungsspielräume der Länder für eine eigenständige Asylpolitik sind per Bundesgesetz eng begrenzt. So haben die Bundesländer z.B. keinerlei Kompetenzen bei der Entscheidung, welchen Flüchtlingen der Zugang zum Territorium der Bundesrepublik gewährt oder wie das Asylverfahren durchgeführt oder der Aufenthaltsstatus festgestellt wird. Nur für Fragen der Unterbringung, Integration und Abschiebung sind die Länder und Kommunen (Städte, Gemeinden und Landkreise) zuständig. Durch die Neufassung des

Ausländergesetzes 1990 wurden die Handlungsspielräume der Länder weiter beschnitten. Bis 1990 besaßen die Länder das Recht, die Abschiebung von Flüchtlingen aus humanitären Gründen auszusetzen, nach dem neuen Ausländergesetz konnten sie dies nur bis zu sechs Monate, einer weiteren Aussetzung mußte der Bundesinnenminister ausdrücklich zustimmen. Durch das Asylverfahrens- und Asylbewerberleistungsgesetz wurden 1993 die landespolitischen Steuerungspotentiale weiter eingeengt.

›Boat people‹ werden im Südchinesischen Meer von der ›Cap Anamur‹ aufgenommen

Flüchtlingspolitik zu Beginn der 1990er Jahre

Die niedersächsische Flüchtlingspolitik zu Beginn der 1990er Jahre unterschied sich signifikant von der Asylpolitik des Bundes und der übrigen Bundesländer, deren Ziel auf die rigide Abschreckung nach außen und Ausgrenzung der Flüchtlinge nach innen gerichtet war. Die neue Politik Niedersachsens stand auch im diametralen Gegensatz zum allgemeinen Diskurs über die Zuwanderung von Flüchtlingen. In der öffentlichen Diskussion hieß es damals beinahe unisono, Flüchtlinge begingen »massenhaft Asylmißbrauch«, dem nur durch eine »entschiedene Abschreckungspolitik« zu begegnen sei. Ab etwa 1986 wurde die Stimmung mit der Behauptung weiter angeheizt, Flüchtlinge seien überproportional häufig kriminell. In den Reden vieler Politiker fanden sich immer häufiger Begriffe, die die Bedrohungsängste in der Bevölkerung schürten: Da hieß es, die Mehrzahl der Flüchtlinge bestünde aus »Scheinasylanten« und »Asylschnorrern«, Deutschland stünde vor einem »Asylantenstrom«, ja einer »Asylantenflut«.[2] Zur Verbreitung solcher Horrorgemälde haben große Teile der Medien beigetragen und damit die aversive und aggressive Haltung der deutschen Bevölkerung gegenüber den Flüchtlingen verstärkt.

Vor diesem düsteren Szenario war es Ziel der Landesregierung, die Auseinandersetzungen in der Bevölkerung durch eine Aufklärungskampagne zu versachlichen und alle landespolitischen Möglichkeiten auszuschöpfen, »um Zeichen für eine humane Flüchtlingspolitik« und »auf Integration statt Ausgrenzung, auf Betreuung statt Abgrenzung zu setzen«.[3] Die Politik des zuständigen Ministers für Bundes- und Europaangelegenheiten, Jürgen Trittin, führte zu folgenden konkreten Maßnahmen:

1. Bleiberechtsregelung für Flüchtlinge;
2. dezentrale Unterbringung und Festlegung von Mindeststandards in Wohnheimen und
3. dezentrale Flüchtlingssozialarbeit.

1. Bleiberechtsregelung für Flüchtlinge: In Niedersachsen lebten 1990 ca. 25.000 Personen, deren Ausweisung lediglich ausgesetzt war. Sie hätten nach dem neuen Ausländergesetz sehr wahrscheinlich abgeschoben werden müssen. Niedersachsen nutzte die Zeit zwischen dem Erlaß des Ausländergesetzes (Juli 1990) und seinem Inkrafttreten (Januar 1991), um eine ›Altfallregelung‹ (Bleiberechtserlaß vom 18. Oktober 1990, gültig bis 31. Dezember 1990) zu treffen, durch die die Flüchtlinge eine Bleibeberechtigung mit automatischer Verlängerung erhielten. Den Kommunen, die für die Sozialhilfe dieser Menschen aufzukommen hatten, wurde für jeden aufgenommenen Flüchtling eine Art Übergangsgeld in Höhe von 10.000 DM zur Verfügung gestellt. Mit der sogenannten Altfallregelung erledigten sich automatisch ca. 14.000 Asylklagen. Schätzungsweise 21.000–22.000 Flüchtlinge haben durch diese Regelung ein Bleiberecht in Niedersachsen erhalten.

2. Dezentrale Unterbringung und Festlegung von Mindeststandards in Wohnheimen: Die Landesregierung verweigerte sich ausdrücklich der Abschreckungspolitik durch die Errichtung von Lagern und großen Sammelunterkünften mit all ihren sozialen und psychischen Folgeproblemen. Sie förderte vielmehr die Schaffung von dezentralen Wohnungen und Wohnheimen, die nicht mehr als 150 Plätze umfassen durften und in denen für jeweils 50 Menschen eine Sozialarbeiterin bzw. ein Sozialarbeiter einzustellen war.

Durch die dezentrale Unterbringung sollte sozialer Unfrieden vermieden und die Chancen verbessert werden, zu der einheimischen Bevölkerung Kontakt

Städtisches Wohnheim für Asylsuchende und Aussiedler in Peine

zu finden. Um die Kommunen in dieses Programm mit einzubeziehen, stellte das Land finanzielle Mittel zur Förderung des Wohnheimbaus zur Verfügung. Jeder zehnte Platz für die Unterbringung wurde so nicht von den Kommunen, sondern vom Land geschaffen. Die Wohnheime waren so geplant, daß sie bei geringeren Zuwandererzahlen als Sozialwohnungen umgewidmet werden konnten. Dieses wohnungsbaupolitische Programm zur dezentralen Unterbringung der Flüchtlinge hat sicherlich erheblich zur Akzeptanz der Aufnahme durch die Städte und Gemeinden beigetragen.

3. *Dezentrale Flüchtlingssozialarbeit:* Das zweifellos ambitionierteste Programm der Landesregierung zur humanen Aufnahme von Flüchtlingen stellt das Projekt ›Dezentrale Flüchtlingssozialarbeit in Niedersachsen‹ dar. In diesem Projekt, das in der Bundesrepublik einmalig war und ist, wurden ab 1991 landesweit sukzessiv in allen Landkreisen und kreisfreien Städten Stellen zur Beratung eingerichtet. Angesiedelt wurden diese Stellen bei Wohlfahrtsverbänden sowie kommunalen und kirchlichen Trägern. Rund ein Viertel aller Stellen wurde zudem bei Vereinen und Initiativen angesiedelt, die seit langem zumeist ehrenamtlich Flüchtlingsarbeit geleistet hatten. Mit dieser Zuweisungspraxis honorierte das Land ausdrücklich die Vereine und Initiativen für ihr ehrenamt-

liches Engagement. Der Anspruch konnte eingelöst werden, die Trägerschaft für die dezentrale Flüchtlingssozialarbeit breit zu streuen.

Bewährt hat sich außerdem eine Regelung, mit der im Rahmen der Flüchtlingssozialarbeit auf die Kompetenz und die Erfahrungen von Migrant(inn)en und Flüchtlingen zurückgegriffen werden konnte. Bei der Besetzung der Stellen wurden neben Sozialarbeiter(inne)n mit staatlicher Anerkennung ausdrücklich nichtdeutsche oder aus Einwanderungsminoritäten stammende Bewerber berücksichtigt. Hierdurch fanden neben der fachlichen Kompetenz auch solche Qualifikationen Anerkennung, die diese Personengruppe aufgrund ihrer Migrationsbiographien mitbrachte. Der Anteil dieser – vorwiegend aus der Türkei stammenden – Fachkräfte lag bei 15–20%.

Mit der jährlichen Ausweitung des Stellenpools bis zum Ende der rot-grünen Koalition im Jahre 1994 löste die Landesregierung ihren selbst formulierten Anspruch einer flächendeckenden sozialarbeiterischen Versorgung für dezentral untergebrachte Flüchtlinge weitgehend ein. In jedem Landkreis existierte mindestens eine Stelle für die Flüchtlingssozialarbeit; in einigen, insbesondere größeren Landkreisen und kreisfreien Städten wurden sogar mehrere Stellen eingerichtet. Seitdem stand allerdings die weitere Finanzierung dieser Stellen als freiwillige Leistung des Landes immer wieder zur Disposition. Die fortlaufenden Stellenstreichungen (s. Schaubild 2) führten mehr und mehr zur Entstehung von ›weißen Flecken‹ im Versorgungssystem der Flüchtlingsarbeit.

Um die Qualität der Flüchtlingssozialarbeit auf hohem Niveau zu sichern, sahen die ›Grundsätze‹ des Landes sogenannte Koordinationsstellen in allen vier Regierungsbezirken vor. Durch die Koordinierung und wissenschaftliche Begleitung, mit deren Durchführung die Carl von Ossietzky Universität Oldenburg beauftragt wurde, konnte in ganz Niedersachsen ein enges Netz an Kooperationsmöglichkeiten, Informations-, Beratungs- und Fortbildungsangeboten geschaffen und ausgebaut werden. Die Tätigkeit der Sozialarbeiterinnen und Sozialarbeiter, die nicht selten von Ohnmachts- und Frustrationsgefühlen begleitet war, wurde hierdurch unterstützt und stabilisiert.

Ziele und Aufgaben der Flüchtlingssozialarbeit wurden in den Richtlinien der Landesregierung vom 15. November 1991 festgeschrieben. Hiernach sollte die Flüchtlingssozialarbeit die Flüchtlinge in die Lage versetzen, ihr Leben selbständig zu gestalten (›Hilfe zur Selbsthilfe‹), sie sollte zwischen den Flüchtlingen und den Dienstleistungsangeboten in öffentlicher und freier Trägerschaft vermitteln (›Mittlerfunktion‹) und zur »Förderung von Akzeptanz und Toleranz« zwischen Flüchtlingen und Deutschen beitragen.[4] Die Funktionen der Flüchtlingssozialarbeit lassen sich wie in Tabelle 4 dargestellt zusammenfassen.

Tabelle 4: Praktische Aufgaben der Flüchtlingssozialarbeit

Beratung
- beim Asylverfahren
- bei aufenthaltsrechtlichen Fragen
- bei der Beantragung von Sozialhilfe
- bei der Arbeitsplatzsuche
- bei der Suche nach einem Rechtsanwalt und einem Dolmetscher
- bei Rückkehr- oder Weiterwanderungsangelegenheiten

Betreuung und Hilfestellung
- bei psychischen und sozialen Problemen
- bei körperlichen und psychosomatischen Erkrankungen
- bei der Selbstorganisation
- bei der Lösung von Alltagsproblemen und Konflikten
- für spezielle Gruppen (wie Flüchtlingskinder und unbegleitete Jugendliche, alte und behinderte Flüchtlinge)

Bildungsangebote
- Organisation von Deutschkursen
- Angebot spezifischer Seminare (z.B. für Flüchtlingsfrauen)
- Berufliche Qualifizierungsmaßnahmen (HORIZON-Projekt)
- Entwicklung von Projekten (z.B. für erwerbslose Flüchtlinge)
- Zusammenarbeit mit Erwachsenenbildungseinrichtungen

Öffentlichkeitsarbeit
- Möglichkeiten der Begegnung zwischen Flüchtlingen und Deutschen schaffen (z.B. durch Gesprächskreise, Feste usw.)
- ›Runde Tische‹, Telefonketten etc. initiieren
- Sich als Ansprechpartner(innen) und ›Expert(inn)en‹ für Behörden und andere Institutionen zur Verfügung stellen
- Vorträge an Schulen, in Betrieben, bei anderen öffentlichen Veranstaltungen halten

In der Praxis hat sich in den vergangenen Jahren diese Vielfalt von Aufgaben zunehmend von der ›reinen‹ Asylberatung zur Initiierung und Unterstützung integrativer Maßnahmen gewandelt. Sozialarbeiterinnen und Sozialarbeiter in der Flüchtlingsarbeit haben nicht mehr allein ›Feuerwehrfunktion‹, sondern sind Fachleute für soziale Integration und interkulturellen Dialog geworden. Mit der Unterstützung von Hilfen und Maßnahmen – insbesondere zum Erwerb der deutschen Sprache sowie zur schulischen und beruflichen Qualifizierung – tragen sie zunehmend zur Integration von jugendlichen und erwachsenen Flüchtlingen bei.

Die zunehmend restriktiven Rahmenbedingungen und der Anstieg von Rassismus und fremdenfeindlicher Gewalt gegenüber Flüchtlingen haben allerdings die Möglichkeiten zur Verwirklichung des Prinzips ›Hilfe zur Selbsthilfe‹ und somit die Chancen zur Selbstbestimmung der Flüchtlinge bei der Gestaltung ihrer Lebensperspektiven auf ein Minimum beschränkt. So zeigt die relativ hohe Zahl der Erwerbslosen und Sozialhilfe-Empfänger unter den Flüchtlingen, daß trotz des großen Engagements der Flüchtlingssozialarbeit die soziale und berufliche Eingliederung der Flüchtlinge in Niedersachsen durch strukturelle Barrieren weiter behindert wird.

Flüchtlingspolitik seit 1993

Ab 1993 geriet die Politik der rot-grünen Landesregierung zunehmend unter Druck aufgrund der Verabschiedung der Asylgesetze mit ihren einschneidenden Restriktionen und der dadurch bedingten starken Rückgänge bei der Zuwanderung von Asylsuchenden. So sieht das Asylbewerberleistungsgesetz vom 1. Juli 1993 vor, daß statt Bargeldzahlungen zur Selbstversorgung der Flüchtlinge nur noch Sachleistungen gewährt werden dürfen. Ein Erlaß des Bundes- und Europaministeriums ermöglichte es dagegen den Kommunen, weiterhin Geld auszuzahlen, wenn sich hierdurch Einsparungseffekte ergäben. Die meisten Landkreise und Städte nutzen diesen Handlungsspielraum und vergaben weiterhin Bargeld. Sie ersparten damit den Flüchtlingen die diskriminierenden Maßnahmen der Warenausgabe und des Einkaufens mit Wertgutscheinen.

Aus der Landtagswahl 1994 ging die SPD als stärkste Fraktion hervor und war nicht mehr auf einen Koalitionspartner angewiesen. Unter Hinweis auf zunehmend größere Haushaltsprobleme bei sinkenden Flüchtlingszugangszahlen wurde die Zahl der Flüchtlingssozialarbeiterinnen und -sozialarbeiter von 1994 auf 1995 um 35 Stellen gekürzt und in der Folgezeit kontinuierlich weiter reduziert (s. Schaubild 2). Im Haushaltsentwurf von 1995 war sogar die vollständige Streichung der Mittel für die Flüchtlingssozialarbeit zum 1. Januar 1997 vorgesehen und konnte nur durch engagierte und zähe Verhandlungen des damaligen SPD-Fraktionsvorsitzenden Wolf Weber wieder rückgängig gemacht werden. Mittlerweile ist die Flüchtlingssozialarbeit, für die zuletzt noch 3 Millionen DM bereitgestellt wurden, als gesondertes Programm am 31. Dezember 2001 eingestellt worden und in der ›Kooperativen Migrationsarbeit‹, die die Integration aller Migrantengruppen in Niedersachsen anstrebt, aufgegangen.

Die Besonderheiten der niedersächsischen Flüchtlingspolitik wurden – stets unter Hinweis auf fehlende Finanzmittel – in den Folgejahren immer mehr aufgegeben und der restriktiven Asylpolitik des Bundes angepaßt. Der Rückzug aus der liberalen, an humanitären Grundsätzen orientierten Flüchtlingspolitik zu Beginn der 1990er Jahre manifestiert sich in folgenden Schritten:

- Die landesweit geltenden Unterbringungsstandards wurden aufgegeben. Die Kommunen entscheiden mittlerweile in eigener Zuständigkeit über die

Art und Qualität der Unterbringung und über die soziale Betreuung in den Wohnheimen. Eine Fachaufsicht durch die Bezirksregierungen findet nicht mehr statt.

- 1997 wandte sich die Landesregierung auch von der Regel ›Bargeld statt Gutscheine‹ ab. Auf die Weisung der Bezirksregierungen, nur noch Gutscheine an die Flüchtlinge auszugeben, kam es in vielen Kommunen wegen der damit verbundenen finanziellen und organisatorischen Mehrbelastungen – und sicherlich auch wegen der Diskriminierungsfunktion dieser Leistungsform – zu erheblichen Protesten. Das Land reagierte darauf mit einer Weisung und drohte Sanktionen (Verweigerung der Kostenerstattung) für den Fall der Nichtbefolgung an.
- Mit dem ›Modellprojekt für die Beschaffung von Heimreisedokumenten für Ausländer mit ungeklärter Staatsangehörigkeit‹ übernahm 1998 das Land Niedersachsen bundesweit die Vorreiterrolle bei dem Versuch, Flüchtlinge zu veranlassen, ihre Identität zu offenbaren. Ziel ist die »Durchsetzung der Ausreisepflicht [...]. Deswegen wurden sie [die Flüchtlinge] auf unbestimmte Zeit in die Aufnahmestellen gebracht, in denen gut geschultes Personal auf sie einwirkt, damit sie ihren Widerstand aufgeben«.[5] In einem gleichlautenden Schreiben, das in einem scharfen Kommiß-Ton abgefaßt war, wurden die betreffenden Flüchtlinge aufgefordert, sich umgehend in den Zentralen Anlaufstellen in Oldenburg bzw. Braunschweig einzufinden. Hier sollen sie mit einer Reihe von Maßnahmen so unter Druck gesetzt werden, daß sie ihre Identität und Herkunftsländer preisgeben.

Schaubild 2: Entwicklung der Stellensituation in der Flüchtlingssozialarbeit in Niedersachsen 1991–1999

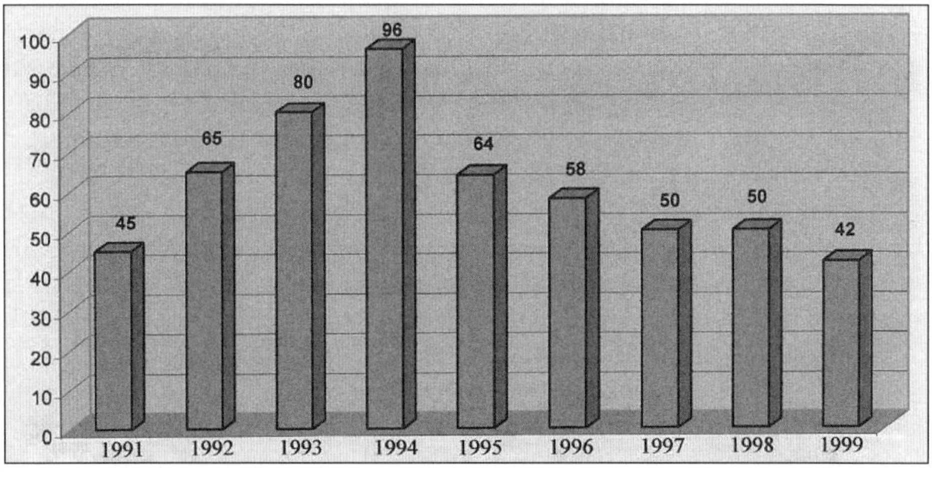

Andererseits hat Niedersachsen auch nach 1994 eine vorbildliche Rolle bei der Integration von bleibeberechtigten Flüchtlingen gespielt: Das Land finanziert seit 1995 eine Reihe von berufsqualifizierenden Projekten. Erfahrungen in der Flüchtlingssozialarbeit hatten deutlich gemacht, daß zur langfristigen Integration der Flüchtlinge und der anderen Migrant(inn)en (einschließlich der Aussiedler) Maßnahmen zur beruflichen Aus- und Weiterbildung unverzichtbar sind. Die verschiedenen, von der Universität Oldenburg schon seit 1993 entwickelten Projekte im Rahmen der Gemeinschaftsinitiative der Europäischen Union und des Europäischen Sozialfonds (HORIZON, dann EMPLOYMENT-HORIZON, INTEGRA und, ab 2002, EQUAL) haben gezeigt, daß durch innovative, genau auf die Zielgruppe und auf den spezifischen regionalen Bedarf zugeschnittene berufliche Qualifizierungsmaßnahmen eine deutliche Verbesserung der Eingliederungschancen für Zuwanderinnen und Zuwanderer erreicht werden kann. Nach Abschluß der Fördermaßnahmen konnten durchschnittlich rund 65% der Kurs-Teilnehmerinnen und -Teilnehmer in Arbeit oder weitere Ausbildung vermittelt werden. Zu dieser überdurchschnittlich hohen Erfolgsquote haben nicht nur die fachlich-theoretische Ausbildung, die in verschiedenen Wirtschaftsbereichen durchgeführten Betriebspraktika und die gezielte und fachbezogene Sprachförderung geführt, sondern auch die hohe Motivation und der immense Lernwille der Flüchtlinge.

Über die Schaffung von Arbeitsplätzen haben die Kurse dazu geführt, soziale Kompetenz zu fördern und das Selbstwertgefühl der Beteiligten zu stärken. Und die Kurse haben sich auch fiskalisch bezahlt gemacht: Nach Berechnungen der Universität Oldenburg sparte das Land Niedersachsen durch die Vermittlung in Arbeitsplätze jährlich ca. 1,5 Millionen Euro. Die Programme waren nicht nur auf die unmittelbare Erhöhung der individuellen Zugangschancen zum Arbeitsmarkt beschränkt. Vielmehr wurden auch Projekte erprobt, die durch eine Verbesserung der Rahmenbedingungen die beruflichen Integrationsbemühungen flankierend unterstützten. Hierzu gehören insbesondere

- die Förderung der Zusammenarbeit und Vernetzung relevanter Akteure des Arbeitsmarktes mit Einrichtungen aus Bildung, Verwaltung und Sozialarbeit;
- die interkulturelle Öffnung kommunaler Beratungsangebote und die Fortbildung der Verwaltungsfachkräfte;
- die Verbesserung gemeinwesenorientierter Ansätze, insbesondere bei der Förderung von Jugendlichen im Übergang Schule – Beruf;
- die Sensibilisierung der Aufnahmegesellschaft für Fragen der Flucht und Migration mit dem Ziel der Überwindung von Vorurteilen und Diskriminierungen.

Zelte für Asylsuchende: Flüchtlingskinder im Lager, Hannover, 1992

Mit Unterstützung des Landes wurde Anfang 2002 ein bundesweit einmaliges Projekt zur Eruierung der ›Möglichkeiten der sozialen und beruflichen Integration höher qualifizierter Flüchtlinge in Niedersachsen‹ an der Universität Oldenburg gestartet. Finanziert wird das Forschungsprojekt aus Mitteln des Europäischen Flüchtlingsfonds. Unterstützung fand auch ein Qualifizierungsprojekt für Lehrerinnen und Lehrer, die aus dem Kosovo nach Niedersachsen geflohen waren, durch die Zusicherung des Innenministeriums, daß die Aufenthaltserlaubnis der Teilnehmerinnen und Teilnehmer in jedem Fall bis zum Ende der Weiterbildungsmaßnahme verlängert werde. In diesem Projekt ging es um die Vorbereitung der geflüchteten Lehrerinnen und Lehrer auf die neuen Bedingungen des Unterrichts im Kosovo nach Kriegsende – z.B. im Umgang mit traumatisierten Kindern und Jugendlichen.

Die soziale Situation der Flüchtlinge

Materielle Versorgung durch eigene Erwerbstätigkeit

Die Möglichkeiten der materiellen Versorgung durch eigene Erwerbstätigkeit sind für Flüchtlinge im Vergleich zur deutschen Bevölkerung beschränkt. Zum einen gibt es rechtliche Hürden, die eine Arbeitsaufnahme erschweren, zum anderen sind Flüchtlinge – wie Migrant(inn)en insgesamt – auf dem deutschen Arbeitsmarkt benachteiligt. So zeigen Statistiken, daß die Gruppe der Migrant(inn)en nach wie vor überproportional stark von Ausgrenzung auf dem Arbeitsmarkt betroffen ist. Die Erwerbslosenquote in Niedersachsen betrug z.B. im September 1999 25,2% im Vergleich zu 9,8% bei den Deutschen. Ein Jahr später waren es 21,8% gegenüber 8,7%.

Das Arbeitserlaubnisrecht, das seit 1998 im Sozialgesetzbuch (SGB) geregelt ist, sieht zwei unterschiedliche Formen der Arbeitsgenehmigung vor. Die ›Arbeitsberechtigung‹ (§ 286 SGB III) ermöglicht grundsätzlich den unbeschränkten Zugang zum Arbeitsmarkt und wird unbefristet erteilt. Voraussetzung ist allerdings, daß die Person entweder fünf Jahre versicherungspflichtig im Bundesgebiet beschäftigt war oder sich seit sechs Jahren ununterbrochen in Deutschland aufgehalten hat. Für die Arbeitsberechtigung kommen nur die Migrant(inn)en in Frage, die nach dem Ausländerrecht über eine Aufenthaltserlaubnis oder Aufenthaltsbefugnis verfügen. Aus der Gruppe der Flüchtlinge sind dies die Asylberechtigten, die Konventionsflüchtlinge, die Kontingentflüchtlinge und ein Teil der in Niedersachsen mit einem Bleiberecht ausgestatteten Flüchtlinge.

Weitaus schwieriger ist der Zugang für Asylsuchende und geduldete Flüchtlinge, die lediglich eine ›Arbeitserlaubnis‹ (nach § 285 SGB III) erhalten können. Sie wird nur für eine bestimmte Tätigkeit in einem bestimmten Betrieb erteilt, und zwar nur dann, wenn für diesen Arbeitsplatz keine bevorrechtigten Arbeitsuchenden (d.h. Deutsche, EU-Bürger oder Migranten mit Arbeitsberechtigung) gefunden werden können. Hinzu kommt vor einer Arbeitsvermittlung eine bestimmte Wartefrist, die im Zuge arbeitsrechtlicher Verordnungen immer wieder geändert wurde. Von 1987 bis 1990 betrug die Wartezeit fünf Jahre, wurde dann vorübergehend auf ein Jahr reduziert, bevor sie zum 1. Juli 1991 ganz abgeschafft wurde. Asylsuchende mit einem Mindestaufenthalt von 3 Monaten konnten nach Zuweisung von der Erstaufnahmeeinrichtung (in Niedersachsen: ›Zentrale Anlaufstelle für Asylbewerber‹) in eine Kommune eine Arbeitserlaubnis beantragen. »Eine solche Liberalisierung des Arbeitserlaubnisrechts entsprach den Interessen der aufnehmenden Kommunen, die sich eine Entlastung ihres Sozialetats erhofften«.[6]

Wegen der negativen Entwicklung auf dem Arbeitsmarkt wurde diese Regelung aber bereits 1993 wieder eingeschränkt. Durch eine Verschärfung des Prüfverfahrens sollte die Zahl der erteilten Arbeitserlaubnisse deutlich reduziert werden. 1997 erließ die Bundesregierung angesichts des Kosovo-Konflikts (sie befürchtete einen starken Zustrom albanischer Flüchtlinge) sogar ein absolutes Arbeitsverbot für alle hinzukommenden Asylbewerber. Bei vielen Betroffenen verfestigte und verschärfte sich damit die materielle Randständigkeit und die durch langjährige Erwerbslosigkeit ausgelöste psycho-soziale Problemlage. Eine Lockerung des Arbeitsgenehmigungsrechts für Asylsuchende und geduldete Flüchtlinge kam erst Ende 2000. Per Erlaß wurde geregelt, daß Flüchtlingen mit Aufenthaltsgestattung oder Duldung sowie Ehegatten und Kindern von Personen mit Aufenthaltserlaubnis oder -bewilligung nach einer Wartezeit von 12 Monaten eine Arbeitserlaubnis erteilt werden kann.[7]

In Niedersachsen hat diese Änderung allerdings kaum zu einer spürbaren Verbesserung der Arbeitsmarktsituation für die betreffenden Flüchtlingsgruppen geführt. Erfahrungen der Migrationsberatungsstellen in Niedersachsen zeigen, daß das Haupthindernis nach wie vor in der Bevorrechtigten-Regelung und der damit verbundenen Prüfung durch die Arbeitsämter besteht. Selbst in ›ausländerfreundlichen‹ Branchen werden deshalb die Arbeitsplätze zum größten Teil an die privilegierten Personengruppen vergeben.

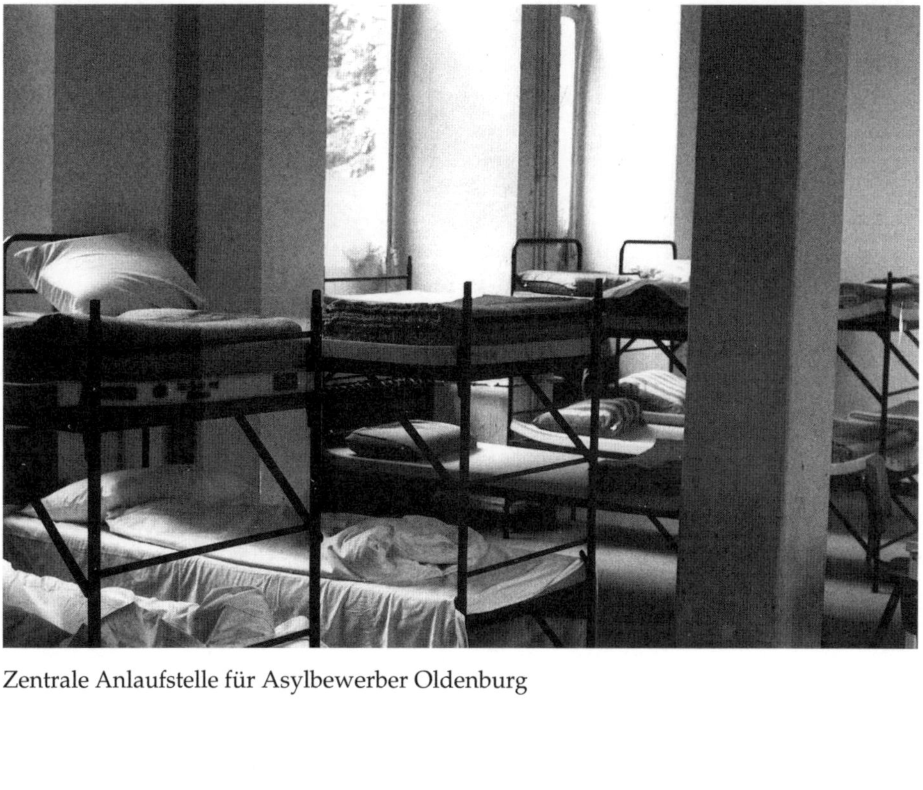

Zentrale Anlaufstelle für Asylbewerber Oldenburg

Soziale Leistungen für Flüchtlinge

Aufgrund der arbeitsrechtlichen Beschränkungen und der überdurchschnittlich hohen Erwerbslosenquote ist ein großer Teil der Flüchtlinge auf Sozialleistungen angewiesen. Bei der Beanspruchung dieser Leistungen werden Flüchtlinge, die über eine Aufenthaltsgenehmigung verfügen, besser gestellt als die übrigen Flüchtlingsgruppen. So haben Flüchtlinge mit einer Aufenthaltsberechtigung, Aufenthaltserlaubnis oder Aufenthaltsbefugnis (ausgenommen Bürgerkriegsflüchtlinge) grundsätzlich Anspruch auf Leistungen nach dem Bundessozialhilfegesetz (BSHG § 120). Zu den Leistungen, die eine hilfsbedürftige Person beanspruchen kann, gehören der Regelsatz nach BSHG (Pauschalbetrag für Nahrung, hauswirtschaftlichen Bedarf, Energiekosten sowie persönliche Bedürfnisse), die Kosten für Unterkunft und Heizung, einmalige Beihilfen (z.B. Bekleidungsgeld) und sogenannte Hilfen in besonderen Lebenslagen (wie etwa Krankenhilfe oder Hilfe zur Pflege). In bestimmten Fällen kann sich der Bezug von Sozialhilfe negativ auf die aufenthaltsrechtliche Situation auswirken. So kann etwa wegen des Sozialhilfebezugs die Erteilung einer unbefristeten Aufenthaltsgenehmigung verweigert oder eine bereits bestehende unbefristete Aufenthaltserlaubnis wieder befristet werden.

Im Zuge der asylpolitischen Veränderungen Anfang der 1990er Jahre (sogenannter Asylkompromiß) trat im November 1993 ein Leistungsgesetz in Kraft, mit dem erstmals in der Bundesrepublik Deutschland eine Personengruppe aus dem regulären sozialen Sicherungssystem ausgeklammert wurde. Das Asylbewerberleistungsgesetz, das nicht in das Sozialgesetzbuch eingebunden wurde und damit auch rechtssystematisch als ›Sondergesetz‹ bezeichnet werden kann, regelt während des laufenden Verfahrens den Bezug von Leistungen für Asylsuchende, geduldete Flüchtlinge, vollziehbar Ausreisepflichtige und seit 1998 auch für Bürgerkriegsflüchtlinge.

Während anfangs der Zeitraum des Leistungsbezuges nach dem Asylbewerberleistungsgesetz auf ein Jahr beschränkt war, wurde diese Frist mit einer Gesetzesnovelle im Jahre 1997 auf drei Jahre erweitert. In dieser Zeit müssen die Betroffenen nicht nur mit reduzierten Leistungen zur Bestreitung ihres Lebensunterhalts vorliebnehmen (ca. 20% unter dem Regelsatz der Sozialhilfe), sondern erhalten in der Regel ihre Leistungen – mit Ausnahme eines geringfügigen Taschengeldes – in Form von Sachleistungen oder Warengutscheinen. Hinzu kommen Anspruchsbeschränkungen bei der Gesundheitsversorgung und die Verpflichtung zur Ausübung gemeinnütziger Tätigkeiten, die nur mit einem geringen Entgelt vergütet werden. Ende 1999 waren in Niedersachsen 42.191

Flüchtlinge vom Asylbewerberleistungsgesetz betroffen; das waren rund 40% aller Flüchtlinge.

Der Zugang zu weiteren staatlichen Leistungen hängt ebenfalls häufig vom Aufenthaltsstatus des Flüchtlings ab. Kinder- und Erziehungsgeld erhalten z.B. nur Asylberechtigte, Kontingentflüchtlinge und neuerdings auch Konventionsflüchtlinge. Leistungen nach dem Kinder- und Jugendhilfegesetz (KJHG) – also z.B. der Rechtsanspruch auf einen Kindergartenplatz – stehen dagegen auch Asylsuchenden zu. Ausgeschlossen ist diese Gruppe wiederum bei der Studienförderung nach dem BAföG und bei der Berufsausbildungsbeihilfe. Die Inanspruchnahme von Arbeitsbeschaffungsmaßnahmen sowie Fortbildungs- und Umschulungsangeboten ist zwar häufig unabhängig vom ausländerrechtlichen Status, aber gebunden an bestimmte Versicherungsleistungen durch Erwerbstätigkeit, die wegen des beschränkten Arbeitsmarktzuganges von vielen Flüchtlingen nicht erfüllt werden können.

Unterbringung und Wohnsituation

Bei der Unterbringung und Wohnraumversorgung für Flüchtlinge ist das Land Niedersachsen – wie schon ausgeführt – zu Beginn der 1990er Jahre neue Wege gegangen. Während bundesweit am Prinzip von zentraler Unterbringung und Massenunterkünften festgehalten wurde, war es in Niedersachsen politischer Wille, die Wohnsituation der Flüchtlinge möglichst menschenwürdig zu gestalten. Zwar war das Land nach dem Asylverfahrensgesetz verpflichtet, zentrale Aufnahmeeinrichtungen für Asylsuchende zu betreiben, konnte aber durch die Einrichtung von vier Standorten in Braunschweig, Langenhagen, Lüneburg und Oldenburg Massenquartiere, wie sie in anderen Bundesländern üblich waren, vermeiden. Auch der Vorrang der dezentralen Unterbringung nach der Verteilung der Asylsuchenden aus der Aufnahmeeinrichtung in die Kommunen trug diesem Anspruch Rechnung.

Ziel dieser Politik war es, die Menschen in möglichst kleinen Wohneinheiten unterzubringen, um die gängigen psychischen und sozialen Probleme, die aus beengten Wohnverhältnissen, Ghettoisierung und Isolation resultieren, zu vermeiden und die Integration in die Aufnahmegesellschaft zu fördern. Unter anderem wurde dafür ein umfangreiches Wohnheimprogramm aufgelegt, das die Bereitstellung von Wohnheimplätzen, die von sozialen Fachkräften betreut wurden, finanziell förderte.

Die Unterbringung der Flüchtlinge blieb aber auch in Niedersachsen nicht ohne Probleme. Angesichts ungewöhnlich hoher Zuwanderungsquoten Ende der 1980er/Anfang der 1990er Jahre – nicht nur von Asylsuchenden, sondern

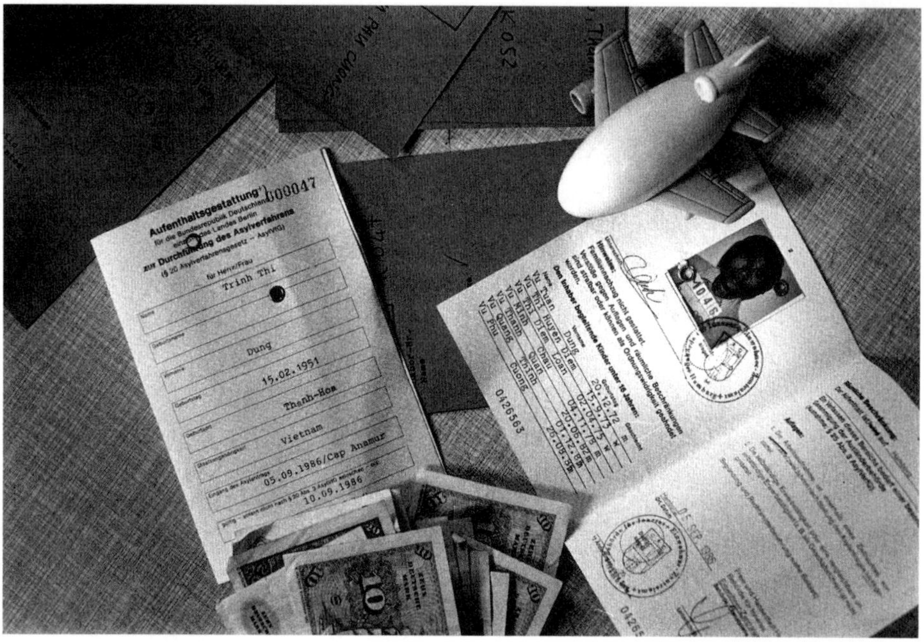

auch von anderen Migrantengruppen wie den Aussiedlern – waren die Kommunen bei der Aufnahme der Flüchtlinge zum Teil völlig überfordert. Vielfach nutzten private Firmen die Gelegenheit, mit der Förderung aus dem Wohnheimprogramm ein profitables Geschäft zu machen. Dabei fielen nicht selten die soziale Betreuung der Wohninsassen und die baulichen Standards unter ein gewisses Mindestniveau zurück. Dies blieb nicht ohne negative Auswirkungen auf das soziale Zusammenleben mit der einheimischen Bevölkerung. Eine in der Ortschaft Südkampen (Landkreis Soltau-Fallingbostel) durchgeführte Untersuchung über die Probleme im Zusammenleben von deutscher und kurdischer Bevölkerung zeigt exemplarisch die Konsequenzen einer verfehlten Wohnungs- und Sozialpolitik. Zusammenfassend heißt es im Bericht der Forschungsgruppe: »Die Wohn- und Mietsituation ist durch erhebliche bauliche und andere Mängel wie ungünstige Wohnungsaufteilungen, nicht ausreichende Heizmöglichkeiten und ungenügende sanitäre Einrichtungen gekennzeichnet. Die kurdische Bevölkerung lebt in fünf Wohnobjekten des Dorfes. Es werden Mieten gezahlt, die über den Kosten vergleichbarer Mietobjekte liegen. Durch die beengten Wohnverhältnisse wird das Familienleben vor allem in den Sommermonaten ins Freie verlegt. Dies führt teilweise zum Unmut bei der deutschen Bevölkerung.«[8]

Schulische Versorgung

Die Integration von Kindern und Jugendlichen mit Migrationshintergrund hängt wesentlich von den gegebenen Bildungschancen ab. Untersuchungen wie die PISA-Studie belegen, daß Kinder und Jugendliche aus Zuwandererfamilien im schulischen Bereich und bei der Berufsausbildung strukturell benachteiligt sind. Dies gilt insbesondere für Flüchtlingskinder und -jugendliche. Formell sind sie anderen Kindern und Jugendlichen zwar gleichgestellt (denn in Niedersachsen gilt auch für Flüchtlingskinder die allgemeine Schulpflicht), doch ausgenommen sind Kinder von Asylsuchenden in den ersten drei Monaten des Aufenthalts in der zentralen Anlaufstelle.

Schon ein Blick in die Schulstatistik zeigt, daß die Zahl der ausländischen Schülerinnen und Schüler (gesonderte Daten für Flüchtlingskinder liegen nicht vor), die ihre Schullaufbahn ohne einen Abschluß beenden, überproportional hoch ist. Während der Gesamtanteil der ausländischen Schülerinnen und Schüler in Niedersachsen nach Angaben des Kultusministeriums vom Juni 2002 am Ende des Schuljahres 1999/2000 insgesamt 7,4% betrug, lag der Anteil der ausländischen Schülerinnen und Schüler ohne Abschluß bei 18,5%. Auch der Anteil ausländischer Kinder bei den Zuweisungen an Sonderschulen für Lernhilfen liegt mit 21,5% wesentlich höher als der Anteil bei deutschen Kindern. Nach wie vor ist die Hauptschule die Regelschule für ausländische Kinder und Jugendliche. Hier sind sie mit einem Anteil von 10,5% vertreten. Dagegen sind sie an weiterführenden Schulen immer noch stark unterrepräsentiert. Gerade einmal 4,9% betrug der Anteil mit Realschulabschluß und erweitertem Sekundarabschluß I, und nur 2,4% der Schülerinnen und Schüler erlangten die Hochschulreife.

Folge ist, daß viele Migrantenjugendliche den Übergang von der Schule in den Beruf nicht schaffen. Nur wenigen gelingt es, den Teufelskreis zu durchbrechen: ohne Schulabschluß keine Lehrstelle – ohne Lehrstelle keine Ausbildung – ohne Ausbildung kein Job. Die Gründe für das schlechtere schulische Abschneiden und die Benachteiligung der zugewanderten Kinder und Jugendlichen sind nur bedingt bei den Betroffenen selbst zu suchen. So wird in einer Studie zur Situation an Göttinger Schulen resümiert: »Insgesamt läßt sich zur schulischen Situation von zugewanderten Kindern und Jugendlichen an allgemeinbildenden Schulen in Göttingen konstatieren, daß die interkulturelle Realität dieser Gesellschaft in Schulstrukturen, Lehrplänen und Lehrerausbildung nicht ausreichend berücksichtigt wird.«[9]

Eine Schlüsselrolle für den schulischen Erfolg spielt nach wie vor die Sprachkompetenz von Schülerinnen und Schülern mit Migrationshintergrund, die sowohl in bezug auf die Deutschkenntnisse als auch auf die Beherrschung der Herkunftssprache sehr unterschiedlich entwickelt sein kann. Nach dem jüngsten Bericht der Kultusministerkonferenz ist für das relativ schlechte Abschneiden von nicht-deutschen Schülerinnen und Schülern »vor allem die unzureichende Kompetenz der Schülerinnen und Schüler in der deutschen Sprache« ausschlaggebend.[10] Dies werde durch die PISA-Studie bestätigt, und deshalb komme den Bildungsinstitutionen gerade im Hinblick auf die zugewanderten Schülerinnen und Schüler eine besondere Aufgabe zu.

Soziale Akzeptanz und Teilhabe

Neben materieller Versorgung, Bildung, Ausbildung und Beruf sind Akzeptanz und Teilhabe in der Aufnahmegesellschaft wichtige Aspekte der sozialen Situation von Flüchtlingen. Die Diskriminierung von ausländischen Flüchtlingen in der Bundesrepublik Deutschland setzte – wie schon ausgeführt – bereits in den 1970er Jahren ein. Es wurde eine pejorative Diskussion geführt, die den rapiden Abbau von Zugangs- und Verfahrensrechten für Flüchtlinge zur Folge hatte. Vor allem ging es um den Vorwurf des angeblichen ›Asylmißbrauchs‹,

Norden-Norddeich: Seit 1982 werden im Haus Nazareth minderjährige Asylsuchende aufgenommen und betreut

der vor allem zu Wahlkampfzwecken – wie z.B. 1991 im niedersächsischen Kommunalwahlkampf – erhoben wurde. Die aversive bis feindselige Haltung gegenüber Flüchtlingen fand ihre ersten Höhepunkte zu Beginn der 1990er Jahre in einer in großen Teilen der Bevölkerung verbreiteten Pogromstimmung und in einer Serie von Übergriffen auf Ausländer und mit Anschlägen auf Asylbewerberunterkünfte.

Vor diesem Hintergrund hat es auch in Niedersachsen eine Reihe von Initiativen gegeben, die sich für eine größere Akzeptanz von Zugewanderten – insbesondere Flüchtlingen – einsetzten. Neben vielen Solidaritätsbekundungen, Lichterketten, Demonstrationen und Unterstützungsprojekten örtlicher Gruppen wurden in Niedersachsen auch Maßnahmen von staatlicher Seite ergriffen. Beispiel hierfür ist die Kampagne ›Ohne Fremde/Freunde sind wir allein‹, die 1992 von der Niedersächsischen Landesregierung ins Leben gerufen wurde. Auch die Implementierung des Schwerpunktes ›Förderung von Akzeptanz und Toleranz‹ im Rahmen des Landesprogramms ›Dezentrale Flüchtlingssozialarbeit‹ hat landesweit Impulse zur Ent-Emotionalisierung zu setzen versucht. Ganz wesentlich hängt die soziale Akzeptanz von Zugewanderten allgemein und von Flüchtlingen im besonderen von ihrer Teilhabe am öffentlichen Leben ab. Hierbei spielen die Migrant(inn)en selbst eine wichtige Rolle, um den Integrationsprozeß der Zugewanderten nachhaltig zu unterstützen. Viele von ihnen sind in Verbänden und Vereinen (Selbstorganisationen) zusammengeschlossen. Über diese Einrichtungen nehmen sie ihre sozialen und politischen Interessen wahr, suchen aber auch die Kooperation mit der deutschen Gesellschaft und stellen so ein wichtiges Bindeglied zwischen Minderheits- und Mehrheitsbevölkerung dar.

Schluß

Niedersachsen hat sich in seiner Geschichte nach 1945 in vielfacher Hinsicht den Flüchtlingen gegenüber generös gezeigt. Es hat in den 1980er Jahren die Aufnahme vietnamesischer Flüchtlinge initiiert, über die Quote hinaus ›boat people‹ aufgenommen und ihnen Asyl gewährt. Niedersachsen hat Druck auf die Bundesregierung und die Bundesländer mit dem Ziel ausgeübt, diese zur Aufnahme von mehr Flüchtlingen aus Vietnam zu veranlassen.

Viel deutlicher noch hebt sich die Asylpolitik Niedersachsens in der ersten Hälfte der 1990er Jahre von der der übrigen Bundesländer ab. In Niedersachsen wurde ein humanitäres Programm zur Verbesserung des Rechtsstatus und der landesweiten Beratung der Flüchtlinge gestartet und umgesetzt; die ›Dezentrale

Flüchtlingssozialarbeit in Niedersachsen‹ hat bundesweit und auch international starke Beachtung und Anerkennung gefunden. Seit Mitte der 1990er Jahre entwickelte das Land mit großem Erfolg eine Reihe von Maßnahmen zur beruflichen Qualifizierung auch von Flüchtlingen. Eine Vorreiterrolle hat Niedersachsen nicht zuletzt auch übernommen durch seine Anstrengungen, mit Hilfe der Einrichtung eines Verbundsystems zu einer umfassenden Beratung und Integration aller Migrantinnen und Migranten zu gelangen.

Dieser positiven Bilanz steht der Trend zu einer weitgehenden Anpassung Niedersachsens an die allgemeine restriktive Flüchtlingspolitik des Bundes und der Länder gegenüber. So ist in der letzten Zeit von führenden Vertretern der Landesregierung der Vorwurf erhoben worden, ›die Ausländer‹ zeigten ein viel zu geringes Interesse an einer Integration, und der Abbau sogenannter Parallelgesellschaften scheitere noch immer an der Resistenz der Migranten. Solche Pauschalisierungen und Unterstellungen, die in deutlichem Widerspruch zu den Ergebnissen der empirischen Migrationsforschung stehen, verstärken eher die alten Vorurteile und Ressentiments in breiten Teilen der ansässigen Bevölkerung gegenüber den Asylsuchenden, tragen aber zur Entwicklung eines zivilisierten Umgangs mit Flüchtlingen wenig bei. Diese Politiker wären besser beraten, sich auf die erfolgreichen Modelle einer humanen Flüchtlingspolitik zu besinnen, auf die Niedersachsen mit Stolz zurückblicken kann.

Anmerkungen

Für die Mitarbeit bedanke ich mich bei Iris Gereke, Anwar Hadeed, Bernd Tobiassen und Winni Schulz-Kaempf sowie für die Bereitstellung von statistischen Datenmaterial beim Niedersächsischen Landesamt für Statistik, beim Niedersächsischen Innenministerium, dem Kultusministerium und dem Ministerium für Frauen, Arbeit und Soziales – Büro der Ausländerbeauftragten.

1 Zit. nach Rupert Neudeck, Die Menschenretter von Cap Anamur, München 2002, S. 44.

2 Jürgen Link, ›Asylanten‹ – zur Erfolgsgeschichte eines deutschen Schlagwortes, in: Christoph Butterwege/Siegfried Jäger (Hg.), Europa gegen den Rest der Welt? Flüchtlingsbewegungen – Einwanderungen – Asylpolitik, Köln 1993, S. 111–126.

3 Jürgen Trittin, Du hast keine Chance – nutze sie! Landespolitische Spielräume einer humanen Flüchtlings- und Einwanderungspolitik, in: Roland Appel/Claudia Roth (Hg.), Die Asyl-Lüge, Köln 1992, S. 215–225, hier S. 216.

4 Runderlaß des Ministeriums für Bundes- und Europaangelegenheiten v. 15.11.1991 (Richtlinien und Grundsätze), in: Rolf Meinhardt/Winfried Schulz-Kaempf (Hg.), Dezentrale Flüchtlingssozialarbeit in Niedersachsen – eine Zwischenbilanz, Oldenburg 1994, S. 265f.

5 Frankfurter Rundschau, 22.10.1999, zit. nach: Bestandsaufnahme: Flüchtlinge in Niedersachsen, in: Flüchtlingsrat. Zeitschrift für Flüchtlingspolitik in Niedersachsen, 2000, H. 71/72, S. 75.
6 Peter Kühne/Harald Rüßler, Die Lebensverhältnisse der Flüchtlinge in Deutschland, Frankfurt a.M./New York 2000, S. 99.
7 Runderlaß der Bundesanstalt für Arbeit, 20.12.2000, Ia5-5751(4)A/615/7413.
8 Arbeitsgruppe Südkampen (unter Beteiligung der Carl von Ossietzky Universität Oldenburg), Bericht über die Situation und Problemlagen im Zusammenleben der deutschen und kurdischen Bevölkerung in der Ortschaft Südkampen, Ms., Januar 1997.
9 Anwar Hadeed u.a., Zur schulischen Situation zugewanderter Kinder und Jugendlicher am Beispiel allgemeinbildender Schulen in Göttingen, Hannover 1999, S. 134.
10 Beschluß der Kultusministerkonferenz, 23./24.5.2002, Bericht ›Zuwanderung‹, S. 2.

Literatur

Bade, Klaus J. (Hg.): Fremde im Land: Zuwanderung und Eingliederung im Raum Niedersachsen seit dem Zweiten Weltkrieg (IMIS-Schriften, Bd. 3), Osnabrück 1997.
Benzler, Susanne: Migranten in Wartestellung: Asylsuchende und Flüchtlinge in Niedersachsen, in: ebd., S. 213–248.
Fakten, Ergebnisse, Perspektiven des Employment-INTEGRA-Projektes zur beruflichen Qualifizierung von Flüchtlingen und MigrantInnen in Niedersachsen, hg.v.d. Carl von Ossietzky Universität Oldenburg, Oldenburg 2001.
Gerhard, Ute: ›Fluten‹, ›Ströme‹, ›Invasionen‹ – Mediendiskurs und Rassismus, in: Manfred Heßler (Hg.), Zwischen Nationalstaat und multikultureller Gesellschaft, Berlin 1993, S. 239–253.
Hadeed, Anwar u.a.: Zur schulischen Situation zugewanderter Kinder und Jugendlicher am Beispiel allgemeinbildender Schulen in Göttingen, Hannover 1999.
Hiller-Bixel, Richard: Die Vietnamesen in Deutschland – ein Rück- und Überblick, in: Zehn Jahre Indochina-Flüchtlinge in der Bundesrepublik Deutschland, hg.v. Doc-Lap-Zentrum, Stuttgart 1990, S. 5–9.
Kühne, Peter/Rüßler, Harald: Die Lebensverhältnisse der Flüchtlinge in Deutschland, Frankfurt a.M./New York 2000.
Marschalck, Peter: Bevölkerung und Wanderung im Raum Niedersachsen seit dem Zweiten Weltkrieg, in: Bade (Hg.), Fremde im Land, S. 45–75.
Meinhardt, Rolf: Flüchtlingssozialarbeit in Niedersachsen – Bilanz eines Projektes, in: Informationsdienst zur Ausländerarbeit (IZA), 1995, H. 3–4, S. 76–78.
Ders./Schulz-Kaempf, Winfried (Hg.): Dezentrale Flüchtlingssozialarbeit in Niedersachsen – eine Zwischenbilanz, Oldenburg 1994.
Münch, Ursula: Asylpolitik in der Bundesrepublik Deutschland. Entwicklung und Alternativen, 2. Aufl. Opladen 1993.
Neudeck, Rupert: Die Menschenretter von Cap Anamur, München 2002.
Schoop, Wolfgang: Fluchtgründe. Misereor – Werkheft ›Flüchtlinge – Prüfstein weltweiter Solidarität‹, Aachen 1994.
Schwulera, Dieter: Netzwerk zur Integration. Die kooperative Migrationsarbeit in Niedersachsen, in: Betrifft Minderheiten/Mehrheiten, 2001, H. 3, S. 16.

Siewert, Roman: Die Integration der Indochina-Flüchtlinge in Niedersachsen, in: Zehn Jahre Indochina-Flüchtlinge in der Bundesrepublik Deutschland, hg.v. Doc-Lap-Zentrum, Stuttgart 1990, S. 29–43.

Trittin, Jürgen: Du hast keine Chance – nutze sie! Landespolitische Spielräume einer humanen Flüchtlings- und Einwanderungspolitik, in: Roland Appel/Claudia Roth (Hg.), Die Asyl-Lüge, Köln 1992, S. 215–225.

Ders.: Ziviler Umgang mit Flüchtlingen und Migranten – die Position Niedersachsens in der Einwanderungsdebatte, in: Migration – Einwanderungspolitik – Ziviler Umgang mit ethnischen Minderheiten, hg.v. Niedersächsischen Ministerium für Bundes- und Europaangelegenheiten, Hannover 1993, S. 124–135.

Wenderoth, Anette/Januschek, Franz/Meinhardt, Rolf: Interkulturelle Qualifizierung von Lehrerinnen und Lehrern aus dem Kosovo – ein Pilotprojekt, in: Interkulturell. Forum für Interkulturelle Kommunikation, Erziehung und Beratung, 2000, H. 3–4, S. 289–304.

Sich selbst als andere verstehen. Internationale Gärten für Flüchtlinge und Einheimische

Von Susanne Benzler

Göttingen, da, wo die Stadt schon fast zu Ende ist; den Berg hinauf, durch das wohlgeordnete Viertel mit Einfamilienhäuschen und kleineren Wohnblöcken: Fast ganz oben, vor dem großen Altenwohnheim, zwischen den Bäumen, kaum sichtbar, findet sich der kleine Trampelpfad zu den Internationalen Gärten. Dort kann man hinein.

Die Internationalen Gärten sind nur durch einen kleinen Zaun von ihrer Umgebung abgetrennt. Geht man hindurch, nimmt man sie nicht sofort wahr. Man befindet sich auf einer weiten Rasenfläche mit einzelnen Bäumen. Butterblumen, Löwenzahn und Klee blühen. Auf Metallstelzen ragt der rote Schriftzug ›Internationale Gärten‹ heraus. Es geht ein wenig bergauf, und zunächst wird eine hölzerne Skulptur sichtbar, die in der Mitte eine Wassermelone trägt. Einige Beete sind aus dem Rasen herausgestochen. Was dort wachsen wird, ist im Frühsommer noch nicht zu erkennen.

Auch wenn keine Menschen im Garten sind: ihre Spuren sind überall zu sehen. Im Zentrum ein kleiner Pavillon mit einer Sitzgruppe. Die Möbel sind bunt zusammengewürfelt. Am Dach hängt ein Plastikball. Sicher spielen hier oft Kinder, das zeigt auch eine kleine Sandkiste. Hängende Trockenblumensträuße verschönern den Pavillon. Auch ein gemauerter Grill ist zu sehen – oder ist es ein Backofen? Weiter unten im Gelände sieht es nach Arbeit aus: Mehrere große Komposthaufen liegen dort, überschrieben mit dem Schriftzug: »Lebendiger Boden«. Das Ganze macht den Eindruck eines Wohngemeinschaftsgartens – nicht so aufgeräumt wie in der Kleingartenkolonie, von verschiedenen Besuchern geprägt und von einer offenen Gemeinschaftsatmosphäre erfüllt.

Im Zentrum des kleinen Parks befinden sich ein ganze Reihe von Nutzgärten. Sie sind durch breite Trampelpfade voneinander getrennt und haben ganz unterschiedlichen Charakter. Hier wachsen Pflücksalat, Zucchini, Tomaten, Buschbohnen, Radieschen, Lauch, Möhren, Zwiebeln, Kartoffeln. Manchmal sind die Mengen so groß, daß sich der Speisezettel aus diesen Gärten eine ganze Zeitlang ergänzen läßt. Obst findet sich nicht so häufig, vor allem Erdbeeren gibt es. Farbtupfer bieten die Blumen, die in einigen Beeten blühen. Bartnelken,

Stockrosen, Margeriten, Pfingstrosen, Akelei, Vergißmeinnicht und Lupinen vermitteln den Eindruck, in einem deutschen Bauerngarten zu stehen.

Einen großen Raum nehmen Kräuter ein. Schnittlauch, Zitronenmelisse, Minze sind auf Anhieb zu erkennen. Es gibt aber auch Kräuter, die in Deutschland weniger oder gar nicht bekannt sind. In einem Beet ist eine Samentüte zu sehen, die mit arabischer Schrift bedruckt ist. Einige Kräuter verströmen ihren Duft.

Die innere Anordnung der kleinen Nutzgärten ist sehr unterschiedlich. Meist sind sie durch Trampelpfade, Holzstege oder kleine Mäuerchen abgeteilt, die aus zusammengesammelten Steinen bestehen. Manchmal ist einfach Erde um die jeweiligen Beetabschnitte angehäufelt, die Pflanzen selbst befinden sich in einem tiefer gelegenen Teil des Beetes. Die Anstrengungen der Gärtner/innen gehen dahin, die Feuchtigkeit der Nacht und die Niederschläge im Beet zu speichern.

Ein Blick zurück: Die Entstehung der Internationalen Gärten

Der erste Internationale Garten wurde 1995 auf Initiative von Flüchtlingen erdacht und 1996 in Göttingen gegründet. Im Göttinger Beratungszentrum für Flüchtlinge wurden Frauen aus Bosnien von einer Sozialarbeiterin gefragt, was sie am meisten in Deutschland vermißten. Die einhellige Meinung war: »Unsere Gärten.«

Die Frauen machten sich auf die Suche nach einem geeigneten Grundstück. Sie waren inspiriert von der Aussicht, einen zentralen Bereich ihres Alltagsleben wieder eigenständig gestalten zu können. 1996 wurde der erste Pachtvertrag unterschrieben. Drei bosnische, zwei persische, zwei deutsche, drei kurdische, eine irakische, eine äthiopische und eine afghanische Familie begannen, das Grundstück zu bearbeiten.

Aus der gärtnerischen Eigenarbeit entstand zusammen mit den Gärtner(inne)n und einem vom Migrationszentrum engagierten Projektleiter, einem äthiopisch-deutschen Agraringenieur, ein mehrdimensionales Konzept für die Internationalen Gärten. Flüchtlinge und Zuwanderer mit gesichertem Aufenthaltsstatus wurden durch die niedrigschwelligen Angebote angesprochen. Sie erlernten die deutsche Sprache, die lingua franca der Gärten, und sie knüpften an ihre eigenen Fähigkeiten an. Neben dem biologischen Anbau von Gemüse, Obst und Kräutern entwickelte die Initiative handwerkliche, kunsthandwerkliche, erwachsenen- und umweltbildende Aktivitäten. 1997 entstand ein zweiter Garten in Duderstadt bei Göttingen in Trägerschaft des Caritas-Verbandes.

Im Jahre 2002 existieren in und um Göttingen fünf Internationale Gärten. In ihnen engagieren sich etwa 300 Personen aus 20 Nationen. Die Gärten haben in anderen Orten Niedersachsens und auch außerhalb Niedersachsens Nachahmer gefunden. Im Jahr 2000 waren die Internationalen Gärten Gewinner einer Ausschreibung des Bundesumweltministeriums zur Entwicklung neuer Umweltbildungskonzepte ›Der Boden lebt‹. 2001 erhielt die Initiative den Förderpreis ›Aktive Bürgerschaft‹ des Bundes und den Förderpreis ›Aktion Bürger machen Staat‹ der CDU Niedersachsen.

Viele Dimensionen: Die Aktivitäten der Internationalen Gärten

Die Internationalen Gärten sind ein vielgestaltiges Projekt. Die praktische Gartenarbeit wurde von Beginn an verbunden mit einem Umweltbildungsprogramm für die Gärtner/innen. Dazu gehörten verschiedene Tagesseminare wie der Besuch eines Bioland-Hofes, ein Seminar über Heilkräuter, eines über die Kompostierung, über Pilze, verschiedene Betriebsbesichtigungen z.B. in Baumschulen, Umweltgärten, in einem Botanischen Garten und einem landwirtschaftlichen Ausbildungsbetrieb.

Der Erwerb der deutschen Sprache ist ein weiteres wichtiges Element. Die Gärten selbst sind gemischt-kulturell zusammengesetzt. Alle Zuwanderer, die hier eine Parzelle bewirtschaften wollen, müssen sich nicht nur mit der deutschen, sondern auch mit den verschiedenen Zuwanderer-Kulturen auseinan-

dersetzen. Die einzige verbindende Sprache ist Deutsch. Alphabetisierungskurse vor allem für Frauen sind seit 1997 ein wichtiges Element der Bildungsarbeit der Gärten. Seit 1998 veranstalten die Gärten auch muttersprachliche Kurse für Jugendliche in Arabisch. Die handwerklichen und künstlerischen Aktivitäten sind vielfältig. Sie reichen von der Gründung einer Kunst- und Handwerksgruppe, deren Arbeitsergebnisse auch im Garten zu sehen sind, bis zu öffentlichen Musikveranstaltungen z.B. im Göttinger Haus der Kulturen.

Das Lernen in den unterschiedlichen Projekten ist mehrdimensional angelegt. Es geht nicht nur darum, bestimmte Techniken (etwa der Konservierung, der Bodenbewirtschaftung) auszutauschen und zu erlernen. Alle Themen, alle Lerninhalte (auch der Spracherwerb) sind eingebunden in den Lebenszusammenhang im Herkunftsland und in Deutschland. Über die Ökologiefrage werden Zuwanderer eingeführt in eine wesentliche Debatte in Deutschland, über die sie in der Regel nur sehr wenig informiert sind. Dabei wird deutlich, daß Migrant(inn)en nicht immer etwas ›nachlernen‹, was in Deutschland Allgemeingut ist, sondern daß sie eine Reihe wichtiger Erfahrungen mitbringen. Eine Mitarbeiterin der Internationalen Gärten drückte das so aus: »Bei uns zu Hause war alles bio, alles frisch. Hier leider nein. [...] Manche Deutsche denken, wir haben arm gelebt, aber wir haben nicht arm gelebt. Hier leben wir arm. Wir können uns gutes Essen nicht leisten.«[1]

Das Umweltbildungsprojekt ›Lebendiger Boden – lebendige Vielfalt‹, mit dem die Internationalen Gärten 2001 die Ausschreibung des Bundesumweltministeriums gewannen, hatte daher das doppelte Ziel, die Migranten- und Flüchtlingsfamilien in die nationale und internationale Umweltdiskussion zu integrieren und damit verbunden die Praktiken des Umweltschutzes in den unterschiedlichen Herkunftskulturen zu beschreiben und Verknüpfungen zum deutschen Umweltschutz herzustellen. Thematische Schwerpunkte, bei denen Teilnehmer/innen des Umweltbildungsprojektes selbst referierten oder mit hinzugezogenen Gesprächspartnern diskutierten, waren beispielsweise: Die Rolle der Religionen für Bewußtsein und Handeln, die Verbannung der Natur aus dem Bewußtsein, die Veränderung der Natur durch menschliche Tätigkeit, der Boden als kostbares Gut und die Formen der Bodennutzung durch den Menschen, Monokulturen und Verarmung des Bodens, Interessenkonflikte um den Boden als Ressource, der Boden als Grundlage für die Nahrungsmittelproduktion.

›Boden‹, so wurde rasch deutlich, ist nicht nur eine ausbeutbare Ressource: Der Projektkoordinator bat zu Beginn des Umweltbildungsprojekts die Teilnehmer/innen, »eine Handvoll Erde aus ihrem unmittelbaren Lebensumfeld mit in die Sitzungen zu bringen. Jedoch reagierten die meisten zunächst mit

Abwehr. Dort, wo sie wohnten, sei die Erde asphaltiert, und wenn nicht, dann sei sie ›schmutzig‹. Hunde würden dort urinieren und Autos vorbeifahren. ›Dann geht einfach in den Wald und holt saubere Erde‹, schlug der Projektkoordinator vor. Ein erstes Projektziel – die Schärfung der Wahrnehmung der unmittelbaren Umgebung – war erreicht. Nach und nach brachten alle Projektmitglieder etwas Erde mit in die Sitzungen und legten sie in Schalen in die Mittel des Raumes.

In den nun folgenden Gesprächen stellte sich heraus, daß viele MigrantInnen und ExilantInnen beim Verlassen ihrer Heimatorte Erde mitnehmen, die sie von nun an überall hin begleitet. Bei ihrem Tod wird ihnen ein Säckchen der Heimaterde mit ins Grab gegeben. Die starke Metaphorik dieser Handlungen spiegelt zum einen die Bedeutung der Einbettung des menschlichen Lebens in einen spezifischen Raum wider und zum anderen die tröstliche Option, den Raum zu verlassen und ihn zugleich mitnehmen zu können.

Nun ergab es sich, daß die deutsche Freundin einer kurdischen Gärtnerin in den Irak flog. Die Kurdin bat sie, Erde aus drei verschiedenen ›heiligen Gebieten‹ mitzubringen. [Der Projektkoordinator] schrieb indessen an seinen Vater, daß er ihm Erde aus heiligen Orten in Äthiopien schicken möge.

Einige Wochen später lag heilige Erde aus Kerbelaa im Nordirak [...] neben Erde aus profanen Orten – und es lag Erde aus dem islamischen Kulturkreis neben Erde aus dem christlichen Kulturkreis Äthiopiens.

Sofort kreisten alle Gespräche der TeilnehmerInnen um die Frage: Dürfen wir die verschiedenen Erden miteinander mischen? Und was ist überhaupt ein heiliger Ort? Wie wird Erde zu heiliger Erde? Mit welchen sozialen Prozessen und gesellschaftlichen Verhältnissen sind solche Verwandlungen verbunden?

Die Diskussion ging weiter: Was bedeutet Vermischung? Sollten sich Kulturen vermischen? ›Nein‹, befanden einige. Die heilige Erde dürfe nicht vermischt werden, sie sei ein zu starker Ausdruck für Identität. ›Aber‹, so wandten andere ein: ›Was ist Identität? Verändert sich Identität nicht auch, und besonders durch Flucht und Migration?‹

Eine muslimische Gärtnerin wiederum fand, daß Erde generell heilig sei und von daher problemlos mit anderer Erde vermischt werden könne. Man einigte sich schließlich darauf, daß heilige Erde aus unterschiedlichen Ländern miteinander vermischt werden dürfe, geweihte Erde mit profaner jedoch nicht.«[2]

Handwerkliche, sinnliche Tätigkeit und erfahrungsgeleiteter Erkenntnisgewinn verbanden sich in dem Projektzyklus ›Brotkünste der Völker‹. 1999 wurde dabei ein Backofen nach mitteleuropäischem Vorbild gemauert, im Jahr 2000 bauten die Frauen der Internationalen Gärten einen orientalischen Ofen aus Lehm und Stroh. Die verschiedenen Aspekte des Brotbackens in der Praxis thematisierten dabei auch die Verbindung von ökonomischer Notwendigkeit (Brot als Nahrungsmittel) und kultureller Erfahrung, von Ökonomie und Politik – Mangel an Brot kann zu Kriegen und Flucht führen.

Ebenso wie die Bildungsprojekte Wissen mit biographischen Erfahrungen verknüpfen, verbinden die Gärten nicht nur Gärtner, sondern die in ihnen tätigen Menschen umfassend miteinander. Gemeinsames Feiern, gemeinsame Feste, die Beteiligung der Kinder und der Blick über den ›Zaun‹ in die deutsche Nachbarschaft hinein sind wichtig für die neue Kultur der Vielfalt, die sich in den Gärten und auf der Grundlage der gemeinsamen Bewirtschaftung der Gärten entwickeln.

Die Arbeit der Gärten war von Anbeginn immer auch eine Arbeit ›nach außen‹. Nachbarn und Interessierte werden zu unterschiedlichen Aktivitäten dazugeladen. Die Öffnung der Gärten in das Wohnviertel hinein und in die Stadt Göttingen ist eine von den Migrant(inn)en aktiv betriebene Integration. Seit dem Jahr 2000 werden die Mitarbeiter/innen der Gärten überhäuft mit Anfragen aus der Bundesrepublik und international, ihre Projekte zu präsentieren, so z.B. beim Ökologischen Institut Hannover (Diskussion über ein nachhaltiges Niedersachsen), auf der Internationalen Gartenkonferenz der Humboldt-Universität zu Berlin, bei Projektvorstellungen an unterschiedlichen Universitäten, durch den Empfang von Landwirtschaftsstudenten der Gesamthochschule Kassel-Witzenhausen und einer Delegation der brasilianischen Landlosenbewegung. Auf mehrwöchigen (internationalen) Workshops arbeiten Jugendliche in den Gärten mit oder leben in Flüchtlingsfamilien, beteiligen sich an den Gartenarbeiten und lernen Göttingen aus der Perspektive von Migrant(inn)en kennen. Die ›internationalen Gärtner‹ haben etwas in Bewegung gesetzt, das in Deutschland nun seine Kreise zieht.

Kontrastprogramm: Asyl in Deutschland

Flüchtlinge sind fast ihrer gesamten Habe beraubt, wenn sie nach Deutschland zuwandern. Oft mußten sie Verwandte zurücklassen, die für ihren sozialen Zusammenhalt im Heimatland entscheidend waren. Hier in der Bundesrepublik erscheint es so, daß das ›Fehlende‹ zumindest im materiellen Sinne durch soziale Hilfen und Unterstützungen ersetzt wird.

Viele Flüchtlinge bringen die Erfahrung der Subsistenzproduktion mit – in ihrem Heimatland haben sie die Güter des täglichen Lebens selbst hergestellt und waren nicht von der Zuteilung durch einen anonymen Markt oder durch staatliche Stellen abhängig. Die Subsistenzproduktion machte sie zu kompetenten Gestaltern ihres sozialen und materiellen Lebens. Sie waren eingebunden in größere Familien und Dörfer, die sozialen Zusammenhalt und auch Schutz boten. Der Verlust der Subsistenzproduktion wird durch die Sozialhilfe und die Bereitstellung von Unterkünften nicht aufgefangen. Flüchtlinge können sich nicht »nehmen, was die Natur gewährt, noch können sie herstellen, was sie zum Leben brauchen. Sie müssen es sich zuteilen lassen.«[3]

Mit dem Nicht-Arbeiten-Können (in der ersten Phase der Asylantragsprüfung durch Arbeitsverbot, später durch Erwerbslosigkeit) und der Entwertung der früher ausgeübten Tätigkeiten in der Ökonomie der Bundesrepublik geht ein Lebensbereich verloren, der in der bisherigen Lebensgeschichte der Migrant(inn)en als sinnstiftend erfahren wurde: die produktive und kreative Tätigkeit. Konsum- und Freizeitaktivitäten werden oft nicht als gleichwertiger Ersatz erfahren. Außerdem stehen sie aufgrund der eingeschränkten finanziellen Situation der Migrant(inn)en nur in geringem Umfang zur Verfügung.

Die soziale Isolierung stellt den zweiten großen Verlust dar, der durch Finanzmittel nicht zu kompensieren ist. Für die Frauen ist dies besonders dramatisch. Sie verlieren ihre durch weibliche Verbindungen geknüpften Netze, die den hierarchischen Machtbeziehungen zwischen den Geschlechtern in den Herkunftsländern immerhin einen eigenen selbstbestimmten (produktiven) Bereich gegenüberstellte. Die Wohnformen – oft isoliert in Klein- und Kleinstfamilien – und die Zurückhaltung der einheimischen deutschen Bevölkerung bei der Kontaktaufnahme machen die Entwicklung einer neuen sozialen Struktur äußerst schwierig. Es gibt kaum Räume, in denen größere soziale Gruppen sich losgelöst von funktionalen Kontexten wie Arbeit (Betrieb), Bildung (Schule) und Konsum (Einkaufsläden) organisieren können – jedenfalls stehen sie Migrant(inn)en nur in sehr begrenztem Maße zur Verfügung.[4]

Durch Flucht und Migration ging vieles verloren, die Zuwanderer sind von aktiver Tätigkeit abgeschnitten. Ihre Kultur der Gastlichkeit können sie im Aufnahmeland Deutschland kaum pflegen. Sie können nichts ›geben‹, weil sie nichts produzieren. Die Verluste der Flucht werden in gewisser Weise durch die bundesdeutsche Politik reproduziert, die die Zuwanderer zu alimentierten Empfänger(inne)n von Sozialhilfe degradiert, und durch die hochindividualisierte bundesdeutsche Gesellschaft, die sich mit der sozialen Integration von Zuwanderern nicht eben leicht tut.

Die ›Grüne Sprache der Völker‹: Kompetenz statt Defizit

Die Internationalen Gärten geben Migrant(inn)en einen Lebensbereich zurück, den sie durch die Flucht verloren haben: »›Es ist erleichternd, in den Garten zu gehen. Du arbeitest, du unterhältst dich, du lachst mit den anderen. Das ist so wie bei uns zu Hause. Zum Beispiel bist du zu Hause und kochst. Und plötzlich kommt Besuch herein. Unangemeldet. Dann machst du eben etwas mehr zu essen.‹ […] ›Früher sagte meine Tochter zu mir, Mama, laß uns rausgehen. Und ich sagte, wohin sollen wir gehen? Wenn wir aus der Wohnung rausgehen, sind wir auf der Straße. Wir haben keine Leute, wo wir hingehen können. Jetzt ist es anders. Jetzt haben wir die Gärten und die Leute aus den Gärten. Meine Tochter hat jetzt viele Tanten.‹«[5]

Arbeiten, Essen und Zusammensein – Produktion, Konsumtion und sozialer Zusammenhalt verknüpfen sich wieder. Alimentierte, zur Passivität gezwungene Sozialhilfeempfänger/innen werden wieder zu kreativen, produktiven, selbständigen Personen. Sie sind in der Lage, ihre Formen der Vergemeinschaftung zu leben und eine Kultur der Gastlichkeit zu pflegen, weil sie wieder etwas in der Hand haben – ein Gartenprodukt.[6] Nicht die Verluste durch die Flucht und der ›Nachholbedarf‹ der Migrant(inn)en in der bundesdeutschen Gesellschaft sind in den Gärten Thema, sondern die mitgebrachten Kompetenzen der Flüchtlinge, die eine Grundlage für ihre aktive Integration bilden.

Die Internationalen Gärten stellen ein verbindendes Element zwischen den verschiedenen Einwanderergruppen und zwischen Migrant(inn)en und Einheimischen dar. In der Gartenarbeit wird die Einbettung der Menschen in die Natur und ihre Möglichkeit der Nutzung der Natur sinnlich erfahren, die Gärtner verbinden gemeinsame Interessen. Die ökologische Bildungsarbeit macht die Abhängigkeit aller Menschen von der ›Erde‹, vom Planeten Erde, deutlich. Die ›grüne Sprache der Völker‹ ist ein kulturübergreifendes Erfahrungs- und Verständigungsfeld, in dem sich Migrant(inn)en und Einheimische gleichberechtigt begegnen können.

Die Gestaltung der Gärten, das Wachsen der Pflanzen, führt auch zu einer neuen Verwurzelung der Migrant(inn)en in ihrer neuen Umgebung. Die Programmatik der Internationalen Gärten gibt diesen Prozeß anschaulich wieder:

»*Umgraben*
Der Boden der Gärten wird umgegraben, er wird für die Aussaat vorbereitet.
Auch Menschen werden durch Krieg, Flucht und den Verlust der Heimat ›umgegraben‹.
Sie versuchen, neue Wurzeln zu schlagen.
Säen
Mit den Setzlingen werden in den Gärten auch Kontakte und Freundschaften ›gesät‹.
Wachsen und Pflegen
Gemüse und Kräuter sprießen.
Die Pflanzenpflege entlastet von Alltagssorgen.
Sie wirkt heilend und setzt neue Identitäten frei.
Beim Umgang mit Erde und Pflanzen können wir eine gemeinsame Sprache finden.
Es wachsen Freundschaften und neue Fähigkeiten.
Die Zusammenarbeit der Familien aus vielen Kulturräumen läßt unsere Persönlichkeit wachsen.
Kinder und Jugendliche wachsen in den Gärten auf.
Sie helfen beim Gießen und Jäten und legen ihre eigenen Beete an.
Ernten und Teilen
Die Ernte wird mit Freunden und Nachbarn geteilt.
Ernten und Teilen gehört zusammen.
Großzügigkeit, Gastlichkeit, Toleranz und Respekt bestimmen das Zusammensein.

Das Projekt sucht Antworten auf die Sehnsucht der Menschen nach Natur, Kultur und sozialer Nähe.«[7]

Von Kirchengemeinde bis Bundesumweltministerium: Hebammen und Katalysatoren

Von Anfang an haben in Göttingen eine Reihe von Engagierten die Internationalen Gärten tatkräftig unterstützt. Das Göttinger Migrationszentrum als Anlaufpunkt und Beratungsstelle war ebenso wichtig wie verschiedene kirchliche Einrichtungen, die die Bildungsarbeit der Gärten organisierten, das Projekt begleiteten oder sich als Träger für die Grundstückspacht zur Verfügung stellten.

Die Einrichtung einer Koordinatorenstelle und ihre Besetzung mit einer Person, die interkulturelle Kompetenzen besitzt und den langen Atem für die in den Gärten auftretenden Konflikte mitbringt, war eine zweite wichtige Voraussetzung für das Projekt. Intensive Diskussionsprozesse und das Entwickeln einer Kultur der Konfliktbewältigung, z.B. bei der Debatte über die gerechte Aufteilung des Bodens, über Rechte und Pflichten der Projektmitglieder, über das Verhältnis von Männern und Frauen, konnten so kompetent und aus einer neutralen Position heraus begleitet werden.

Die Gründung eines Vereins 1998 führte durch langwierige Diskussionen zur Vereinssatzung zu einem inneren Demokratisierungsprozeß, der den Zusammenhalt unter den Mitgliedern stärkte und gleichzeitig ein wesentliches Element deutscher Vergemeinschaftung (das ›Vereinswesen‹) für die Zuwanderer transparent machte.

Eine große Zahl von Personen und Einrichtungen fungierte als ›Hebamme‹ oder ›Katalysator‹ für die Gärten. Der Caritas-Verband, verschiedene evangelische Kirchengemeinden und das evangelische Ausländerpfarramt waren Verhandlungspartner bei der Anpacht und Pächter von Gartengrundstücken, die Evangelische Erwachsenenbildung Niedersachsen organisierte eine ganze Reihe von Seminaren zum Themenkreis Ökologie, Alphabetisierungs- und Sprachkurse und vieles andere, die Münchener Forschungsgesellschaft ›anstiftung‹ beriet bei der Herstellung einer Wanderausstellung über die Internationalen Gärten, die von der Ausländerbeauftragten des Landes Niedersachsen finanziell unterstützt wurde. Daneben entwickelten sich eine Reihe von Kooperationen, etwa mit dem Bundesumweltministerium und den Internationalen Jugendgemeinschaftsdiensten (bei den Jugendworkshops).

Wie die zahlreichen Projektpräsentationen der Internationalen Gärten und die Gründung einer Reihe von Gärten in anderen Städten der Bundesrepublik zeigen, sind die Gärten inzwischen selbst zum Katalysator für neue Formen der Integration von Zuwanderern in der Bundesrepublik geworden.

Sich selbst als andere verstehen: die Welt als Heimatort

»Ohne Heimat ist man wertlos«[8], so eine Mitarbeiterin der Gärten. Der Anbau bekannter Kulturpflanzen, das Mitbringen eigener Samen verknüpft die Lebenserfahrungen und die Produkte der alten Heimat mit der nun neuen. ›Heimat‹ ist nicht nur das, was war. Sie ist nicht nur eine territoriale, an eine bestimmte Landschaft gebundene Größe. Sie kann in der Mischung von Fremdem und Eigenem neu entwickelt werden. Dabei gelingt manchmal auch das Wiedererkennen des ›Eigenen‹ im vermeintlich ›Fremden‹: So entdeckte eine Gärtnerin im Göttinger Stadtwald mit Erstaunen eine Pflanze, die sie aus Kurdistan kannte. Heute sammelt eine ganze Reihe kurdischer Familien diese Pflanze, die man einfrieren und auch im Winter essen kann. Ein Brücke zwischen dem verlassenen Land und dem neuen wurde geschlagen.

Der Austausch über die Bodenkulturen in verschiedenen Ländern in der ökologischen Bildungsarbeit hat ebenfalls Brückenfunktion: Er verbindet die unterschiedlichen Einwandererkulturen miteinander und mit der deutschen Kultur und zeigt ihre gemeinsame Verantwortung für die Erhaltung der ›Erde‹. Die Übernahme von Verantwortung für das eigene Lebensumfeld macht es den Flüchtlingen möglich, sich in Deutschland neu zu verwurzeln. Indem alle Beteiligten – Zuwanderer und Einheimische – in der anderen Kultur eigenes entdecken, können sie ›sich selbst als andere verstehen‹, wird auch die Welt als Ganze für sie zum Heimatort.

Damit entsteht eine neue Form der Integration von Zuwanderern. Sie ist jenseits von kultureller Anpassung von Zuwanderern an Einheimische oder abgeschotteter Parallelwelt, in der Einheimische und Zuwanderer nebeneinanderher leben, angesiedelt. Die Begegnung verschiedener Kulturen in den Gärten bringt etwas neues hervor, in dem sich alle bewegen (müssen) und in dem alle hinzugewinnen.

Anmerkungen

1 Zit. nach: Christa Müller, Wurzeln schlagen in der Fremde. Die internationalen Gärten und ihre Bedeutung für Integrationsprozesse, München 2002, S. 74.
2 Ebd., S. 80–82.
3 Marianne Gronemeyer, Die Macht der Bedürfnisse. Reflexionen über ein Phänomen, Reinbek 1988, S. 32.
4 Es ist sicherlich kein Zufall, daß die Idee für die Internationalen Gärten in einem solchen Treffpunkt geboren wurde – im Göttinger Beratungszentrum für Flüchtlinge.
5 Müller, Wurzeln schlagen in der Fremde, S. 56, 59.
6 Zur Bedeutung des Austauschs in Gesellschaften mit einem hohen Anteil an Subsistenzproduktion s. den Überblick in ebd., S. 60–67.
7 Ebd., S. 7.
8 Zit. nach: ebd., S. 37.

Literatur

Gronemeyer, Marianne: Die Macht der Bedürfnisse. Reflexionen über ein Phänomen, Reinbek 1988.
Müller, Christa: Wurzeln schlagen in der Fremde. Die internationalen Gärten und ihre Bedeutung für Integrationsprozesse, München 2002.

Migration und kulturelle Differenz in Gemeinden: das Beispiel Osnabrück

Von Ute Koch

Zuwanderung und Eingliederung von Migranten werden seit vielen Jahren in der Bundesrepublik kontrovers diskutiert. Heute steht dabei die Frage nach einem Gesamtkonzept für die Steuerung der Zuwanderung und der Integration der Zugewanderten im Vordergrund. Welche Form dieses Gesamtkonzept auch immer finden wird; die Diskussionen haben zumindest gezeigt, daß die Bundesrepublik Deutschland seit dem Zweiten Weltkrieg bis heute ein bedeutendes Zuwanderungsland ist. Der ersten Phase der Migration von Flüchtlingen und Vertriebenen am Ende und unmittelbar nach dem Zweiten Weltkrieg folgte eine zweite Phase der Anwerbung von Arbeitsmigranten. Entgegen der ursprünglichen Annahme, daß ihr Aufenthalt nur von kurzer Dauer sei, ließen sie sich nieder und holten ihre Familien nach. Seit Mitte der 1970er Jahre nahm die Bedeutung der Zuwanderung von Asylbewerbern und Bürgerkriegsflüchtlingen stetig zu und – seit Ende der 1980er Jahre mit dem Zusammenbruch der sozialistischen Staaten – auch jene von Aus- und Übersiedlern.

Dabei waren es vor allem die Kommunen, die im Verlauf der Geschichte der Bundesrepublik Deutschland vor der Aufgabe standen, die Folgen von Migration zu bearbeiten und die unterschiedlichen Gruppen von Zuwanderern zu integrieren. Bundes- und Landespolitik setzen den Kommunen in der Bestimmung ihrer formalen wie materiellen Möglichkeiten nur einen Rahmen, der von den Kommunen auszufüllen ist. Kommunale Verwaltungen haben auf diese Weise in der Bearbeitung von migrationsspezifischen Problemstellungen einen Spielraum; denn sie legen fest, was auf dem Hintergrund ihrer Programme jeweils ein Migrant ist, was im jeweiligen Fall das behördlich relevante Problem sein soll und mit welchen Mitteln darauf reagiert werden kann. Dabei können kommunale Verwaltungen, abhängig von jeweiligen Problemlagen, Interkulturalität als gesellschaftliche Kommunikationsform fördern. Werden Migranten unter dem Gesichtspunkt von kultureller Differenz thematisiert, geschieht dies immer unter lokal spezifischen Bedingungen.

Am Beispiel der Stadt Osnabrück sollen die kommunalen Umgangsweisen mit drei nacheinander bedeutsam gewordenen und sich überlagernden Wanderungsformen – 1. der Arbeitsmigration, 2. der Asylbewerber- und Flüchtlings-

(D) (TR) (YU) (I) (GR) (E) (P)

Haben Sie schon eine

AUFENTHALTSBERECHTIGUNG?

Eine Handreichung, wie Sie dazu kommen,

geben Ihnen

ARBEITERWOHLFAHRT BUNDESVERBAND
DEUTSCHER CARITASVERBAND
DEUTSCHER GEWERKSCHAFTSBUND BUNDESVORSTAND
DIAKONISCHES WERK DER EKD

zuwanderung und 3. der Aussiedlerzuwanderung – nachgezeichnet und die Bedingungen, Gelegenheiten und Verfahren aufgezeigt werden, in denen Kulturdifferenz in kommunalen Organisationen relevant wird. Bei der historischen Beschreibung der kommunalen Umgangsweisen mit diesen Wanderungsformen können dabei auch organisatorische Pfade in der Bearbeitung von Migrationsprozessen und der Entwicklung interkultureller Beziehungen sichtbar gemacht werden.

Arbeitsmigration

Seit Mitte der 1950er Jahre wurden auf der Grundlage bilateraler Abkommen ausländische Arbeitskräfte angeworben. Hintergrund war ein steigender Arbeitskräftebedarf. Die erste Anwerbevereinbarung wurde im Dezember 1955 mit Italien getroffen. Es folgten weitere Abkommen mit Spanien (1960), Griechenland (1960), der Türkei (1961), Marokko (1963), Portugal (1964), Tunesien (1965) und Jugoslawien (1968). Zuständig für die Anwerbung von Arbeitsmigranten war die Bundesanstalt für Arbeit. Ausländer, die in der Bundesrepublik arbeiten wollten, brauchten sowohl eine Arbeits- als auch eine Aufenthaltserlaubnis. Ihre Erteilung lag weitgehend im Ermessen der lokalen Behörden – der Arbeitsämter und Ausländerbehörden.

In Osnabrück lebten 1961 insgesamt 485 ausländische Beschäftigte. Ihre Zahl stieg in den folgenden Jahren kontinuierlich an, so daß 1964 bereits 3.417, 1970 dann rund 6.000 ausländische Arbeitnehmer in den Osnabrücker Betrieben beschäftigt waren, vorrangig als ungelernte oder angelernte Arbeiter in den Bereichen Eisen, Metall, Fahrzeuge, im verarbeitenden Gewerbe und im Baubereich. Die Wirtschaftsstruktur des Osnabrücker Raumes galt zwar als relativ krisensicher. Die Schließung traditionsreicher Firmen in der Stadt seit 1981 führte aber zum Verlust beinahe jedes siebten Arbeitsplatzes im verarbeitenden Gewerbe. Ausländische Arbeitnehmer, überwiegend in diesem Bereich tätig, sind seither überdurchschnittlich stark von Erwerbslosigkeit betroffen.

Für die kommunale Verwaltung und Politik in Osnabrück war Arbeitsmigration in den 1960er Jahren weitgehend bedeutungslos. Sie reagierte nur, wenn Anwohner die Unterbringung der Arbeitsmigranten beanstandeten. Mit diesen Beschwerden wurde auf ein kommunales Ordnungsproblem hingewiesen, das in die Zuständigkeit des Gesundheitsamtes und des Ordnungsamtes fiel. Diese überprüften zwar die Wohnverhältnisse, verwiesen aber bei Feststellung nicht ordnungsgemäßer oder hygienisch bedenklicher Verhältnisse auf die Zuständigkeit der Arbeitgeber und der Arbeitsverwaltung. Eine Änderung der Lebensverhältnisse der ausländischen Arbeitnehmer oder Maßnahmen, die an der Dauerhaftigkeit einer Lebensführung in Osnabrück ausgerichtet gewesen wären, wurden von der Kommune nicht für erforderlich erachtet: In der Perspektive der kommunalen Administration galt die Anwesenheit angeworbener Arbeitnehmer auch weiterhin als zeitlich begrenzter Arbeitsaufenthalt.

Auf der Grundlage dieser Annahme wurden ›Gastarbeiter‹ nicht als Einwohner der Gemeinde betrachtet. Die sozialen Folgen einer provisorischen Lebensführung in den Wohnheimen blieb aus Sicht der städtischen Behörden daher in erster Linie ein Problem der Wohlfahrtsverbände. Hier wurden die Arbeitsmigranten nach ihrer Religionszugehörigkeit und Staatsangehörigkeit dem Caritasverband, dem Diakonischen Werk oder der Arbeiterwohlfahrt zugewiesen. In Osnabrück war zunächst insbesondere die Caritas tätig, die 1963 die Fürsorge in Form einer Sozialberatung für spanische Arbeitsmigranten übernahm. Sozialberatung in der Zuständigkeit der Wohlfahrtsverbände bedeutete auch dort vor allem Unterstützungsleistung für einen als provisorisch und zeitlich begrenzt erachteten Aufenthalt der Arbeitsmigranten.

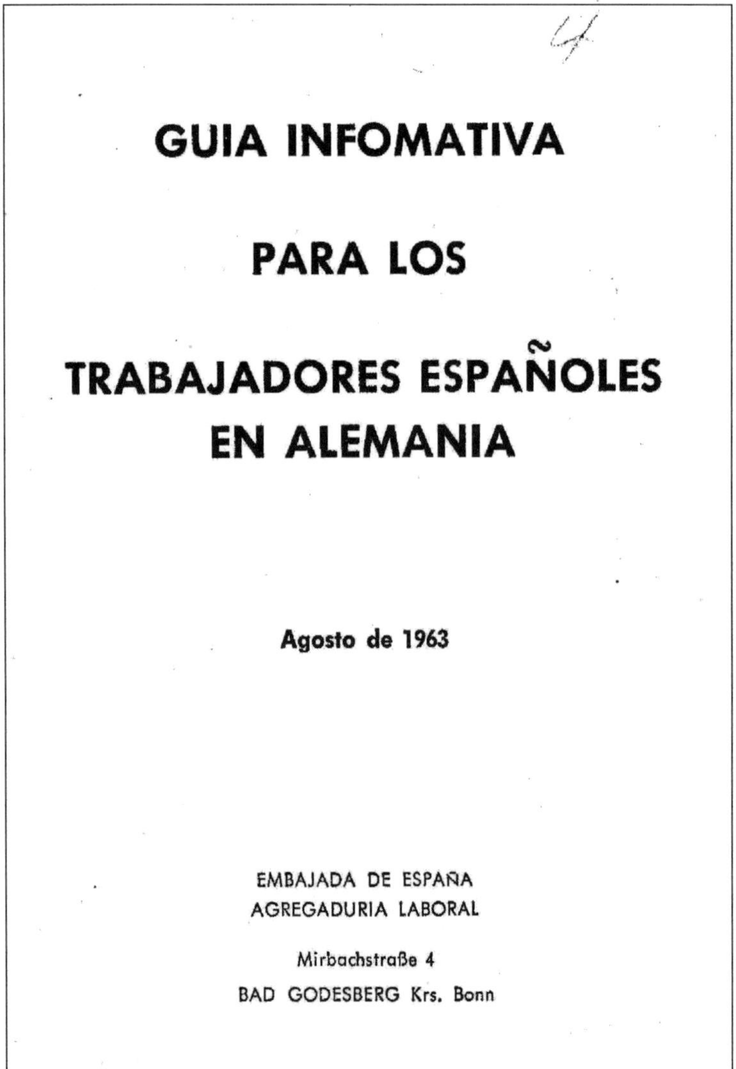

GUIA INFOMATIVA

PARA LOS

TRABAJADORES ESPAÑOLES
EN ALEMANIA

Agosto de 1963

EMBAJADA DE ESPAÑA
AGREGADURIA LABORAL

Mirbachstraße 4
BAD GODESBERG Krs. Bonn

Ende der 1960er und zu Beginn der 1970er Jahre deutete sich immer stärker an, daß der Prozeß der dauerhaften Niederlassung der Arbeitsmigranten eingesetzt hatte. Kennzeichen waren zunächst vor allem das Verlassen der Wohnheime und der Familiennachzug. Im Dezember 1970 forderte die CDU-Opposition im Rat der Stadt die Verwaltung auf, einen ausführlichen Bericht über die Situation der ›Gastarbeiter‹ und ihrer Familien in Osnabrück vorzulegen. Auch sie sah sich zwar nicht mit neuen Einwohnern konfrontiert, doch als familienorientierte Partei verband sie mit der Ankunft der ausländischen Familien eine ›menschliche Problematik‹. Der angeforderte Bericht markiert jedoch faktisch den Übergang zu einer neuen Phase der Wahrnehmung und Handhabung der Arbeitsmigration in der Gemeinde Osnabrück; denn ungeachtet der Intention der Ratsanfrage, die »mehr die menschliche Seite« im Blick hatte[1], nahm der Verfasser des Berichts – ein junger, frisch ausgebildeter Sozialwissenschaftler – eine Bestandsaufnahme und Analyse der Lebenssituation von ›Gastarbeitern‹ unter dem Gesichtspunkt des kommunalen Handlungsbedarfs vor und verwies auf die Wirkungsmöglichkeiten sozialpolitischer Instrumente.[2] Damit wurde erstmals – und angesichts des bis dahin weitgehenden Beschreibungsvakuums auch konkurrenzlos – festgelegt, um welches Problem es sich bei der einsetzenden Niederlassung der Arbeitsmigranten und ihrer Familien für die Kommunen handelte, mit welchen Mitteln darauf reagiert werden sollte und welche Lösungen und Ziele anzustreben seien.

Unterkünfte ausländischer Arbeitsmigranten am Piesberg in Osnabrück, 1961

In einem ersten organisationsbildenden Beschluß, der den Vorschlägen des Berichts folgte, legte der Rat am 26. Oktober 1971 die Einrichtung eines Informations- und Beratungszentrums für ausländische Arbeitnehmer (IBZ) fest. Es sollte die Sozialberatung in kommunaler Regie übernehmen. Das IBZ war damit im Sozialdezernat die für Ausländer zuständige Dienststelle. Sie hatte stellvertretend für andere Dienststellen der Stadtverwaltung den Verkehr mit Ausländern als neuer Klientel der Kommune zu regeln. Im Ergebnis führte dies zur Einrichtung einer Organisation, die schließlich alle Ereignisse verwaltete, die andere kommunale Organisationen wie die Sozial-, Jugend- oder Wohnungsämter als ›Ausländerprobleme‹ registrierten. Damit wurden Migration und alle damit verbundenen sozialen Folgen kommunal über lange Zeit als Problemstellungen einer ausländerspezifischen Sozialen Arbeit (›Ausländerarbeit‹) betrachtet.

Das IBZ kann in seiner Entstehungsgeschichte und in der Art und Weise, in der es Arbeitsmigration als Problem versteht, nur bedingt als Reaktion auf die sozialen Auswirkungen gesehen werden, die die Arbeitsmigration auf die Organisationen der Kommune hatte: 1971 lebten 7.947 Ausländer in Osnabrück. Damit lag ihr Anteil an der Gesamtbevölkerung bei 5,5%. Im Vergleich dazu erreichte der Anteil der Ausländer an der Gesamtbevölkerung der Bundesrepublik im Jahre 1971 mit 5,6% in etwa die gleiche Höhe (s. Tab. 1 und 2). Die Gründung des IBZ bildete von daher keine Reaktion auf überdurchschnittlich hohe Ausländerzahlen in der Stadt. Sie resultierte vielmehr aus den in einem politisch angeforderten Bericht vorgenommenen Bestimmungen der Problemlagen angeworbener Arbeitnehmer und ihrer Familien. Vor dem Hintergrund einer sozialpolitisch motivierten Modernisierung und Professionalisierung der Verwaltung konnten die im Bericht formulierten Definitionen und Lösungsvorschläge nun kaum ignoriert oder abgelehnt werden. Zugleich wurden mit der Gründung und Entwicklung des IBZ kommunale Pfade für die Definition künftiger Migrationsereignisse und für die künftige organisatorische Reaktion auf Migrationsprozesse in Osnabrück gelegt.

Hauptadressaten des in Kooperation mit anderen Organisationen und Vereinen langsam sich formierenden ausländerspezifischen Angebots waren die Kinder und Jugendlichen der sogenannten zweiten Generation und ihre Familien geworden: Die Folgen der Migration wurden zunächst als Resultat von Sozialisations- und Sprachdefiziten beschrieben, die es aufzufangen und zu reparieren galt. Dabei wurden dem Kindergartenbesuch sowie den Maßnahmen zur sozialen und beruflichen Eingliederung erwerbsloser Jugendlicher große Bedeutung beigemessen. Anfang der 1980er Jahre konnte dieses Angebot um außerschulische Jugendarbeit und Sportprojekte ergänzt werden. Soziale Integration, mittlerweile als programmatisches Ziel der Ausländerpolitik in Osnabrück formuliert, galt also zunächst im wesentlichen als abhängig von erfolgreicher Bildung und Berufsqualifikation.

Tabelle 1: Wohnberechtigte Ausländer in Osnabrück 1961–2000

Jahr	Gesamtbevölkerung	Wohnberechtigte Ausländer	Ausländeranteil in %
1961	137.772	1.925	1,4
1965	143.101	4.604	3,2
1970	148.102	7.885	5,3
1975	160.244	10.656	6,6
1980	155.147	12.696	8,2
1985	149.472	11.240	7,5
1990	157.881	13.090	8,3
1995	161.593	16.401	10,1
2000	156.353	15.404	9,9

Quelle: Stadt Osnabrück, Bevölkerungsentwicklung in den Jahren 1961–1970; Stadt Osnabrück, Ausländerplan 1981; Stadt Osnabrück, Statistik der Ausländer 1989–1991; Stadt Osnabrück, Statistische Informationen 2001, Nr. 2 (Febr. 2001).

Tabelle 2: Wohnberechtigte Ausländer nach Herkunftsstaaten; absolute Zahlen

Herkunftsland	1965	1970	1975	1980	1985	1990	1995	2000
Niederlande	270	257	312	296	284	322	326	291
Großbritannien	188	309	573	844	836	835	979	749
Italien	390	342	517	653	557	581	634	663
Spanien	2.213	3.100	2.434	1.759	1.254	1.170	1.128	935
Portugal	5	776	1.743	1.755	1.097	1.174	1.332	1.265
(ehem.) Jugoslawien	421	1.569	1.566	1.582	1.474	1535	1.709	1.465
Griechenland	28	83	92	60	124	189	271	272
Türkei	89	388	1.800	3.479	3.260	3.823	4.421	3.813
Sonstige	1.000	1.061	1.619	2.268	2.354	3.471	5.828	6.310
Insgesamt	4.604	7.885	10.656	12.696	11.240	13.090	16.528	15.763

Quelle: Stadt Osnabrück, Statistisches Jahrbuch 1970; Stadt Osnabrück, Statistisches Jahrbuch 1975; Stadt Osnabrück, Ausländer in Osnabrück 1980–1981; Stadt Osnabrück, Jahreszahlen 1995, für das Jahr 2000 nach Mitteilung des Referats für Stadtentwicklung und Bürgerbeteiligung (Bereich Statistik).

Wohnheim für ausländische Arbeiter der Firma Karmann, Osnabrück

Über diese Konzeption schob sich aber etwa seit Ende der 1970er Jahre und zunehmend in den 1980er Jahren ein Begründungsrahmen, der kulturelle Differenz thematisierte. Arbeitsmigranten waren demnach soziale und kulturelle Minderheiten, deren Problemlagen zunehmend als Kulturkonflikte in den Blick rückten. Vor diesem Hintergrund befürwortete die Verwaltung nun insbesondere solche Maßnahmen, von denen sie annahm, daß sie die kulturelle Identität der Klientel stärkten. In dieser Perspektive wiesen die Türken aufgrund ihrer angeblichen Herkunft aus einer ›bäuerlich traditionalen Gesellschaft‹ die größten kulturellen Unterschiede zur deutschen Bevölkerung auf. Ihre andere Kultur und Religion galten als besondere Hindernisse für ihre soziale Integration. Auch in Osnabrück führte dies zur weitgehenden Gleichsetzung der Integrationsproblematik der Ausländer mit der Integrationsproblematik der Türken.

Das IBZ gewann zunehmend Einfluß auf die kommunale Ausländerpolitik, vor allem weil es die Geschäfte des Ausländerbeirates führte, der allmählich, besonders nach der Einführung des Wahlverfahrens im Jahr 1990, als Interessenvertretung für ausländische Arbeitnehmer und ihre Familien galt. Auf diesem Weg war es möglich, die Problemstellungen der Arbeit des IBZ in die kommunale politische Diskussion einzubringen. Weniger über die verschiedenen öffentlichen Aktionen und Veranstaltungen, sondern vor allem über die regelmäßig verfaßten Empfehlungen an die Ausschüsse (Sozial-, Kultur-, Verwaltungs-, Schul-, Personal- und Partnerschaftsausschuß) wurde damit Einfluß auf die kommunale Migrationspolitik genommen.

Darüber hinaus initiierte und führte das IBZ selbst zahlreiche Maßnahmen zur sozialen Integration von Ausländern durch, unterstützte und veranlaßte zusammen mit dem Kulturamt die Selbstorganisation von Arbeitsmigranten in Vereinen, half bei der Gründung von Vereinen, die als freie Träger Maßnahmen in den Bereichen Sprache, Erziehung, Beratung, Ausbildung, Sport, Freizeit beantragen und durchführen konnten, und gestaltete die Arbeit des Ausländerbeirats maßgeblich aus. Damit wurde ein für die Arbeitsmigranten und ihre Familien zuständiger Komplex von Organisationen neben den Regeleinrichtungen der kommunalen Sozialverwaltung geschaffen. Das IBZ war das Zentrum und ›Attraktor‹ dieses Netzwerks von Organisationen, die sich wechselseitig stabilisierten und den Kontext zur Bildung neuer aneinander wachsender Organisationen zur Verfügung stellten. Eine Vielzahl der Maßnahmen, Veranstaltungs- oder Kursangebote in Osnabrück waren zeitlich befristet, finanziert im Rahmen von Sonderprogrammen, Modellversuchen oder Arbeitsbeschaffungsmaßnahmen. Aufgrund dieses Finanzierungsmodus waren das IBZ und die umgebenden Organisationen gehalten, sich selbst und ihre Arbeit in einer Weise zu präsentieren, daß sie als Lösung von Problemen sichtbar wurden. Die

Donnerstag, den 21. Juni 1984

NEUE OZ OSNABRÜCKER ZEITUNG

Stadt Osnabrück

Minister pfeift Amt zurück

Ausländerbehörde: Erneute Diskussion über Ermessensspielräume

Die Reportage über das Ausländeramt der Stadt Osnabrück (Ausgabe 25. Mai 1984) hat Diskussionen darüber ausgelöst, ob die Behörde mögliche Ermessensspielräume zugunsten der Ausländer nutzt oder nicht. Inzwischen sind Fälle bekanntgeworden, in denen das Amt über mögliche Ermessensspielräume hinaus gegen ausländische Familien entschieden hat. Der niedersächsische Innenminister Dr. Egbert Möcklinghoff hat die Behörde daraufhin „zurückgepfiffen". In einem Schreiben an den Bundestagsabgeordneten Dr. Alfred Emmerlich teilt Möcklinghoff mit: „Ich habe veranlaßt, daß die Stadt Osnabrück ihre bisherige Praxis nicht beibehält." Auch der Ausländerbeirat hat sich jetzt mit der Angelegenheit beschäftigt.

Aufhänger für die Anfrage Emmerlichs in Hannover war der Fall einer spanischen Familie, deren drei Kinder in Spanien ein Internat besuchen, in den Ferien aber in Osnabrück leben und deshalb auch hier gemeldet sind. Das Ausländeramt forderte die Eltern auf, ihre Mädchen in Osnabrück abzumelden.

Sogar ein Bußgeldbescheid wurde von der Stadt verhängt, weil die Eltern mit ihrer Weigerung gegen die Meldepflicht verstoßen hätten. Das Bußgeldverfahren ist inzwischen eingestellt worden und die drei Kinder dürfen in Osnabrück registriert bleiben. Das verdankt die spanische Familie einer Entscheidung des Amtsgerichts. Die Stadt entschuldigte sich sogar für ihr Verhalten.

Innenminister Möcklinghoff nahm den Fall zum Anlaß, auch bei anderen Ausländerbehörden in Niedersachsen anzufragen, wie mit dem Melderecht bei Ausländern umgegangen wird. Sein Befund: „Andere Ausländerbehörden verfahren durchweg anders als die Stadt Osnabrück es bislang getan hat." Deshalb, schließt Möcklinghoff, „dürfte es sich auch um ein spezifisches Problem der Stadt Osnabrück handeln". Möcklinghoff merkt in diesem Zusammenhang jedoch an, „daß das Verhalten der spanischen Eltern, die ihre Kinder im Heimatland zur Schule gehen lassen, deren Eingliederung in der Bundesrepublik erschwert."

Der Vorsitzende des Ausländerbeirats in Osnabrück, Julio Molina, wertet den Fall als Indiz dafür, „daß die Behörde ihre Ermessensspielräume mehr zugunsten der Ausländer nutzen könnte". Er machte darauf aufmerksam, daß die Spanier aufgrund ihrer „privilegierten Stellung" unter den Ausländern eher die Möglichkeit hätten, sich gegen falsche Entscheidungen zu wehren. Türken hätten es z. B. schwerer: „Die schlucken alles und dann sind sie weg!" rll

Beschreibung von kulturell bedingten Konflikten und Identitätsverlusten erwies sich dabei als besonders wirksam, vor allem als nach den Kürzungen der Subventionen des Arbeitsamtes und bei der knappen kommunalen Haushaltslage neue Geldgeber gefunden werden mußten.

Hatte bis Mitte der 1980er Jahre im wesentlichen die Stabilisierung der Identität der ausländischen Kinder und Jugendlichen im Spannungsfeld zweier kultureller Welten im Vordergrund der Arbeit gestanden, wurde dieser Begründungsrahmen seitdem in Richtung einer ›interkulturellen‹ Programmatik verschoben. Nunmehr galt die Anerkennung der Gleichberechtigung verschiedener Kulturen als Ziel. Es sollte daher insbesondere die Begegnung zwischen Deutschen und Ausländern durch konkrete Maßnahmen gefördert werden. Die verstärkte Zuwanderung von Asylbewerbern und Aussiedlern seit Ende der 1980er Jahre (s. Tab. 3) führte zudem dazu, daß das Thema Arbeitsmigration und seine Folgen – auch bundesweit – an Bedeutung verlor. Die neue Zuwanderungssituation verlangte eine Umstrukturierung der bestehenden Netze entlang veränderter Förderprogramme und Zielgruppen. Davon am wenigsten betroffen war das IBZ mit seiner zu diesem Zeitpunkt weitgehend konsolidierten Stellenstruktur. Es verwendete zwar auch Teile seiner Kapazitäten auf Flüchtlings- und Asylbewerberarbeit, doch fügte es diese neuen Aufgaben problemlos in seine Routinen ein. Eine generelle Neukonzeptualisierung und Neufassung des Aufgabenbereichs war damit, trotz der zunehmenden Differenzierung der Migrationsverhältnisse, nicht verbunden. Probleme konnten weiterhin auf der Folie etablierter Lösungen und Routinen beobachtet und bearbeitet werden, während Anforderungen aus der gesellschaftlichen Umwelt allenfalls symbolisch aufgegriffen wurden.

Anders verhielt es sich im Bereich der gemeinsamen schulischen Integration von ausländischen und ausgesiedelten Kindern und Jugendlichen. Für die organisatorische Bearbeitung dieses Aufgabenbereichs hatte die Stadt Osnabrück trotz kommunaler Finanzprobleme 1992 eine eigene Regionale Arbeitsstelle für Zuwandererfamilien (RAZ) eingerichtet. Ziel sollte die Verbesserung der Teilnahmefähigkeit nicht-muttersprachlicher Kinder in der Schule sein. In Anbetracht der allseits geteilten Perspektive, daß Mißerfolg in der Schule ungünstige Voraussetzungen für die Karriere im Schulsystem selbst und im Anschluß auf dem Arbeitsmarkt schafft, bedurften die Maßnahmen der RAZ keiner aufwendigen Begründung. Eine interkulturelle Programmatik, wie sie von anderen Organisationen in der Ausländerarbeit zur Außendarstellung verwendet wurde, um Problemlagen zu definieren und ihre Leistungen einsichtig zu machen, wurden in diesem Aufgabenbereich kaum entwickelt.

Während andere Organisationen und Vereine sich angesichts der veränderten Zuwanderungssituation umorientierten und ihren Aufgabenbereich auf andere zugewanderte Zielgruppen ausweiteten, diese umdefinierten oder generalisierten, verlor das IBZ seine Stellung im Zentrum des von ihm geschaffenen Netzwerkes; denn es vermochte nicht, auf diese Entwicklungen in für die Stadt überzeugender Weise zu reagieren. Es bevorzugte so lange wie möglich alte Gleise und fügte neue Zuständigkeiten nur in etablierte Routinen ein.

Vor diesem Hintergrund begann die Sozialverwaltung Mitte der 1990er Jahre ihre bisherigen Konzeptionen des Umgangs mit den neuen und alten Zuwanderergruppen zu überdenken. Es ging um die Frage, ob die bestehenden Einrichtungen sowie ihre Organisations- und Personalstruktur auf die veränderte Zuwanderungssituation angemessen reagieren konnten und ob sie ihre Angebote darauf umgestellt hatten. Für das IBZ galt es zunehmend als zweifelhaft, ob seine Funktion als zentrale und vorrangige Sonderanlaufstelle für Arbeitsmigranten und ihre Familien weiterhin Bestand haben konnte. Die bisher für die Zuwanderer (Aussiedler und Ausländer) getrennt vorgehaltenen und durchgeführten Maßnahmen zur Integration sollten nun organisatorisch im IBZ zusammengeführt und gebündelt werden. Einige dieser Aufgaben sollten fortan in die soziale Regelversorgung übernommen werden, die ihre Leistungen bis dahin auf deutsche Zielgruppen beschränkt hatte. Solche Zielsetzungen wurden in Osnabrück seit 1995 mit der Perspektive einer verstärkten Öffnung der kommunalen Regeldienste für Migranten – konzipiert als ›interkulturelle Öffnung‹ – diskutiert. Regeldienste sollten sich dauerhaft auf ansässige Zuwanderer einstellen.

Eine solche Umstrukturierung der Migrationsarbeit, wie sie vom Sozialdezernat angestrebt wurde, ließ sich jedoch in der Kommune nicht durchsetzen. Sie scheiterte zum einen daran, daß von einigen Ratsfraktionen (CDU/FDP) und Wohlfahrtsverbänden, Vereinen und Teilen der Verwaltung darauf gedrängt wurde, die Bearbeitung der Folgeprobleme der Aussiedlerzuwanderung von der Ausländerzuwanderung getrennt zu halten. Andererseits machten verschiedene Fachdienste der kommunalen Regeleinrichtungen geltend, daß die Unterstützung durch das IBZ unverzichtbar sei, da die vorhandenen Einrichtungen aufgrund ihrer personellen Ausstattung und konzeptionellen Ausrichtung nur unzureichend Rücksicht auf Spezifika der Lebenssituation von Migranten und die sich daraus ergebenden Konsequenzen für den sozialarbeiterischen Beratungs- und Unterstützungsbedarf nehmen könnten. Das IBZ fand damit über eine Art Negativkoalition anderer kommunaler Organisationen zur Abwehr der von ihnen nicht gewollten Zuständigkeiten Unterstützung für den Fortbestand als Sondereinrichtung. Eine generelle Umstrukturierung der Migrationsarbeit schien so zunächst weder politisch noch verwaltungsintern durchsetzbar. Organisationsintern eingerichtete Sperren gegen die Umgestaltung einmal etablierter Zuständigkeiten waren wirksam geworden.

Das Sozialdezernat legte seither mehrere Handlungskonzepte mit dem Ziel vor, verbesserte organisatorische Grundlagen der Migrationsarbeit zu schaffen. Die Bestrebungen zur Umstrukturierung der Migrationsarbeit konnten bis heute mit nur geringem Erfolg vorangetrieben werden. Mit der Marginalisierung des IBZ wurde auch die Arbeitsmigration, wie sie diese Sondereinrichtung in den 1970er und 1980er Jahren konzipiert hatte, zu einer Restproblemstellung für die Organisation der Sozialen Arbeit.

Asyl- und Flüchtlingszuwanderung

Lange Zeit stand die Asylbewerberzuwanderung in Osnabrück nicht im Blickfeld der politischen und administrativen Aufmerksamkeit. Bis Ende der 1970er Jahre war der Asylrechtsartikel 16 des Grundgesetzes vor allem ein Aufnahmeversprechen gegenüber der nichtdeutschen Bevölkerung aus sozialistischen Ländern. Da ihre Zahl aufgrund der eingeschränkten Freizügigkeit der Ostblockstaaten sehr gering war, existieren für diesen Zeitraum auch keine ausgearbeiteten Statistiken.

Vor diesem Hintergrund ist es zu verstehen, daß erstmals die Zuwanderung von chilenischen Flüchtlingen 1973 die Aufmerksamkeit der Osnabrücker Verwaltung und Politik auf die Asylthematik richtete. Auch ihre Aufnahme in einem allerdings zahlenmäßig begrenzten Umfang wurde als ein Akt der Solidarität mit jenen verstanden, die vor einer Diktatur flohen. Für die Familien, die die Stadt aufzunehmen bereit war, hatte die Verwaltung umgehend Eingliederungsmaßnahmen ergriffen. Die Zuständigkeit lag hier beim IBZ, dessen Einrichtung gerade zwei Jahre zurücklag. Diese Regelung zeigt, daß die Asylzuwanderung noch nicht systematisch von der Arbeitsmigration unterschieden wurde, bei der soziale Integration bereits als programmatisches Ziel der Ausländerpolitik in Osnabrück formuliert worden war.

Ähnlich verhielt es sich mit den Flüchtlingen aus Vietnam (›boat people‹), die Ende der 1970er Jahre als Kontingentflüchtlinge der Stadt Osnabrück zugewiesen wurden. Auch ihre Aufnahme wurde als eine humanitäre Aufgabe verstanden und mit einer politisch-ideologischen Begründung vor dem Hintergrund des Kalten Krieges versehen. Zahlreiche Integrationshilfen sollten eine rasche Eingliederung dieser Zuwanderergruppe gewährleisten. Anders jedoch als im Fall der chilenischen Flüchtlinge war hier nicht das IBZ, sondern das Sozialamt (Leistungsverwaltung, Allgemeiner Sozialer Dienst) und die Wohlfahrtsverbände zuständig. Diese Regelung stand in der Tradition der kommunalen Reaktionsweisen auf die Zuwanderung der deutschen Vertriebenen, Flüchtlinge und Aussiedler nach dem Zweiten Weltkrieg. Diese Situation erfuhr in den folgenden Jahren mit der verstärkten Zuwanderung von Asylbewerbern aus Staaten der ›Dritten Welt‹ eine grundlegende Änderung. Aufgrund der Vermutung, daß es sich in der Mehrzahl dieser Fälle um unberechtigte Bewerber (›Wirtschaftsflüchtlinge‹) handelte, sind seit Ende der 1970er Jahre ›Asylbewerber‹ und ›Flüchtlinge‹ von anderen Zuwanderungskategorien unterschieden und damit vollständig aus der Zuständigkeit des IBZ herausgelöst worden.

Während die Rechtsetzungskompetenz in Asylfragen auf Bundesebene liegt, ist die Ausgestaltung des Asylverfahrens Angelegenheit der Länder und Kommunen. Das Niedersächsische Gesetz zur Aufnahme von Asylbewerbern, Asylberechtigten und ausländischen Flüchtlingen vom 18. April 1978 legt fest, daß die Aufnahme derer, die dem Land Niedersachsen im Rahmen des Asylverfahrens oder im Rahmen humanitärer Hilfsmaßnahmen zugewiesen wurden oder in Niedersachsen den Asylantrag stellten, als »Aufgabe des übertragenen Wirkungskreises den Gemeinden« oblag. Das Land erstattete den Gemeinden und Landkreisen die durch die Aufnahme entstandenen notwendigen Kosten. Dennoch kam es zwischen dem Land und der Stadt Osnabrück seit Ende der 1970er Jahre immer wieder zu Kontroversen hinsichtlich der Regelung der finanziellen und organisatorischen Belastungen. Die Kommune betrachtete die Übertragung der Zuständigkeit für Asylbewerber, ihre Unterbringung und Versorgung als eine Aufgabe, die ihr gesetzwidrig von Bund und Land übertragen worden sei. Für diese Auffassung fand sie nicht zuletzt Rückhalt in der bundesdeutschen Asylpolitik selbst, die seit den späten 1970er Jahren vor allem eine Abschrekkungspolitik war.

In Reaktion auf die angestiegene Zahl der Asylbewerber folgten im Verlauf der 1980er Jahre zahlreiche Maßnahmen des Bundes und der Länder, die die Lebensbedingungen für Asylbewerber und Flüchtlinge in den Kommunen – mittels Unterbringung in Sammelunterkünften, Gemeinschaftsverpflegung, eingeschränkter Verfügung über Bargeld, Arbeitsverbot und der Beschränkung ihrer Freizügigkeit im Zuständigkeitsbereich der kommunalen Ausländerbehörden – vereinheitlichten mit dem Ziel, die Attraktivität des bundesdeutschen Asylverfahrens zu mindern. Die Bearbeitung der Asylbewerber- und Flüchtlingszuwanderung war auch in der Stadt Osnabrück seit den 1980er Jahren vor allem durch eine durch die Bundes- und Landespolitik auferlegte Anormalisierung der Lebensführung dieser Migranten gekennzeichnet. Neben etlichen Asylverfahrensänderungen, die zur Steuerung des Flüchtlingsstroms verabschiedet wurden, bildet die dauerhafte Verhinderung einer selbständigen Lebensführung von Flüchtlingen seither den Kern der Behandlung der Flüchtlingsfrage in der Bundesrepublik. Die soziale Integration dieser Zuwanderergruppe sollte dadurch verhindert werden.

Zwar ist die Politik gegenüber Asylbewerbern vornehmlich Sache des Bundes und der Länder, dennoch bleibt den Kommunen bei der Umsetzung der Bestimmungen ein gewisser Spielraum. Die Stadt Osnabrück nutzte ihn, um die erzwungene und dauerhafte Inanspruchnahme von Sozialleistungen des Staates durch Asylbewerber als ›betreute Kostgänger‹ öffentlich sichtbar zu machen. Die Vietnamflüchtlinge in den 1970er Jahren hatten noch als Opfer des

Kommunismus und ihre Aufnahme als ein Akt der Solidarität gegolten. Die anschließend einsetzende starke Asylbewerberzuwanderung thematisierte die Osnabrücker Verwaltung und Politik hingegen allein vor dem Hintergrund von Unterbringungsproblemen und Kostenbelastungen. Die gezielte Anormalisierung der Lebensführung von Asylbewerbern und Flüchtlingen, die diese Zuwanderergruppen auf den Status von ›Hilfeempfängern‹ festlegte, wurde von der Verwaltung niemals in Frage gestellt.

Asylbewerberheim in Osnabrück, 1992

1981 legte die niedersächsische Landesregierung fest, daß die Asylbewerber in Sammelunterkünften untergebracht werden sollten. Als erste Gemeinde Niedersachsens richtete die Stadt Osnabrück durch einen Ratsbeschluß vom 30. Juni 1981 eine städtische Sammelunterkunft ein, die sie selbst betrieb. Verwaltung und Politik begründeten ihre Entscheidung damit, daß ein erheblicher Teil der Asylbewerber das Asylrecht mißbräuchlich nutze und über Schlepperorganisationen in die Bundesrepublik geschleust werde, um hier Sozialhilfe zu beziehen. Dem gelte es durch Umstellung der Sozialhilfeleistungen auf Sachleistungen entgegenzusteuern. In der städtischen Gemeinschaftsunterkunft erhielten Asylbewerber daher die Sozialhilfe nicht mehr als Barleistung, sondern – auch gegen die Vorschläge des Landes – in Form von Gemeinschaftsverpflegung.

Das Diakonische Werk übernahm die soziale Betreuung der in den Sammelunterkünften untergebrachten Asylbewerber unter der von der Stadt festgesetzten Prämisse, daß soziale Integration nicht das Ziel der Betreuungsaufgaben zu sein hatte.

Obwohl die Stadt die Vorgaben zur Errichtung von Sammelunterkünften bereitwillig und umgehend in eigener Regie umsetzte, beschloß die Landesregierung, zum gleichen Zeitpunkt eine zweite, gewerblich betriebene Sammelunterkunft in Osnabrück einzurichten. Die Stadt verurteilte diese Entscheidung des Landes als Versuch, die kommunalen Bestrebungen zu unterlaufen, weitere Zuwanderungen abzuwehren. In der Folgezeit kam es zwischen dem Land und der Gemeinde Osnabrück immer wieder zu Auseinandersetzungen über die Kommunalisierung der Folgekosten der Asylzuwanderung sowie die organisatorischen Belastungen, die mit der Aufnahme und Unterbringung von Asylsuchenden verbunden waren.

Anfang 1990 entschied die rot-grüne Landesregierung im Unterschied zu anderen Bundesländern, Sammelunterkünfte fortan möglichst zu vermeiden und durch dezentrale Unterbringungsmöglichkeiten zu ersetzen. Aber auch die dezentrale Unterbringung führte zu einer weiteren Kommunalisierung der Wohnversorgung von Asylbewerbern. Die Übertragung dieser Aufgaben auf die Kommunen bei zeitgleich stark steigenden Flüchtlingszahlen (s. Tab. 3) wurde von der Stadt Osnabrück mit einer neuen Abwehrpolitik beantwortet. Durch provisorische Lösungen – z.B. durch Notunterkünfte in Wohncontainern, Turnhallen und Einrichtung weiterer Sammelunterkünfte statt Wohnungsvermittlung – wurde die Anormalität der Lebensführung von Asylbewerbern öffentlich zur Schau gestellt. Im unmittelbaren Wohnumfeld dieser Einrichtungen gab es massive Proteste gegen die Anwesenheit dieser Zuwanderer. Die Stadt lenkte diese Proteste aus der Bevölkerung wiederum gegen den Bund und das Land Niedersachsen, indem sie auf die Belastungsgrenzen der Bevölkerung verwies, um weitere Zuweisungen von Asylbewerbern abzuwehren. So erklärte der Sozialdezernent in der lokalen Presse, daß die Verwaltung angesichts des »Asylantenzuwanderungsstroms« einfach nicht in der Lage sei, die Probleme zu bewältigen. »Wir können deshalb auch in Zukunft nicht garantieren, daß es nicht zu Unerträglichkeiten kommt«.[3]

Intern geriet aber die Verwaltung als Organisator der Asylbewerberunterbringung in einen medienwirksamen Dauerkonflikt mit verschiedenen Lobby-Gruppen (vor allem Vereine, Verbände, Kirchen, Ausländerbeirat, Bündnis 90/Die Grünen). Hintergrund der Auseinandersetzungen waren vor allem die schlechten Wohn- und Lebensverhältnisse von Asylbewerbern. 1993 kam es dann zur Einrichtung eines ›Runden Tisches für Flüchtlingsfragen‹. Bereits in den ersten Sitzungen wurde deutlich, daß ein konstruktives Miteinander aller beteiligten Organisationen und Initiativen nicht möglich war, da die Mitwirkenden von zwei grundsätzlich verschiedenen Prämissen ausgingen: Während die Verwaltung (unterstützt durch die Mehrheit des Rates) die skizzierte Anormalisierung der Lebensführung von Asylbewerbern verteidigte, sahen die Praktiker am ›Runden Tisch‹ die Aufgabe der Kommune darin, Hilfen für eine Integration dieser Zuwanderergruppen in die lokalen Lebensverhältnisse bereitzustellen. Auch Flüchtlingsbetreuer/-sozialarbeiter und ihre Verbände lehnten eine Arbeit ab, aus deren Aufgabenbereich eine für ihr Berufsbild grundlegende Zielsetzung, die soziale Integration, ausdrücklich ausgeschlossen war. Ihre Hilfen mußten sich vor diesem Hintergrund weitgehend darauf beschränken, den Aufenthalt ihrer Klientel soweit wie möglich ›menschlich‹ zu gestalten.

Tabelle 3: Zahl der Asylbewerber in der Bundesrepublik, Niedersachsen und der Stadt Osnabrück 1988–1998

	Asylbewerberzahl								
	Bundesrepublik Deutschland			Land Niedersachsen			Stadt Osnabrück		
	insges.	Veränderung zum Vorjahr		insges.	Veränderung zum Vorjahr		insges.	Veränderung zum Vorjahr	
		abs.	%		abs.	%		abs.	%
1988	103.076	+45.697	+79,6	11.853	+5.965	+101,3	491	–4	+0,8
1989	121.318	+18.242	+17,7	13.708	+1.855	+15,7	401	–90	–18,3
1990	193.063	+71.745	+59,1	21.434	+7.726	+56,4	659	+258	+64,3
1991	256.112	+63.049	+32,7	22.655	+1.221	+5,7	764	+105	+15,9
1992	438.191	–182.079	–71,1	42.661	+20.006	+88,3	1.413	+649	+84,9
1993	322.599	–115.592	–26,4	33.882	–8.779	–20,6	1.240	–173	–12,2
1994	127.210	–195.389	–60,6	14.241	–19.641	–58,0	1.060	–180	–14,5
1995	127.937	+727	+0,6	13.265	–976	–6,9	897	–163	–15,4
1996	116.367	–11.570	–9,0	11.994	–1.271	–9,6	253	–644	–71,8
1997	104.353	–12.014	–10,3	10.237	–1.757	–14,6	193	–60	–23,7
1998	98.644	–5.709	–5,5	9.483	–754	–7,4	131	–62	–32,1

Quelle: Stadt Osnabrück, Statistische Informationen, 1999, Nr. 6 (August).

Auf Druck des ›Runden Tisches‹ wurden einige der als problematisch erachteten Wohnheime und Provisorien geschlossen. Doch was die dort vertretenen Gruppen zunächst als einen Erfolg werteten, hatte zum Teil gegenteilige Folgen: Weitergeführte Wohnheime sind dichter belegt und dezentral untergebrachte Flüchtlinge erneut in Asylbewerberwohnheime eingewiesen worden, um diese langfristig angemieteten Einrichtungen auszulasten. Ohnehin schrieb der Bundesgesetzgeber für die Erstaufnahme von Asylsuchenden durch das Asylverfahrensgesetz (1993) eine Unterbringung in zentralen Landeseinrichtungen zwingend vor.

Entscheidende Veränderungen für Asylsuchende in der Bundesrepublik kamen mit dem Asylbewerberleistungsgesetz 1993. Es sah für das erste Jahr des Asylverfahrens reduzierte Leistungen für Asylbewerber und die grundsätzliche Anwendung des Sachleistungsprinzips vor. Nach einem Erlaß des Landes Niedersachsen bestand für die Kommunen jedoch weiter die Wahlmöglichkeit zwischen Sachleistungen und Geldzahlungen. Die Stadt Osnabrück blieb zunächst bei der Auszahlung von Bargeld, die im Rahmen der Dezentralisierung eingeführt worden war, da der Verwaltungsaufwand für die Durchführung des Wertgutscheinverfahrens für die geringe Anzahl der von diesem Gesetz betroffenen und in der Stadt untergebrachten Asylbewerber nicht vertretbar erschien. 1999 wurde diese Wahlmöglichkeit durch Verfügung der Bezirksregierung Weser-Ems aufgehoben. Auch die Stadt Osnabrück war nun gezwungen, das Wertgutscheinverfahren einzuführen (Chipkarten-System).

In der Stadt Osnabrück führte das Asylbewerberleistungsgesetz nicht zu einer Senkung der Kosten für den städtischen Haushalt. Seit 1993 ging zwar die

Asylbewerberwohnheim in Osnabrück, 1992

Asylbewerberzahl zurück (s. Tab. 3), weil die Stadt keine Zuweisungen mehr erhielt, doch waren die Kosten von 1989 bis 1993 kontinuierlich auf 12,9 Millionen DM gestiegen. Das hing maßgeblich mit der Aufnahme von Bürgerkriegsflüchtlingen aus dem ehemaligen Jugoslawien und von Kontingentflüchtlingen (Flüchtlingsgruppen, die aus besonderen Gründen außerhalb des individuellen Prüfungs- und Anerkennungsverfahrens aufgenommen werden) zusammen (s. Tab. 4). So stagnierten seit 1993 zwar die städtischen Kosten für die Asylbewerber, die Sozialhilfeaufwendungen für Bürgerkriegsflüchtlinge stiegen gleichzeitig aber stark an.

Tabelle 4: Zahl der in Osnabrück lebenden Asylbewerber und Flüchtlinge (Stand: Oktober 1994)

Flüchtlinge in Osnabrück	Anzahl
Bürgerkriegsflüchtlinge aus dem ehem. Jugoslawien (einschließlich 172 Kontingentflüchtlinge)	1.010
Asylbewerber	981
Jüdische Kontingentflüchtlinge	295
Bleibeberechtigte	105
Sonstige Kontingentflüchtlinge (z.B. aus Vietnam)	239
Insgesamt	2.745

Quelle: Beschlußvorlage für die Dezernentenkonferenz am 8.11.1994 sowie die Sitzungen des Sozialausschusses am 24.11.1994 und des Finanzausschusses am 29.11.1994.

Die erste Novellierung des Asylbewerberleistungsgesetzes vom 1. Juni 1997 gewährte Asylbewerbern, Geduldeten (die trotz einer Ausreisepflicht ›geduldet‹ werden, weil die Ausreise nicht vollzogen werden kann) und Bürgerkriegsflüchtlingen mit Aufenthaltsbefugnis drei Jahre lang gekürzte Sachleistungen. Die zweite Novelle aus dem Jahre 1998 schrieb vor, daß Leistungsberechtigte dann keine Leistungen mehr erhalten sollten, wenn sie nachvollziehbar ausreisepflichtig waren, jedoch nicht ausreisten. Die Klärung dieser Voraussetzungen – leistungsberechtigt waren nur die, bei denen ein Abschiebehindernis vorlag – erforderte eine enge Zusammenarbeit zwischen der Leistungsabteilung des Sozialamtes und der Ausländerbehörde. Obwohl die Verwaltung an Richtlinien des Innenministeriums gebunden war, ergaben sich gleichwohl Ermessensspielräume. Hier waren die Fachbereiche Soziales und Gesundheit sowie die Ausländerbehörde übereingekommen, bei den Einzelfallprüfungen zum Vorteil der Flüchtlinge keinen engen Maßstab anzulegen; denn eine restriktive Auslegung, so die Befürchtung, erhöhe das Prozeßrisiko und damit die Kostenbelastung der Stadt.

Während die Mehrheit des Rates der Stadt Osnabrück noch zu Beginn der 1990er Jahre eine Verschärfung der relevanten Gesetze gefordert hatte, wurde nun zunehmend stärker auf eine humanitäre Auslegung der Asyl- und Ausländergesetze (z.B. durch Härtefallregelungen) gedrängt. Diese Forderungen zogen aber das generelle Ziel der Bundesregierung, Asylsuchende abzuwehren, nicht in Zweifel. Den Verschiebungen in den Positionierungen der Mehrheit des Rates entsprachen vielmehr jeweils Veränderungen der Landes- und Bundespolitik: Je offener die Asylpolitik auf Bundes- und Landesebene war, desto nachdrücklicher forderte die Kommune ein restriktives Handeln des Gesetzgebers zur eigenen Entlastung, je restriktiver die Asylpolitik auf Landes- und Bundesebene tatsächlich wurde, desto mehr unterstrich der Rat die Notwendigkeit einer humanitären Asylpraxis.

Aussiedlerzuwanderung

Die Zuwanderung und Eingliederung von Aussiedlern zog bis 1987 nicht die Aufmerksamkeit der Kommune auf sich. Wohlfahrtsstaatliche Programme, wie sie in den 1950er Jahren mit den Kriegsfolgengesetzen – Lastenausgleichsgesetz (1952), Bundesvertriebenen- und Flüchtlingsgesetz (1953) und Garantiefonds (1954) – geschaffen wurden, ermöglichten eine rechtliche und soziale Gleichstellung sowie wirtschaftliche Eingliederung der Aussiedler. Diese Politik galt als Einlösung von Verpflichtungen nationaler Solidarität mit jenen, die als deutsche Minderheiten von diskriminierenden Maßnahmen in der Folge des Zweiten Weltkriegs betroffen gewesen waren. Zu den wesentlichen Eingliederungsmaßnahmen, die bis Ende der 1980er Jahre weitgehend stabil blieben, zählten:

1. Die Gleichstellung in den Sozialversicherungen (Arbeitslosen-, Renten- und Krankenversicherung), die so gehandhabt wurde, als hätten die Betreffenden im Bundesgebiet gelebt und entsprechend ihrer Berufskategorie Beitragsleistungen erbracht. Gleichzeitig sicherten berufliche Eingliederungsprogramme die Angleichung ihrer Qualifikation an bundesdeutsche Standards.
2. Sprachförderung, erhöhte Ausbildungsstipendien für Schüler und Studierende, ermäßigte Steuern, bevorzugte Berücksichtigung selbständiger Aussiedler bei der Vergabe von öffentlichen Aufträgen, erleichterte Zulassung zur Ausübung von Gewerben, Wohnungsbauprogramme, finanzielle Hilfen zur Hausratbeschaffung, Kompensation von Eigentumsverlusten, Kredite mit geringer oder ohne Zinsbelastung.

Mit diesen Leistungen war es Aussiedlern in der Regel möglich, einen Lebensstandard vergleichbar solchen sozialen Statusgruppen zu erreichen, denen sie sich zuordneten. Die Kommunen waren durch die vom Bund getragenen Eingliederungsmaßnahmen weitgehend entlastet und von den Folgekosten der Aussiedlerzuwanderung befreit. Entsprechend wenig wurde die Zuwanderung von Aussiedlern auch in Verwaltung und Politik der Stadt Osnabrück bis Ende der 1980er Jahre thematisiert.

In Osnabrück waren in der Zeit von 1971 bis 1987 insgesamt ca. 1.800 Aussiedler vor allem aus Polen und der UdSSR eingetroffen, deren Eingliederungshilfen das Ausgleichsamt und das Sozialamt der Kommune verwaltete. Als zentrale Anlauf- und Koordinierungsstelle diente die Organisationseinheit Wohnungswesen im Sozialamt der Stadt. Da in Osnabrück bis in die 1990er Jahre keine Übergangswohnheime errichtet worden waren, mußten jene Familien, die noch keine Wohnung gefunden hatten und nicht bei Verwandten unterkamen, vorübergehend in Hotels untergebracht werden. Die Bemühungen der Verwaltung, z.B. geeigneten Wohnraum zu finden, zielten jeweils im Einzelfall auf die möglichst umgehende Bereitstellung der notwendigen Rahmenbedingungen, die den neu zugewanderten Familien den sofortigen Eintritt in eine reguläre Lebensführung ermöglichen sollte. Ihre langfristige soziale Integration galt aufgrund der bereitgestellten Eingliederungsmaßnahmen als gesichert. Die Verwaltung ging davon aus, daß allein die sprachliche Integration einen längeren Zeitraum in Anspruch nehmen würde.[4]

Nach dem Zusammenbruch der sozialistischen Staaten Osteuropas kamen zwischen 1988 und 1993 etwa 1,6 Millionen Aussiedler nach Deutschland. Die Bundesrepublik reagierte darauf: Die rechtliche Definition des Aussiedlerstatus wurde verändert, die ›Anerkennung‹ eingeführt und damit die Kontrolle und Kontingentierung der Zuwanderung über ›Aufnahmebescheide‹. Hinzu kam die Reduzierung der sozialen Leistungen für Aussiedler.

Auch in der Stadt Osnabrück stieg die Zahl der Aussiedler 1988 stark an, erreichte bereits 1989 mit 1.239 Zuwanderern ein Maximum und pendelte sich dann seit 1996, nach Inkrafttreten des Wohnortzuweisungsgesetzes, das die räumliche Freizügigkeit der Aussiedler im Bundesgebiet erheblich einschränkte, auf 200–300 Zuwanderer jährlich ein (s. Tab. 5).

Tabelle 5: Aussiedlerzuwanderung 1988–2000

Jahr	1988	1989	1990	1991	1992	1993	1994	1995	1996	1997	1998	1999	2000
Fälle	724	1.239	987	475	818	924	813	949	213	337	253	241	211

Quelle: Mitteilung des Amtes für Vertriebene im Ausgleichsamt Osnabrück.

Formalitäten bei der Aufnahme, Grenzdurchgangslager Osnabrück/Bramsche, 1996

Angesichts der gestiegenen Zahlen bei gleichzeitiger Kürzung sozialer Leistungen rückten seit 1988 die Frage der Integration auch dieser Zuwanderergruppe und die daraus resultierenden Folgekosten für die Kommune in das Blickfeld von Politik und Verwaltung. Die Irritationen innerhalb der Kommune verstärkten sich, als der Bund 1988 entschied, in der Stadt Osnabrück (Caprivi-Kaserne) eine Außenstelle des Durchgangslagers Friedland zu errichten. Ratsfraktionen und Sozialverwaltung befürchteten zusätzliche finanzielle Belastungen des Haushalts. Bei diesen Auseinandersetzungen wurde erstmals von seiten der Grünen, der SPD und der Sozialverwaltung Vergleiche zur Asylbewerberzuwanderung gezogen. Zum einen hatten Erfahrungen mit der Asylzuwanderung gezeigt, daß Zusicherungen des Landes nicht immer als verbindlich gelten konnten, zum anderen sahen vor allem die Grünen in den wohlfahrtsstaatlichen Maßnahmen eine Besserstellung der Aussiedler gegenüber anderen Zuwanderergruppen, insbesondere den Asylbewerbern. Zwar wurde das Recht der Aussiedler auf Zuwanderung in Osnabrück nicht öffentlich bestritten, doch setzte sich Ende der 1980er Jahre auch keine Partei mehr öffentlich für die Rechte von Aussiedlern ein.

Die Stadtverwaltung war seit Ende der 1980er Jahre im Bereich der Aussiedlerzuwanderung vor allem mit Problemen der Wohnraumversorgung befaßt.

Daneben wurden Aussiedler erstmals als Klientel der sozialen Dienste beschrieben und ihre Integration als »zentrales Problem« der Kommune bezeichnet[5]: Die Verwaltung ging davon aus, daß sich die Probleme der neu zugewanderten Familien verschärfen würden, so daß die Stadt verstärkt auch persönliche Hilfen durch den Allgemeinen Sozialen Dienst (ASD) anbieten müsse. Dies verlangte eine auf ›Neubürger‹ abgestimmte Angebotsstruktur. Die vorgesehenen Hilfen richteten sich aber nicht wie im Fall der ausländischen Arbeitnehmer und ihrer Familien auf die gesamte Lebensführung, sondern auf die Lebenssituation in der ersten Zeit nach der Migration. Mit der Zuständigkeit des ASD für die Bearbeitung persönlicher Problemlagen von Aussiedlern wurden diese in die Zuständigkeit einer Regeleinrichtung – und damit nicht wie im Falle anderer Zuwanderergruppen einer Sondereinrichtung – verwiesen.

Eine Alternative zu dieser Fortschreibung der Einbeziehung der Aussiedler als ›normale‹ Einwohner in die allgemeinen Einrichtungen der Kommune hätte in der kommunalen Bearbeitung ihrer Probleme durch das IBZ bestanden. Voraussetzung dafür aber wäre ein Verständnis der Aussiedlerzuwanderung als Teil einer allgemeinen Migrationsproblematik gewesen. Eine Gleichsetzung der Folgeprobleme der Aussiedlerzuwanderung und der Zuwanderung von ausländischen Familien kam allerdings weder für die Ratsfraktionen, die Verwaltung noch die Wohlfahrtsverbände Anfang der 1990er Jahre in Betracht. Verwiesen wurde vielmehr darauf, daß Aussiedler Teil der deutschen Bevölkerung seien. Anders jedoch im Schulbereich: Bei der schulbegleitenden Förderung von Aussiedlerkindern war der Anschluß an das bestehende und kommunal geförderte Angebot für ausländische Kinder problemlos möglich. Die Förderung nicht-muttersprachlicher Kinder galt nicht mehr als eine ausschließlich ausländerpädagogische Problemstellung.

In erster Linie waren es jedoch die Wohlfahrtsverbände, die sich seit 1988 verstärkt in der Aussiedlerarbeit engagierten. Bis 1987 boten Caritas, Rotes Kreuz, Bund der Vertriebenen und Kirchen Hilfen für Aussiedler an. Durch den starken Zuzug von Aussiedlern ab 1988 wurde bundesweit das Betreuungs- und Beratungsangebot der Wohlfahrtsverbände und Jugendgemeinschaftswerke im Rahmen des ›Sonderprogramms zur Eingliederung der Aussiedler‹ (31. August 1988) ausgebaut. Damit konnten Caritas, Arbeiterwohlfahrt und Diakonisches Werk ihr Angebot in Osnabrück verstärken. All diese Verbände – nicht jedoch die Stadt selbst – waren auch in der Außenstelle des Grenzdurchgangslagers in der Caprivi-Kaserne mit Beratungsstellen vertreten und hatten sich in einem Arbeitskreis ›Aussiedler‹ zusammengefunden. Während der ASD in der Praxis mit den Wohlfahrtsverbänden teilweise zusammenarbeitete, wurde das vom Bund finanzierte Angebot der ›Aussiedlerarbeit‹ der Wohlfahrtsverbände,

Kirchen und des Bundes der Vertriebenen von übriger Verwaltung und Politik kaum wahrgenommen. Problemstellungen der Aussiedlerzuwanderung galten hier als grundsätzlich bundespolitische Aufgabe. Vor diesem Hintergrund bildeten die laufenden Konflikte über Kostenzuständigkeiten zwischen Bund, Land und Gemeinde bei der Asylbewerber- und Aussiedlerzuwanderung den Kontext für das kommunale Beharren auf Nichtzuständigkeit.

Das änderte sich erst Mitte der 1990er Jahre. Die Entschärfung der Wohnungsmarktsituation seit 1997 trug dazu bei, daß die Zuwanderung von Aussiedlern und ihre Unterbringung kaum noch Thema der kommunalen Verwaltung und Politik war. Seit 1995 wurde statt dessen zunehmend die zweite Generation der Aussiedler als eine ›Problemgruppe‹ wahrgenommen. Auslöser für diese neue Problemwahrnehmung waren gewalttätige Auseinandersetzungen zwischen Aussiedlern und Türken in einer Osnabrücker Diskothek. Das Jugendamt, der Sozialplaner und die in der Aussiedlerarbeit beschäftigten Verbände fanden sich daraufhin in einem von der Sozialverwaltung initiierten ›Arbeitskreis Aussiedler‹ zusammen, um Maßnahmen zur verbesserten Integration jugendlicher Aussiedler zu erarbeiten. Nunmehr entstanden zahlreiche Handlungskonzepte, Berichte und interne Arbeitsgruppen, in denen die Problemlagen der Aussiedlerjugendlichen beschrieben und definiert wurden. Daran beteiligt waren auch die Kriminalpolizei, die Jugendgerichtshilfe, die Drogenberatungsstellen und die Schulen. Alle diese Einrichtungen entdeckten jugendliche Aussiedler als ihre Klientel, deren Integration angesichts einer völlig verändert beschriebenen Problemlage jetzt generell in Frage zu stehen schien.

Zur Beschreibung der Situation von Aussiedlerjugendlichen wurde nun auf unterschiedliche Muster zurückgegriffen, wie sie aus der Sozialen Arbeit mit Randgruppen und vor allem auch mit türkischen Jugendlichen vertraut waren. In diesem Zusammenhang gewann zudem die Beobachtung von Kultur und Interkulturalität mittels der Problemkategorien ›Kulturkonflikt‹ und ›Identitätsbrüche‹ an Bedeutung. Damit wurden Beschreibungsformen aus der Ausländerarbeit der frühen 1980er Jahren verwendet, die dort jedoch seit Mitte der 1990er Jahre längst durch eine interkulturelle Programmatik ersetzt worden waren. Die Formulierungsweise, in der in Osnabrück die Fremdheit der Aussiedler in Szene gesetzt wurde, liegt auch darin begründet, daß sich bis Mitte der 1990er Jahre keine sozial gültige Sprache zur Beschreibung des Aussiedlerproblems etabliert hatte.

Spezielle Maßnahmen zur verbesserten Integration jugendlicher Aussiedler durch das Jugendamt erschienen vor dem Hintergrund einer solchen Beschreibung als unumgänglich. Die 1995 eingeleiteten Sofortmaßnahmen beinhalteten eine Erweiterung der Angebote für Aussiedler im Bereich der Berufsvorbereitung, der beruflichen Orientierung und Sprachförderung, der Jugendgerichtshilfe, der Drogenberatung, -prävention und -therapie, der mobilen Jugendsozialarbeit und des Sports. In der Regel handelte es sich um Ad-hoc-Maßnahmen, die zum größten Teil in der Ausländerarbeit erprobt worden waren.

In der Folge entdeckten immer mehr Verbände und Vereine Aussiedler als ›Gelegenheit‹, über die förderungswürdige Problemstellungen und Problemlösungen zugänglich wurden. Anders als im Bereich der Ausländerarbeit kam es hier jedoch nicht zu einer Netzwerkbildung. Die neuen Vereine traten vielmehr mit den in diesem Bereich tätigen Organisationen – insbesondere mit den Wohlfahrtsverbänden – in Konkurrenz um die knappen Fördermittel. Die (finanziellen) Forderungen der Träger an die Stadt machten schließlich eine eigene Positionsbestimmung des Sozialdezernats erforderlich. Zu diesem Zweck legte der Sozialplaner im Dezember 1997 ein dezernatsinternes Handlungskonzept vor[6], in dem er eine Ausweitung der Zuständigkeit des IBZ auch auf Aussiedler und die stärkere Förderung von Aussiedlervereinen vorschlug. Dazu war eine Neudefinition des Problems erforderlich: Die Aussiedlerzuwanderung wurde als Teil einer allgemeinen Migrationsproblematik beschrieben sowie nationale und ethnische Unterschiede ebenso wie die Staatsangehörigkeit für weitgehend irrelevant erklärt.

Diese Definition diente in erster Linie dazu, eine Umstrukturierung der Arbeit des IBZ durchzusetzen, das sich schon seit Mitte der 1990er Jahre von administrativer und politischer Seite mit der Kritik konfrontiert sah, sein hoher Personalaufwand sei angesichts des allmählichen Verschwindens seiner Problemstellung nicht mehr gerechtfertigt. Eine Erweiterung der Aufgaben und Ziele des IBZ auf die Gruppe der Aussiedler bot sich als eine inhaltlich und strukturell geeignete Lösung geradezu an.

Von dieser Empfehlung des Sozialplaners waren in erster Linie die Wohlfahrtsverbände betroffen, denen nun im Bereich der Sozialberatung von Aussiedlern sowohl von den Vereinen als auch dem IBZ Konkurrenz drohte. Sie standen den Vorschlägen entsprechend kritisch gegenüber. Doch auch im Rat und seinen Ausschüssen wurde das Handlungskonzept kontrovers diskutiert. Die CDU bestand auf einer Abgrenzung der Personenkreise und hielt die Zuweisung dieses Aufgabengebiets zum IBZ für verfehlt. Die Sozialverwaltung sah sich daraufhin gezwungen, den Status des Handlungskonzepts zu relativieren und zu einer öffentlichen Diskussionsgrundlage herunterzustufen. Die Zuständigkeitserweiterung des IBZ war damit nur noch eine der zu diskutierenden Möglichkeiten.

Nicht folgenlos blieb einzig der Anspruch der Aussiedlervereine, kommunale Fördermittel unter dem Vorzeichen der Stärkung der Selbstorganisationen der Aussiedler zu erhalten. Auf der Grundlage des Handlungskonzepts des Sozialplaners kam es diesbezüglich zu Entscheidungen, die die Angebotslandschaft in der Kommune erheblich veränderte: Während der Personalkostenzuschuß für das Jugendgemeinschaftswerk der Arbeiterwohlfahrt eingefroren wurde (was seine Schließung zur Folge hatte), erhielten fortan vier Aussiedlerorganisationen städtische Zuschüsse. Begründet wurde diese Entscheidung damit, daß Aussiedler bei ihrer Eingliederung einen ›Schonraum‹ benötigten. Hierzu seien enge Kontakte zu Landsleuten, eigene Orte der Freizeit und Kultur notwendig.

OSNABRÜCK®

Lokale Handlungsstrategien zur Integration von Migranten in ausgewählten Handlungsfeldern

Sprachförderung
Ausbildungs- und Arbeitsmarkt
Beratung
Selbstorganisationen und Initiativen
Kultur

August 2000

- Ergebnisse des Diskussions- und Beteiligungsprozesses -

Schluß

In der Beschreibung der Folgeprobleme der Arbeitsmigration seit den späten 1950er Jahren dominierten zunächst Sozialisations- und Sprachdefizite. In den 1980er Jahren rückte die kulturelle Differenz der Migranten in den Vordergrund. Diese wurde in den 1990er Jahren auch vor dem Hintergrund einer veränderten Zuwanderungssituation durch eine interkulturelle Programmatik ersetzt. Im Fall der Asylbewerberzuwanderung standen in den Auseinandersetzungen über die Wohnverhältnisse in Sammelunterkünften Darstellungen der ›kulturellen Fremdheit‹ von Asylbewerbern und Flüchtlingen zur Betonung der Belastungen der lokalen Bevölkerung den Forderungen der Lobby-Gruppen gegenüber, auf kulturelle Gewohnheiten bei der Unterbringung Rücksicht zu nehmen. Bei der Aussiedlerzuwanderung wurden Fremdheitskonstruktionen erst Mitte der 1990er Jahre relevant, indem die betreffenden Organisationen das Beschreibungsvokabular, wie es im Zusammenhang mit der Arbeitsmigration eingeübt worden war, auf dieses Feld übertrugen. Dabei sind die sprachlichen Übertreibungen auffällig, mit denen die Fremdheit der Aussiedler in Szene gesetzt wurde: Gerade weil Aussiedler als Deutsche galten und sich bis dahin keine Definition ihrer Zuwanderung etabliert hatte, schienen die Konstruktionen der Aussiedler als ›Russen‹ nur durch diese Übertreibungen möglich.

Welche starke Rolle Organisationen bei der Definition von Fremdheit spielen können, zeigt sich damit paradoxerweise insbesondere am Fall der Aussiedler. Versuche einer Neudefinition der Aussiedlerzuwanderung als Teil der allgemeinen Migrationsproblematik stießen bislang jedoch auf den Widerstand etablierter Einrichtungen. Zu welchen organisatorischen Umbauten es kommen wird, muß gegenwärtig offenbleiben. Es sollen aber künftig die Rahmenbedingungen geschaffen werden, um Migranten mit Aussicht auf einen gesicherten Aufenthaltsstatus in den ersten Jahren nach erfolgter Zuwanderung in die Lage zu versetzen, die für alle Einwohner der Kommune vorgehaltenen Regelangebote zu nutzen. Als grundlegende Voraussetzungen dafür werden Bürgerkurse mit intensiven Sprachkursangeboten und Migrationsberatung für Neuzuwanderer geplant. Diese Reform schließt (Kriegs-)Flüchtlinge und Asylbewerber, Personen also mit einem ungesicherten Aufenthaltsstatus weiterhin aus.[7]

Anmerkungen

1 Niederschrift der Sitzung des Rates der Stadt Osnabrück vom 8.12.1970.

2 Stadt Osnabrück, Bericht zur Situation der Gastarbeiter in Osnabrück, 2. Aufl. 1971 (Ms.).

3 3.000 DM hätten gereicht, in: Neue Osnabrücker Zeitung, 14.9.1990.
4 Stadt Osnabrück, Materialien zur Gesundheits-, Jugend- und Sozialplanung. Situation der Spätaussiedler in Osnabrück, Osnabrück 1980 (Ms.).
5 Mitteilungsvorlage für die Sitzungen des Sozialausschusses am 8.3.1989 und des Verwaltungsausschusses am 14.3.1989.
6 Stadt Osnabrück, Aussiedler in der Stadt Osnabrück. Analyse und Handlungskonzept der Integration aus der Sicht des Sozialdezernats, Osnabrück 1997 (Dezember) (Ms.).
7 Stadt Osnabrück, Lokale Handlungsstrategien zur Integration von Migranten in ausgewählten Handlungsfeldern, Osnabrück 2000 (August) (Ms.).

Literatur

Alberts, Ursula: Ausländische Arbeitnehmer in Osnabrück (1955–1990), in: Texte und Dokumente aus der Geschichte der Metallarbeiter in Osnabrück, hg.v.d. Industriegewerkschaft Metall, Osnabrück 1990, S. 155–162.

Bade, Klaus J.: Ausländer – Aussiedler – Asyl. Eine Bestandsaufnahme, München 1994.

Ders. (Hg.): Fremde im Land: Zuwanderung und Eingliederung im Raum Niedersachsen seit dem Zweiten Weltkrieg (IMIS-Schriften, Bd. 3), Osnabrück 1997.

Benzler, Susanne: Migranten in Wartestellung. Asylsuchende und Flüchtlinge in Niedersachsen, in: ebd., S. 213–248.

Böker, Norbert: Sozialräumliche Segregationstendenzen der ausländischen Bevölkerung in Osnabrück. Eine empirische Untersuchung zu Aspekten der sozialen und räumlichen Ungleichheit zwischen ausländischer und deutscher Bevölkerung, Aachen 1996.

Bommes, Michael: Migration und Lebenslauf. Aussiedler im nationalen Wohlfahrtsstaat, in: Sozialwissenschaften und Berufspraxis, 2000, H. 1, S. 9–28.

Ders.: Von ›Gastarbeitern‹ zu Einwanderern: Arbeitsmigration in Niedersachsen, in: Bade (Hg.), Fremde im Land, S. 249–322.

Ders./Rotthoff, Ulrich: Europäische Migrationsbewegungen im kommunalen Kontext, in: Konrad Adenauer Stiftung (Hg.), Interne Studien, Nr. 100, St. Augustin 1994, S. 93–148.

Haberland, Jürgen: Eingliederung von Aussiedlern. Sammlung von Texten, die für die Eingliederung von Aussiedlern aus den osteuropäischen Staaten von Bedeutung sind, 6. Aufl. Leverkusen 1994.

Heinelt, Hubert/Lohmann, Anne: Immigranten im Wohlfahrtsstaat. Rechtspositionen und Lebensverhältnisse, Opladen 1992.

Herbert, Ulrich: Geschichte der Ausländerpolitik in Deutschland: Saisonarbeiter, Zwangsarbeiter, Gastarbeiter, Flüchtlinge, München 2001.

Herwartz-Emden, Leonie/Westphal, Manuela: Die fremden Deutschen: Einwanderung und Eingliederung von Aussiedlern in Niedersachsen, in: Bade (Hg.), Fremde im Land, S. 167–212.

Münch, Ursula: Asylpolitik in der Bundesrepublik Deutschland. Entwicklung und Alternativen, 2. Aufl. Opladen 1993.

Puskeppeleit, Jürgen/Thränhardt, Dietrich: Vom betreuten Ausländer zum gleichberechtigten Bürger, Freiburg i.Br. 1990.

Rolf, Uwe/Greve, Christine: Runder Tisch Flüchtlingsfragen, in: Osnabrück. Menschen entdecken ihre Stadt, hg.v.d. Stadt Osnabrück, Osnabrück 1995, S. 119–122.

Das Potential einer Bürgerrechtsbewegung. Selbstorganisationen in der Migration

Von Anwar Hadeed

Nach wie vor operieren Vereine und Verbände der Migrantinnen und Migranten weitgehend außerhalb des Blickfeldes der deutschen Öffentlichkeit. Die Leistungen dieser Selbstorganisationen werden kaum wahrgenommen oder eher mit Skepsis betrachtet. Und Medien berichten lieber über spektakuläre Aktivitäten politisch-religiöser und nationalistischer Vereine. Kaum jemand setzt sich sachlich mit der Rolle und Funktion der Vereine und Verbände der Migranten auseinander – nicht zuletzt, weil bislang wenig Informationen über ihre Aktivitäten und Ziele vorliegen. Deshalb lohnt sich der folgende Blick auf ihr Selbsthilfe- und Partizipationspotential.[1] Unter ›Selbstorganisation‹ wird dabei der freiwillige Zusammenschluß von Personen, die bestimmte gemeinsame Ziele verfolgen möchten, zu Gruppen verstanden.

Genese und Entwicklung der Migrantenselbstorganisationen

Die Herauslösung von Migrantinnen und Migranten aus traditionellen Milieus macht eine Einbindung in neue Zusammenhänge zwingend. Die Überforderung durch die gegebenen Lebensverhältnisse und die Defizite in der sozialstaatlichen Versorgung führen zu eigenen Organisationsbestrebungen. Anlässe sind häufig politische Entwicklungen im Herkunfts- oder im Aufnahmeland; besonders die ablehnende Haltung der Einwanderungsgesellschaft begünstigt ein kollektives Wir-Bewußtsein, das wiederum langfristig die Entstehung von Organisationen fördert. Die Notwendigkeit der kollektiven Interessenvertretung gegenüber der Mehrheitsgesellschaft wurde und wird bewußter erlebt. Auch spezifische Formen der Migration, insbesondere die ›Kettenwanderung‹, haben entscheidenden Einfluß auf die Bildung von Organisationen, die die ethnische Identität stabilisieren. Kettenmigration führt zum einen zu relativ engen Kontakten in der Gruppe, zum anderen oft zur Koloniebildung unter den Migrantinnen und Migranten. Nicht zuletzt förderte der Wunsch nach Erhaltung und Aktivierung von kulturellen Elementen aus den Herkunftsländern und nach Zusammenhalt in der Fremde die Selbstorganisation von Migrant(inn)en.

Die Entstehungsgeschichte der Migrantenselbstorganisationen kann nicht losgelöst werden von der Rolle der Wohlfahrtsverbände. Mit dem Anstieg der Anwerbung ausländischer Arbeitskräfte erhielten die Wohlfahrtsverbände den staatlichen Auftrag der Zuwandererbetreuung. In ihrer Betreuungspolitik bemühten sich die Verbände in unterschiedlicher Intensität um die Einrichtung von Treffpunkten und um Zusammenschlüsse innerhalb ihrer Klientel. Sie begriffen ihren Auftrag jedoch eher als Erzieher und Anwälte der Migrant(inn)en. So setzte sich in der Praxis eine Politik der Klientelisierung, Entmündigung und Stellvertretung durch. Die Betroffenen wurden bei der Artikulation und der Lösung ihrer Probleme durch die Verbände in den ersten Jahrzehnten weitgehend ausgeschlossen. Dieses Spannungsfeld zwischen der logistischen, finanziellen und politischen Unterstützung durch die Wohlfahrtsverbände einerseits und deren Entmündigungspolitik andererseits bildete den Hintergrund für die Gründung von Organisationen und Vereinen, die sich unabhängig von diesem fest verankerten und vom Staat subventionierten Betreuungssystem etablierten.

Die Anfänge der Organisationen von Migranten in der Bundesrepublik Deutschland sind auch eng mit der Gründung deutscher Initiativgruppen verknüpft, die sich zur Verbesserung der schlechten Lebensverhältnisse angeworbener ausländischer Arbeitnehmer gründeten und Selbsthilfebestrebungen von Zuwanderern unterstützten. In den Folgejahren entwickelte sich aus diesen Initiativgruppen ein Netz von Migrantenselbstorganisationen.

Bereits kurz nach ihrer Ankunft in den späten 1950er und 1960er Jahren haben sich die ausländischen Arbeitskräfte in der Bundesrepublik selbst organisiert – zunächst in Kulturvereinen, die auf die Pflege und Bewahrung der heimischen Kultur zielten. Darüber hinaus bestimmten Hilfestellungen und soziale Dienstleistungen für die eigenen Landsleute die Arbeit dieser Vereine. In den 1970er Jahren verfügten bereits alle größeren Ausländergruppen über eigene Selbstorganisationen. Die typische Bezeichnung der Migrantenselbstorganisationen der ersten Jahre war ›Arbeiterverein‹. Einige von ihnen bestehen auch heute noch. In dieser Zeit entstanden auch erstmalig größere Dachverbände. Ihre politische Orientierung war stark am Herkunftsland ausgerichtet.

In den 1980er Jahren setzte ein Wandel ein. Er ist nur vor dem Hintergrund des Prozesses der Niederlassung der Migrant(inn)enbevölkerung im Zuwanderungsland und der Konstituierung als Gemeinschaften zu verstehen. Jetzt verstanden sich die Selbstorganisationen nicht mehr nur als Einrichtungen der kulturellen Traditionspflege und der sozialen Beratung und Betreuung von Landsleuten, sondern explizit auch als Interessenvertretung einer Migrantinnen- und Migrantengruppe auf regionaler und überregionaler Ebene. Ihr Ziel war es, durch politischen Einfluß die rechtliche, politische, soziale und wirtschaftliche Situation der Migrantinnen und Migranten zu verbessern.

In den 1990er Jahre hat bei vielen Migrantenselbstorganisationen die Orientierung auf die Herkunftsländer noch weiter nachgelassen. Sie konzentrieren sich seither auf Bürgerrechtsfragen und damit auf die Integration im Aufnahmeland. Bei anderen Vereinen war der Wunsch nach gesellschaftspolitischer Partizipation von Beginn an der wichtigste Antriebsfaktor. Das Schwinden der Rückkehrabsichten vieler Migrant(inn)en hat ihre Identifikation mit dem Herkunftsland und das Interesse an dem politischen Geschehen dort vermindert. Die Niederlassungsabsicht führte zu einer Auseinandersetzung mit der eigenen Lage im Aufnahmeland. Die Verbesserung der Lebenssituation in Deutschland rückte in den Vordergrund der Interessen vieler Migrant(inn)en.

Diese Entwicklung führte bei solchen Vereinen, die in ihrem Selbstverständnis und ihren Zielen auf die politische Entwicklung im Herkunftsland fixiert waren, zu einer Krise. Es wurden die alten Organisationsmodelle und -strukturen in Frage gestellt und dabei die Suche nach geeigneten Partizipationsformen verstärkt, die dem Wandel bei der Migrantenbevölkerung gerecht werden konnten. Bei vielen Vereinen führte diese Krise zu einer emanzipatorischen Entwicklung, indem sie sich von Abhängigkeiten von politischen Strukturen des Herkunftslandes ›befreiten‹. Die Abkehr von der Herkunftsorientierung hat sich sowohl auf die gemeinsame ethnische Herkunft als Basis der ethnischen Mobilisierung als auch auf die politischen Ziele der Mobilisierung bezogen. Daß dieser Prozeß noch nicht als abgeschlossen gelten kann, zeigt die Tatsache des weiteren Festhaltens eines Teils der Aktiven in den Migrantenselbstorganisationen an den alten Strukturformen und Zielen.

Bei der Gründung von Vereinen läßt sich heute eine neue Tendenz bei der jüngeren und qualifizierteren Migrantengeneration beobachten: Sie organisieren sich immer mehr in eigenen, ethnisch orientierten berufs- oder funktionsgruppenspezifischen Vereinen und Verbänden. Diese Entwicklung läßt sich vor allem bei türkischen Communities in Niedersachsen beobachten.

Zusammengefaßt: Migrantenselbstorganisationen sind zum einem eine institutionelle Antwort auf die Bedürfnisse der Migrantinnen und Migranten im Migrationskontext. Zum anderen sind sie aber auch eine Verpflanzung sozialer und politischer Beziehungen aus dem Herkunftsland, wenn auch keine bloße Fortsetzung alter Formen, da auf die Bedingungen der Migrationssituation reagiert wird. Der Gründungs- und Entwicklungsprozeß von Migrantenselbstorganisationen ist dynamisch und längst nicht abgeschlossen.

Wie wichtig sind Migrantenselbstorganisationen?

Ein wesentlicher Bestandteil einer Demokratie ist ihre Fähigkeit, Möglichkeiten demokratischer Partizipation zu erweitern – und dabei insbesondere gesellschaftliche Interessen nicht nur individuell, sondern auch kollektiv zu organisieren und zu vertreten. Die Bündelung von Interessen und ihre kollektive Ausdrucksform gewinnen im Fall der Migrantinnen und Migranten an Bedeutung: Jahrelange politische Abstinenz kann erst durch einen Selbstfindungsprozeß in den eigenen Gruppierungen beendet werden. Erst dann kann das nötige Selbstwertpotential geschaffen werden, um auf gleicher Augenhöhe eine emanzipatorische Position einzunehmen. Dabei zeigt die Erfahrung, daß die Betroffenen ihre Bedürfnisse selbst zutreffender artikulieren als andere und daß sie als eigenständige Partner in Diskussions- und Aushandlungsprozessen akzeptiert werden, wenn sie sich organisieren und ihre Standpunkte gemeinsam wahrnehmbar machen. Die für eine erfolgreiche Integration so unentbehrliche Mobilisierung der Selbsthilfepotentiale der Migrant(inn)en läßt sich am besten über die Migrantenselbstorganisationen realisieren. Ihre Stärke liegt in der Nähe und im Zugang zu der marginalisierten Migrantenbevölkerung; dazu gehört neben der Sprachkompetenz ein Vertrauen, das die Organisationen bei ihrer jeweiligen Community durch langjährige Arbeit erworben haben.

Auch die Selbsthilfe-Idee stimmt mit der Grundordnung moderner demokratischer Gesellschaften überein. Sie geht von der Annahme aus, daß politische Selbstbestimmung am besten dazu geeignet ist, Ergebnisse im Interesse der Bürger zu erzielen. Freie Vereinsbildung ist dieser Grundidee entsprechend der beste Weg zu einer optimalen Selbstentfaltung der Bürger. Selbstorganisationen sind die einzigen Träger des öffentlichen Interesses. Sie sind dafür prädestiniert, herauszufinden, was Migrant(inn)en bewegt, ihre konkreten Probleme zu formulieren und in die politische Debatte einzubringen. Diese Form der Integrationsförderung kann durch professionelle Dienste nicht ersetzt werden.

Abgesehen von der Funktion der Interessenvertretung und der Hilfe zur Selbsthilfe tragen die Selbstorganisationen zur Erhaltung und Entwicklung der Herkunftskultur bei. Auch dieses starke Bedürfnis bei großen Teilen der Migrantenbevölkerung kann von keinem anderen Träger befriedigt werden. Der Stellenwert der Migrantenselbstorganisationen für eine nachhaltige Entwicklung und den Erfolg integrationspolitischer Konzepte liegt darin, daß der größte Teil ihres Engagements – bewußt oder unbewußt – auf die Steigerung der Handlungsfähigkeit ihrer Mitglieder abzielt. Dadurch wird deren strukturelle und soziale Integration gefördert. Dies gilt auch für solche Migrantenselbstorganisationen, die die Integration nicht großschreiben. Trotzdem spielt sie in deren Aktivitäten eine Rolle.

→ "Ausländerbeirat"
hier: Braunschweig

GESCHÄFTSORDNUNG DER GRUPPE DER AUSLÄNDISCHEN BÜRGERMITGLIEDER IM AUSSCHUß FÜR AUSLÄNDERANGELEGENHEITEN DES RATES DER STADT BRAUNSCHWEIG

Die ausländischen Bürgermitglieder im Ausschuß für Ausländerangelegenheiten schließen sich zu einer Gruppe **zusammen und** verständigen sich auf die nachfolgende Geschäftsordnung:

<u>Zweck und Mitgliedschaft</u>

§ 1

Zweck der Gruppe ist es, gemeinsam die Interessen der nichtdeutschen Einwohner zu vertreten.

§ 2

Mitglieder der Gruppe sind diejenigen, die diese Geschäftsordnung durch ihre Unterschrift anerkennen.

<u>Sprecher/Sprecherin</u>

§ 3

Die Gruppe wählt jeweils für ein Jahr mit einfacher Mehrheit der Mitglieder einen Sprecher/eine Sprecherin und dessen/deren Stellvertreter/Stellvertreterin, die in dringenden Fällen, sofern es nicht mehr möglich ist, eine Sitzung einzuberufen, die Gruppe vertreten.

<u>Zusammenkünfte</u>

§ 4

Die Gruppe kommt mindestens einmal zwischen den Sitzungen des Ausschusses für Ausländerangelegenheiten zusammen.

§ 5

(1) Bei den Zusammenkünften verständigt sich die Gruppe zunächst über die Beratungspunkte und den Protokollführer/die Protokollführerin.

...

Partizipation ist ein wesentliches Element erfolgreicher und nachhaltiger Integration. Es muß das Ziel sein, allen Beteiligten zu ermöglichen, an einem transparenten und sachgerechten Dialog- und Entscheidungsprozeß teilzunehmen. Im Vordergrund muß stehen, gesellschaftliche Gruppen, deren Beteiligungsmöglichkeiten unter anderem aufgrund mangelnden Einflusses und wirtschaftlicher Möglichkeiten unzureichend sind, bei der Gestaltung gesellschaftlicher Prozesse mitwirken zu lassen.

Bei Migrantinnen und Migranten basiert die politische Beteiligung auf dem Grundprinzip der Interessenvertretung durch Einfluß und nicht durch Mitbestimmung. Das gilt sowohl bei der institutionalisierten (z.B. Ausländerbeiräte) als auch der nicht-institutionalisierten Partizipationsform (z.B. Initiativen und Vereine). Zu bedenken bleibt, daß das Hauptdruckmittel einer effizienten Interessenvertretung fehlt, nämlich das Recht, wählen und abwählen zu können, also die Sanktionsmöglichkeit seitens der Migrant(inn)en. Inwieweit die dargestellte Relevanz und Rolle der Migrantenselbstorganisationen von der Mehrheitsgesellschaft wahrgenommen und akzeptiert wird bzw. ob Migrant(inn)en die Möglichkeit haben, ihre Interessen als Gruppe zu vertreten, ist sowohl eine Frage institutioneller Regelungen als auch der politischen Kultur. Generell sind die Möglichkeiten zur Gruppenvertretung in einem Land größer, das die Migrant(inn)en weniger als Individuen denn als Gruppe begreift. In einigen Ländern werden Migrantenselbstorganisationen als unverzichtbarer Bestandteil des sozialen Versorgungssystems betrachtet. Dort tragen sie Verantwortung für Integrationsprozesse und werden in politische Entscheidungsprozesse als Vertreter ihrer Gruppen miteinbezogen. Dies gilt z.B. für die Niederlande und Großbritannien, dort werden die sozialen und kulturellen Aktivitäten der Migrantenselbstorganisationen entsprechend gefördert. Dagegen verfolgt Frankreich eine Strategie der individuellen Integration über Assimilation in die Gesellschaft. Es ist das erklärte Ziel der offiziellen Politik, das Entstehen von strukturierten, eigenständigen Minderheiten zu vermeiden.

In Deutschland sind die Möglichkeiten der Interessenvertretung begrenzt. Die kommunalen Ausländerbeiräte haben als lediglich beratende Gremien nur eine beschränkte Wirksamkeit. Es bleibt abzuwarten, welche Rolle den Migrantenselbstorganisationen in den zur Zeit diskutierten Zuwanderungs- und Integrationskonzepten zugeschrieben werden wird. Die bestehenden Formen der Migrantenselbstorganisationen in Deutschland blieben auch aufgrund interner Differenzen und fehlender Geschlossenheit bei der Durchsetzung ihrer Interessen bisher weitgehend chancenlos. Sie waren auch nicht in der Lage, Diskussionsthemen vorzugeben. Also wird es für die Vereine im nächsten Jahrzehnt darauf ankommen, Gemeinsamkeiten herauszufinden und Handlungsstrategien im Kontext einer emanzipatorischen und effektiven Interessenvertretung der ethnischen Minderheiten zu koordinieren.

Der Sechste Familienbericht der Bundesregierung aus dem Jahre 2000 geht davon aus, daß der Bestand ethnischer Organisationen vor allem von weiteren Zuwanderungen abhängig ist, da die Mitgliedschaft in ethnischen Organisationen eine integrierende Funktion für die Individuen hat. Sie ist eine Möglichkeit gesellschaftlicher Integration, insbesondere in der ersten Zeit nach der Migration. Inwieweit ethnische Vereine diese Funktion dauerhaft erfüllen, ist abhängig von ihrer Bindungskraft, z.B. ob sie Bedürfnisse der Migrant(inn)en befriedigen können, aber auch davon, ob Bedürfnisse auf Dauer bestehen.

Typen und Formen der Migrantenselbstorganisationen

Die Migrantenselbstorganisationen sind in Niedersachsen – wie auch auf Bundesebene – sehr vielgestaltig. Unterschiede gibt es in der Zielorientierung, den Tätigkeitsfeldern und Leistungen, die sich sowohl auf die politische als auch auf die soziale Ebene beziehen. Insofern haben sie unterschiedliche Einflüsse auf Politik, Gesellschaft und Kultur. Bedingt durch die Vielfältigkeit und Komplexität der Strukturen einerseits und die gebotene Differenzierung andererseits lassen sich mehrere Unterscheidungsmerkmale feststellen. Dabei kann grob zwischen den zivilgesellschaftlichen Organisationen und den religiösen Organisationen unterschieden werden.

Mit religiösen Organisationen werden oftmals ausschließlich die islamischen Moscheevereine verbunden. Weniger bekannt sind in der deutschen Öffentlichkeit die italienisch-, spanisch- und portugiesisch-katholischen Missionen. Hierbei handelt es sich aber nicht um Selbstorganisationen, da die Arbeit hauptsächlich von Priestern in Abhängigkeit von Heimatkirchen durchgeführt wird. Anders ist es bei islamischen Moscheevereinen: »Sie werden weitgehend durch örtliche Gruppen getragen, wenngleich ihre Geistlichen von überregionalen Dachorganisationen vermittelt werden und auch die Vorstände Kontakt zu diesen halten.«[2]

Jüdische Gemeinden können auch als Selbstorganisationen im Bereich der Migrationsarbeit verstanden werden, da sie mit ihren Angeboten jüdische Einwanderer, vor allem aus den ehemaligen GUS-Ländern, ansprechen. In vielen jüdischen Gemeinden in Niedersachsen stellen die Kontingentflüchtlinge aus den GUS-Ländern inzwischen die Mehrheit der Mitglieder.

Gegenstand dieses Beitrags sind allerdings die zivilgesellschaftlichen Organisationen der Migrant(inn)en in Niedersachsen. Religiöse Vereine sind hier nicht berücksichtigt, jedoch ist ihre Funktion und Bedeutung für ihre Klientel und für das Zusammenleben der ethnischen Gemeinschaften nicht zu unterschätzen. Ein Unterscheidungskriterium innerhalb der zivilgesellschaftlichen Organisationen ist die Herkunft der Mitglieder. Dabei wird zwischen dem Typus der herkunftshomogenen und der herkunftsheterogenen Organisationen unterschieden.

Herkunftshomogene Organisationen

Herkunftshomogen sind unzählige Vereine, deren Mitglieder aus einem Land, aus einer Region, Stadt oder einer bestimmten religiösen oder ethnischen Gruppe kommen und ihre Identität aus ihrer Herkunft beziehen. Es ist wichtig, diese unterschiedlichen Möglichkeiten von Homogenität zu betonen, da oft nur in nationalen oder ethnischen Kategorien gedacht wird, diese aber die Realität nur unzureichend wiedergeben. Die Mitglieder ethnischer Vereine schließen sich in erster Linie aufgrund ihrer gemeinsamen ethnischen Herkunft zusammen. Diese Gemeinsamkeit ist der primäre Mobilisierungsfaktor für die Partizipation. Die Vereine sind daher stark darauf angewiesen, den Bezug zur Herkunftsgesellschaft aufrechtzuerhalten; denn sonst droht der Verlust des Bezuges zum Herkunftsland und zur Mobilisierungsbasis. Dementsprechend müssen die Vereine stets die ethnische Differenz betonen und die Kultur der Herkunftsgesellschaft tradieren und konservieren.

Diese Vereine sind außerdem auf die besonderen Bedürfnislagen der Minorität in der jeweiligen Aufnahmegesellschaft ausgerichtet: Sie geben Informationen an ihre Mitglieder weiter, artikulieren Interessen, kanalisieren und mobilisieren Aktivitäten. Somit leisten sie nicht nur erhebliche Beiträge zur individuellen sozialen Integration ihrer Klientel in die Aufnahmegesellschaft, sondern auch zur Durchsetzung kollektiver Minderheiteninteressen.

Von der Größe der jeweiligen Nationalitätengruppe und der Aufenthaltsdauer in ihrer Wohnumgebung hängt es ab, welchen Grad der Ausdifferenzierung und Spezialisierung das Netz ethnischer Vereine erreichen kann, um eine hinreichende Anzahl von Vereinsmitgliedern zu rekrutieren. Daher können – anders als bei Vereinen der Mehrheitsgesellschaft – ethnische Vereine ihre Aktivitäten nicht nur auf eng begrenzte und einzelne Interessen beschränken. Charakteristisch für die meisten von ihnen ist durch diesen Rekrutierungsmodus vielmehr, daß sie mehrere, sehr verschiedenartige Ziele anstreben und ein vielfältiges Angebot an Möglichkeiten der Befriedigung materieller, sozialer und kultureller Bedürfnisse bereitstellen.

Die meisten herkunftshomogenen Vereine sind multifunktional. Die Mitglieder sind insgesamt stärker eingebunden als in anderen Migrantenvereinen, ihre Identifikation mit solchen Vereinen ist größer und sie partizipieren intensiver. Dies ergibt sich aus der Funktion dieser Vereine als Rückzugsmöglichkeit in einem Umfeld, in dem die Zuwanderer allgemeine Bedürfnisse, wie z.B. den Wunsch nach sozialer Anerkennung, befriedigen können. Da sie diese in der Aufnahmegesellschaft kaum erhalten, bilden herkunftshomogene Vereine oft die einzige Quelle sozialer Anerkennung für viele Migrantinnen und Migranten. Herkunftshomogene Vereine lassen sich auch nach den Zuwanderungsmotiven ihrer Mitglieder differenzieren. Vor allem gilt das für die Unterscheidung der Vereine von Arbeitsmigrant(inn)en und von Flüchtlingen.

Die Selbstorganisationen von Flüchtlingen spielen insgesamt nur eine kleine Rolle, zumal sie als relativ junge Organisationen erst am Anfang stehen. Ihre Einflußmöglichkeiten sind daher noch begrenzt. Trotz schwieriger Rahmenbedingungen (Residenzpflicht, Beschränkungen aufgrund des Asylbewerberleistungsgesetzes usw.) ist es aber in den letzten Jahren immer häufiger zu Gründungen von Selbstorganisationen bei verschiedenen Flüchtlingsgruppen gekommen. Dieser Prozeß wurde sicherlich durch viele deutsche Menschenrechtsorganisationen sowie Flüchtlings- und Solidaritätsinitiativen begünstigt und durch die Erkenntnis, daß die aktive Beteiligung der Flüchtlinge bei Protestaktionen gegen ihre Benachteiligung und Diskriminierung notwendig ist.

Die bei herkunftshomogenen Vereinen der Arbeitsmigranten zu beobachtende Tendenz, sich mehr an der Situation in der Aufnahmegesellschaft zu orientieren, ist bei den Selbstorganisationen der Flüchtlinge nicht zu beobachten. Vielmehr konzentrieren sich ihre politischen Aktivitäten und ihre Öffentlichkeitsarbeit neben der Hilfe zur Bewältigung alltäglicher Probleme ihrer Klientel auf die Veränderung der politischen Verhältnisse im Herkunftsland. Aufgrund des unfreiwilligen Aufenthaltes im Exilland wird es für Flüchtlinge oft zu einer Hauptaufgabe und zu einer Lebenssinnfrage – die eine nicht zu unterschätzende individualpsychologische Funktion hat –, die Beziehungen zum Herkunftsland aufrechtzuerhalten und die eigenen politischen Gefährten, aber auch die Familienangehörigen im Herkunftsland ideell und materiell zu unterstützen.

Herkunftsheterogene Organisationen

Die Mitglieder herkunftsheterogener Organisationen stammen aus unterschiedlichen Bereichen und bilden oft einen Zusammenschluß von Migrantinnen und Migranten verschiedener Nationalitäten sowie Altansässigen. Sinnvoll ist es, die herkunftsheterogenen Selbstorganisationen in öffentlich-rechtlich le-

Reihe „Standpunkte“

Lutz Hoffmann

Vom Gastarbeiterparlament zur Interessenvertretung ethnischer Minderheiten

Die Entwicklung der kommunalen Ausländerbeiräte im Kontext der bundesdeutschen Migrationsgeschichte

ARBEITSGEMEINSCHAFT KOMMUNALE AUSLÄNDERVERTRETUNGEN NIEDERSACHSEN

Arbeitsgemeinschaft der Ausländerbeiräte Hessen

gitimierte Organisationen, wie z.B. die Ausländerbeiräte, und nichtstaatliche Organisationen zu unterscheiden.

Ausländerbeiräte

Die Mehrzahl der Ausländerbeiräte in Niedersachsen kann heute den Selbstorganisationen zugerechnet werden. Die Mitglieder sind ausländische Staatsangehörige, die direkt von den ausländischen Bewohnern der Kommunen in demokratischen Wahlen bestimmt werden. Relativ autonom von der kommunalen Administration besetzen die Ausländerbeiräte ihre Themen- und Arbeitsfelder selbst. Sie unterscheiden sich zwar strukturell von Vereinen und Initiativen, verfolgen aber ihre selbstdefinierten Ziele. Somit haben sie eine ähnliche Funktion wie die Vereine. Ausländerbeiräte können als staatlich gestützte, lokale ethnisch-kulturelle Selbstorganisationen gewertet werden, die zugleich eine politische Kompensationsfunktion gegenüber dem Wahlrecht für deutsche Staatsangehörige übernommen haben. Sie sind ein zusätzliches (sozial-)politisches Instrumentarium; »denn angesichts der eingeschränkten politischen Betätigungsmöglichkeiten boten sie [...] eine Plattform zur Formulierung reformpolitischer Initiativen wie z.B. des kommunalen Wahlrechts, der doppelten Staatsangehörigkeit und der Liberalisierung des Ausländerrechts.«[3] Ausländerbeiräte existieren in Niedersachsen seit Mitte der 1970er Jahre in unterschiedlichen Formen. Ihr gemeinsames Merkmal ist,

- daß sie eine Beratungsaufgabe gegenüber den kommunalen Organen haben,
- daß sie durch einen förmlichen Beschluß der Kommunalvertretung gegründet wurden und
- daß für ihre Arbeit rechtliche Regelungen durch eine Satzung und/oder eine Geschäftsordnung vorliegen.

Die öffentliche Diskussion über Sinn, Zweck und Effektivität dieser Institution hat eine so lange Geschichte wie die Institution selbst. Die zentrale Frage bei dieser Auseinandersetzung ist nach wie vor, ob Beiräte lediglich eine Alibi-Funktion haben oder eine echte Chance zur Partizipation darstellen. Kritiker begründen ihre Ansicht mit der fehlenden Handlungs- und Mitentscheidungskompetenz der Ausländerbeiräte: Beiräte verschafften deutschen Politikern nur ein demokratisches Alibi und lenkten von der prinzipiellen Verweigerung des politischen Partizipationsrechts ab. Dagegen vertreten Befürworter von Ausländerbeiräten die Meinung, daß trotz aller Mängel Ausländerbeiräte sehr wohl ein Instrument der politischen Beteiligung von Ausländer(inne)n und damit ein Organ ihrer Interessenvertretung sind oder sein könnten.

Die Ausländerbeiräte haben in den letzten Jahren einen Wandel in Struktur und Funktion erfahren. Ihrem Selbstverständnis nach begreifen sie sich nicht mehr nur als beratende Gremien, sondern vielmehr als Organe der Interessenvertretung von Migrant(inn)en auf kommunaler Ebene, ungeachtet der jeweiligen Staatsangehörigkeit. »Im wesentlichen beruht diese Entwicklung auf dem Bemühen der Migranten, in diesen AB [Ausländerbeiräten, A.H.] ein Stück Selbstbestimmung, ein Stück Autonomie, ein Stück Emanzipation zu verwirklichen.«[4] Dieses Bestreben drückt sich in dem Versuch vieler niedersächsischer Ausländerbeiräte aus, sich zu Migrationsräten umzustrukturieren.

Beobachtet werden kann, daß in vielen Kommunen in Niedersachsen eine erneute Diskussion darüber entfacht ist, ob Ausländerbeiräte tatsächlich weiterhin gebraucht werden. Zur Kritik werden drei Argumente angeführt:

1. die niedrige Wahlbeteiligung bei den Wahlen der Ausländerbeiräte,
2. die Möglichkeit der direkten Beteiligung vieler Migrant(inn)en an kommunalpolitischen Entscheidungsprozessen durch das kommunale Wahlrecht für EU-Bürger und
3. die Zunahme der Zahl der eingebürgerten Migrant(inn)en.

Die Notwendigkeit des Sondergremiums Ausländerbeirat wird besonders von denjenigen, die in den Beiräten nur einen schwachen Ersatz für das fehlende Wahlrecht sehen, in Frage gestellt. Dieser Prozeß ist noch offen, und über die Zukunft der Ausländerbeiräte ist noch nicht entschieden. Perspektiven liegen im Paradigmenwechsel des migrationspolitischen Diskurses auf Landes-/Kommunal-/Bundesebene und in den entstehenden Rahmenbedingungen, vor allem aber in den Möglichkeiten der Beseitigung der systematischen Strukturprobleme von Ausländerbeiräten.

Interkulturelle/multi-ethnische Vereine

Seit den 1990er Jahren gibt es verstärkt Versuche, nationalitätenübergreifende Vereine und Verbände auf lokaler, regionaler und überregionaler Ebene zu gründen. Im Hintergrund steht oft die Erkenntnis, daß eine gemeinsame Interessenvertretung aller Migrantinnen und Migranten auf verschiedenen Ebenen notwendig ist. Idealtypisch gesehen stammen also Mitglieder, Mitarbeiterschaft und Leitungsgremien aus verschiedenen Kulturen. In herkunftsheterogenen Migrantenselbstorganisationen können sowohl einzelne Menschen als auch verschiedene herkunftshomogene Vereine zusammengeschlossen sein.

Ein Teil dieser Vereine ist ursprünglich von Deutschen gegründet worden, um Migrantinnen und Migranten oder Flüchtlinge zu unterstützen. In einer zweiten Phase kamen dann Migrantinnen und Migranten als gleichberechtigte

OSNABRÜCK
WAHL
ZUM AUSLÄNDERBEIRAT
2. FEBRUAR 1997

Mitglieder und Führungspersönlichkeiten hinzu und gelangten immer mehr in den Vordergrund. Es gibt aber auch einige Vereine, die von Anfang an von Migrantinnen und Migranten unterschiedlicher Nationalitäten gemeinsam mit Deutschen gegründet worden sind. Sie sind jedoch zahlenmäßig von geringerer Bedeutung als herkunftshomogene Vereine.

Empirische Datenbefunde zeigen, daß Migrant(inn)en eher an herkunftshomogenen Vereinen partizipieren als an ethnisch-gemischten Vereinen und Organisationen. Das liegt einerseits daran, daß sie gesellschaftspolitische Ziele verfolgen (wie z.B. die Einführung des kommunalen Wahlrechts, die Änderung des Ausländergesetzes), die von vielen Migrant(inn)en nicht als individuelle und essentielle Interessen betrachtet werden. Andererseits profitieren auch diejenigen von den Erfolgen, die sich nicht an der Durchsetzung solcher Ziele aktiv beteiligt haben. Multi-ethnische Vereine führen eine plurale Vielfalt zusammen und wirken damit als solche integrativ. Dies kann als Vorteil gewertet werden; denn sie können die Bedürfnisse der in Deutschland aufgewachsenen zweiten und dritten Generation besser berücksichtigen als herkunftshomogene Vereine. Von einer größeren Reichweite und Akzeptanz dieser Organisationsform ist aufgrund dieser Tatsache auszugehen.

Der Abgeordnete der ›Grünen‹ im Europaparlament, Langer, hat die Relevanz solcher Vereine wie folgt treffend beschrieben: »In Situationen des Zusammenlebens, der inter-ethnischen Spannung oder gar des Konflikts, gibt es ein unschätzbar wertvolles Friedensinstrument: nämlich gemischte interethnische (interkonfessionelle, inter-kulturelle...) Gruppen (so klein und bescheiden sie auch sein mögen). Solche Gruppen können am eigenen Leibe pionierhaft die Probleme, die Schwierigkeiten und die Chancen des interethnischen Zusammenlebens erproben. [...] Wer die schwierige Kunst des Zusammenlebens schätzt oder gar erlernen möchte, wisse, daß gemischte Gruppen der beste Weg dazu sind. Sie stellen heute wohl das einfachste und gleichzeitig das wirksamste Gegenmittel gegen die allerorts aufflackernden ethnischen Konflikte und gegen den Rückfall in ethnozentrische Barbarei dar.«[5]

Zusammensetzung der Migrantenselbstorganisationen in Niedersachsen

Selbstorganisationen bedürfen größerer Gruppen der eigenen Nationalität oder anderer Migrant(inn)en. Daher sind sie vermehrt in Großstädten angesiedelt. Hinsichtlich der Organisationsdichte unter den verschiedenen Nationalitäten zeigt eine Studie aus Nordrhein-Westfalen, daß der Anteil organisierter Personen europäischer Herkunft an der gesamten Wohnbevölkerung mit 21% an der

Spitze liegt, gefolgt von den Migrant(inn)en afrikanischer, lateinamerikanischer und asiatischer Herkunft mit 12, 11 bzw. 10%.[6] Für Niedersachsen kann hierzu mangels Daten keine Aussage getroffen werden. Bei der Berufs- und Ausbildungsstruktur der Mitglieder der Migrantenselbstorganisationen in Niedersachsen bedarf es der Differenzierung (Schaubild 1).

Schaubild 1: Anteil der Akademiker an der Gesamtzahl der Mitglieder von Migrantenselbstorganisationen in Niedersachsen in %

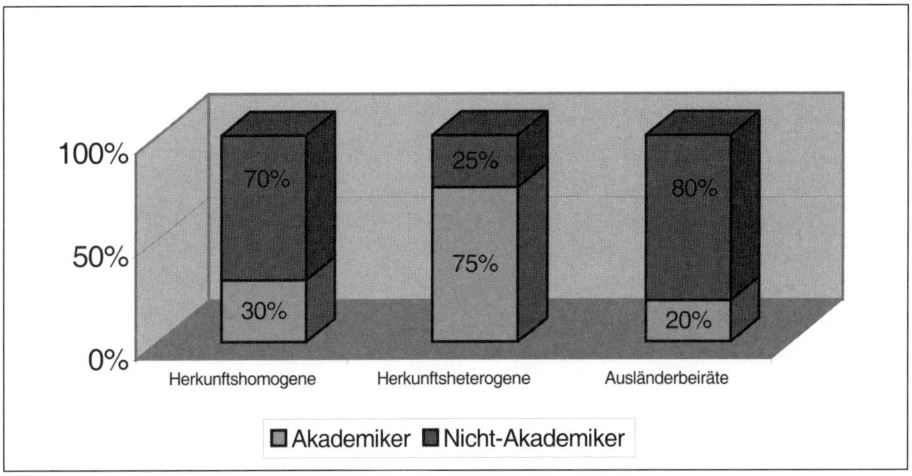

Bei den herkunftshomogenen Vereinen lag der Akademikeranteil im Durchschnitt bei 30%, demgegenüber verfügen die herkunftsheterogenen Vereine mit 75% über einen extrem hohen Anteil an Akademikern. Bei den Ausländerbeiräten beträgt der Akademikeranteil dagegen nur 20%. Innerhalb der Kategorie der herkunftshomogenen Vereine zeigen sich große Differenzen: Vereine, die in den letzten zehn Jahren gegründet wurden, haben einen Akademikeranteil zwischen 50 und 70% der gesamten Mitgliederschaft, hingegen weisen die traditionellen ›Arbeitervereine‹ einen Anteil von 90–100% Nicht-Akademikern auf.

Eine Erklärung für die Unterschiede in der Berufs- und Ausbildungsstruktur der Mitglieder in herkunftshomogenen und herkunftsheterogenen Vereinen kann mit den unterschiedlichen Anforderungen an die Fähigkeiten der Mitglieder begründet werden. »So wird die Partizipation in einem aufnahmelandorientierten politischen Verein höhere Anforderungen an Bildung, Sprachkenntnissen und Kenntnissen der Institutionen des Aufnahmelandes stellen als die in einer ethnisch homogenen Folkloregruppe, die wiederum ganz andere Fertigkeiten voraussetzt.«[7] Die Bildungszusammensetzung bei den Ausländerbeiräten läßt sich damit erklären, daß bis Ende der 1980er Jahre die Mitgliedschaft ausschließlich auf die sogenannten Anwerbeländer (Italien, Spanien, Griechenland, die Türkei, Marokko, Portugal, Tunesien und Jugoslawien) beschränkt war und daß die ›Arbeitervereine‹ für die Wahlen des Ausländerbeirats ihre Mitglieder mobilisieren konnten, so daß auch vorrangig ihre Vertreter gewählt wurden. Diese Struktur hat sich seit Anfang der 1990er Jahre jedoch gewandelt, so daß die Nationalitäten-, Berufs- und Ausbildungsstruktur der Mitglieder vielfältiger geworden ist.

Altersstruktur

3% aller Mitglieder sind bis 25 Jahre alt, der Großteil aller Mitglieder (67%) ist zwischen 25 und 45 Jahre alt, und 30% der Mitglieder sind älter als 45 Jahre (Schaubild 2). Die gängige Vorstellung, daß die Migrantenselbstorganisationen Vereine und Zusammenschlüsse von Arbeitsmigrant(inn)en der ersten Generation sind, wird hier widerlegt. Auffällig ist aber auch der niedrige Mitgliederanteil von Jugendlichen. Die Mehrheit der befragten Organisationen hat gar keine Mitglieder in dieser Altersgruppe. Die Schwierigkeiten, insbesondere die in Deutschland geborene dritte Generation in derartige Organisationen einzubinden, wurde durch eine Reihe von Interview-Äußerungen deutlich, für die die folgende Aussage beispielhaft ist: »Mitglieder, die in Deutschland geboren sind, haben wir noch nicht, weil uns eine Brücke zu ihnen noch nicht ganz gelungen ist. […] Es ist ja sehr schwer, den Jugendlichen, die hier geboren sind, eine Identifikation mit so einem Verein zu geben.« Dieser Tatbestand wurde durch die erhobenen Daten bestätigt. Auf die Frage nach der Aufenthaltsdauer der Mitglieder in Deutschland gaben nur zwei herkunftshomogene Vereine an, zwischen 20% und 30% der Mitglieder seien in Deutschland geboren, alle anderen befragten Vereine bemerkten, daß der Anteil dieser Gruppe nicht mehr als 5% der Gesamtmitgliederschaft betrage.

Zusammenfassend läßt sich feststellen, daß in den Migrantenselbstorganisationen in Niedersachsen ein Generationswechsel stattgefunden hat. Die erste Generation wurde aber nicht einfach durch die in Deutschland geborene zweite und dritte Generation ersetzt. Die aktiven Mitglieder rekrutieren sich in erster Linie aus später eingewanderten jungen Menschen. Die Mobilisierung der hier geborenen Migrant(inn)en für die vorhandenen Formen der Selbstorganisation ist dagegen gescheitert. Diese können sich mit den existierenden Formen der Migrantenselbstorganisationen nicht identifizieren, da sie ihre Bedürfnisse nicht ausreichend berücksichtigt finden.

Schaubild 2: Altersstruktur der Mitglieder von Migrantenselbstorganisationen in Niedersachsen

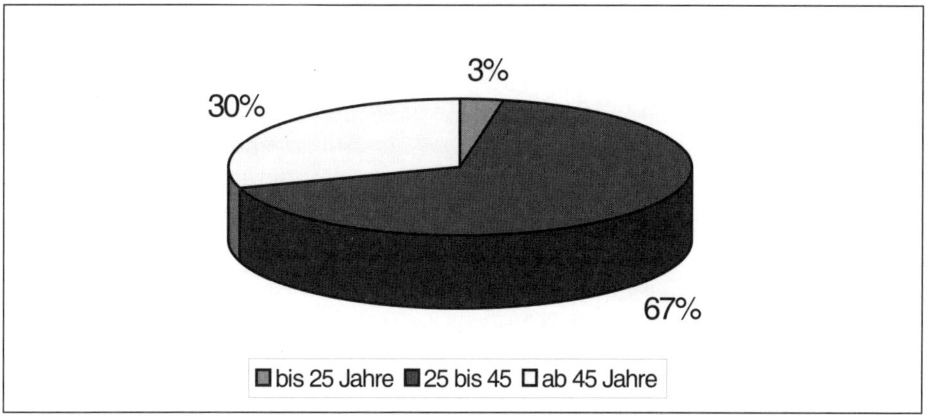

Darüber hinaus kann aufgrund der erhobenen Daten abgeleitet werden, daß Migrantenselbstorganisationen weiter an Bedeutung gewinnen werden, da es einen großen Bevölkerungsanteil in der Altersgruppe gibt, die bisher nicht organisiert war. »Selbst wenn sich jüngere Einwanderer hier insgesamt weniger stark organisieren sollten als die vorhergehende Generation, werden aufgrund der demographischen Verhältnisse weiterhin quantitative Zuwächse in den Vereinen zu beobachten sein.«[8] Auch aus dieser Perspektive ist es wichtig, seitens der Aufnahmegesellschaft und ihrer Institutionen die Kontakte zu den Migrantenselbstorganisationen zu suchen und sie als Interessenvertretung einer bedeutenden Bevölkerungsgruppe ernstzunehmen.

Geschlechterstruktur

Unter den Mitgliedern und im Vereinsleben sind Frauen fast immer unterrepräsentiert. Zahlreiche Vereine sind ausschließlich Männertreffpunkte. Ausnahmen bilden die Schulvereine und -initiativen. Einige Veränderungen sind jedoch erkennbar: Zahlreiche Vereine haben inzwischen Frauengruppen, Treffs und Bildungsangebote für Frauen eingerichtet. In Bildungs- und Schulvereinen und in einigen herkunftsheterogenen Vereinen sind ausländische Frauen oftmals aktiver als Männer.

Die Angaben zu der Geschlechterstruktur waren sehr unterschiedlich. Ein Gesamtdurchschnitt würde das Bild verzerren. Die Angaben könnte man in drei Kategorien unterteilen: Einige herkunftshomogene Vereine geben einen Männeranteil zwischen 80 und 90% an, beispielsweise die traditionellen ›Arbeitervereine‹ oder Vereine der Flüchtlingsgruppen. In anderen herkunftshomogenen Vereinen, vor allem in denjenigen, die in den letzten zehn Jahren gegründet wurden, überwiegt der Männeranteil geringfügig. Das sind Vereine, die in erster Linie Familien als Adressaten haben. Hier beträgt der Frauenanteil zwischen 35 und 45%. Bei der Mehrzahl der herkunftsheterogenen Vereine sind die Geschlechterproportionen ausgeglichen, bei vielen bilden die Frauen die Hälfte der Mitglieder, bei einigen überwiegt ihr Anteil sogar. Die Mehrzahl der Ausländerbeiräte weist einen starken Männeranteil innerhalb ihrer Mitgliederschaft auf, ein Anteil zwischen 65 und 75% wurde angegeben.

Materielle und personelle Ausstattung

Finanzierung

Ein Drittel der befragen Organisationen gab an, ihre Kosten durch Spenden und Mitgliedsbeiträge zu finanzieren, 53% ausschließlich durch öffentliche Zuschüsse; 14% verwenden beide Quellen zur Ausgabenfinanzierung (Schaubild 3).

Auffällig ist, daß zu den Vereinen, die ihre Kosten ausschließlich durch Spenden und Mitgliedsbeiträge finanzieren, hauptsächlich herkunftshomogene Vereine gehören, die in den letzten zehn Jahren gegründet wurden. Älteren herkunftshomogenen Vereinen läßt sich eher die Kategorie ›Finanzierung durch Mitgliedsbeiträge und öffentliche Zuschüsse‹ zuordnen (meistens handelt es sich hierbei um kommunale Zuschüsse). Die Mehrzahl der herkunftsheterogenen Vereine finanziert sich ausschließlich durch öffentliche Mittel; das sind projektbezogene Gelder oder Einnahmen aus professionellen Dienstleistungsangeboten. Die Ausländerbeiräte werden als integraler Teil der kommunalen Strukturen angesehen, deren Kosten daher von den Kommunen übernommen werden.

Diese Daten stimmen mit früheren Beobachtungen überein, wonach ein Teil der herkunftshomogenen Vereine – hier die ›Arbeitervereine‹ – traditionell bei der Verteilung von kommunalen Zuschüssen dazugehören (nach dem ›Gießkannenprinzip‹). Hier handelt es sich meistens um geringe Mittel zur Finanzierung von kulturellen Veranstaltungen oder Zuschüssen in Form von Sachmitteln. Neu gegründete herkunftshomogene Vereine schaffen den Zugang zu den kommunalen Mitteln aufgrund der permanenten Geldknappheit in den kommunalen Haushalten in den letzten Jahren nicht mehr. Außerdem sind sie durch ihre schlechten strukturellen Voraussetzungen nicht in der Lage, ihre Angebote zu professionalisieren. Der Zugang zu EU-, Bundes- und Landesmitteln zur Finanzierung von Beratungsdiensten und anderen Projekten bleibt ihnen damit verschlossen.

Schaubild 3: Finanzierung der Ausgaben von Migrantenselbstorganisationen in Niedersachsen

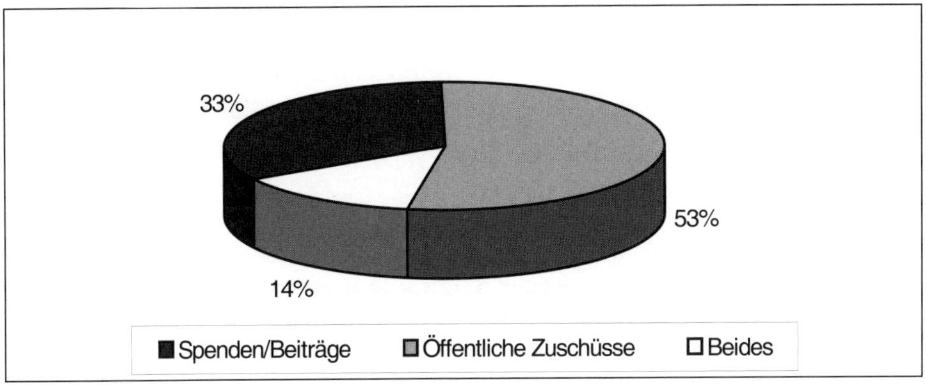

Hauptamtliche Mitarbeiterinnen und Mitarbeiter

Die Hälfte der befragten Organisationen hat angegeben, hauptamtliche Kräfte zu beschäftigen. Auffällig ist, daß alle Vereine, die kein hauptamtliches Personal beschäftigen, mit nur einer Ausnahme herkunftshomogene Vereine sind. Das bedeutet, daß ihre Vereinsarbeit vor allem ehrenamtlich geleistet wird. Dagegen verfügen alle herkunftsheterogenen Organisationen nach eigenen Angaben über hauptamtliche Kräfte. Die Zahl der Stellen ist aber sehr unterschiedlich, sie variiert zwischen einer Stelle – das sind meistens die Ausländerbeiräte – bis hin zu zehn Angestellten. Bei den Ausländerbeiräten handelt sich in der Regel um die Stelle der Geschäftsführerin/des Geschäftsführers, d.h. um eine institutionelle Förderung der Kommunen mit eigenem Haushaltstitel.

Andere herkunftsheterogene Vereine nutzen weitere vorhandenen Quellen. Nach ihren Angaben verfügen sie über Stellen, die über Arbeitsbeschaffungsmaßnahmen (ABM), das Bundessozialhilfegesetz (BSHG § 19) und durch Projektgelder finanziert werden. Eigenmittel werden zur Ko-Finanzierung eingesetzt. »Viele dieser Stellen sind jedoch nicht auf Dauer angelegt. ABM- und BSHG § 19-Stellen werden zunehmend abgebaut, befristete Arbeitsverträge nur bei einer entsprechenden Weiterfinanzierungsmöglichkeit fortgesetzt. Gleichermaßen zeugen sie von der hohen Professionalisierung einzelner Organisationen, die ihre Angebots- und Arbeitsfelder durch eine rein ehrenamtliche Tätigkeit nicht mehr bewältigen können.«[9]

Zusammenfassend läßt sich folgendes feststellen: Herkunftshomogene Vereine haben, mit wenigen Ausnahmen, den Zugang zu den öffentlichen Finanzquellen nicht geschafft, ihre Arbeit wird hauptsächlich durch Spenden und

Mitgliedsbeiträge finanziert. Über hauptamtliches professionelles Personal verfügen sie nicht, so daß die Arbeit ehrenamtlich geleistet wird. Mitglieder der Ausländerbeiräte arbeiten ehrenamtlich, zur Unterstützung ihrer Arbeit steht ihnen ein/e von der Kommune finanzierte/r Geschäftsführer/in (meistens als Teilzeitkraft) zur Seite. Aufgrund ihres rechtlichen Status haben sie keinen Zugang zu anderen öffentlichen Mitteln. Aus diesem Grund hatten einige Ausländerbeiräte in Niedersachsen die Eintragung als gemeinnütziger Verein erwogen. Der drohende Verlust der Anbindung an die Kommunen verhinderte die Umsetzung dieser Idee. Für eine Professionalisierung der angebotenen Beratungsdienste oder für die Durchführung von Projekten fehlen die Mittel.

Anders ist die Situation bei den herkunftsheterogenen Vereinen. Sie sind zwar in der Lage, Projektmittel zu akquirieren, jedoch verfügen sie nicht über institutionell geförderte Personalstellen zur Bewältigung von Vereinsaufgaben. Bei der Ressourcenverteilung konkurrieren sie mit fest verankerten Strukturen wie z.B. den Wohlfahrtsverbänden, den Trägern der beruflichen und der Erwachsenenbildung. Ihre Professionalität müssen sie daher immer wieder besonders beweisen und weiterentwickeln.

Das Problem, das den Migrantenselbstorganisationen die größten Schwierigkeiten bereitet, ist der Mangel an Kontinuität. Viele Organisationen sind von einer Anzahl von Personen abhängig, die die treibenden Kräfte sind. Scheiden diese Personen aus, führt dies oftmals zu einer Krise der Organisation, die bis zur Auflösung führen kann. Um die Kontinuität gewährleisten und Aktivitäten wirksam über längere Zeiträume gestalten zu können, brauchen die Migrantenselbstorganisationen Mitarbeiterinnen und Mitarbeiter, die der Organisation mit Zeit und Professionalität zur Verfügung stehen. Migrantenselbstorganisationen benötigen für ihre Arbeit mittel- und langfristig ausreichende infrastrukturelle und logistische Hilfen sowie fachliche Beratung und Begleitung. Für eine erfolgreiche professionelle Arbeit ist reiner Voluntarismus keine ausreichende Grundlage. Zwar ist Ehrenamtlichkeit wichtig und unverzichtbar, sie findet aber zugleich ihre Grenzen.

Aktivitätenschwerpunkte

Die Aktivitäten von Migrantenselbstorganisationen sind von höchst unterschiedlicher Art. Sie lassen sich nach kulturellen, sozialen, politischen oder besonderen Aktivitäten zur Interessenvertretung trennen. Demgemäß sind unterschiedliche Vereinsfunktionen hervorzuheben. In der Wirklichkeit des Vereinsgeschehens und der Tätigkeit ihrer Vorstände entwickeln sich Migrantenselbstorganisationen dagegen häufig multifunktional.

Die Vielfältigkeit der vorgefundenen Ziele der Migrantenselbstorganisationen spiegelt sich in der bunten Palette ihrer Aktivitätsschwerpunkte wider. Bei einem großen Teil der befragten Organisationen fällt auf, daß sie parallele Angebote unterschiedlicher Art haben, die sich an verschiedene Zielgruppen richten. Dieses Phänomen trifft auf herkunftshomogene wie auf -heterogene Vereine zu. Die wenigsten beschränken sich auf ein eingegrenztes Tätigkeitsfeld oder eine eingegrenzte Zielgruppe (Klientel). Das sind in der Regel Vereine, die sich schon bei ihrer Gründung auf bestimmte Tätigkeitsfelder spezialisiert haben, wie z.B. Elternvereine der verschiedenen Nationen. Davon gibt es in Niedersachsen aber nur wenige.

Dienstleistungsfunktion

Migrantenselbstorganisationen greifen spezifische Bedürfnisse der Migrantinnen und Migranten auf und versuchen, die Lücken in der sozialen und kulturellen Regelversorgung zu schließen. Neben der Begleitung von Behördengängen, Übersetzungstätigkeiten und Einzelfallberatungen werden umfangreiche integrative Angebote gemacht. Fast alle befragten Vereine bieten deutsche Sprach- und Alphabetisierungskurse an, viele von ihnen Nachhilfeunterricht und Hausaufgabenhilfe für Schülerinnen und Schüler. Einige herkunftshomogene Organisationen machen auch Angebote zur Freizeitgestaltung, wie z.B. sportliche Aktivitäten, Näh- und Kochkurse, die oftmals alters- und/oder zielgruppenspezifisch organisiert sind, z.B. für Kinder, Jugendliche und Frauen.

Mit zunehmender Tendenz bieten insbesondere herkunftsheterogene Migrantenselbstorganisationen ihrer Klientel niedrigschwellige berufsqualifizierende Maßnahmen und Projekte zur Verbesserung des Arbeitsmarktzuganges an. Noch wenig Beachtung findet bei der Mehrzahl der Organisationen die Fort- und Weiterbildung, insbesondere im Bereich des Vereinsmanagements.

Pflege und Weiterentwicklung der Herkunftskultur

Einen höheren Stellenwert nimmt der kulturelle Bereich bei den Aktivitäten der herkunftshomogenen Vereine ein. Das Feiern von traditionellen Festen ist ein wichtiger Bestandteil, und einige Vereine sehen darin eine Gelegenheit für die Geselligkeit. Es ermöglicht Angehörigen der gleichen Nationalität zusammenzukommen und wird als Pflege und Weitergabe von wichtigen kulturellen Elementen an die nächste Generation angesehen.

Durch die kulturellen Aktivitäten wird angestrebt, eine Brücke zwischen den Generationen zu bauen, indem versucht wird, die eigene kulturelle Identität anzupassen und weiterzuentwickeln. »Die Entwicklung unserer kulturellen Identität war für uns ein wichtiges Thema, insbesondere für die junge Generation. Dann war uns die Entwicklung einer Kultur wichtig, die keine rein türkische und keine rein deutsche war, das war für uns sehr schwierig, weil die ältere Generation die Kultur dieser Gesellschaft nicht kannte, aber die Jüngeren eher mit der Kultur dieser Gesellschaft aufwachsen. Die älteren Mitglieder haben versucht, die Kultur dieser Gesellschaft neu kennenzulernen, damit sie auch den Kontakt zu der jüngeren Generation behalten, und der jüngeren Generation haben wir versucht, die türkische Kultur beizubringen, so gesehen war das Aufbewahren der alten und die Entwicklung einer neuen Kultur ein Schwerpunkt unserer Arbeit«, so ein Mitglied einer Migrantenselbstorganisation.

Viele Vereine legen Wert auf die Beteiligung von deutschen Mitbürger(inne)n an ihre Festen. Dieses starke Bedürfnis vieler Migrantinnen und Migranten zur Pflege und Weiterentwicklung ihrer Herkunftskultur kann kein anderer Träger öffentlicher Interessen befriedigen. Darüber hinaus beleben Migrantenselbstorganisationen die kulturelle Vielfalt in Niedersachsen, verdeutlichen die positiven Seiten der Multikulturalität und leisten damit einen Beitrag zur Akzeptanz und Wertschätzung des ›Anderen‹.

Brückenfunktion/Vermittlungsrolle

Migrantenselbstorganisationen transportieren einerseits die Interessen und Probleme der Migrantinnen und Migranten in das politische und administrative System der Aufnahmegesellschaft, andererseits vermitteln sie ihren Mitgliedern Informationen und Erkenntnisse über die Aufnahmegesellschaft. Nicht selten werden sie von beiden Seiten als kompetente Ansprechpartner in Anspruch genommen. Viele Aktivitäten sind im Bereich der Aufklärungsarbeit entwickelt worden. Fast alle befragten Organisationen legen großen Wert darauf, Informationslücken bei ihrer Klientel zu schließen. Mit Informationsveranstaltungen, Diskussionsabenden und Broschüren wird versucht, über Gesetzesänderungen sowie Leistungsansprüche in bestimmten Sozialbereichen und über politische Entwicklungen in Deutschland zu informieren.

Bürgerrechtliches Engagement

Bürgerrechtliches Engagement ist eine zentrale Aufgabe der Migrantenselbstorganisationen und bildet die Basis für die gesellschaftliche Partizipation, bei der Ressourcen aktiviert und qualifiziert werden. Viele Aktivitäten der Migrantenselbstorganisationen umfassen gesellschaftspolitische Themen, die entweder aktuelle politische Diskurse und mögliche Reaktionen darauf aufgreifen, oder es werden Themen behandelt, um sie anschließend in der Öffentlichkeit vorzustellen und zu diskutieren.

Der überwiegende Teil der befragten Organisationen macht seiner Klientel Angebote im Bereich der politischen Bildung. Das sind spezifische oder zielgruppenorientierte Themen. Die Aktivitäten in diesem Bereich sind sehr vielfältig. Häufig gibt es Veranstaltungen und Diskussionsabende zu politischen Themenstellungen, z.B. zur doppelten Staatsbürgerschaft, zum kommunalen Wahlrecht für Ausländer, zu Möglichkeiten des muttersprachlichen Unterrichts. Bei Flüchtlingsorganisationen ist der Bereich ›Flucht und Asyl‹ ein zusätzlicher zentraler Bereich. Weiterhin gibt es politische Aktivitäten in Form von Aktionen, z.B. gegen Ausländerfeindlichkeit und Rassismus, gegen die Einführung der Visumspflicht für ausländische Kinder, zur Abschiebepraxis von Flüchtlingen. Dafür werden unter anderem Demonstrationen organisiert, aufklärende Flugblätter verfaßt und Informationsschriften erstellt und verbreitet sowie Aufklärungsarbeit in Schulen durchgeführt.

Fast alle politischen Aktivitäten finden auf lokaler Ebene statt. Gemeinsame, nationalitäten- und organisationsübergreifende, landesweite Aktionen wurden bislang nicht durchgeführt. Eine Ausnahme bilden hier die nahezu jährlich organisierten landesweiten Konferenzen der Migrant(inn)en und Flüchtlinge. Ziel dieser Konferenzen ist es, Zugewanderten in Niedersachsen ein Forum zu geben, ihre Meinung zu bestimmten aktuellen Themen zu artikulieren und ihre Erfahrungen auszutauschen.

Durch diese thematisch breite Staffelung in der Auseinandersetzung mit gesellschaftspolitischen Fragestellungen wird deutlich, daß die Migrantenselbstorganisationen ihre eigene Situation thematisieren, darüber hinaus aber auch einen aktiven Beitrag zur gesamtgesellschaftlichen Diskussion leisten. Diese Haltung belegt eine Orientierung auf die Geschehnisse in der Bundesrepublik und die Bereitschaft, hierfür Verantwortung zu übernehmen.

Interessenvertretung

Ein Pfeiler der politischen Arbeit besteht in der Interessenvertretung gegenüber Einrichtungen der Aufnahmegesellschaft. Auf kommunaler Ebene bemühen sich darum vor allem die Ausländerbeiräte durch regelmäßige Gespräche mit Vertreter(inne)n der Kommunalpolitik und -verwaltung. Durch Beteiligung an zahlreichen Ratsausschüssen verschaffen sie den Interessen der Migrant(inn)en Gehör. Aber auch viele herkunftshomogene Vereine übernehmen entsprechend ihres gewandelten Selbstverständnisses stärker die Rolle einer Interessenver-

Nur Empfehlungen sind gefragt

Ausländerkommission des Landtags nimmt ihre Arbeit auf

jö. **Hannover**
An Hinweisen auf die historische Bedeutung hat es nicht gemangelt. Von einem „großen Schritt" sprach Landtagspräsident Horst Milde (SPD), als am Montag die Ausländerkommission des Landtags zu ihrer ersten Sitzung zusammentrat. In dem bundesweit einmaligen Gremium sollen Ausländer erstmals ein Mitspracherecht in einem Landesparlament haben. Entscheiden dürfen sie allerdings nicht. Die Kommission, die einmal im Monat über Fragen des Zusammenlebens von Ausländern und Deutschen zwischen Ems und Elbe beraten wird, soll die Fraktionen und die Ausschüsse des Landtags lediglich beraten. Von der Bereitschaft der Parteien werde es daher abhängen, meinte Milde, ob die Empfehlungen der Kommission in den Entscheidungen ihren Niederschlag finden.

Noch unter dem Eindruck der Mordanschläge von Mölln und Solingen hatte der Landtag mit den Stimmen aller Fraktionen die Einberufung der Ausländerkommission beschlossen. Julio Molina, Vorsitzender der Arbeitsgemeinschaft der kommunalen Ausländerbeiräte in Niedersachsen, wies in der konstituierenden Sitzung allerdings darauf hin, daß es insgesamt sechs Jahre gedauert habe, die Landespolitiker von der Bildung eines Ausländergremiums zu überzeugen. Nun dürfe die Kommission nicht zu einem Alibi werden, forderte Molina, der dem Ausländerbeirat in Osnabrück angehört. Auch die übrigen fünf ständigen Ausländervertreter in der Kommission sind entweder in einem kommunalen Beirat vertreten oder arbeiten in einer landesweit tätigen Flüchtlingsorganisation. Die vier Landtagsfraktionen entsenden jeweils einen Abgeordneten.

Zumindest rechnerisch haben die Ausländer in der Kommission die Mehrheit. Die Geschäftsordnung aber schreibt vor, daß die Empfehlungen einstimmig formuliert werden müssen. „Wir werden jedoch kein harmoniesüchtiger Debattierklub", versichert die Kommissionsvorsitzende Hulle Hartwig (SPD).

Die Landtagsabgeordnete aus Göttingen geht mit zweischneidigen Gefühlen an die Kommissionsarbeit. Zum einen sei die Bildung einer Ausländervertretung auf Landesebene ein enormer Fortschritt auf dem Weg zu mehr Integration. Zum anderen aber dürfe die weitgehend rechtlose Kommission kein Ersatz für das kommunale Wahlrecht oder die doppelte Staatsbürgerschaft sein. Die Ausländerkommission sei nur ein Zwischenschritt, meinte Hulle Hartwig.

Hannoversche Allgemeine, 26.10.1993

tretung. Durch die Beteiligung an kommunalen Arbeitskreisen und Fachforen nehmen sie die Interessen ihrer Gruppe wahr, insbesondere im Bereich der Schulen und der Gesundheitsinstitutionen.

Da es in Niedersachsen, im Unterschied zu den Bundesländern Nordrhein-Westfalen, Berlin, Bremen und Hamburg, trotz einiger Versuche noch keine Landesdachorganisationen der einzelnen Nationalitäten gibt, wird die Interessenvertretung auf Landesebene hauptsächlich von den Dachorganisationen AMFN (Arbeitsgemeinschaft MigrantInnen und Flüchtlinge in Niedersachsen) und AG KAN (Arbeitsgemeinschaft Kommunale Ausländervertretungen Niedersachsen) wahrgenommen. Die lokalen Vereine, insbesondere in der Landeshauptstadt Hannover, versuchen durch sporadische Gespräche mit den Ministerien oder einzelnen Landespolitikern bestimmte Themen anzusprechen.

Das einzige Forum einer institutionalisierten Interessenvertretung der Migrantenselbstorganisationen in Niedersachsen ist die Ausländerkommission des Landtages. Diese Kommission hat Selbstbefassungsrecht, in ihrem Rahmen finden Diskussionen zu Migrationsthemen im Landtag statt, sie kann jedoch nur Empfehlungen abgeben. Sie wird als Instrument angesehen, bei politischen Entscheidungen des Parlaments und der Regierung die Positionen der Migrantenselbstorganisationen anzuhören. Neben den Landtagsfraktionen haben unter anderem AMFN und AG KAN – als Vertreter der Migrantenselbstorganisationen in Niedersachsen – Mitglieder entsandt.

Schluß

Trotz der Teilerfolge der Migrantenselbstorganisationen in Niedersachsen im kulturellen und im Dienstleistungsbereich sind sie weitgehend aus politischen Entscheidungsprozessen ausgeschlossen, und auch ihre Leistungen werden nur schwach wahrgenommen. Das macht ihre mangelnde äußere Funktionsfähigkeit und ihre unterentwickelte Lobbyarbeit deutlich. Die gesellschaftlichen Rahmenbedingungen und die Einstellung der Mehrheitsgesellschaft erschweren eine kollektive Interessenvertretung ethnischer Minderheiten. Außerdem sind die Migrantenselbstorganisationen personell und finanziell nur schwach ausgestattet. Aber auch die Vertretung von Einzel- und Partikularinteressen sowie die oftmals fehlende Bündelung und Vernetzung auf lokaler und Landesebene sind eine weitere Ursache für ihre Schwäche. Es muß betont werden, daß das Bewußtsein ethnischer Zugehörigkeit in einer ausdifferenzierten Gesellschaft als ein modernes Mittel der politischen Mobilisierung und gesellschaftlichen Interessenvertretung im Kampf gegen Diskriminierung als funktional zu werten ist. Trotzdem kann dieser Tatbestand nicht über ihre gegenwärtige Schwäche hinwegtäuschen.

Die Gemeinsamkeiten der Geschichte und der Situation der Migrant(inn)en über die Herkunftsnationen und die unterschiedlichen ethnischen Gruppen hinaus sind oft größer als vermutet oder unterstellt. So können die Erfahrungen der Migration und der Ausgrenzung nur durch die Anerkennung der zugrundeliegenden ethnisch-religiösen Diversität und der durch Geschlechts- und Klassenstatus manifestierten sozialen Differenzen als gemeinsam verstanden werden. Deshalb müssen Gemeinsamkeiten stärker herausgebildet und Handlungsstrategien für eine emanzipatorische und effektive Interessenvertretung der ethnischen Minderheiten koordiniert und vernetzt werden. Für die nächsten Jahre ist das die größte Herausforderung der Migrantenselbstorganisationen.

Darüber hinaus sollten Migrant(inn)en durch ihr verstärktes Engagement in Bürgerrechtsfragen ihre eigene Integration vorantreiben. Trotz der ökonomischen Marginalisierung und trotz der rassistischen Ressentiments, die den Migrantinnen und Migranten oft entgegenschlagen, sollten Migrantenselbstorganisationen verstärkt versuchen, offensiv in die politische Diskussion einzugreifen. In einer Situation, in der Minderheiten marginalisiert und ausgegrenzt sind, ist ein offensives und selbstbewußtes Auftreten ihrer Interessenvertreter eine wichtige Voraussetzung für die Mobilisierung der eigenen Ressourcen und die Durchsetzung von Interessen gegenüber Entscheidungsträgern der Mehrheitsgesellschaft.

Migrantenselbstorganisationen vertreten die Interessen von Gruppen, die kein Wählerpotential repräsentieren. Das Hauptdruckmittel einer effizienten Interessenvertretung, nämlich das Recht zu wählen und abzuwählen, also die Möglichkeit zur Verteilung von Gratifikation und Sanktion, bleibt diesen Gruppen bisher vorenthalten. Migrantenselbstorganisationen sind gut beraten, die Einbürgerungsmöglichkeiten der Migrantenbevölkerung stärker zu propagieren. Erst dann können sie im Prozeß der öffentlichen Willensbildung allmählich eine Subjektrolle übernehmen. Migrantenselbstorganisationen beklagen, daß ihre Belange und Forderungen von der Politik auf Landes- und Kommunalebene nicht ausreichend ernstgenommen werden. Auch wenn es nicht immer offen ausgesprochen wird, ist die Tatsache, daß der Großteil der Migrantenbevölkerung keine Wählermacht besitzt, der Hauptgrund der schwachen Position bei politischen Entscheidungen über die Verteilung von gesellschaftlichen Ressourcen und Gütern. Diese Feststellung soll die Bedeutung der Partizipation in den eigenen Organisationen nicht schmälern. Sie kann helfen, die fehlende Partizipationsmacht im richtigen Rahmen und Kontext zu verstehen, so daß man auch die diesbezüglichen Debatten illusionsfrei und realitätsgerecht führen kann.

Die Erfahrungen anderer europäischer Länder zeigen, daß in jenem Augenblick, in dem Migrant(inn)en zu einem Wählerpotential werden, ihre Belange schlagartig mehr Aufmerksamkeit der Politik erlangen. Aus diesem Grunde sollten Migrantenselbstorganisationen sich stärker dafür einsetzen, daß erleichterte Einbürgerungsmöglichkeiten vermehrt in Anspruch genommen werden, aber auch die Forderung nach Einführung der doppelten Staatsbürgerschaft mehr Gewicht bekommt.

Zwar bildet der deutsche Paß nicht *den* Königspfad der sozialen Integration und er garantiert auch keine Chancengleichheit; er liefert aber die Eintrittskarte für eine erfolgversprechende Form der Interessenvertretung: nämlich eine neu konstituierte Bürgerrechtsbewegung. Auf lange Sicht gibt es keine Alternative zur Integrationspolitik im Sinne der Angleichung der Lebenschancen der Einwandererbevölkerung. Daher muß ein Konzept zur Herstellung sozialer Chancengleichheit entwickelt werden. Sozialpolitisch bedeutet das, in allen Bereichen, in denen Benachteiligungen offenbar sind, die Entwicklung von Maßnahmen, Projekten und Programmen voranzutreiben. Dies schließt Migrantenquoten, z.B. beim Zugang zum Arbeits-, Ausbildungs- und Wohnungsmarkt, mit ein. Ein wichtiger Aspekt sind auch Quotierungen im Öffentlichen Dienst.

Die gesetzliche und institutionelle Verankerung einer Anti-Diskriminierungspolitik ist unverzichtbar und überfällig. Sie muß – neben der Bekämpfung offener Diskriminierung – vor allem Maßnahmen zur Überwindung struktureller und institutioneller Diskriminierung mit einschließen. Es geht dabei nach den Erfahrungen anderer Länder weniger um strafrechtliche Verbote und Gebote als vielmehr um dauernde Beobachtung, Berichterstattung, Aufklärung und Überzeugungsarbeit.

Anmerkungen

1 Die empirischen Daten zur Situation der Migrantenselbstorganisationen in Niedersachsen entstammen einem Forschungsprojekt, das der Verfasser im Jahre 2000 im Auftrag der ›Arbeitsgemeinschaft MigrantInnen und Flüchtlinge in Niedersachsen‹ an der Carl von Ossietzky Universität Oldenburg durchgeführt hat.

2 Stefan Gaitanides, Arbeit mit Migrantenfamilien – Aktivitäten der Wohlfahrtsverbände und der Selbstorganisationen, in: Familien ausländischer Herkunft in Deutschland: Lebensalltag. Materialien zum 6. Familienbericht, Bd. 2, hg.v.d. Sachverständigenkommission 6. Familienbericht, Opladen 2000, S. 107–143, hier S. 116.

3 Claus Leggewie, Institutionelle Rahmenbedingungen für eine Einwanderungskonzeption der Bundesrepublik Deutschland, in: Einwanderungskonzeption für die Bundesrepublik Deutschland, hg.v.d. Friedrich-Ebert-Stiftung (Gesprächskreis Arbeit und Soziales, H. 50), Bonn 1995, S. 169–185, hier S. 176f.

4 Lutz Hoffmann, Interessenvertretung durch Einfluß: Ausländerbeiräte – Zur Rolle der Ausländerbeiräte für die soziale und politische Partizipation, in: Aspekte politischer Partizipation von MigrantInnen in Deutschland, hg.v.d. Bundesarbeitsgemeinschaft der Immigrantenverbände in der Bundesrepublik Deutschland, Bonn 1999, S. 73–83, hier S. 74.

5 Alexander Langer, Die Mehrheit der Minderheiten. Warum wird unsere Welt von ethnischem Sauberkeitswahn und vom grundlosen Vertrauen in Mehrheiten beherrscht?, Berlin 1996, S. 141.

6 Selbstorganisationen von Migrantinnen und Migranten in NRW, hg.v. Ministerium für Arbeit, Gesundheit und Soziales des Landes Nordrhein-Westfalen, Düsseldorf 1999, S. 32.

7 Claudia Diehl/Julia Urbahn, Die soziale und politische Partizipation von Zuwanderern in der Bundesrepublik Deutschland. Soziale Konflikte und Integrationspolitiken, Bonn 1998, S. 18.

8 Selbstorganisationen von Migrantinnen und Migranten in NRW, hg.v. Ministerium für Arbeit, Gesundheit und Soziales des Landes Nordrhein-Westfalen, S. 34.
9 Ebd., S. 39.

Literatur

Assimenios, Stamatis: Zur politischen Partizipation von MigrantInnen in Deutschland, in: Aspekte politischer Partizipation von MigrantInnen in Deutschland, hg.v.d. Bundesarbeitsgemeinschaft der Immigrantenverbände in Bundesrepublik Deutschland, Bonn 1999, S. 23–27.

Bischoff, Detlef/Teubner, Werner: Zwischen Einbürgerung und Rückkehr. Ausländerpolitik und Ausländerrecht in der Bundesrepublik Deutschland, 2. Aufl. Berlin 1991.

Familien ausländischer Herkunft in Deutschland. Leistungen – Belastungen – Herausforderungen. Sechster Familienbericht, hg.v. Bundesministerium für Familie, Senioren, Frauen und Jugend, Berlin 2000.

Diehl, Claudia/Urbahn, Julia: Die soziale und politische Partizipation von Zuwanderern in der Bundesrepublik Deutschland. Soziale Konflikte und Integrationspolitiken, Bonn 1998.

Gaitanides, Stefan: Arbeit mit Migrantenfamilien – Aktivitäten der Wohlfahrtsverbände und der Selbstorganisationen, in: Familien ausländischer Herkunft in Deutschland: Lebensalltag. Materialien zum 6. Familienbericht, Bd. 2, hg.v.d. Sachverständigenkommission 6. Familienbericht, Opladen 2000, S. 107–143.

Hoffmann, Lutz: Interessenvertretung durch Einfluß: Ausländerbeiräte – Zur Rolle der Ausländerbeiräte für die soziale und politische Partizipation, in: Aspekte politischer Partizipation von MigrantInnen in Deutschland, hg.v.d. Bundesarbeitsgemeinschaft der Immigrantenverbände in der Bundesrepublik Deutschland, Bonn 1999, S. 73–83.

Krummacher, Michael/Waltz, Viktoria: Einwanderer in der Kommune. Analysen, Aufgaben und Modelle für eine multikulturelle Stadtpolitik, Essen 1996.

Leggewie, Claus: Institutionelle Rahmenbedingungen für eine Einwanderungskonzeption der Bundesrepublik Deutschland, in: Einwanderungskonzeption für die Bundesrepublik Deutschland, hg.v.d. Friedrich-Ebert-Stiftung (Gesprächskreis Arbeit und Soziales, H. 50), Bonn 1995, S. 169–185.

Schulte, Axel: Multikulturalismus: Gefährdung oder Weiterentwicklung von Integration und Demokratie?, in: Hans-Peter Waldhoff u.a. (Hg.), Brücken zwischen Zivilisationen, Frankfurt a.M. 1997, S. 289–322.

Tan, Dursan: Selbstorganisation von Flüchtlingen in Niedersachsen – Möglichkeit oder Utopie?, in: Anwar Hadeed u.a. (Hg.), Flucht ist kein Entkommen, Münster/Hamburg 1994, S. 63–68.

Thränhardt, Dietrich: Ausländer im Dickicht der Verbände, in: Franz Hamburger u.a. (Hg.), Sozialarbeit und Ausländerpolitik, Neuwied 1983, S. 62–78.

Ders./Hunger, Uwe: Vom Partizipationspostulat zum Civic-Society-Konzept. Zum Perspektivwechsel in der Integrationsforschung im neuen Jahrhundert, in: Zeitschrift für Migration und Soziale Arbeit (iza), 2000, H. 2, S. 32–39.

Die Autorinnen und Autoren

Prof. Dr. Klaus J. Bade ist Professor für Neueste Geschichte und Direktor des Instituts für Migrationsforschung und Interkulturelle Studien (IMIS) der Universität Osnabrück.

Dr. Susanne Benzler ist Politikwissenschaftlerin und Historikerin sowie Wiss. Mitarbeiterin der Evangelischen Akademie Loccum und der Evangelischen Stadtakademie Hannover.

Anwar Hadeed, M.A. leitet die Koordinationsstelle Kooperative Migrationsarbeit in Niedersachsen am Institut für Bildung und Kommunikation in Migrationsprozessen (IBKM) der Carl von Ossietzky Universität Oldenburg.

Dr. Hans-Jürgen Hofmann ist Geograph und Studienrat am Hainberg-Gymnasium in Göttingen.

Dr. Dagmar Kleineke ist Historikerin und Kreisheimatpflegerin des Landkreises Göttingen.

Ute Koch, M.A., ist Ethnologin und Wissenschaftliche Mitarbeiterin am Institut für Migrationsforschung und Interkulturelle Studien (IMIS) der Universität Osnabrück.

Prof. Dr. Rolf Meinhardt ist Professor für Bildungs- und Sozialarbeit mit ethnischen Minderheiten am Institut für Bildung und Kommunikation in Migrationsprozessen (IBKM) der Carl von Ossietzky Universität Oldenburg.

Jan Motte, M.A., ist Historiker und Referent am Landeszentrum für Zuwanderung NRW in Solingen.

Priv.Doz. Dr. Jochen Oltmer ist Privatdozent für Neueste Geschichte und Vorstand des Instituts für Migrationsforschung und Interkulturelle Studien (IMIS) der Universität Osnabrück.

Dr. Anne von Oswald ist Historikerin und Sozialwissenschaftlerin sowie freiberuflich für das Netzwerk Migration in Europa e.V., für den Schulbuchverlag Cornelsen und als Dozentin für Soziologie an der Fachhochschule für Verwaltung und Rechtspflege in Berlin tätig.

Dr. Bernhard Parisius ist Direktor des Niedersächsischen Staatsarchivs in Aurich und Lehrbeauftragter für Neueste Geschichte an der Carl von Ossietzky Universität Oldenburg.

Dipl.Psych. Dipl. Soz.Päd. Andrea Riecken ist Doktorandin am DFG-Graduiertenkolleg ›Migration im modernen Europa‹ des Instituts für Migrationsforschung und Interkulturelle Studien (IMIS) der Universität Osnabrück.

Dr. Rainer Schulze lehrt Moderne Europäische Geschichte an der University of Essex, Colchester (Großbritannien).

Prof. Dr. Hans-Joachim Wenzel ist Professor für Sozialgeographie und Vorstand des Instituts für Migrationsforschung und Interkulturelle Studien (IMIS) der Universität Osnabrück.

Bildnachweis

Eva Berger, Die Würde des Menschen in unantastbar. 200 Jahre Psychiatriegeschichte im ehemaligen Königreich Hannover am Beispiel des Niedersächsischen Landeskrankenhauses Osnabrück, Osnabrück 1999, S. 252: 121; Bildarchiv Preußischer Kulturbesitz, Berlin: 226, 230, 236; Bundesanstalt für Arbeit, Nürnberg: 258; Franco Costantini, Wolfsburg: 233; Vom Deutschen Metallarbeiterverband zur Industriegewerkschaft Metall. Texte und Dokumente aus der Geschichte der Metallarbeiter in Osnabrück, hg.v.d. Industriegewerkschaft Metall, Bramsche 1990, S. 158: 325; Jürgen Escher, Herford: 274, 286, 300; Friedlandhilfe e.V. im Grenzdurchgangslager Friedland: 148, 163; Grenzdurchgangslager Friedland 1945–1995, hg.v. Niedersächsischen Innenministerium, Hannover 1995, S. 7: 13; Grenzdurchgangslager Friedland: 153; Hans-Jürgen Hofmann, Göttingen: 200, 202, 213; IG Metall, Wolfsburg: 227, 238, 242, 243, 245, 247, 248; IMIS: 48/49, 51, 168, 191, 347, 355, 360, 363; Internationale Gärten e.V., Göttingen: 308, 310, 313, 317; Turan Işik, Hannover-Linden: 21 oben; Isoplan, Saarbrücken: Umschlag oben; Kreisarchiv Celle: 70, 72, 74, 77, 83; Dietmar Kröger, Osnabrück: 30, 173, 179, 343; Landesarbeitsamt Niedersachsen-Bremen: 34; Landkreis Gifhorn: 172; Landsmannschaft der Deutschen aus Rußland e.V., Stuttgart: 187; Niedersächsisches Sozialministerium, Ausländerbeauftragte, Hannover: 24, 104, 294; Niedersächsisches Hauptstaatsarchiv Hannover: 105, 107, 109, 110 (Nds. 385 Uelzen, acc. 103/63, Nr. 113), 118; Niedersächsisches Innenministerium, Referat 42 (Aussiedler): 170; Niedersächsisches Staatsarchiv Aurich: 38, 41, 43, 60, 61, 65; Niedersächsisches Staatsarchiv Osnabrück, Rep 430 Dez 303 acc. 17/56, Nr. 228: 108; Privatbesitz, Celle: 85, 95, 97; Peter Reger, Landsmannschaft der Deutschen aus Rußland, Kreisverband Hannover: 27; Julio Molina Rodriguez, Osnabrück: 21 unten, 322, 324, 328, 329, 331; Ingrid Salverius, Leer: 53; Rainer Schulze, London: 87; schwanke, raasch graphik design, Hannover: Umschlag unten; Sozialwerk Nazareth e.V., Norden-Norddeich: 283, 302; Stadtarchiv Peine: 255, 259, 262; Statistik des Gesundheitswesens in Niedersachsen 1950 bis 1952, hg.v. Niedersächsischen Sozialministerium, 2. Folge, H. 2, Hannover 1954: 114; Wilhelm Tomm, Innere Mission im Grenzdurchgangslager Friedland: 132, 134, 138, 143, 145, 158; Veröffentlichungen des Niedersächsischen Amtes für Landesplanung und Statistik, Reihe F, Bd. 13, Medizinalstatistik, H. 1: Statistik des Gesundheitswesens 1947 bis 1949,

Hannover 1951: 103; Francesco Vitullo, Hannover: 20; Gert Westdörp (Neue Osnabrücker Zeitung), Osnabrück: 336, 339; Marianne Winkler, Hannover: 288; Ali Zahedi, Oldenburg: 297; Zeitschrift für Migration und Soziale Arbeit, 2001, H. 3/4, S. 20, Foto: Wolfgang Schmidt: 277; ebd., 2002, H. 1, S. 35, Foto: Agentur Thema, Karlsruhe: 278; Zweigstelle des Arbeitsamts Göttingen im Grenzdurchgangslager Friedland: 181.